Die Prophetie im Spannungsfeld von Mantik und Magie

ÖSTERREICHISCHE BIBLISCHE STUDIEN

Herausgegeben von
Agnethe Siquans und Markus Tiwald

BAND 62

PETER LANG

Berlin - Bruxelles - Chennai - Lausanne - New York - Oxford

Bernhard Lehnart

Die Prophetie im Spannungsfeld von Mantik und Magie

Das Prophetengesetz Dtn 18,9-22 und die Prophetie der Hebräischen Bibel

PETER LANG

Berlin - Bruxelles - Chennai - Lausanne - New York - Oxford

Bibliografische Information der Deutschen Nationalbibliothek
Die Deutsche Nationalbibliothek verzeichnet diese Publikation in der Deutschen Nationalbibliografie; detaillierte bibliografische Daten sind im Internet über http://dnb.d-nb.de abrufbar.

ISSN 0948-1664
ISBN 978-3-631-91942-2 (Print)
E-ISBN 978-3-631-91943-9 (E-PDF)
E-ISBN 978-3-631-91944-6 (EPUB)
DOI 10.3726/b21908

Verlegt durch: Peter Lang GmbH, Berlin, Deutschland

info@peterlang.com - www.peterlang.com

Gewidmet meinen Wegbegleitern im Alten Testament

Norbert Lohfink SJ (1928–2024)
Rainer Kessler

Vorwort

Bereits in meiner Dissertation habe ich mich mit dem Prophetengesetz Dtn 18,9–22 befasst, konnte diesen Teil aber bei der Veröffentlichung nicht berücksichtigen. Seitdem hatte ich den Plan, einmal eine ausführlichere Studie zu Dtn 18,9–22 vorzulegen.

Meine berufliche Tätigkeit, die nicht in die Wissenschaft führte, hat dies nicht ermöglicht, so dass ich erst nach dem Eintritt in den Ruhestand diesen Plan wieder aufgreifen konnte. Nach gesundheitlichen Problemen kamen jedoch in dieser Phase immer wieder Zweifel auf, ob ich die Studie zu Ende führen könnte.

In dieser Situation führte eine zufällige Begegnung mit Rainer Kessler dazu, dass ich die Arbeit am Prophetengesetz in Dtn 18,9–22 wieder aufnehmen und fortsetzen konnte. Aus der zufälligen Begegnung entwickelte sich ein fruchtbarer Austausch vor allem in der Prophetenexegese. Die weiteren Treffen mit Rainer Kessler leisteten einen wichtigen Beitrag dazu, dass ich die Arbeit zum Prophetengesetz vollenden konnte. Er war mir in dieser Zeit mit seiner Kompetenz in Fragen der biblischen Prophetie ein wichtiger Gesprächspartner.

Gleiches gilt auch für Norbert Lohfink SJ, dem Betreuer meiner Dissertation, zu dem in seiner Zeit in Frankfurt St. Georgen der Gesprächsfaden nie abgerissen war. Er war auch im hohen Alter immer interessiert an meinen Ideen zum Prophetengesetz und ermutigte mich zur Veröffentlichung. Norbert Lohfink SJ und Rainer Kessler sei deshalb diese Studie gewidmet.

Mein Dank gilt auch Prof. em. P. Dr. Georg Braulik OSB, der die Arbeit bereitwillig in die Reihe „Österreichische Biblische Studien“ aufgenommen hat, bevor er die Herausgeberschaft für diese Reihe in andere Hände übergab.

Nicht zuletzt sei auch dem Peter Lang-Verlag für die Betreuung durch Herrn Adrian Stähli gedankt.

Inhalt

1. Forschungsgeschichtliche Skizze zur Prophetie

1.1 Die Herausbildung des klassischen Prophetenbildes

Betrachtet man den Anfang der Bibel, den Pentateuch, der für Juden (und Samaritaner) den höchsten Stellenwert bei den heiligen Schriften besitzt, so wird man feststellen, dass Propheten in diesem ersten Teil der Bibel eine verhältnismäßig geringe Rolle spielen. Zwar wird schon der Erzvater Abraham in Gen 20,6 als „*nābî'*" bezeichnet, ansonsten lassen aber die Erzählungen kaum erkennen, dass Abraham in einer prophetischen Rolle erscheint. Dies gilt auch für Aaron und Mirjam, die ebenfalls den Titel *nābî'* bzw *n^ebî'āh* erhalten.[1] Einzig im Buch Numeri findet sich eine längere Erzählung, die von einer prophetischen Gestalt, Bileam, handelt. Bileam ist zwar deutlich in einer prophetischen Rolle gezeichnet, erhält aber keinen prophetischen Titel[2] und ist außerdem kein Israelit, obwohl JHWH als sein Gott erscheint.

Auch im Buch Deuteronomium, das den Pentateuch abschließt, ist recht wenig von Propheten und Prophetie die Rede. In Dtn 13,2–6 wird vor falschen Propheten gewarnt und ansonsten ist es allein die Gestalt des Mose, die in einem engen Zusammenhang mit der Prophetie begegnet. Mit ihm verknüpft ist ein Prophetengesetz in Dtn 18,9–22, das die Sichtweise der Prophetie wesentlich bestimmt hat. Dieses Gesetz grenzt die Prophetie deutlich von „heidnischen" Praktiken ab und verbindet den „Nabi" mit Mose und der Gesetzgebung am Berg Horeb. In den Jahrhunderten vor dem Aufkommen der historisch-kritischen Exegese war es selbstverständlich, dass das mit Mose verbundene Prophetengesetz das Verständnis der Prophetie bestimmte. In einem forschungsgeschichtlichen Überblick fasst C.R. SEITZ diese Sichtweise zusammen: „Prior to the nineteenth century it had of course been taken for granted that the canonical presentation mirrored the history of religion, and in that conception, prophecy was inextricably tied to law. The prophets were the successors of Moses."[3].

---

1 Der besseren Lesbarkeit wegen wird in der weiteren Studie weitgehend die vereinfachte Schreibweise „Nabi" bzw. „Nebiim" verwendet.

2 Bileam ist außerhalb der Bibel auch noch inschriftlich bezeugt. In der Deïr ᶜAlla – Inschrift wird er als „Seher der Götter" bezeichnet. In der Bibel wird Bileam außerhalb der Erzählung Num 22–24 auch noch in deutlich herabsetzender Weise als „*qôsem*"-„Wahrsager" gesehen, s. Jos 13,22.

3 2013, 558. In der kanonischen Bibelauslegung kommt diese Sichtweise fruchtbar wieder im Hinblick auf Prophetinnen zum Tragen, s. I. FISCHER 2002 in ihrer Studie „Gotteskünderinnen".

Obwohl demnach prophetische Gestalten und Prophetie im Pentateuch einen geringen Raum einnehmen, ist durch das Prophetengesetz in Dtn 18 das Urteil von WELLHAUSEN nicht von der Hand zu weisen, der meint „Das Deuteronomium krönt die Arbeit der Propheten"[4]. Bei den Forscherinnen und Forschern des 19. bzw. des beginnenden 20. Jahrhunderts zeigt sich dennoch eine andere Erkenntnis als von der Tradition vorgegeben, die die Linie der Propheten bei Mose beginnen lässt. Der neue Grundsatz lautet: *Lex post prophetas.*[5] Mit der Trennung vom Gesetz und dem Beginn bei Mose eröffnete sich der Raum, die Propheten, insbesondere die Schriftpropheten, als individuelle Persönlichkeiten zu begreifen, die einen eigenständigen Beitrag zur israelitischen Religion geleistet haben. BERNHARD DUHM hat mit der Bezeichnung der Propheten als „Männer des ewig Neuen"[6] die neue Sichtweise prägnant zusammengefasst.

Nachdem schon HEINRICH EWALD 1840/1841 die Prophetie als eine Größe *sui generis* beschrieben und betont hat, dass sie mit Hilfe des Geistes allgemeine Wahrheiten erkennen und verkünden,[7] wird der Kern ihrer Botschaft gern als „ethischer Monotheismus" bezeichnet. Erstmalig zeigt sich diese Qualifizierung der prophetischen Tätigkeit bei ABRAHAM KUENEN in seinem Werk „De Profeten en de Profetie onder Israël", das 1875 erschienen ist.[8] Er sieht den ethischen Monotheismus als Schöpfung der Propheten an.

Mit der Erkenntnis, dass die Propheten individuelle Persönlichkeiten darstellen mit der zentralen Aussage eines ethischen Monotheismus ist natürlich auch die Frage verbunden, welche inneren Erfahrungen diese Propheten zu ihrer Verkündigung bewegt haben.

Dies veranlasste HERMANN GUNKEL, sich dem Innenleben der Propheten zuzuwenden. In dem Aufsatz „Die geheimen Erfahrungen der Propheten", der zuerst 1903 veröffentlicht wurde, sieht er die Ekstase als Grunderlebnis der Propheten an.[9] Diese Erfahrung verbinde die ältesten Propheten auch noch mit

---

4 [10]2004 (1894), 129. Ausgehend von Dtn 18,15.18 hat der Prophet Mose einen einzigartigen Status und bleibt für die samaritanische Glaubensgemeinschaft der einzige Prophet. Auch die eschatologische Gestalt des „Taheb" ist für die Samaritaner ein Prophet wie Mose, s. PUMMER 2016, 292–294.
Zur weiteren Entfaltung des Konzeptes eines Propheten wie Mose bis in die neutestamentliche Zeit s. D.N. DEJONG 2022.

5 Der Grundsatz wird klar formuliert bei WELLHAUSEN [6]2001 (1878), 3 f., der sich auf Graf, Reuss und Vatke bezieht; unklar bleibt, wer den Satz *lex post prophetas* formuliert hat, s. dazu K. SCHMID 2016, 841–850.

6 [2]1922, 8.

7 1840, 2–35.

8 „Het ethische monotheïsme is hunne schepping." (361); s. auch ebd., 365; in der englischen Übersetzung von 1877 findet sich das Zitat S. 585 (Ndr. 2013).

9 Zuerst veröffentlicht in der Zeitschrift „Suchen der Zeit"; weite Verbreitung erhielt der Aufsatz als Einleitung in „Die großen Propheten" von Hans Schmidt; zitiert wird hier nach dem Nachdruck in NEUMANN 1979.

den Schriftpropheten der späteren Zeit, die wie die älteren Propheten auch vom Volk als „Nebiim" gesehen werden.[10]

1914 legte GUSTAV HÖLSCHER ein monumentales Werk zu den Propheten vor. Er unternimmt es, die Prophetie im religionsgeschichtlichen Zusammenhang psychologisch zu verstehen.[11] In dem der Religionsgeschichte zuzuordnenden Begriff der Ekstase sieht HÖLSCHER die „mit eigentümlichen Begleiterscheinungen verbundene höchste Steigerung der Gemütsbewegung... Die psychischen und physischen Erscheinungen der religiösen Ekstase sind danach keine anderen als die jeder starken Gemütsbewegung"[12]. In der religiösen Ekstase unterscheidet HÖLSCHER zwischen einer exaltierten und einer apathischen Ekstase. Er sieht exaltierte Ekstase noch bei den Propheten Ezechiel und Jeremia (Ez 6,11; 21,19; Jer 6,11). Ansonsten habe sich das ursprüngliche Schreien und Lärmen zur Kultmusik und ekstatischem Kulttanz entwickelt.[13] Die apathische Ekstase sieht HÖLSCHER. vor allem mit dem visionären Erleben eines plötzlichen Reizes verbunden, die zu Zittern und Lähmungen führen kann; auch das Hinfallen in der Vision sei ein wiederkehrendes Moment.[14]

HÖLSCHER sieht als zweite Wurzel des israelitischen Propheten- und Sehertums die ältere Mantik an, die aus dem primitiven Seelenglauben und Zauberkult erwächst.[15] Aus dem älteren Zauberpriestertum entstanden das höhere Priestertum der geschichtlichen Zeit und das freie Wahrsagertum, zu dem Bileam, Deborah, Samuel, Gad, Natan und Ahija gehören. Von daher unterscheidet er zwischen Prophet und Seher, wobei der Titel „Nabi" das ursprüngliche Sehertum überformt habe (s. 1 Sam 9,9). Während es sich bei dem „Nabi" um einen erregten Ekstatiker handele, hat der „Seher" seine Schau ohne Ekstase. Das ekstatische Prophetentum ortet HÖLSCHER im syrisch-kleinasiatischen Raum, von wo aus die Nordstämme Israels diese Art der Prophetie übernommen haben. Dabei sieht er die Nebiim in Verbindung mit dem Kultpersonal an den Heiligtümern; dort unterstehen sie der Disziplin des aufsichtführenden

---

[10] 1979 (1903), 111.

[11] Im Vorwort benennt HÖLSCHER vor allem Wilhem Wundt als psychologischen Gewährsmann (III).

[12] 1914, 4.

[13] Ebd., 6–16.

[14] Als Beispiele führt HÖLSCHER biblisch Gen 15,9 ff.; Dan 10,7 ff., außerdem Ijob 4,12–16; Jes 21,8 an sowie aus dem apokryphen Textbereich Buch IV Esra, Henoch, dem Martyrium Jesajas und aus der islamischen Überlieferung der Schlacht von Badr (624 n. Chr.). Hierzu gehören auch Blindheit (bei Paulus) und Sprachlähmungen wie sie bei Ezechiel überliefert sind (vgl. auch Zacharias in Lk 1,22). Das Hinfallen wird vor allem in Ez 1,28–2,9 erwähnt, aber auch in Dan 8,17 f.; Weish 18,18; 2 Makk 3,27; Henoch 65,4; IV Esra 10,30; Vita Adae et Evae 26; Apg 9,4; 22,7; 26,14 (vgl. 1 Chr 21,16).

[15] S. zum folgenden 1914, 79–128.

Priesters (Am 7,10 ff.; Jer 20,1 ff.; 29,26). Auch die Begeisterungsmantik, die zu unterscheiden sei vom gewöhnlichen Wahrsager- und Sehertum, ist aus den Baalkulten in den JHWH-Kult eingedrungen. Ihr Kennzeichen ist, dass während der Ekstase Gott durch den Mantiker spricht. Aus dem ekstatischen Tanz erklärt sich die Tendenz zur Gruppenbildung, an deren Spitze ein angesehener Prophet steht. HÖLSCHER sieht hier Ähnlichkeiten zu den Derwischorden. „Die professionelle Pflege der Begeisterungsmantik in den Prophetengenossenschaften führte von selber zu einer Annäherung und nahen Berührung mit anderen Formen der Mantik und Magie, die nun neben der ekstatischen Rede bei den Profeten vielfach berufsmäßig geübt, gelehrt und tradiert wurden."[16] Die Wundertätigkeit der Prophetie stammt aus dieser Wurzel. Von den alten Wahrsagern und Zauberern wurde auch der Titel „Gottesmann" übernommen.[17]

Große Prophetie zeichnet sich dadurch aus, dass sie aus eigener Initiative auftritt und mit ihrer Prophetie selbstständig in die Politik eingreift wie z.B. Micha ben Jimla in 1 Kön 22. „Hier wurde aus dem Mute persönlicher Wahrhaftigkeit die große Profetie geboren, die auch vor Königstronen sich behauptete."[18]

Die Reformen der alten israelitischen Religion wurden nicht allein von Propheten getragen, sie brachten auch nichts grundsätzlich Neues. Trotzdem sei mit Amos Neues eingetreten. „Das Neue bei Amos und seinen Nachfolgern ist die logische Kraft der Zusammenfassung der zerstreuten Teile zum Ganzen, die Erkenntnis des großen göttlichen Gesetzes in der Flucht der Erscheinungen, die klare theoretische Fassung und Durchsetzung dieses Gedankens... Vor der Klarheit ihres Denkens schwindet mehr und mehr das altertümliche Wesen der ekstatischen Mantiker. Sie sind nicht mehr willenlose Verzückte, die im Taumel Einzelauskünfte über die verborgenen Absichten und Launen der Gottheit geben, sondern feierliche klardenkende Verkünder einer großen einheitlichen Anschauung"[19]. Kritisch ist hier anzumerken, dass dieses Bild eines Propheten doch sehr an einen deutschen Professor der Kaiserzeit erinnert.

Der Blick in das Innenleben der Propheten und die religionsgeschichtliche Einordnung wurde in der Folgezeit weiter diskutiert, ohne dass hier auf die Einzelheiten eingegangen werden muss.[20]

---

[16] Ebd., 129–158; Zitat 153.

[17] Ebd., 155 Anm. 1.

[18] Ebd., 157.

[19] Ebd., 186 f.

[20] S. dazu den Überblick bei Th.R. ROBINSON 1931, 75–90; FOHRER 1952, 326–328; zur Entwicklung der prophetischen Forschung im 19. Jahrhundert s. noch BAUMGARTNER 1959 (1922); DELUTY 2020 zieht das Fazit: „For decades, work on prophecy has revolved around the persona of the prophet and the content of the prophet's divine message." (2).

Von einer anderen Richtung her hat SIGMUND MOWINCKEL die Prophetenforschung vorangetrieben. Beim Studium der Psalmen kam er zu der Auffassung, dass es in Israel Kultpropheten gegeben habe.[21] Im Psalter begegnet in etlichen Fällen Gottesrede. Dies entspreche nicht einer fiktiven literarischen Einkleidung, sondern sei auf dem Hintergrund, dass die Psalmen für den Kult verwendet wurden, als eine kultische Realität zu verstehen. „Wenn die prophetischen Stücke im Psalter eine kultische Wirklichkeit voraussetzen, so will das besagen, daß die Mitteilung göttlicher Antworten einen festen Platz im Kulte gehabt haben muß."[22] Diese Antworten wurden von Kultpropheten vorgetragen. Als persönliche Bedingung des Kultpropheten ist eine besondere Ausrüstung, die in einer Machtbegabung und in Inspiration besteht, anzunehmen. Im Psalter zeige sich nicht der Orakelstil der Priester, die *tôrot* verkünden, sondern der nabiistische Orakelstil, dessen charakteristische Form das vom Geist oder JHWH getragene rhythmische Wort ist, in dem JHWH in der ersten Person redet. Nach MOWINCKEL ist unter Verweis auf Dtn 18,9 ff. der Nabi als der eigentliche Träger der göttlichen Offenbarung zu sehen. Dabei geht er wie HÖLSCHER (s.o.) davon aus, dass das Nabitum kanaanäischer Herkunft sei und ein Seherpriestertum ursprünglich israelitisch gewesen ist. Der Typus liege vor allem in Samuel vor, aber auch bei Mose. Beide sind erst später als „Nabi" bezeichnet worden. Dieser Typus sei priesterlich tätig gewesen (1 Sam 3; 9 f.; Num 12; Ex 18; 24,8; 33,7 ff.). Auch das Nabitum habe Nähe zum Kult gehabt, obwohl es sich nicht um Priester handele.[23] Dies entspricht auch den Verhältnissen in Babylon, wo es *barû* und *maḫḫû* gibt Die Kultpropheten der vorexilischen Zeit sind nachexilisch in die Leviten und Tempelsänger aufgenommen worden. Erst in makkabäischer Zeit sind sie verschwunden. Als Kultpropheten sind die Schriftpropheten Haggai und Sacharja wie auch Habakuk und Joel anzusehen. Mit der Frage der Kultprophetie ist ein Themenfeld eröffnet worden, dessen Diskussion bis heute nicht abgeschlossen ist.[24]

In der Prophetenforschung stellte sich nicht nur die Frage nach der *ipsissima vox* der prophetischen Persönlichkeit und ihrem Innenleben; auch die Frage ihrer sozialen Rolle ist damit gegeben.

Ein wichtiger Impuls in dieser Frage gab ein Mann außerhalb der Exegetenzunft: der Nationalökonom MAX WEBER. Er sieht in dem Propheten einen Charismatiker. Es handelt sich um ein individuelles Charisma, das in außergewöhnlichen persönlichen Eigenschaften wurzelt, nicht in einer sozialen Rolle. „Wir wollen hier unter einem ‚Propheten' verstehen einen rein persönlichen

---

[21] Vgl. zum folgenden S. MOWINCKEL 1923, 1–29.

[22] 1923, 4.

[23] Hier zeigt sich wieder die Nähe zu HÖLSCHER.

[24] Vgl. HALDAR 1945; JOHNSON ²1962, DERS. 1979; JEREMIAS 1970; DOEKER 2002; HILBER 2005 und den von LENA-SOFIA TIEMEYER herausgegebenen Sammelband „Prophecy and Its Cultic Demensions" (2019).

Charismaträger, der kraft seiner Mission eine religiöse Lehre oder einen göttlichen Befehl verkündet“[25]. Dazu gehört eine persönliche Berufung. Die charismatische Herrschaftsform, zu der der Prophet berufen wird, führt ihn zur Verkündigung einer religiösen Lehre oder eines göttlichen Befehls. Dem korrespondiert die Bildung einer Jüngerschaft. Der israelitische Unheilsprophet steht im Gegensatz zu den herrschenden Eliten und hat eher eine destabilisierende gesellschaftliche Funktion. Er unterscheidet sich klar vom Priester und gehört wie die gesamte vorderorientalische Prophetie zum ethischen Typus.

In religionshistorischer Betrachtung, die Max Weber in seiner Schrift über das antike Judentum entfaltet, sieht er die Wurzel der Prophetie in der Kriegsekstase. Nach dem Aufkommen des Berufsheeres durch das Königtum entwickeln sich die Propheten von Amos an (mit Elija als Vorläufer) zu politischen Demagogen und Pamphletisten. Sie leisteten einen Beitrag zur Rationalisierung der israelitischen Religion, obwohl auch sie noch in den prophetischen Zeichenhandlungen ihre Wurzeln in magischen Handlungen wie die alten Zauberer ausdrücken können.

Alfred Jepsen gibt seiner Studie zu dem Begriff „Nabi“ den Untertitel „Soziologische Studien zur alttestamentarischen Literatur und Religionsgeschichte“[26]. Er unternimmt damit eine Einzeluntersuchung zu einem zentralen Begriff der Prophetie, eben dem Titel „Nabi“. Ausgehend vom Verb נבא, das im Hitpael wie im Niphal vorkommt, konstruiert Jepsen eine Geschichte, die um 800 v. Chr. mit der gemeinsamen Bedeutung „rasen“ für die beiden Stammformen beginnt, sich dann ausdifferenziert in der Zeit von 750 bis 550 v. Chr., wobei das Hitpael die Bedeutung „rasen“ behält, im Niphal dagegen die Bedeutung „verkündigen“ annimmt, um dann ab 550 v. Chr. gemeinsam „verkündigen“ zu bedeuten.[27] Dem korrespondiert eine Entwicklung des Nabitums, die zunächst klar festhält, dass das Nabitum wie schon bei Hölscher einen kanaanäischen Ursprung besitzt, sich dann im Südreich als Hofprophetie, im Nordreich dagegen als freie Prophetie etabliert.[28] Nach dem Ende des Nordreiches gelangen freie Nebiim in das Südreich; dabei ist es möglich, dass es auch in Juda freie, auf dem Land ansässige Nebiim gegeben hat, von denen aber kaum Spuren vorhanden sind.[29] Jepsen lehnt eine eigenständige israelitische Sehertradition vehement ab; die Bezeichnungen ראה und חזה treten stets in Verbindung mit „Nabi“ auf, sind also als Synonyme aufzufassen. Dabei betone

---

[25] 2005 (1922), 27; s. insgesamt 27–35; zur Darstellung der israelitischen Prophetie bei Weber s. Brauer 1999, 132–181; E. Otto 2002, 182–274; zum Charismabegriff vgl. auch Treiber 2005.

[26] 1934.

[27] 1934, 5–10; s. das Schaubild S. 8.

[28] Ebd., 143–152.

[29] Ebd., 152–217; zu freien Nebiim in Juda s. S. 194 f.

ראה die Art des Empfangs der Botschaft, חזה den allgemeinen Terminus für die nebiistische Wahrnehmung.[30]

Abraham Heschel legt 1936 aus jüdischer Perspektive eine Studie zum prophetischen Bewußtsein vor.[31] Darin lehnt er die Ekstase als Deutekategorie für das prophetische Bewusstsein ab. Sie sei im heidnischen Kult verwurzelt und strebe nach Vereinigung mit der Gottheit. Für Heschel ergibt sich ein anderer Zugang: „Wenn auch in erster Linie praktische Erfüllung gefordert wurde, so ist die innerliche Teilnahme des Propheten am göttlichen Pathos... die zentrale persönliche Tatsache ihres Lebens. Nicht das Wort, das Gesetz an sich, sondern das Pathos Gottes stand im Mittelpunkt der prophetischen Religiosität."[32] Er vergleicht diesen Zustand mit der dichterischen Inspiration.[33]

Der jüdische Religionsphilosoph Martin Buber wendet sich dem Glauben der Propheten zu.[34] Den Kern dieses Glaubens sieht Buber in der existentiellen Begegnung von Gott und Mensch. Gott ruft den Menschen zur Entscheidung, der Mensch antwortet und Gott urteilt. Dies gilt für die Anfänge der Prophetie bis hin zu Deuterojesaja. Diese Begegnung ist existentiell und geschichtlich zugleich. Schon von Abraham an finden sich die drei Elemente dieses Glaubens: das führende Mitgehen Gottes, das liebende Sichhergeben im Volk und die eifernde Forderung der Entscheidung. Der Glaube entfaltet sich dann in konkreten geschichtlichen Situationen. Historisch zeigt sich der Glaube zuerst bei der Prophetin Debora, der Ursprung liegt jedoch schon bei Josua (Jos 24) und Mose. Zurückblickend erscheint dieser Glaube auch schon bei den Patriarchen, dem Exodus, der Sesshaftwerdung Israels und den großen Spannungen in der Anfangszeit der Monarchie. Eine Wendung zum Kommenden zeigt sich dann bei Amos, Hosea und Jesaja; dies ist verbunden mit einer Zuwendung hin zum Gott der Leidenden in Micha, Jeremia, Ezechiel und Deuterojesaja wie auch bei Ijob und in Ps 73.

1.2 Parallelen zur Prophetie in der Umwelt Israels

Während die Person der biblischen Propheten im Zentrum des Interesses stand, war sich die biblische Überlieferung stets bewusst, dass es neben den Propheten Jhwhs in Israel auch Propheten außerhalb Israels gegeben hat und ebenso, dass es nicht nur Propheten des Gottes Jhwh gab. In Jer 27 wird Jeremia

---

30 Ebd., 43–57.

31 Der Titel der Studie lautete „Die Prophetie"; sie erschien in deutscher Sprache in Krakau. 1962 wurde eine überarbeitete Fassung in englischer Sprache veröffentlicht.

32 1936, 166 f.

33 1936, 40–50; 1962,147–169.

34 1950; [2]1984; schon 1942 wurde eine hebräische Fassung in Tel Aviv veröffentlicht; sie war die Grundlage der englischen Ausgabe von 1949.

von JHWH mit einer Botschaft über die in Jerusalem versammelten Gesandten der Nachbarvölker Judas an die Könige von Edom, Moab, Ammon sowie von Tyrus und Sidon beauftragt. Sie werden in V9 ermahnt, nicht auf ihre Propheten (נביאיכם) und andere divinatorischen Spezialisten zu hören, die sich dafür aussprechen, dem babylonischen König Widerstand entgegenzusetzen.[35] In Num 22,5 lässt der moabitische König Balak Bileam aus einem entfernten Land rufen, um Israel zu verfluchen.[36] Interessanterweise wird der „Ausländer" Bileam von JHWH zu seiner Botschaft ermächtigt; umgekehrt gibt es auch Propheten, die im Namen anderer Götter auftreten: Im Namen Baals und Ascheras in 1 Kön 18,19 ff. sowie in Jer 2,8. In Jes 2,6 werden die Philister mit Zeichendeutern (ענגים) in Verbindung gebracht.[37] Demnach sahen schon die biblischen Tradentinnen und Tradenten das Phänomen der Prophetie nicht als alleiniges Kennzeichen Israels an. Insgesamt war jedoch das Urteil vorherrschend, dass die Prophetie Israels, insbesondere die Schriftprophetie, im Alten Orient keine adäquate Entsprechung habe.[38]

JULIUS WELLHAUSEN hat schon früh auf Entsprechungen im vorislamischen Arabertum hingewiesen. Nach ihm gibt es Ähnlichkeiten zwischen dem altisraelitischen Seher und dem arabischen *kâhin*.[39] Auch W.R. SMITH machte auf Parallelen im griechischen und arabischen Bereich aufmerksam, wobei er jedoch diese Entsprechungen als irrelevant für die Schriftprophetie erklärte.[40]

Erst mit der Entdeckung der Texte aus Mari, die einem königlichen Archiv, vor allem aus der Zeit der letzten Könige von Mari, Zimri-Lim (1775–1761 v. Chr.) und Jasmaḫ-Addu (1792–1773 v. Chr.), entstammen, wurde ein vergleichbares Phänomen zur biblischen Prophetie sichtbar.[41] Vorherrschend war jedoch immer noch die Unvergleichbarkeit zur biblisch bezeugten Prophetie.

---

35 Zu diesem Kapitel s. auch weiter unten Abschnitt 3.1.1.

36 Zu den textkritischen Fragen s. SEEBASS 2007, 15; zur Diskussion der Lage von Petor s. ROBKER 2019, 309 f.

37 Zum Text von Jes 2,6 s. BEUKEN 2003, 99.

38 S. z.B. noch die Einleitung von HANS-PETER MÜLLER zu dem Sammelband „Babylon und Israel" aus dem Jahre 1991: H.-P. MÜLLER ist der Auffassung, dass einzelne Elemente durchaus Entsprechungen im Alten Orient haben; insgesamt gilt jedoch: „Daß die Prophetie Israels als ganzheitliches Phänomen, insbesondere die Schriftprophetie, im übrigen Orient keine Entsprechung habe, ist ebenso wahr, wie es eine Banalität darstellt." (18).

39 ^{2}1897, 134–140.143.

40 S. „The Old Testament in the Jewish Church." 1881, 285–287.292.294.297–298; vgl. auch DERS. The Prophets of Israel, 1902.

41 Ab 1948 wurden zunächst fünf Briefe publiziert; inzwischen listet die Zusammenstellung bei NISSINEN ^{2}2019 mehr als 50 Briefe auf. RUTH EBACH rechnet mit etwa 60 Täfelchen, in denen prophetische Spezialistinnen und Spezialisten, divinatorische Techniken und prophetische Botschaften eine Rolle spielen (2023, 23).

Noch 1966 kommt Friedrich Nötscher in einem Überblick der Prophetie im Umkreis Israels auf dem Hintergrund der damals veröffentlichten fünf Briefe zu der Feststellung: „Der Inhalt der Gottesbotschaften mag, gemessen an den religiös-sittlichen Forderungen der atl. Propheten, äußerlich und unbedeutend erscheinen, er wird aber von den Beteiligten offenbar sehr wichtig genommen."[42]. Hier zeigt sich deutlich eine bibelzentrierte Sicht, die heute nicht mehr angebracht ist.[43]

In dem am häufigsten in den Briefen von Mari erwähnten Titel *muḫḫûm* bzw. dem weiblichen Pendant *muḫḫūtum* wurde aufgrund des etymologischen Zusammenhanges mit dem Verb *maḫû*, das „rasen" bedeutet,[44] eine Parallele zum israelitischen *nābîᶜ* gesehen; Gleiches gilt für den Titel *āpilum / āpiltum*, der wohl von der ursprünglichen Wortbedeutung her als „Übersetzer" oder „Sprecher"[45] zu bezeichnen ist.

Neben diesen beiden Titeln und ihren weiblichen Entsprechungen begegnen noch andere Titel, die mit prophetischen Handlungen in Verbindung gebracht werden. Dazu gehören *assinnu*, *qammatum* und *nabû*[46] sowie *bārû*, der vor allem mit der technischen Divination der Eingeweideschau betraut ist. Stökl sieht keine Verbindung zu dem meist mit „Seher" übersetzten *bārû*. Er meint: „I will not consider the *bārû* (‚seer') in this study, as, being a technical diviner, he is not involved in intuitive divination."[47]. Im Lauf der weiteren Untersuchung wird deutlich werden, dass die Trennung zwischen technischer und intuitiver Divination nicht länger haltbar ist und ebenso magische Elemente mit Prophetie verbunden sind. Von daher müssen sowohl *bārû* als auch der Beschwörer *āšipu* in einen Vergleich mit der biblischen Prophetie zukünftig einbezogen werden. Die maßgeblichen Veröffentlichungen für die Vergleichstexte aus Mari stellen unter der Voraussetzung eines zu engen Prophetiebegriffes die „Archives épistolaires de Mari" von Jean-Marie Durand und Dominique Charpin dar.[48]

---

42 1966, 180; Ndr. in H.-P. Müller 1991, 237.

43 S. dazu de Jong Ellis 1989, 132 f.; Sasson 1998; Nissinen 2017, 7 f. Einen Überblick über die ältere Forschung zu den Mari-Texten gibt Noort 1977, 9–18; zur neueren Forschung s. Lemaire 1999; Stökl 2012, 1–4; Deluty 2020, 5–6. Einen Überblick zur Prophetie in Mari aus jüngerer Zeit bietet Charpin 2015, 11–58.

44 S. zur Etymologie von *muḫḫûm* s. Stökl 2012, 52 f.

45 S. Nissinen 2019b, 69; in der Textsammlung ²2019 gibt Nissinen den Titel in der englischen Übersetzung mit „prophet" wieder, s. z.B. Text Nr. 4 und Text Nr. 5; zur Diskussion dieses Titels vgl. Stökl 2012, 38–50.

46 S. dazu ausführlich Stökl 2012, 50–62, der *assinu* und *qammatum* wie *muḫḫûm* zum Kultpersonal rechnet; vgl. auch Anthonioz 2013, 34–37; zu *nābû* s. weiter unten den Abschnitt 3.1.1 zu Nabi.

47 Stökl 2012, 37.

48 Durand 1988; Charpin 1988; Nissinen ²2019, 13–106; s. auch die englischen Übersetzungen von Heimpel 2003 und Sasson 2015.

Etwa aus der gleichen Zeit wie die Texte aus Mari stammen zwei Orakel, die an Ilbāl-pī-El II., den König von Ešnunna (1778–1765 v. Chr.), gerichtet sind.[49] Es handelt sich um ein Orakel der Göttin Kititum, die wohl eine lokale Manifestation der Göttin Ištar darstellt. Dieses Orakel ist wohl im Tempel in Nērebtum (= Išḫali) ergangen. Eine menschliche Mittlertätigkeit wird nicht erwähnt, aber ist wohl vorauszusetzen.[50] Inhaltlich handelt es sich um ein Heilsorakel.[51]

Ein zweites großes Corpus von prophetischen Texten liegt in der so genannten „Neuassyrischen Prophetie" vor. Die Texte waren schon teils seit dem 19. Jahrhundert bekannt, jedoch nur selten mit prophetischen Phänomenen verbunden worden.[52] Dies änderte sich erst in den 70er Jahren des vergangenen Jahrhunderts. Für den deutschsprachigen Raum ist hier vor allem Manfred Weippert zu nennen, der anlässlich eines Kolloquiums einen Vortrag unter dem Thema „Assyrische Prophetien der Zeit Asarhaddons und Assurbanipals" veröffentlichte.[53] Die maßgebliche Textedition wurde dann erst 1997 von Simo Parpola veröffentlicht, mit einer Ergänzung von Martti Nissinen durch weitere neuassyrische Texte, die das Phänomen der neuassyrischen Prophetie beleuchten.[54]

Wichtige Titel für den prophetischen Bereich sind *raggimu / raggintu* und *maḫḫû / maḫḫûtu.*[55]

Anders als in den Texten von Mari liegen Prophezeiungen in der neuassyrischen Periode auch in Sammeltafeln vor, die einen Einblick geben können in den Verschriftlichungsprozess von Prophezeiungen. Auch hier stellt sich allerdings wie bei den Texten von Mari die Frage, dass bei einem Vergleich mit der biblischen Prophetie der gesamte divinatorische Bereich einschließlich der technischen Divination einbezogen werden sollte. Gerade die neuassyrische

---

49 S. vor allem de Jong Ellis 1987 sowie Nissinen ²2019, Nr. 66.67; Pientka-Hinz 2008, 57.

50 S. de Jong Ellis 1989, 139 f.

51 Nissinen ²2019, Nr. 67a bietet noch einen Text aus Nērebtum, der als Empfänger einer Ration einen *muḫḫûm* erwähnt im Zusammenhang mit anderen kultischen Funktionären im Tempel der Kititum.

52 Zur Forschungsgeschichte s. Weippert 2014, 227–230; Parpola 1997, xiii–xvii.

53 Veröffentlicht in Fales, F.M. (ed.), Assyrian Royal Inscriptions: New Horizons in literary, ideological, and historical analysis, Orientis Antiqui Collectio 17, Rome 1981, 71–115; wieder abgedruckt in Weippert 2014, 9–47.

54 Parpola 1997; Nissinen 1998; weitere Texte bei de Jong 2007, 171–179 ; vgl. auch Nissinen ²2019, 107–206.

55 S. zu *raggimu / raggintu* s. vor allem Stökl 2012, 111–118, der jedoch anders als Parpola und Nissinen einen ekstatischen Zustand für *raggintu* ablehnt und demnach den *maḫḫû* bzw. die *maḫḫûtu* von *raggimu / raggintu* abrückt; für Stökl ist *maḫḫû / maḫḫûtu* in Fortsetzung zu der Funktion des *muḫḫûm* in Mari ein ekstatisch auftretender Kultfunktionär bzw – funktionärin mit gelegentlichen Prophezeiungen (118–121); zu den weiblichen Formen der Titel s. auch Nissinen 2019b, 75–79.

Prophetie bietet sich aufgrund der zeitlichen Nähe zu dem biblischen Phänomen als Vergleichsobjekt an.[56]

Neben diesen umfangreichen Corpora aus altbabylonischer und neuassyrischer Zeit gibt es im keilschriftlichen Traditionsbereich noch weitere Zeugnisse prophetisch-divinatorischen Handelns, die deutlich machen, dass dieses Phänomen sich nicht begrenzen lässt auf wenige Orte bzw. eine bestimmte Zeit.

In einer Anweisung des Königs von Ur, bei dem es sich wahrscheinlich um Amar-Sîn (2046–2038 v. Chr.) handelt, wird der Gouverneur Ur-Lisi von Umma aufgefordert, einem namentlich nicht genannten *muḫḫûm* der Göttin eine Ration Getreide zu liefern.[57] Dieser Text stammt aus dem 21. Jahrhundert v. Chr. Weitere von Nissinen aufgeführte Texte der altbabylonischen Epoche erwähnen den Titel *muḫḫûm / muḫḫātum*, einer der Empfänger ist ein *muḫḫûm* des Gottes Adad von Aleppo. Dabei zeigt sich eine mehr oder weniger starke Bindung an einen Tempel.[58]

In mehreren Texten werden „Propheten" als Zeugen benannt.[59] Die Beziehung zum Kult wird dokumentiert in einer mittelassyrischen Liste, in der *muḫḫûm* neben *assinnu* auftaucht; die institutionelle Beziehung zu den *assinnu* und anderen gender-neutralen Personen wie den *kurgarrû* zeigt sich in einer Liste aus neubabylonischer Zeit.[60]

Prophetie in altbabylonischer Zeit ist auch belegt in einem Dialog zwischen einem Propheten, der hier keinen Titel erhält und nicht namentlich genannt ist und der Göttin Nanaya von Uruk sowie ebenfalls in einem Text aus Kiš.[61] Beate Pongratz-Leisten zieht das Fazit: „Auch wenn sich das bisherige Textmaterial in der altbabylonischen Zeit bisher auf Textzeugen aus Uruk, Kiš, Babylon und Ešnunna beschränkt, legen diese doch Zeugnis von einer etablierten Institution des Orakels auch in Zentralmesopotamien ab, die der Beleglage im westsemitischen und syrisch-hethitischen Bereich entspricht. Zwar setzen die Belege erst wieder mit Asarhaddon im 7. Jahrhundert v. Chr. verstärkt ein, jedoch sind die vereinzelten Hinweise dahingehend zu werten, daß das Orakelwesen durch die Zeiten hindurch weiter existierte"[62].

---

56 S. die bei Nissinen 2017, 9 Anm. 20 erwähnte Literatur; vgl. auch R. Ebach 2023, 33–46.

57 Zur Diskussion des Titels s. Nissinen ^{2}2019, 209 Anm. c.

58 S. ebd., Texte Nr. 135c,g,h,i.

59 Texte Nr. 135d,e,f.; es wird der Titel *muḫḫûm* bzw. *muḫḫātum* verwendet, in 135 f. jedoch *lù-gub-ba*, das in bilingualen Listen mit *muḫḫûm / maḫḫû* wiedergegeben wird (s. 138 Anm. g).

60 Die mittelassyrische Liste ist als Text Nr. 123 bei Nissinen ^{2}2019 publiziert; die neubabylonische Liste als Text Nr. 130.

61 Der Text aus Uruk findet sich bei Nissinen ^{2}2019, Nr. 135a; der Text aus Kiš ist Nr. 135b.

62 1999, 51.

Innerhalb der Amarna-Korrespondenz wird in einem Brief des Königs Tušrattu von Mitanni an seinen Schwiegersohn Pharao Amenophis III. (1390–1352 v. Chr.) ein Orakel der Göttin Šauška von Ninive erwähnt.[63] Die Göttin will nach Ägypten und wieder zurück. Diesem Wunsch entspricht Tušrattu. Wie dieses Orakel zustande gekommen ist, wird nicht näher erläutert; eine wie auch immer geartete Vermittlung dieses Wunsches muss aber vorausgesetzt werden.

Räumlich näher ist ein Text in akkadischer Sprache, der in Ugarit gefunden wurde. Er erwähnt neben verschiedenen Divinationsarten auch den Titel *maḫḫûm* und verbindet mit ihm das Baden im Blut, d.h. wohl außergewöhnliche Bewusstseinszustände, vielleicht auch Selbstverwundungen.[64]

Damit nähern wir uns der südlichen Levante, wo es etliche – allerdings vereinzelte – Textzeugnisse gibt, die sich mit biblischer Prophetie vergleichen lassen.

Das erste Zeugnis ist ein ägyptischer Text in hieratischer Schrift, der aus dem 11. Jahrhundert v. Chr. stammt.[65] Der Text berichtet von der Reise des Tempelbeamten Wenamun im Auftrag des Gottes Amun an die syrische Küste, um Bauholz für den Bau einer Barke zu besorgen. Die Reise führt zunächst nach Dor und dann nach Byblos; der Text endet abrupt mit einem Aufenthalt von Wenamun in Zypern. Weder in Dor noch in Byblos stößt das Anliegen Wenamuns auf Gegenliebe; erst das Auftreten eines jungen Mannes in einem alternierenden Bewusstseinszustand gibt klar den Auftrag Amuns an Wenamun wieder. Die Bezeichnung des Ekstatikers (ʿḏdʿꜣ) ist wörtlich eigentlich als „großer Junge“ zu übersetzen. Am wahrscheinlichsten ist, dass es sich hierbei um ein semitisches Lehnwort handelt, das auch in der Stele des Zakkur vorkommt.[66]

Seit der Entdeckung des Textes ist umstritten, inwieweit er als historisch oder fiktiv anzusehen ist. Die Studie von Schipper macht deutlich, dass dieser Text weder nach der einen noch nach der anderen Seite hin aufzulösen ist. „Von daher erweist sich die Erzählung des Wenamun als ein Literaturwerk, das im Spannungsfeld von Politik, Geschichte und Religion zu verorten ist. Es handelt

---

63 EA 23; Text in Transliteration und englischer Übersetzung bei Nissinen ²2019, Nr. 121; Šauška ist im hurritischen Bereich die Hauptgöttin und entspricht der mesopotamischen Ištar, s. Nissinen 2017, 86.

64 Zu diesem Text s. Stökl 2012, 19; Nissinen 2017, 182; der Text ist als Nr. 122 abgedruckt in Nissinen ²2019.

65 Zum Text s. Schipper 2005, 41–110 (mit einer Interlinearübersetzung); Weippert 2010, 214–227 (Text ebenfalls von Schipper); auszugsweise ist der Text auch bei Nissinen ²2019, 271–273 wiedergegeben; die Übersetzung stammt von Robert Ritner.

66 S. Schipper 2005, 183–185, unter Rückgriff auf Ebach / Rüterswörden 1976. 17–22; Weippert 2010, 218 Anm. 46; vgl. auch Nissinen 2017, 86 f.; R. Schmitt 2014, 26.54; kritisch Weippert 2014 (1981), 35.

sich um einen theo-politischen Text, der klare historische Bezüge erkennen läßt und einer konkreten Situation in der frühen Dritten Zwischenzeit zugeordnet werden kann“[67].

Näher an die Zeit der biblischen Prophetie führt ein aramäischer Text. Es handelt sich um die Siegesstele des Königs Zakkur von Hamath und Luᶜaš.[68] Ihre Entstehungszeit ist gegen 800 v. Chr. anzusetzen; Anlass war der Sieg König Zakkurs über eine Koalition von 17 Königen, die von Bar-Hadad III. von Damaskus angeführt wurde.[69] Diese Stele, die vor dem Gott Ilu-wer wahrscheinlich in Tel Afis (= Hazrak) aufgestellt wurde, beschreibt die Unterstützung, die König Zakkur vor allem durch die Gottheit Baᶜalšamem erfahren hat. Dieser Beistand ist durch prophetische Gestalten vermittelt worden. In Zeile 11–12 heißt es:

„Aber ich erhob meine Hände zu Beᶜelsche[may]n, worauf Beᶜelschemay[n] mir antwortete… Beᶜelschmayn [wandte sich] zu mir *[b]yd. ḥzyn. wbyd. ᶜdd[n].* *ḥzyn* – „Seher“ ist auch biblisch als Titel für prophetische Gestalten belegt: 2 Sam 24,11; 2 Kön 17,13; Jes 30,10; Am 7,12; Mi 3,7; 1 Chr 21,9 u.ö; er verweist auf das vielfach mit der Prophetie verbundene visionäre Geschehen.[70] Funktionell ist er auf der biblischen Ebene nicht von einem *nābîʾ* zu unterscheiden.[71]

Schwierig ist der zweite Ausdruck *ᶜdd[n].* zu bestimmen. Die größte Zustimmung hat die Übersetzung mit „messenger“ bzw. „Bote“ gefunden, wobei Ross eine Nähe zur akkadischen Bezeichnung *apilum* – „Antworter“ erkennt.[72] Jedoch ist auch diese funktionale Bestimmung spekulativ. Barstad stellt zu Recht fest, dass diese Bezeichnung etwas zu tun hat mit divinatorischen Phänomenen.[73] Aussagen darüber hinaus sind kaum möglich. Wenn der Titel in der Wenamun-Erzählung tatsächlich ein semitisches Fremdwort ist, dann kann man annehmen, dass auch alternierende Bewusstseinszustände mit dieser Bezeichnung verbunden sein können (s.o.). Ob eine Verbindung von *ᶜddn* mit dem meist als Namen gelesenen *ᶜôded* (2 Chr 15,1; vgl. 2 Chr 15,8; 28,9) bzw. *ᶜIddô* (2 Chr 12,15; 13,22) vorliegt und *ᶜôded* in 2 Chr 15,1.8; 28,9 als

---

67 Schipper 2005, 333.

68 Der Text findet sich bei Donner / Röllig 2002, 47 f.; Nissinen ²2019, 253–257. Nr. 137 (Lit.).

69 Zur historischen Situation s. Hasegawa 2012, 62 f.101–103; Younger 2016, 476–486; Sader 2018, 117–122.

70 S. Sader 2018, 125; ein Überblick über die unterschiedlichen Deutungen gibt Barstad 2003; vgl. auch weiter unten Abschnitt 3.1.1.1 zum Titel „Seher“ und „Gottesmann“.

71 S. weiter unten Abschnitt 3.1.1.1.

72 1970.

73 2003, 32.

Appellativum gelesen werden kann, ist unwahrscheinlich. *ʿôded* ist kein biblisch belegter Titel für einen Propheten bzw. Divinator.[74]

Die Einleitung der Gottesbotschaft in Zeile 13 mit *'l t[z]ḥl* – „Fürchte dich nicht“ entspricht biblischem Sprachgebrauch und ist ebenso in der neuassyrischen Prophetie beheimatet. Es handelt sich um ein „Erhörungs- und Beistandsorakel“[75]. Insofern entspricht diese Prophetie der auch in Mari und in der neuassyrischen Prophetie anzutreffenden Unterstützung der jeweiligen königlichen Dynastie.[76] In dieses Bild fügt sich auch die einleitende Bemerkung, dass Baᶜalšamem Zakkur zum König gemacht habe (Z. 3). Auch hier sind menschliche Vermittler anzunehmen. Es liegt nahe, an prophetisch-divinatorischen Gestalten zu denken, die vermittelnd am Werk sind. Diese Funktion steht im Einklang mit der biblisch bezeugten Prophetie. (z.B. 1 Sam 9 f.,16; 1 Kön 1–2; 11,29 ff.; 2 Kön 9–10).

1976 wurden bei Ausgrabungen in Deir ᶜAlla im Jordangraben in einem wahrscheinlich durch Erdbeben zerstörten Raum die Reste einer auf Verputz mit schwarzer und roter Tinte aufgetragenen Inschrift gefunden, die die auch aus der Bibel bekannte prophetische Gestalt des Bileam erwähnt.[77] Die genaue Rekonstruktion des Textes ist Gegenstand der wissenschaftlichen Debatte. Im Wesentlichen sind es zwei Textteile, Kombination A,[78] in der Bileam die zentrale Figur ist und Kombination B, die man wohl am ehesten mit Blum als „Weisheitlicher Dialog über Vergänglichkeit und Verantwortung“ bezeichnen kann. Der Text der Kombination I beginnt mit „Warnungen[79] der Schrift (ספר) von Bileam“. Dies deutet auf eine Schriftrolle hin. Von daher ist es sehr

[74] Noth 1966 (1928), 252 und Donner-Röllig 1968, 208; s. dagegen zu Recht R. Schmitt 2014, 46.

[75] Weippert 2014 (1988), 94; vgl. auch Stökl 2012, 21; Nissinen 2017, 107.

[76] Dabei ist einschränkend zu sagen, dass die Kenntnis dieser Prophetie im Wesentlichen aus königlichen Archiven zu uns gelangt ist: zur königskritische bzw. „falschen“ Prophetie in der neuassyrischen Zeit vgl. jetzt R. Ebach 2023, 36–46.

[77] S. Hoftijzer / van der Kooij 1976; s. auch Dies. (eds.) 1991; neuere Literatur findet sich bei Blum 2015, 460 f.; Nissinen ²2019, 259 f.; zu ergänzen ist noch Burnett 2018. Diese Inschrift wird im folgenden als DAPT (= Deïr ᶜAlla Plaster Text) bezeichnet.

[78] Blum verwendet die Bezeichnung A und B, s. Blum 2016, 24 Anm. 17; Burnett 2018, 149 Anm. 42, behält die Einteilung in Teil I und Teil II bei.

[79] Blum 2015, 466, übersetzt hier das einleitende יסרי mit „Lehren“, was mit dem von Blum angenommenen weisheitlichen Hintergrund dieses Textes besser übereinstimmt als das auch mögliche „Warnung“ (so z.B. Schwiderski I, 2008, 373; vgl. auch Seow in Nissinen ²2019 261: „warning“; burnett 2018, 151: „admonition“), das den prophetischen Charakter hervorhebt; zur Diskussion s. Blum 2008b, 580. Da „Lehre“ eine stärkere Vorentscheidung zum Charakter des Textes beinhaltet, wird hier *„ysrj* mit „Warnung“ wiedergegeben, was im größeren Einklang mit dem nachfolgenden Text steht.

wahrscheinlich, dass der Text von einer Schriftrolle auf den Verputz übertragen wurde.[80]

Der Raum, in dem die Inschrift gefunden wurde, gehört zu Phase IX. Die materielle Hinterlassenschaft und Radiokarbon Analysen ordnen diese Phase am ehesten der Zeit um 800 v. Chr. Zu.[81] Nimmt man hinzu, dass DAPT wohl von einem vorgegebenen Text kopiert wurde, dessen Alter nicht zu bestimmen ist, ist es möglich, dass dieser Text noch zum ausgehenden 9. Jahrhundert gehört, auf jeden Fall aber der *terminus ad quem* um 750 v. Chr. anzusetzen ist.[82] Demzufolge liegt mit DAPT ein Text vor, der gleichzeitig mit der israelitischen Prophetie ist, der Schriftprophetie zeitgenössisch ist oder ihr sogar vorausliegt.

Die Einordnung der Sprache von DAPT ist nicht ganz klar.[83] Neuerdings hat sich Blum aufgrund der in den Neunzigerjahren des vergangenen Jahrhunderts entdeckten Tel Dan Stele entschieden für „Aramäisch" ausgesprochen, das in Damaskus entwickelt wurde.[84] Auch Schüle sieht die Nähe zum Aramäischen, jedoch nicht zu dem Aramäisch der Stadtstaaten im Norden.[85] So wird man am ehesten an lokale Entwicklungen mit Bezug zum Aramäischen denken können.

Auch die Funktion des Raumes, in dem DAPT entdeckt wurde, ist in der Diskussion. Franken hat 1976 den Raum als Kultort bezeichnet.[86] Ein Indiz für einen kultisch genutzten Ort sind die Bänke an zwei Seiten und die verputzten Wände in diesem Raum. Allerdings fehlen weitere Artefakte, die auf eine kultische Nutzung hinweisen.[87] Ganz entschieden gegen ein Verständnis des Raumes als eines Kultortes hat sich Blum ausgesprochen. Er denkt aufgrund des weisheitlichen Charakters der Inschriften an einen Schulbetrieb in diesem Raum.[88] Allerdings fehlen eindeutige Belege für diese Funktion; dies gilt auch für die Auffassung, dass dieser Raum für eine Prophetenversammlung genutzt wurde.[89] An religiöse Bedürfnisse, die an einem Ort entstehen,

---

80 S. Weippert 1997, 177; Stökl 2012, 19–21; Blum 2015, 463; Nissinen 2017, 108 f.; Burnett 2018, 152.

81 Ibrahim / van der Kooij 1991, 28; Blum 2015, 459; Ders. 2016, 23 f.; Burnett 2018, 142–144.

82 S. Schüle 2017, 72 f.; Lemaire 2012, 106 f. hält sogar das 10. Jahrhundert für möglich.

83 Siehe die unterschiedlichen Einordnungen von McCarter: „local dialekt" (98); Pardee: Aramaic (104 f.); Greenfield: „local dialect" mit Bezug zum Aramäischen (109–120); Huehnergard: „independent branch of the larger Northwest Semitic family" (293) alle in Hoftijzer / van der Kooij 1991.

84 2016, 23 f.; s. auch schon Blum 2015, 459 f.

85 2017, 75–78; Kritik an der Einordnung von Blum übt auch Burnett 2018, 144 Anm. 24.

86 Franken 1976, 13, s. insgesamt 3–16.

87 S. Ibrahim / van der Kooij 1991, 23; zu den Bänken in Raum EE335 s. ebd., 20.

88 2016, 35–43.

89 Wenning / Zenger 1991, 192 f.

der unter unterschiedlichen politischen und religiösen Einflüssen steht, denkt J.S. BURNETT.[90] Die Diskussion auch zu diesem Punkt ist noch nicht endgültig entschieden.

In DAPT 1,1 wird Bileam als *ḥzh 'lhn* bezeichnet. Damit wird für Bileam ein Titel verwendet, der sowohl in der Hebräischen Bibel als auch in der Zakkur-Inschrift auftaucht. Der Titel verweist auf eine grundlegende Funktion von divinatorischen Gestalten, das Schauen von Visionen.[91] Die Bezeichnung „Seher" ist in der Hebräischen Bibel öfters belegt: Dabei kommt die Bezeichnung חזה in 2 Sam 24,11; 2 Kön 17,13; Jes 28,15; 29,10; Am 7,12; Mi 3,7 vor[92]; die Variante ראה als Titel in 1 Sam 9,11.18.19 (für Samuel); Jes 28,7(?); 30,10.[93] 1 Sam 9,9 verweist auf eine Entwicklung, nämlich dass die Bezeichnung *nābî'* den Titel *hāro'aeh* abgelöst habe. In DAPT 2a wird vermerkt, dass die Götter zu Bileam in der Nacht kamen. Auch dies entspricht Aussagen in der Hebräischen Bibel. Bei Bileam wird die Nacht als Zeit des Offenbarungsempfangs in Num 22,8.13.19 f. erwähnt; dieser Topos zeigt sich auch zum Beispiel in 1 Sam 3; 2 Sam 7,4; Sach 1,8; 4,1.

Als Reaktion auf die Botschaft der Götter zeigt Bileam in DAPT I.4–5 Trauerreaktionen, die die Aufmerksamkeit „seiner Leute" erregt. Dabei wird diese Gruppe nicht genauer beschrieben. Auf jeden Fall verhält sich Bileam so, dass er die Aufmerksamkeit der ihm zugehörigen Gruppe auf sich zieht und sie ihn auf sein Aufmerksamkeit erregendes Verhalten ansprechen (DAPT I, 6).[94] Eine Befragung aufgrund einer unsicheren oder kritischen Situation, wie sie auch öfters von prophetischen Gestalten überliefert worden ist, liegt hier nicht vor. Es ist eine Ansage gegenüber einem Kollektiv von Adressatinnen bzw. Adressaten ohne vorhergehende Anfrage.

Die Trauerriten, die Bileam öffentlich zeigt, machen deutlich, dass es keine Heilsbotschaft ist, die Bileam zu verkünden hat. Obwohl die Einzelheiten schwer zu verstehen sind, ist klar, dass die göttliche Botschaft, die Bileam

---

[90] 2018, 147–149: „Although the benched room and the building complex it belonged to did not yield many exotic or cultic materials, the benches, the special fabrics woven at the site, the inscribed stone and libation goblet an the outsize loom weigth found in adjacent rooms as well as the content of the Balaam text undeniably point to the cultic nature of the building." (145). Für ein kultisches Verständnis hat sich jüngst wieder auch MARGREET L. STEINER 2019 ausgesprochen.

[91] S. KELLY 2020, 149; s. zum Beispiel 1 Kön 22; Jes 6; Ez 1–3.

[92] Die Stellen in den Chronikbüchern sind hier nicht aufgeführt; zum Titel „Seher" s. weiter unten 3.1.1., Exkurs 1.

[93] Auch hier sind die Chronikstellen nicht vermerkt, s. dazu unten 3.1.1; die Stellen bei KELLY 2020, 32 f.

[94] B. LANG 1980, 28–30 hat darauf aufmerksam gemacht, dass die biblischen Propheten Jesaja, Jeremia und Ezechiel manchmal ihre Botschaft durch Spiel, Mimik und Requisiten veranschaulichen, begleiten oder unterstreichen.

vermittelt, Unheil bedeutet. Von daher steht DAPT der prophetischen Gerichtsbotschaft, wie sie in der Schriftprophetie ebenfalls vorliegt, nahe.[95]

Bileam „sieht" die Botschaft der Götter, die in der Götterversammlung gefällt wird (DAPT I, 8), eine Vorstellung, die ebenfalls noch innerhalb der Hebräischen Bibel in 1 Kön 22,19–23 und Jes 6 durchschimmert.

Von daher liegt in DAPT eine Inschrift vor, die die Prophetie auch in der näheren Umgebung Israels bezeugt. Es handelt sich bei der israelitischen Prophetie also keinesfalls um ein isoliertes Phänomen.

1961 wurde bei Grabungen an der Zitadelle von Amman eine Inschrift gefunden.[96] Es handelt sich um das Fragment einer Stele, die vielleicht einmal Teil einer Bauinschrift war.[97] Aus paläographischen Gründen wird sie zwischen der Mitte des 9. Jahrhunderts und dem frühen 8. Jahrhundert datiert.[98] Eingangs ist der ammonitische Nationalgott Milkom erwähnt, der einen Bauauftrag an einen nicht namentlich genannten Adressaten, wahrscheinlich den Herrscher, formuliert. Es liegt wohl Gottesrede vor. Dem Herrscher wird der Sieg über die Feinde durch die Gottheit verkündet. Am Ende des Fragmentes wird dem König Frieden verheißen. Seow in der Sammlung von Nissinen hält es für gegeben, dass ein menschlicher Mittler dieser Botschaft anzunehmen ist,[99] allerdings ist er nicht erwähnt. Divination im Sinne der Vermittlung göttlicher Botschaften auf unterschiedlichen Wegen ist damit belegt; eine eigene „Berufs" gruppe jedoch nicht.

Eine hieroglypen-luwische Steleninschrift, die in der Nähe von Tell Aḥmar 1999 entdeckt wurde (Tell Aḥmar 6), gibt einen prophetischen Vorgang wieder.[100] Sie stammt wohl aus dem 10. bis 9. Jahrhundert v. Chr. und ist König Ḫamiyata von Masuwadi zuzuschreiben. In ihr wird ein Auftrag an den siegreichen König übermittelt, den Wettergott des Heeres zu inthronisieren. In § 22 heißt es, dass der Auftrag durch einen menschlichen Mittler überliefert worden ist: „und der Gottesmann sprach zu mir…" Unter Einbeziehung von Tell Aḥmar 5 kommt M. Weippert zu der Schlussfolgerung: „Dass die beiden

---

95 S. Blum 2008, 88–96; Leuenberger ^{2}2021, 143 Anm. 98: DAPT ist „(bedingte) Unheilsankündigung an ein Kollektiv."; Nissinen 2017, 108 f.; Burnett 2018, 164 f.

96 Sie wurde 1967/68 von S.H. Horn publiziert; der Text findet sich bei Aufrecht ^{2}2019, Nr. 59 (Lit!); s. auch Nissinen ^{2}2019, Nr. 136; Hübner 1992, 17–21; Tyson 2014, 81 f. Zur Bedeutung für die Prophetie s. Stökl 2012, 22, der in der Milkom-Botschaft eher ein technisch vermitteltes Orakel sieht und deshalb kein Zeugnis für die Prophetie erkennt.

97 Zu den unterschiedlichen Möglichkeiten s. Aufrecht ^{2}2019, 192.

98 S. Tyson 2014, 81.

99 ^{2}2019, 252.

100 Die *editio princeps* legte Hawkins 2006 vor; der Text in Transliteration und englischer Übersetzung findet sich bei Nissinen ^{2}2019, Nr. 143. Zur Prophetie s. M. Weippert 2014, 235; Nissinen 2017, 106–107.210–211.

dem König Ḫamiyata erteilten Aufträge solche der jeweiligen Gottheit sind, wird im erhaltenen Text nicht ausdrücklich gesagt, ist aber aus dem Zusammenhang eindeutig zu erschließen. Daraus folgt, dass heth. ^{lú}*šiuniyant* wie luw. *maššanāmi-massanami* Bezeichnungen von Propheten darstellen."[101]. Anders als bei der ammonitischen Zitadelleninschrift lässt sich hier also eine menschliche Zwischeninstanz belegen.

Im Jahr 1935 wurden in Lachisch mehrere Ostraca gefunden, die in der Situation kurz vor der Eroberung Jerusalems durch die Babylonier im Jahr 587/6 entstanden sind. Bei diesen Lachisch-Briefen ist bei Dreien ein Bezug zur Prophetie diskutiert worden. Dabei beruht der Bezug zur Prophetie in Ostrakon 6 wohl auf einer falschen Lesart. In Zeile 5 ist nach *dbrj* und folgendem Artikel am ehesten *śrym* (= Beamte) zu lesen.[102] In Ostrakon 16 lässt sich nur der Titel *nābî'* sicher lesen, während Ostrakon 3 den Brief eines namentlich nicht bekannten *nābî'* erwähnt, ohne dass jedoch die genaue Botschaft dieses Propheten deutlich wird. Immerhin wird damit belegt, dass in vorexilischer Zeit der Titel nābî' bekannt war und dass Propheten sich auch brieflich äußern konnten.[103]

Seit einigen Jahren ist auch das griechische Orakelwesen als Vergleichspunkt für die biblische Prophetie in den Fokus des Interesses geraten.

Schon 1993 hat Jan Bremmer die Beziehung zwischen Propheten und den politischen Eliten in Israel, dem früh neuzeitlichen Europa, wobei er den griechischen „Seher" näher an die politischen Eliten rückt als den biblischen Propheten.[104]

Armin Lange vergleicht 2006 die Verschriftlichung der biblischen Prophetie mit den Orakel-Sammlungen in der griechischen Divination. Er kommt dabei zu dem Ergebnis: „The uniqueness of Israelite prophecy and its particular characteristics are not found in its form or hermeneutic character but in its subject matter."[105]

In mehreren Artikeln widmet sich die Zeitschrift „Vetus Testamentum" 2007 der Frage der Beziehung der biblischen Prophetie zu der griechischen Divination.

Anselm Hagedorn wirft einen Blick auf die Aussagen zu Fremden in der biblischen und griechischen Prophetie. Worte gegen Fremde dienen dabei dazu, die Identität der eigenen Ethnie bzw. Gruppe zu stärken.[106]

---

101 2014, 235

102 S. Renz-Röllig I, 1995, 426; s. zu den Lachisch-Briefen auch weiter unten Abschnitt 3.1.1.

103 S. auch Jer 29; die Identität dieses Propheten mit Jeremia ist jedoch reine Spekulation.

104 1993, 150–183. David Aune bezieht schon 1983 in einer Untersuchung zur Prophetie in neutestamentlich-frühchristlicher Zeit die griechisch-römischen Orakel mit ein.

105 2006, 248–275; Zitat 275.

106 VT 57 (2007), 432–448; s. auch Ders. 2013.

Herbert B. Huffmon betrachtet den Prozess der Orakelgewinnung im Nahen Osten und in Delphi, wobei die Analyse der Prozesse sich gegenseitig erhellen können.[107]

Armin Lange vergleicht die griechischen Seher (μαντεις) mit den Propheten des Nahen Ostens. Er sieht den Unterschied darin, dass der griechische Mantis seine eigene Botschaft verkündet, während die Propheten des Nahen Ostens sich stärker als Übermittler einer göttlichen Botschaft zeigen.[108]

Jonathan Stökl sieht die griechische Divination jedoch als „less diversified in Greece when compared to the Near East."[109]. Er sieht keine genetische Verbindung zwischen der Prophetie im Nahen Osten und der Divination in Griechenland und bezieht deshalb die griechische Divination in die vergleichende Untersuchung ebenso wie die ägyptische und hethitische Divination nicht ein.

In seiner umfassenden Gesamtdarstellung der antiken Prophetie aus dem Jahr 2017 sieht Martti Nissinen dagegen in der griechischen Divination ein weiteres Vergleichscorpus zur biblischen Prophetie neben den nahöstlichen Quellen.[110] Dieser Weg ist zukunftsweisend.

Auch die Divination im Achämenidenreich stellt ein Vergleichsfeld für die biblisch bezeugte Prophetie dar. Auf sie hat in jüngster Zeit Ruth Ebach aufmerksam gemacht.[111]

Neben dem mesopotamischen Raum hat vor allem Ägypten einen großen Einfluss auf den Raum der südlichen Levante ausgeübt. Was das Phänomen der Prophetie anbetrifft, ist Ägypten jedoch schon früh als Vergleichsobjekt ausgeschlossen worden. Lediglich technische Orakel seien in Ägypten bezeugt. Allein in der hellenistischen Periode sei mit gegenseitigen Beeinflussungen zu rechnen.[112]

Der Auffassung von Günter Lanczkowski, der eine prophetische Bewegung in der Aufstiegszeit des Mittleren Reiches zu erkennen glaubte, ist eingehend widersprochen worden.[113]

Obgleich die Ägyptologin Nili Shupak etliche Zeit später einige Berührungspunkte zu der biblischen Prophetie sieht, kommt sie zu dem Fazit, dass

---

107 2007, 449–460. Siehe zu einem Vergleich mit dem Orakel von Delphi auch Kupitz / Bertholet 2009, 95–124.

108 Ebd., 461–482. Zur Rolle der weiblichen Seherinnen s. Hagedorn 2013, 101–125.

109 2012, 24; s. insgesamt 23–25.

110 2017, 116–142. R. Ebach 2023, 58–80 bezieht in ihrer Untersuchung mit dem Titel „Trügende Prophetenworte" die griechische Divination richtigerweise mit ein.

111 2023, 48–54.

112 S. z.B. Hölscher 1914, 458–460.

113 Lanczkowski 1960; s. dazu ausführlich nötscher 1991 (1966), 216–225; vgl. auch Herrmann 2002 (1963), 173–189.

die meist als Zeugnisse von Prophetie verstandenen Texte zur Weisheitsliteratur zu rechnen sind; die Verfasser sind keine charismatischen Persönlichkeiten.[114]

In der komparativ angelegten Studie von JONATHAN STÖKL wird ein Verständnis der ägyptischen Texte als „prophetisch" klar abgelehnt. Weder seien diese Texte „prophetisch" noch gibt es einen Titel, der auf eine solche Institution hinweisen würde.[115]

Vorsichtiger argumentiert THOMAS SCHNEIDER.[116] Er hält auch eine nicht in Texten dokumentierte „Prophetie" im Sinne einer spezifischen Form der göttlich-humanen Kommunikation durch einen menschlichen Agenten mit Hilfe von Audition, Vision, Traum oder Ähnlichem, die als Botschaft von Gottheiten weitergeleitet wird an Dritte, für möglich auch schon in vorhellenistischer Zeit.[117] „The increasingly rich evidence on all types of divination from pre-hellenistic Egypt does not permit the conclusion that examples such as the prophecies of Hor or the Potter are Hellenistic innovations"[118]. Dabei müssen die sozialen und politischen Kontexte der Religion einbezogen werden. Auch ELKE BLUMENTHAL spricht sich schon 1982 für die Benennung der Prophezeiung des Neferti als „Prophetie" aus.[119] RUTH EBACH kommt auf dem Hintergrund der Definition von Prophetie nach WEIPPERT zu dem Fazit: „Im Vergleich der ägyptischen Texte mit der alttestamentlichen und breiter orientalischen Prophetie fällt auf, dass es keine Analogie zu prophetischen Figuren gibt, dass jedoch die Textgattungen und ihre Funktionen selbst durchaus Anhaltspunkte bieten."[120] Bei Einbeziehung auch der instrumentellen Mantik wird es zukünftig

---

114 1991, 40, s. insgesamt 5–40; in einem weiteren Artikel aus dem Jahr 2006 sieht sie in den tragenden Texten „fictive literary compositions" und ordnet sie weiterhin als Untergruppe der Weisheitsliteratur zu, hält es aber für möglich, diese Texte als „prophetisch" zu bezeichnen: „The 'prophetic' character of these works is derived from a common feature shared by all of them: protest against and criticism of the ills of their time." (143), s. insgesamt 133–144; auch. RÜDIGER LIWAK untersucht die Herrschererwartungen als Ausdruck einer politischen Prophetie in Ägypten und Israel, sieht jedoch keine direkten Abhängigkeiten. Er weist daraufhin, dass die Frage nach „prophetischen" Persönlichkeiten angesichts der Forschung im biblischen Bereich obsolet geworden ist (2006, 57–81; s. zu dieser Frage weiter unten 1.3: Paradigmenwechsel).

115 2012, 14–16; für den Titel *ḥm nṯr* macht er darauf aufmerksam, dass das Verständnis dieses Titels als eines prophetischen Titels durch die griechische Übersetzung demotischer Texte verursacht wurde (mit Verweis auf LIWAK 2006, 61). SCHIPPER urteilt 2013 ebenso: „‚Prophetie' im strengen Sinne gab es in Ägypten nicht." (12). Auch hier spielt wieder eine enge Prophetendefinition eine entscheidende Rolle.

116 Vgl. zum Folgenden SCHNEIDEER 2018, 59–86.

117 Die Definition von „Prophetie" entnimmt S. von FRAHM 2006–2008, 7–8.

118 SCHNEIDER 2018, 78.

119 1982, 1–27.

120 2023, 58.

sicherlich noch mehr Parallelen zu prophetischen Phänomenen in der Hebräischen Bibel zu entdecken geben.

Neben Ägypten und Mesopotamien ist auch Kleinasien eine kulturelle Nachbarregion, die auf die südliche Levante Einfluss ausübte. Mit dem Hethiterreich etablierte sich dort ein mächtiges Reich, das bis zum Ende der Spätbronzezeit ein gewichtiger Faktor im politischen, wirtschaftlichen und religiösen Bereich darstellte. Es hinterließ eine Keilschriftliteratur, die deutlich macht, dass Divination eine wichtige Rolle im Zusammenleben der Menschen spielte. Das Orakelwesen ist sehr differenziert und durchzieht alle Lebensbereiche.[121]

Stökl sieht nur wenige Berührungspunkte zu der Prophetie:[122] Die Bezeichnung *LÚ DINGIR^{lim}-ni-an-za-ma*, wohl phonetisch *antuḫšaš šiuniyant*[123] könnte auf einen ekstatischen Zustand verweisen,[124] jedoch geben die wenigen Vorkommen in den Pestgebeten des Königs Muršili keine Auskunft über die Art und Weise der möglicherweise divinatorischen Praxis dieser so bezeichneten Person.

Zur prophetischen Praxis macht Nissinen noch auf einen Text im Hisuwas-Festival aufmerksam, in dem ein *purapsi*-Priester dem König militärischen Erfolg ankündigt. Dies erinnere an die prophetischen Heilsorakel.[125]

Neben den männlichen, vor allem in der Eingeweideschau und in der Ornithomantik angesiedelten Experten gibt es auch noch Expertinnen, die am ehesten als „Weise Frauen" anzusprechen sind.[126] Diese ŠU.GI-Expertinnen führen wohl eine Art von Losorakel durch, ein technisches Orakel.[127] Sie sind ebenso Heilerinnen, Geburtshelferinnen und Schadenszauberinnen und werden von allen Schichten der hethitischen Gesellschaft zu Rate gezogen.[128]

Der Vergleich mit der hethitischen Divination verdient eine weitere Vertiefung, die nicht durch von vornherein abgrenzende Definitionen von „Prophetie" begrenzt wird. Es wird sich ein neues Bild ergeben, wenn die technische Divination wie auch magische Praktiken in die Definition von „Prophetie" einbezogen werden.

---

121 Einen Überblick über die Orakelpraxis geben Kammenhuber 1976; Beal 2002, 57–81; Bawanypeck 2005, 4–11; van der Hout 2003–2005, 118–124; Haas 2008.

122 2012, 16 f.; zur Auseinandersetzung mit der Definition der Prophetie als rein intuitive Form der Divination s. weiter unten Abschnitt 3.2.3 und 3.2.4.

123 S. Kammenhuber 1976, 197.

124 Zur Bedeutung von šiuniyant s. auch Nissinen 2017, 72 f. Anm. 74.

125 Ebd., 73.

126 Das sumerische Wortzeichen lautet *^{munus}ŠU.GI*, hethitisch *ḫāšawa*, was wohl mit „Alte / Weise Frau" zu übersetzen ist.

127 S. Haas 2008, 20–22; vgl. auch Beal 2002, 76–80: Schwemer 2002, 143.

128 Haas 2008, 20.

1.3 Paradigmenwechsel

In den 80er Jahren des letzten Jahrhunderts erschienen noch monographische Studien, die einzelne biblische Propheten ausführlich vorstellten:[129] 1995 jedoch hatte sich die Situation geändert. 1995 gab R.P. GORDON einem Aufsatz die Überschrift: „Where have all the prophets gone? The 'disappearing' israelite prophet against the background of Ancient Near Eastern Prophecy."[130] Ein grundlegender Wandel hatte sich vollzogen. Es stellte sich die Frage, inwieweit wir überhaupt einen Zugang zu den historischen Persönlichkeiten der biblischen (Schrift-)Propheten und damit zu dem historisch-sozialen Phänomen der biblischen Prophetie haben. GRAEME AULD vetrat 1983 in der Zeitschrift „Journal for the Study of the Old Testament" die These, dass die Verwendung des Titels „nābî'" und das Konzept der Prophetie im Wesentlichen eine Schöpfung der literarischen Tradition darstellt.[131] Amos lehnt in Amos 7,14 den Titel Nabi ab und Jeremia bekämpft die Nebiim. Unterstützt wird AULD in dieser Ausgabe der Zeitschrift durch CARROLL, während WILLIAMSON die Gegenposition einnimmt.[132]

Die Wende hin zum Prophetenbuch anstelle der Persönlichkeit des Propheten wurde unterstützt durch die redaktionsgeschichtliche Fragestellung, die sich allmählich in den Vordergrund schob. Damit wurde die eigenständige Leistung der Tradentinnen und Tradenten und Redaktionen sichtbarer. Es wurde sich nicht mehr fokussiert auf die *ipsissima vox* des Propheten innerhalb des Prophetenbuches, d.h. die echten Worte des Propheten im Vergleich mit den späteren Ergänzungen zu unterscheiden, sondern das Buchganze kam stärker in den Blick. Zugleich wurde deutlicher, dass der Weg zum Propheten zunächst einmal über das Prophetenbuch führt und damit die historische Persönlichkeit schwerer zu erkennen ist.[133] Anstelle einer reinen Aktualprophetie kam die Tradentenprophetie bzw. literarische Prophetie in den Blick. Zugleich wurden die Grenzen der bisherigen literarkritischen Betrachtung

---

[129] S. KOCH I 1978, ²1987, ³1995; II 1980, ²1988; WILSON 1980; BLENKINSOPP 1983, ²1996, deutsche Übersetzung 1998; SICRE 1992; zur frühen Prophetie s. auch noch UFFENHEIMER 1999, urspr. hebräisch 1973.

[130] 1995.

[131] 1983.

[132] Die Diskussion wird noch fortgeführt in weiteren Jahrgängen der Zeitschrift; eine Zusammenstellung der folgenden Diskussionen hat PHILIP R. DAVIES vorgenommen in dem Band „The Prophets. A Sheffield Reader" aus dem Jahre 1996.

[133] S. STECK 1996, 4; s. insgesamt die exzellente Darstellung bei U. BECKER 2004, der neben der Abkehr vom „klassischen" Prophetenbild, der Hinwendung zum Buch und seiner Entstehung insbesondere am Beispiel des Jesajabuches sowie der zunehmenden Orientierung an der kanonischen Endgestalt als Gründe namhaft macht für eine Trendwende in der Prophetenforschung.

deutlicher gesehen.[134] Damit wurde die Prophetie stärker im literarischen Bereich verortet und die Grenze zum sozialen Phänomen der Prophetie stellt sich neu. Verbunden damit geriet auch die frühe, zeitnahe Datierung der prophetischen Bücher zu den historischen Prophetengestalten zunehmend in die Kritik und eine Tendenz zur späten Datierung der Entstehung der Prophetenbücher wurde deutlicher.[135] Damit ist die Darstellung der Prophetie an einem neuen Punkt angelangt, der verlangt, dass die Prophetie neu betrachtet werden muss. Die Frage von F. Deist, ob ein Paradigmenwechsel vorliegt, ist mit Ja zu beantworten.[136]

Die Frage der Verbindung des sozialhistorischen Phänomens der Prophetie und der literarischen Prophetie muss neu ausgehandelt werden.

In dem knappen Überblick zu den Propheten Israels aus dem Jahre 2003 kommt Reinhard Gregor Kratz zu der folgenden Neubestimmung: „Mit der Verschriftung und Interpretation der prophetischen Orakel geht im Alten Testament eine radikale theologische Neuorientierung einher. Die Schriftprophetie ist vom Ursprung her Gerichtsprophetie, auch da, wo sie von neuem Heil kündet und den Wegen, es zu erlangen. Das unterscheidet sie von den Propheten des Alten Orients wie von den Königsmachern und Wundertätern in Israel und Juda“[137]. Was das Verhältnis zur altorientalischen Prophetie anbetrifft, so zeigt zum Beispiel die Studie von Matthijs J. de Jong, dass sich das Verhältnis altorientalischer Prophetie zum sozialhistorischen Phänomen der Prophetie in Israel und Juda fast umgekehrt hat. Die altorientalische Prophetie gibt jetzt die Hintergrundsfolie ab, vor der die israelitische Prophetie zu verstehen ist. So kommt M. de Jong bei seinem Vergleich der frühen Jesajatraditionen mit der neuassyrischen Prophetie zu dem Ergebnis: „The earliest layer of the Isaiah tradition, the eighth-century prophetic material, does not resemble the characteristics of prophecy of judgement; and the prophetic figure behind these prophecies and sayings cannot be described as a ‘classical prophet’“[138]. Er liegt damit auf der Linie der Propheteninterpretation von Kratz.

Ein anderes Bild entwirft Jörg Jeremias. Er betont stärker die Kontinuität zwischen mündlich verkündeter Prophetie und ihrer Verschriftlichung.[139] Dabei sieht er vier Problemkreise, die mit dem Rätsel der Schriftprophetie verknüpft sind: 1. Die Verschriftlichung der ursprünglich mündlich übermittelten

---

[134] S. z.B. Becker ⁴2015, 43–45.

[135] S. beispielsweise die Beiträge in Edelman / Ben Zvi 2009.

[136] „The prophets: Are wie heading for a paradigm switch?“, (1989, 1–18); so lautet der Titel eines Aufsatzes aus dem Jahre 1989.

[137] 2003a, 42 f.; s. auch Ders. 2011, 3–17; 2017, 242–259; zuletzt Ders. 2022; vgl. auch U. Becker 2006, 3–20.

[138] 2007, 463; vgl. auch Ders. 2011b, 33–70; 2017, 53–78; Jeremia rechnet er nicht zu den Nebiim, s. 2011a, 483–510.

[139] S. zum folgenden Jeremias 2013, 93–117.

Prophetie. 2. Das Wesen der schriftlichen Prophetie, d.h. wie hat die Verschriftlichung die mündliche Prophetie verändert. Bei diesen beiden Punkten ist der Vergleich mit der altorientalischen Prophetie unerläßlich. 3. Die Entstehung von Prophetenbüchern und 4. die Eigenart genuiner Schriftprophetie, die keine mündliche Vorgeschichte kennt; sie setzt Prophetenbücher voraus und ist ein Phänomen der nachexilischen Zeit. Mit diesem Weg verbinde sich eine immer höhere Wertung der Prophetie.

Von den altorientalischen Parallelen zur Prophetie, die phänomenologische Ähnlichkeiten zur biblischen Prophetie aufweisen,[140] können wir unterschiedliche Wege der Verschriftlichung von Prophetie erkennen. Bei den meist über Beamte vermittelten prophetischen Äußerungen in Mari handelt es sich um tagesaktuelle Gelegenheitsschriften, die später vernichtet wurden. In der neuassyrischen Prophetie haben wir Sammeltafeln, die im Hinblick auf die Thronstreitigkeiten zu Legitimationszwecken bewusst archiviert wurden. In Deir ᶜAlla ist dagegen eine Prophetie außerhalb des Königshofes sichtbar geworden, die die Möglichkeit komplexer Textproduktion jenseits der Zentren aufweist und die gleichzeitig eine wichtige Sachparallele zur biblischen Unheilsprophetie darstellt.

Jeremias sieht die Anfänge der Schriftprophetie in dem Widerstand gegen die Verkündigung der Propheten, die er in Hos 9,7–9; Am 7,10–17; Jes 5,18 f.; Mi 2,6–11; Jes 30,15 erkennt, wobei das mündliche Wort des Propheten in eine noch offene Entscheidungssituation ergangen sei, während der Text diese schon im Rücken habe. Im Gegensatz zu Kratz sieht er hierin keinen literarischen Topos oder literarisches Motiv; Jeremias kritisiert außerdem, dass Kratz die innerprophetischen Auseinandersetzungen übergehe und keinen Unterschied zur kanaanäischen Religionsgeschichte erkenne. Ebenso werde nicht die Änderung der Adressaten gesehen sowie die Bedeutung des Gottesverhältnisses bei Hosea, Amos und Micha. Jeremias unterscheidet zwischen der anfänglichen Niederschrift der mündlichen prophetischen Worte als Reaktion auf die Ablehnung des Prophetenwortes, die anfangs nur in kleineren Oppositionskreisen erfolgt sein kann[141] und der Entstehung von Prophetenbüchern, die das Ganze einer prophetischen Wirksamkeit in den Blick nimmt und dabei den Fall des Nordreiches voraussetzt. Die Prophetenbücher haben dabei eine jeweils eigene Geschichte, was Jeremias anhand von Hosea, Amos und Micha zu belegen versucht. Immer aber bleibt nach Jeremias das Prophetenwort an die Ursprungssituation gebunden, was Kratz ablehne.[142] Ab der späten Perserzeit

---

[140] Dazu gehören nach Jeremias die Botenformel und die Mittel Vision, Traum und Ekstase als Offenbarungsempfang; dass es Laien und Berufspropheten gibt, Männer und Frauen, Einzelne und Gruppen; ungefragte und erbetene Prophetie.

[141] Er verweist dazu auf Hardmeier 1983.

[142] Kratz hat sich in einigen Punkten missverstanden gefühlt, s. die Replik in derselben Zeitschrift 2013, 635–639.

gibt es keine auf mündlicher Prophetie beruhenden Prophetenbücher mehr; vielleicht ist Joel der Letzte.

Im selben Jahr 2013 stellte sich auch Alexandra Grund der Frage nach den Anfängen der Schriftprophetie bzw. der Gerichtsprophetie in Israel. Als Vertreter des Modells der radikalen Umformung ursprünglicher fragmentarischer heilsprophetischer Überlieferung durch eine fiktionale gerichtsprophetische Redaktion nach den Katastrophen von 722 und 587 v. Chr. sieht sie neben Kratz vor allem U. Becker[143] und K.F. Pohlmann.[144]

Sie sieht folgende Gegengründe:

1. Hält sie die Gegenüberstellung von entweder echtem Prophetenwort oder reflektierender literarischer Komposition mit Verweis auf Blum 2008 in dieser Form für eine Scheinalternative.
2. Ebenso sei eine sprachstatistisch und innerliterarische Argumentation meist quantitativ nicht ausreichend.[145]
3. Warum sollten durch die Ereignisse von 722 v. Chr. als unzutreffend erwiesene Heilsprophetien aus dem Nordreich überhaupt weitertradiert worden sein? Die Überlieferungslücke wird nicht entsprechend berücksichtigt.[146]
4. Die Entgegensetzung von Heils- und Unheilsprophetie ist auch für die altorientalische Prophetie problematisch.[147]
5. Kratz marginalisiere die intendierte Überlieferung altorientalischer Orakel in Mari, der neuassyrischen Prophetie und Deir ᶜAlla; sie sind zum Vergleich heranzuziehen.
6. Eine Urknall-Theorie aus dem Nichts bleibt bei der Entstehung der Gerichtsprophetie in Israel unbefriedigend.[148]

Bei der Erforschung der israelitischen Prophetie sind unbedingt im Hinblick auf Übermittlung von Prophetenworten, der Adressatinnen und Adressaten, aber auch der prophetischen Kritik bzw. der Unheilsankündigungen[149] die altorientalischen Parallelen heranzuziehen, ebenso bei der Sammlung von Prophetenworten wie auch der literarischen Prophetie.[150] Dabei können die altorientalischen Prophetien nicht als Plädoyer für Frühdatierungen dienen, sie erschüttern jedoch die Argumente für eine generelle Spätdatierung.

---

143 S. U. Becker 1997; 2001 und 2004.

144 1994.

145 S. Krispenz 2006.

146 S. schon Barstad 1993, 43.

147 Mit Verweis auf die Arbeiten vor allem von Nissinen 2003, 2; Ders. 2000b, 235 f.257 f.

148 S. Blum 2008, 97 und Anm. 90; zu Jesaja s. Kreuch 2011.

149 Die strikte Gegenüberstellung von Heils- und Unheilsprophetie ist dabei aufzugeben, s. Nissinen 2003, 2; de Jong 2007, 307.353 (weitere Lit 230 f. Anm. 93).

150 Hier sind auch die sogenannten „literary predictive texts“ einzubeziehen; zu diesen Texten s. Nissinen 2017, 111–115 und R. Ebach 2023, 54–58.

Die Diskussion über die israelitische Gerichtsprophetie und deren Anfänge ist noch nicht abgeschlossen. U. BECKER vertritt die These, dass die Anfänge der Unheilsprophetie in Juda erst im Jeremiabuch zu greifen sind.[151] Vor allem in Jer 2–6 wurden Worte über das Herannahen des Feindes aus dem Norden nachträglich mit Klagen verbunden (Jer 6,1–5*; 6,22–25 und Jer 4,5–6). Dabei wird erst allmählich aus dem Kommen ein Herbeiholen des Unheils, d.h. Gott konnte sich gegen sein Volk wenden. In einem weiteren Redaktionsgang kam der Schuldaufweis hinzu: Das Gottesvolk hat beständig gesündigt.

Die strikte Gegenüberstellung von einer unbedingten Gerichtsprophetie und einer heilsprophetischen Ausrichtung ist wohl nicht mehr aufrecht zu erhalten. Mit MARTIN LEUENBERGER[152] ist davon auszugehen, dass bedingte Unheilsansagen, die pragmatisch auf Umkehr zielten, bei den Angesprochenen kein Gehör fanden. Als Reaktion erfolgte die Verschriftlichung als Außenseiter- und Oppositionsliteratur. Zeitlich ist dies nicht erst mit der exilischen Situation verbunden, sondern kann durchaus im 8. Jahrhundert v. Chr. eingesetzt haben, zumal, wenn man einen Text wie Deir ᶜAlla aus eben dieser Zeit mit einbezieht.

Deutlich ist auch, dass ähnliche Phänomene aus der Umwelt bei der Untersuchung berücksichtigt werden müssen, was auch in jüngerer Zeit durch die Monographien von STÖKL und NISSINEN[153] geschieht.

Hinzuweisen ist bei dieser Forschungsskizze noch auf zwei Entwicklungen in der Prophetenexegese.

1980 plädiert R.R. WILSON für die stärkere Einbeziehung ethnologischer bzw. anthropologischer Studien an der Schnittstelle von Prophetie und Gesellschaft. „Unlike the biblical material these anthropological studies provide comprehensive accounts of the ways in which prophets are related to their societies. This comparative evidence indicates the complexity of the social dimensions of prophecy and can therefore suggest to the interpreter more precise and potentially useful questions that might be asked of the biblical text. In this way the anthropological data can provide a detailed background against which the biblical evidence can be better understood."[154] Vor allem in dem Verständnis der prophetischen Aktivität, der sozialen Verortung und Bedeutung der Prophetie sieht er den Benefit.[155]

Am konsequentesten hat THOMAS W. OVERHOLT diesen Appell aufgegriffen und 1986 ein Buch mit Quellentexten aus der Anthropologie publiziert: „Prophecy

---

[151] 2017, 79–100.

[152] 2017, 140–144.

[153] 2012; 2017; bei einer weiteren Definition von Prophetie müssen auch noch andere divinatorische Erscheinungen einbezogen werden; NISSINEN ist mit der Einbeziehung der griechischen Divination auf dem richtigen Weg.

[154] 1980, 14.

[155] Ebd., 86–88.

in Cross-Cultural Perspective“[156]. Dabei hat er vor allem die indigenen Völker Nordamerikas im Blick, aber auch die afrikanischen, indischen und pazifischen Räume.[157] 1989 wendet OVERHOLT diese Perspektive für die Darstellung der sozialen Dynamik der prophetischen Aktivität an.[158]

Auch LESTER L. GRABBE macht auf die Bedeutung anthropologischer Studien zum Verständnis der biblischen Prophetie aufmerksam. Dabei hält er den Vergleich ganzer Kulturen am hilfreichsten, aber auch schwierig zu verwirklichen. „More practical in most cases is the comparison of similar phenomena in two or more cultures, such as divinatory practices or prophetism.“[159].

Insgesamt ist jedoch zu vermerken, dass anthropologische bzw. ethnologische Studien bisher kaum zum Verständnis der Prophetie herangezogen wurden. Das liegt sicherlich an methodologischen Schwierigkeiten, aber auch daran, dass die historische Prophetie speziell der vorexilischen Zeit sehr unscharf geworden ist und kontrovers diskutiert wird (s.o.).

Neben den Prophetenbüchern und anderen Erwähnungen von Propheten in der Tora und den Vorderen Propheten gibt es wenige Texte, die Prophetinnen erwähnen. In Ex 15,20 wird Mirjam als Prophetin und Schwester Aarons bezeichnet. Sie ergreift nach der Rettung am Schilfmeer die Pauke und führt tanzend und singend alle Frauen an; in V21 interpretiert sie das Handeln JHWHS und gibt ihm eine erste Deutung.[160] Damit übt sie eine prophetische Rolle als Mittlerin zwischen Gott und dem Volk. Dennoch war es leicht möglich, ihre prophetische Rolle zu übersehen und ihre Bezeichnung als „Prophetin“ als „Aufweichung des Titels“[161] zu begreifen. Ihr Konflikt mit Mose (Num 12) trug dazu bei, sie eher in die Nähe der falschen Propheten anzusiedeln.[162] Neben Mirjam werden auch Debora (Ri 4,4), Hulda (2 Kön 22,14 // 2 Chr 34,22) sowie Noadja (Neh 6,14) als Prophetinnen bezeichnet; ebenso die namentlich nicht genannte Frau des Jesaja (Jes 8,3) und die anonymen Prophetinnen in Ez 13. Das sechsmalige Vorkommen gegenüber dem 308 maligen Vorkommen der männlichen Form konnte in Verbindung mit patriarchalem Denken leicht zu

---

156 1986.

157 Ebd., 21–308.

158 Die immer noch aktuelle Studie hat den Titel „Channels of Prophecy“.

159 2000, 31; s. auch die sozialhistorische Studie von GRABBE zu den religiösen Spezialisten in Israel (Priestern, Propheten, Divinatoren, und Weisen) aus dem Jahre 1995 sowie den Aufsatz aus dem Jahre 2010, wo er den israelitischen Propheten mit den Rollen des Schamanen, des Predigers und des Geistermediums vergleicht.

160 S. RAPP 2002, 224.

161 S. MÜLLER 1984–1986, 151.

162 S. jedoch ihre Bedeutung als Anführerin des Exodus neben Mose und Aaron in Mi 6,4.

einer Marginalisierung der Prophetinnen führen, zumal keines der Prophetenbücher einem weiblichen Propheten zugeschrieben wurde.[163]

Inzwischen bekommen die Prophetinnen jedoch große Aufmerksamkeit. In Neh 6,14 wird eine Frau namens Noadja als Repräsentantin einer Gruppe von Prophetinnen und Propheten benannt. Ihr Gegner ist Nehemia, dem sie Angst macht. Nehemia ist – gesandt von Artaxerxes – nach Juda gekommen, um Aufbauarbeit zu leisten, dies allerdings im Rahmen der anerkannten persischen Herrschaft. Ausgehend von Mi 6,4 hat Rainer Kessler[164] 1996 in Noadja die Repräsentantin der Prophetie in persischer Zeit erkannt. Der Gegentext zu Mi 6,4 liegt in Num 12 vor, wo das Bild einer durch die Tora in der Person des Mose gezähmten Prophetie gezeichnet wird. Nehemia ist Repräsentant der Kräfte, die in persischer Zeit durch Arrangement mit der persischen Herrschaft eine Neuformierung des Jhwh-Glaubens unternehmen, während die aktuellen Prophetinnen und Propheten die Sicht eines Neubaus des Tempels vertreten, der der Mittelpunkt der Welt darstellt und die Rückkehr eines judäischen Weltenherrschers ersehnen, verbunden mit Utopien von weltweitem Frieden und sozialer Gerechtigkeit.[165] Damit wird Noadja herausgeholt aus der Anrüchigkeit der Falschprophetie und mit Mirjam als wichtige Vertreterin der Prophetie gekennzeichnet.

Auf dem Hintergrund der feministischen Forschung auch im Bereich des Alten Testaments versucht Susan Ackerman eine Neubestimmung der wenigen Prophetinnen in einer überwältigend männlich geprägten prophetischen Tradition.[166] Sie betrachtet dabei nur die vier namentlich genannten Prophetinnen Mirjam, Debora, Hulda und Noadja. Jes 8,3 f. schließt sie aufgrund fehlender prophetischer Aktivität aus wie auch die in Ez 13 erwähnten Prophetinnen.[167] In der religiösen Krisenzeit, in der Nehemia wirkte, sieht Ackerman die Möglichkeit für Noadja, eine machtvolle Stellung zu erreichen. Dies gilt auch für Hulda (2 Kön 22,14), wobei Hulda von ihrer sozialen Stellung zu der Oberklasse

---

163 S. Gafney 2008: „Until the last few decades, men have carried out the vast majority of biblical scholarship and interpretation of the biblical text. This has resulted in a tendency toward androcentric, patriarchal, and misogynist translations of the biblical texts, with similar trends in scholarship about the texts and their cultural context... This trend has construed the prophetic vocation, in particular, as primarily masculine either by ignoring female prophets or by applying criteria that categorize female prophets as irregular, extraordinary, or misidentified." (6 f.)

164 2006 (1996), 81–88.

165 Dies spiegelt sich neben der Prophetie von Haggai und Sacharja in der nachexilischen Gestaltung des Michabuches, s. Kessler 2006 (1996), 85–87. Butting 2001, 10–11; Rapp 2002, 179–193 (mit Modifikationen) und I. Fischer 2002, 255–273 folgen Kessler; kritisch bleibt Hamori 2015, 186–188.

166 S. zum folgenden 2002, 47–80.

167 Ebd., 49; zu den Prophetinnen in Ez 13 s. 50 Anm. 8. Knauf 2000 sieht dagegen in Jes 8,3 f. ein ursprüngliches Prophetinnenwort, das in das Jesajabuch integriert wurde.

gehört und sie sich in einer Situation befindet, in der öffentliche und häusliche Entscheidungsfindung nicht weit voneinander entfernt sind. Außerhalb der Krisensituation kommt es dann dazu, dass auch Hulda im weiteren Geschehen keine Rolle mehr spielt.[168] Debora ist das beste Beispiel dafür, dass Frauen in destabilisierenden Krisensituationen zu machtvollen Positionen gelangen können. Wichtig für ACKERMAN ist dabei, dass Debora eine prophetisch-religiöse Rolle einnimmt. Bei Mirjam greift ACKERMAN auf die Vorstellung von van Genneps „rites des passage" in der Anwendung Turners als „Ritual" zurück. So kann Mirjam eine Rolle als religiöse Führergestalt einnehmen. „Therefore Miriam can be described as occupying a position as a prophetic functionary that, outside of liminal time and space, women are generally denied."[169]

Ausgehend von der kanonorientierten Exegese versuchen KLARA BUTTING, IRMTRAUD FISCHER und ihre Schülerin URSULA RAPP die Stellung der Prophetinnen neu zu fassen.[170] Mirjam, die einzige Prophetin innerhalb des Kanonteils „Tora", wird neben Mose und Aaron gestellt. Unter Einbeziehung von Mi 6,4, wo Mose und Aaron nach I. FISCHER kritisch gesehen werden müssen, und 1 Chr 5,29 bekommt Mirjam eine Rolle, die der von Mose und Aaron entspricht. „Wenn in kanonischer Leserichtung nur mehr ein einziges weiteres Mal von Mirjam die Rede ist, dann wird sie in 1 Chr., gleichberechtigt wie Mose und Aaron, wie diese unter den Kindern Amrams aufgelistet: ‚Mirjam', die von Frauen dominierte prophetische Gruppe, hat es geschafft! Der einzige Text, der Mirjam im Prophetiekanon erwähnt, verschafft damit der Prophetin Mirjam ihre in der Tora nicht erzählte Berufung: Durch sie hat Gott nicht nur geredet (vgl. Num 12), er hat sie auch gesandt (Mi 6,4). Sie war es, die sich der Antwort in Stellvertretung für das Volk nicht verweigert hat (Ex 15,21). Mit diesem Text wird die biblische Mirjam zur klassischen Prophetin wie Mose: Sie wird gesandt, hat das Wort und vermittelt zwischen Gott und seinem Volk."[171]

Innerhalb der Vorderen Propheten zeigt die Rahmung durch die Prophetinnen Debora und Hulda die Bedeutung der Prophetinnen. „Prophetie begleitet Israels Wohnen im Land, und das prophetische Amt (nach Mose, s. Dtn 18) wird von Personen beider Geschlechter wahrgenommen."[172]

Immer wieder angezweifelt wurde die prophetische Funktion der נביאה in Jes 8,3. Handelt es sich hier um die Ehefrau des großen Propheten Jesaja? I. FISCHER sieht hierin auf dem Hintergrund der Verknüpfung mit den Vorderen Propheten durch Jes 36–29; 2 Kön 18–20 eine Verbindung von Schriftprophetie, für die Jesaja steht, und den Prophetinnen und Propheten in den Vorderen

168 Ebd., 59.

169 Ebd., 71.

170 S. BUTTING 2001; RAPP 2002; I. FISCHER 2002.

171 I. FISCHER 2002, 91 f.

172 Ebd., 183. BUTTING sieht die Prophetinnen in der Nachfolge Mirjams, 160 f.

Propheten.[173] Von daher ist die in Jes 8,3 erwähnte Person ohne Zweifel als Prophetinnengestalt zu sehen. Auch Noadja in Neh 6,14 steht für den Bevölkerungsteil, der im Land geblieben ist und der zunehmend durch die Zurückgekehrten als fremd angesehen wird. Diese prophetische Gruppe steht nicht in Opposition zur Tora, sondern legt sie nur anders aus und ist unter anderem gegen eine radikale Lösung in der Mischehenfrage.[174]

Auch bei den Prophetinnen in Ez 13 handelt es sich um Prophetinnen. Sie sind durch ihre Tätigkeit als „prophetisch Handelnde" mit Ezechiel auf einer Ebene zu sehen. Sie entsprechen allerdings nicht den Vorstellungen, die nach dem Ezechielbuch einen Propheten auszeichnen (Reden im Auftrag JHWH; in die Bresche springen, s. Ez 13,5; 22,30). Sie betreiben ihre eigene Prophetie und sind nicht von JHWH gesandt (vgl. Jer 23). Sie können deshalb ihre Schutzfunktion für das Volk nicht mehr wahrnehmen. Allein Ezechiel ist als wahrer Prophet zu sehen und in Ez 40–48, der Verfassung des zukünftigen Israel ist keine prophetische Mittlerfunktion mehr notwendig.[175]

Während immer wieder bei Mirjam in Ex 15,21, bei Jes 8,3 f. und den prophetisch wirkenden Frauen in Ez 13 die Frage aufgekommen ist, ob es sich überhaupt um Prophetinnen handelt, zeigt sich bei IRMGARD FISCHER eine Tendenz zur Ausweitung der Personen, die als Prophetinnen anzusprechen sind. Von der Funktion her sicher zu Recht zählt sie die Nekromantin in 1 Sam 28 zu den Prophetinnen, sieht sie jedoch als deviante Form der Prophetie.[176] Auch die in Ex 38,8; 1 Sam 2,22 erwähnten Frauen, die am Begegnungszelt Dienst tun, werden von IRMGARD FISCHER zu Kultprophetinnen gerechnet aufgrund des Ausdrucks במראת in Ex 38,8, den man in seiner herkömmlichen Übersetzung „durch Gesichte / Visionen" übersetzen könnte.[177] Dagegen spricht jedoch, dass dann dieser Ausdruck mit einem Herstellungsvorgang, den der Kontext verlangt, nicht in Einklang zu bringen ist.[178]

WILDA C. GAFNEY erweitert noch einmal die Anzahl der Prophetinnen.[179] Auf dem Hintergrund einer weitgefassten Definition von Prophetie und der Voraussetzung, dass weibliche Propheten kein Randphänomen in Israel

---

173 I. FISCHER 2002, 189–220.

174 Ebd., 255–273.

175 Ebd., 221–234.

176 S. dazu weiter unten 2.3.2.

177 I. FISCHER, 2002, 95–108. Sie geht außerdem noch auf die Aussage in Joel 3,1 ein, wo die Söhne und Töchter Israels durch die Geistausschüttung zu Prophetinnen und Propheten werden; damit wird die Prophetie demokratisiert, das Volk braucht keine besonderen Vermittler mehr. In der Studie „Gotteslehrerinnen" aus dem Jahr 2006 bezeichnet sie auch Abigajil in 1 Sam 25 als Prophetin (22–38), s. auch PEETZ 2008, 219 f.

178 S. DOHMEN 2004, 396 f.

179 2008.

dargestellt haben, untersucht sie zunächst das Vorkommen von Prophetinnen in Mari, der neuassyrischen Prophetie und in Emar. Neben Mirjam, Debora, Hulda, Noadja, der anonymen Prophetin in Jes 8,3 sowie den Prophetinnen in Ez 13 sowie den potentiellen Prophetinnen in Joel 3,1 rechnet sie noch die in 1 Chr 25,5 f. erwähnten Töchter des Sehers Heman zu den Prophetinnen und gemischten Gruppen, die mit der Prophetie verbunden sind, neben musikalischen Gruppen auch noch Gruppen, die bei Begräbnissen wirken und Gruppierungen von männlichen und weiblichen Schreibern.[180] Rabbinische und christliche Quellen erweitern noch einmal den Kreis der Prophetinnen.[181] Dazu sind auch noch diejenigen Stellen zu rechnen, die – sprachlich verborgen – weibliche Propheten einschließen könnten.[182]

Einen weiter gefassten Ansatz wählt Esther J. Hamori, indem sie insgesamt weibliche Divination in der biblischen Literatur untersucht.[183] Damit weitet sie wie Gafney den Kreis der in Frage kommenden Personen noch einmal aus: Sie bezieht die Ahnfrau Rebekka (Gen 25), die Nekromantin von En-Dor 1 Sam 28, die weisen Frauen in 2 Sam als Personen mit ein, die Divination ausübten oder mit ihr verbunden waren ebenso wie noch Rachel, die die t^erāfîm ihres Vaters stiehlt (Gen 31) und die Mutter von Micha in Ri 17. Die letzteren Beiden zeigen allerdings keine divinatorischen Handlungen, die auf einen Mittlerfunktion zwischen der göttlichen und menschlichen Welt hinweisen.

Es ist die Frage nach einer vorgängigen Definition von „Prophetie“, die darüber entscheidet, wie weit oder wie eng man den Kreis der Prophetinnen eingrenzt; jedoch ist das Vorkommen von Prophetinnen weithin unbestritten.[184]

Dabei ist die Frage der weiblichen Propheten noch keineswegs ausdiskutiert, wie die Sammelbände von Jonathan Stökl / Corinne L. Carvalho[185] und Irmtraud Fischer / Juliana Claassens[186] zeigen. Deutlich ist, dass dabei der Blick über die Grenzen der Hebräischen Bibel wichtig ist und auch bleiben wird. Dabei sollte auch die Anthropologie nicht außer acht gelassen werden.[187]

---

180 Ebd., 119–130.

181 Bei den rabbinischen Quellen sind es Sarah, Abigajil und Ester, die zu den Prophetinnen gerechnet werden; die christlichen Quellen zeigen ein Weiterwirken von weiblichen Propheten.

182 S. 160–164.

183 2015.

184 S. Stökl 2012, 186–192.216–217; Williamson 2010 sieht jedoch eine Begrenzung der weiblichen Prophetie in der Schriftprophetie: „It remains the case, however, that written prophecy remained a male preserve“(76).

185 2013; mit dem Titel: „Prophets Male and Female. Gender and Prophecy in the Hebrew Bible, the Eastern Meditarranean, and the Ancient Near East“.

186 2019 in der Reihe „Die Bibel und die Frauen“ mit dem Titel „Prophetie“ erschienen.

187 Dabei ist auch wichtig, die Rolle der Frauen in divinatorischen Texten in der Umwelt Israels zu berücksichtigen, s. Muller 2018.

Lester L. Grabbe meint zu Recht: „Cross-cultural comparisons from the field of anthropology are an important way of opening up study of prophets – male and female – in the biblical text. Although we may in the end decide that a particular figure in another culture should not bear the title 'prophet', considering such individuals makes us see Israelite prophets in broader perspective and suggests that some of us are defining the term too narrowly."[188].

Während Johannes Lindblom in seinem mehrfach aufgelegten Werk „Prophecy in Ancient Israel" noch ohne eigenes Kapitel zu weiblichen Propheten auskam,[189] hat sich das bei Martti Nissinen in seiner neuesten Monographie zur „Ancient Prophecy" geändert. Hier gibt es ein ausführliches Kapitel zu „Prophecy and Gender"[190].

1.4 Ziel der Untersuchung

Die forschungsgeschichtliche Skizze zur Prophetie hat ergeben, dass ein noch nicht abgeschlossener Umbruch in der Sicht der Prophetie stattfindet. Selbstverständlichkeiten hinsichtlich der historischen Persönlichkeit der prophetischen Gestalten sind heute nicht mehr gegeben; die historische Persönlichkeit der Propheten ist in den Hintergrund getreten, falls sie überhaupt noch erkennbar ist. Die außerbiblischen Texte, die sich dem Phänomen „Prophetie" zuordnen lassen, haben des Weiteren dazu beigetragen, dass die biblische Prophetie in einen Bezugsrahmen gestellt werden konnte, der deutlich macht, dass die biblische Prophetie kein einzigartiges Phänomen in der Religionsgeschichte darstellt. Insbesondere die Textcorpora der vor allem in Briefen greifbaren Prophetie in Mari und die neuassyrische Prophetie haben das Bild von prophetischen Phänomenen vertieft und erweitert. Hierzu gehören auch die zeitlich und räumlich nahen Zeugnisse, die in der südlichen Levante entdeckt worden sind. Ganz besonders hervorzuheben ist hier der 1976 entdeckte Text von Deir ᶜAlla, der eine auch biblische bezeugte Gestalt, Bileam, mit neuen Konturen versieht.

Der Akzent der biblischen Prophetenforschung verlagert sich seit den achtziger Jahren des vergangenen Jahrhunderts immer stärker auf die schriftliche Produktion prophetischer Texte. Die Tradentenprophetie oder literarische Prophetie steht heute stärker im Mittelpunkt des Interesses als die Aktualprophetie. Zudem wird ein Großteil der prophetischen Literatur immer später angesetzt, insbesondere wird die oft als Kennzeichen israelitischer Prophetie gesehene unbedingte Gerichtsverkündigung als literarisches Produkt der exilisch-nachexilischen Zeit gesehen.

---

[188] 2013, 25.

[189] 1962, ⁴1973.

[190] 2017, 297–325.

Damit stellt sich auch grundlegend die Frage, was ist Prophetie überhaupt. Deutlich ist, dass sie verbunden ist mit der Ermittlung und Kundgabe des göttlichen Willens. Die Gestaltung der Prophetie und ihre Beziehung zu Divination und Magie muss jedoch neu justiert werden. Dazu ist es wichtig, die Prophetie als Gesamtphänomen in der Hebräischen Bibel genau zu erfassen. Ein zentraler Text liegt dafür in dem Prophetengesetz Dtn 18,9–22 vor. Dort wird eine genaue Festlegung von nicht (mehr) akzeptablen Divinationsformen und anderen Praktiken (Kindesopfer) vorgenommen.

Neben einer Bestimmung des Ortes des Prophetengesetzes im Rahmen des Buches Deuteronomium steht im Zentrum des Interesses dieser Studie eine möglichst genaue Erfassung der einzelnen Praktiken, die in Dtn 18,9–22 erwähnt werden. Auch wenn sich manche dieser Handlungen nicht mehr in der wünschenswerten Deutlichkeit erkennen lassen, ist es wichtig, die Akzeptanz der Praktiken und ihre Verbindung zur Prophetie in der gesamten Hebräischen Bibel zu bestimmen.

Von daher stellt sich die Frage, wie das Verhältnis von Prophetie zu Divination und Magie zu fassen ist. Es ist deutlich, dass eine neue Bestimmung dessen, was Prophetie ist, notwendig ist. Hierzu wird abschließend ein Vorschlag unterbreitet.

2. Analyse des Prophetengesetzes Dtn 18,9–22

Das Prophetengesetz befindet sich im Buch Deuteronomium, dem letzten Buch der Tora bzw. des Pentateuchs. Menschliche Hauptgestalt dieses Buches ist Mose, der sich mit seinen Worten (דברים) an ganz Israel wendet (Dtn 1,1). Der Ort, an dem dies geschieht, wird in Dtn 1,1aβb als in der Wüste beschrieben (במדבר) worauf eine Menge Ortsangaben erfolgen, die jedoch wohl nicht der präziseren Lagebestimmung dienen. Sie lassen sich geographisch nicht genau erfassen[191]; klar ist lediglich, dass die Moserede vor dem Einzug in das Gelobte Land stattfindet, und zwar im Lande Moab (Dtn 1,5). Zeitlich wird in V3a die Ansprache des Mose an das Volk Israel auf den Tag genau festgelegt. Es ist, wie der Abschluss des Buches in Dtn 34 zeigt, der letzte Lebenstag des Mose. Demnach ist das Buch Deuteronomium im Wesentlichen als Abschiedsrede Moses stilisiert, wobei nur an wenigen Stellen der Bucherzähler das Wort ergreift.[192]

Gegliedert wird das Buch Deuteronomium durch ein Überschriftensystem von vier Überschriften, die wohl auf den Bucherzähler zurückzuführen sind: Dtn 1,1–5; 4,44–5,1aα; 28,69–29,1a; 33,1–2aα.[193] Das Prophetengesetz ist in dem Bereich angesiedelt, der in Dtn 5,1 beginnt und sich bis 28,68 erstreckt. Die zweite Überschrift, die mit kataphorischem וזאת in 4,44 eingeleitet wird, bezeichnet den folgenden Text als תורה, die von Mose den Söhnen Israels vorgelegt wird. Das Prophetengesetz wird demnach unter den umfassenden Begriff der Tora subsumiert und eingeordnet.

Innerhalb des zweiten großen Buchabschnittes Dtn 4,44–28,69 ist das Prophetengesetz in dem Bereich angesiedelt, der geprägt ist von Einzelgesetzen, die Mose dem Volk vorlegt (11,31–12,1). In diesem zweiten Abschnitt, dem das Hauptgebot und die entsprechende Paränese vorausgehen (Dtn 5–11), beginnt die Promulgation von Einzelgesetzen; sie erstreckt sich bis Dtn 26,16–19. Dort endet dieser Textblock. Angezeigt wird dies durch die Verwendung des Doppelausdruckes חֻקִּים וּמִשְׁפָּטִים in Dtn 12,1 und 26,16.[194] Braulik / Lohfink weisen darauf hin, dass diese Wendung insgesamt 14 Mal im Buch Deuteronomium vorkomme, und zwar nur in Dtn 4–26.[195] Nach Dtn 26 wird der Terminus תורה benutzt.[196] Der Ausdruck חקים ומשפטים steht dabei meist in Überschriften oder

---

[191] S. Perlitt 2013 (1990), 10–14.

[192] Für Dtn 1–3 s. dazu Braulik / Lohfink 2022, 75–93; vgl. außerdem Dtn 4,41–5,1; 28,69–5,1; 31,1; 32,45–33,1; 34.

[193] S. Lohfink 2005, 49–77; besonders 56–61; er schlägt die Bezeichnung An- und Absageformel vor; zur Diskussion s. Braulik / Lohfink 2021, 301–307.361–390.

[194] Zu diesem Ausdruck s. Braulik / Lohfink 2021, 104–111, vgl. auch schon Lohfink 1991 (1989), 229–256. Verbunden mit einer detaillierten diachronen Zuordnung s. auch E. Otto 2016, 1151–1168.

[195] S. Dtn 4,1.5.8.14.45; 5,1.31; 6,1.20; 7,11; 11,32; 12,1; 26,16.17.

[196] Zum Sprachgebrauch von תורה s. ausführlich Braulik / Lohfink 2021, 185–226.

Struktureinschnitten.[197] Eine Rahmungsfunktion besitzt dieser Doppelausdruck neben 12,1 und 26,16 noch in Dtn 5,1 und 11,32; dies zeigt sich durch den absoluten Gebrauch an diesen Stellen. An den anderen Stellen lässt sich ein appositioneller Gebrauch erkennen, verbunden mit einem anderen Wort für Gesetz: עדות in 4,45; 6,20 und מצוה in 6,1; 7,11. In 26,17 ist מצות dazwischen geschoben. In Dtn 26,16 wird mit dieser Wendung der Textkomplex der Einzelgebote abgeschlossen. In V17–19 folgt das Protokoll des Bundesschlusses in Moab in „zwei explizit deklarativ-performativen Sprechakten“[198].

In Dtn 11,31 f., dem Abschluss des ersten Abschnittes des Teilbereiches 5–28, wird noch einmal auf die aktuelle Situation verwiesen: Das Volk Israel wird jetzt den Jordan überschreiten, um das von Gott verliehene Land in Besitz zu nehmen. Für das Leben in diesem Land gelten dann die jetzt folgenden Gebote.

Innerhalb der Darlegung der Einzelgesetze, die Mose dem Volk vorlegt, beginnt in Dtn 16,18 ein Abschnitt, der sich mit Personengruppen und den damit verbundenen Institutionen befasst.

Zunächst geht es um Richter und Listenführer[199] (16,18 bis 17,13), die in dem Richterspiegel 16,19 f. darauf verpflichtet werden, das Recht nicht zu beugen, kein Ansehen der Person zu kennen und keine Bestechung anzunehmen. Zielpunkt ist es, Gerechtigkeit zu verwirklichen.[200] 16,21–22 erfolgt das Verbot, eine Aschera neben dem Altar Jhwhs einzupflanzen. Aschera ist hier mit einer Baumsymbolik verbunden. Das Verbot gilt ebenso für die מצבה, einem Steinmal, das neben dem Jhwh-Altar nicht errichtet werden darf. Von diesem Steinmal wird ausgesagt, dass Jhwh es hasst. In 17,1 folgt die kultische Regelung, dass Stier oder Lammopfer keine Missbildung aufweisen dürfen. In 17,2–7 wird der Text mit einer kasuistisch angelegte Beschreibung eines Modellprozesses mit Zweizeugenregel fortgesetzt; dieser Modellprozess greift wieder durch die Angabe שעריך, auf 16,18 zurück und verweist damit auf die Einsetzung der Ortsgerichte in 16,18. Daran schließt sich in 17,8–13 die Einrichtung eines zentralen Gerichtshofes an, der aufgrund der Beteiligung der levitischen Priester (17,9.12) auch als Sakralgericht zu sehen ist. Das Zentralgericht stellt allerdings keine Appellationsinstanz dar.[201]

---

[197] Ebd., 106.

[198] S. dazu Braulik / Lohfink 2021, 82–94; vgl. auch E. Otto 2017, 1902–1909, mit diachronen Zuweisungen.

[199] Zur Aufgabe der שוטרים und ihre Abgrenzung zu den Richtern s. Braulik 2016 (2011), 124 f. sowie Gertz 1994, 82–84.

[200] S. die Doppelung צדק צדק zu Beginn von 16,20.

[201] S. Lohfink 1990 (1971), 307 f.: „Vielmehr soll er die mit den normalen Mitteln der Rechtsfindung an den Ortsgerichten nicht zu bewältigenden Fälle in erster und einziger Instanz auffangen.“ (Zitat 307).

Nach den Richtern und Listenführern rückt in 17,14–20 der König und damit die Institution des Königtums ins Zentrum des Interesses. Man hat den Eindruck, dass die Einrichtung des Königtums ein Zugeständnis JHWHS an das Volk Israel sei. Denn es wird davon abhängig gemacht, dass Israel den Wunsch nach einem König hat. Ausdrücklich wird darauf hingewiesen, dass alle anderen Völker ringsum einen König besitzen, was unter deuteronomisch-deuteronomistischen Vorzeichen nicht positiv verstanden werden kann. Die Darstellung verweist auf 1 Sam 8, wo Samuel nur widerstrebend dem Wunsch des Volkes nach einem König nachgibt. In den folgenden Versen des Königsgesetzes wird dann auch das Bild eines Königs gezeichnet, der auf Machtsymbole wie viele Pferde, einen großen Harem und großen Reichtum verzichtet und stattdessen die Tora lesen soll. Es liest sich fast wie ein Gegenbild zur Darstellung König Salomos in 1 Kön 1–11.

In Dtn 18,1–8 schließt sich die Personengruppe der levitischen Priester und damit die wichtige Institution des Priestertums in Israel an. Hier geht es vor allem um die Regelung der Einkünfte der Priester und Leviten, für die ansonsten kein Anteil am Landbesitz in Israel vorgesehen ist.

Den Abschluss des Abschnittes bildet dann die Institution des Prophetentums in Dtn 18,9–22. Zunächst werden Praktiken aufgeführt, die in Israel verboten sein sollen, die aber bei anderen Völkern üblich sind (18,9–14), bevor dann das positive Bild eines *nābîʾ* nach dem Bild des Mose entworfen wird (18,15–18). Die Prophetie wird verankert in der Gottesbegegnung am Horeb (18,16). Weiter geführt wird der Abschnitt durch Sanktionen gegenüber einem ungehorsamen Volk und einem falschen Propheten (18,19–20). Abgeschlossen wird er schließlich mit einem Kriterium für das Erkennen eines Propheten (18,21–22).

1971 hat NORBERT LOHFINK[202] diesen Textkomplex 16,18–18,22 als Ganzes in den Blick genommen und erkannte darin einen im Exil entstandenen „Verfassungsentwurf" über die grundlegenden Institutionen für das künftige Israel. Dabei spielt die Tora eine grundlegende Bedeutung. Tora bedeute in diesem Verfassungsentwurf der Dtn 5–28 umfassende Text. Das Königsgesetz in 17,14–20 verweise auf den deuteronomistischen Text 1 Sam 8, wo der Widerstand gegen diese Institution von Samuel formuliert wird. Das Verbot mantischer Praktiken in 18,10 f.14 klinge an 2 Kön 17,17; 21,6 an, einem fraglos deuteronomistischen Text. „So wird man mit Grund annehmen dürfen, dass die Hauptredaktion dieses Bereiches des deuteronomischen Gesetzes eine Gesamtgesetzgebung über die leitenden Gewalten in Israel intendierte."[203]

---

202 S. LOHFINK 1990 (1971), 305–323; zum Verständnis als Verfassungsentwurf vgl. auch schon die Überschrift zu Dtn 16,18–18,22 bei DRIVER, ³1965 (1895), 199: „The Office-Bearers of the Theocracy"; vgl. auch schon DILLMANN ²1886, 328.

203 LOHFINK 1990 (1971), 313.

Obwohl einige Forscherinnen und Forscher der Deutung als „Verfassungsentwurf“ und der zeitlichen Ansetzung von LOHFINK folgten,[204] blieb sowohl die Datierung wie die Einheitlichkeit von Dtn 16,18–18,22 weiterhin umstritten. Dies mögen drei Beispiele verdeutlichen:

RÜTERSWÖRDEN[205] führte 1987 die Konzeption der Ämtergesetze als Verfassungsentwurf auf eine vorexilische deuteronomische Grundschicht zurück, die Dtn 16,18*.19.21 f.; 17,8–10.12–15.16aα.17*.20; 18,1*.3 f.5*.6–15 umfasse. Das Prophetengesetz ist für RÜTERSWÖRDEN demnach uneinheitlich und schon in Teilen vorexilisch entstanden. Eine exilische deuteronomistische Bearbeitungsschicht in 16,18*; 17,2–7.11.16*.17*.18–19; 18,1*.2.5*.16–20 hat dann den Text überarbeitet. Von später Hand sei dann noch 18,21–22 hinzugefügt worden.[206]

Unter Verwendung einer vorgegebenen *tôʿebâ* – Schicht (V9a.10aαbα.11.12 a.14b.15a*.16–18.19aαb) macht FORESTI DtrP, also einen exilischen, prophetisch interessierten Deuteronomisten, für die Einfügung des Königsgesetzes und des Prophetengesetzes verantwortlich, wobei es sich bei 18,9–22 eher um die Verheißung eines Propheten handele, die mit Samuel in 1 Sam 3 erfüllt werden wird.[207]

E. OTTO verbindet die diachrone Analyse von 16,18–18,22 mit einer minutiösen Zuordnung zur Gesamtredaktion des Buches Deuteronomium.[208] Nach ihm bildet eine deuteronomische Gerichtsordnung, die in Dtn 16,18–19*; 17,2–13*; 18,3–5a* vorliege, den Grundstock der Textentwicklung.[209] Auf exilisch-deuteronomistischer Ebene wurde die Gerichtsordnung in ein Ämtergesetz umgewandelt, das in Dtn 16,20–17,1 durch die Einfügung des Königs- sowie des Prophetengesetzes in 17,14–20* bzw. 18,9–20* greifbar wird. OTTO erkennt weiter eine nachexilische Fortschreibung in 17,3b.9* (halᵉwijim).10b–11.12a*.17a*.18–20*; 18,1*.5a*b.10–13.21–22, die im 4.–3. Jahrhundert durch die Ergänzung der nachexilischen Fortschreibung des Priestergesetzes im Horizont von Dtn 10,6–9 in 18,1*.2.5a*.6–8 schließlich abgeschlossen wird. Kritisch anzumerken bleibt, dass eine so starke Zerstückelung des Textes auf methodische Bedenken trifft.

---

204 S. z.B. BRAULIK 1991; SCHÄFER-LICHTENBERGER 1995, 69–106; KÖCKERT 2004 (2000), (für das Prophetengesetz Dtn 18), 209–215; CARRIÈRE 2001, bes. 339–341: zur Forschungsgeschichte insgesamt s. PREUSS 1982, 136–138; RÜTERSWÖRDEN 1994, 313–328 sowie E. OTTO 2016, 1439–1446.

205 1987, vor allem 89–111.

206 Ebd., 87 f.

207 1988, 128–155.

208 Dargelegt in einem vierbändigen Kommentarwerk, das zwischen 2012 und 2017 publiziert wurde. Dort finden sich auch Hinweise auf weitere Literatur und Vorarbeiten von E. OTTO.

209 S. zum folgenden E. OTTO 2016, 1446–1459.

Der grobe Überblick macht deutlich, dass bei diesem Textabschnitt Einheitlichkeit und Datierung umstritten sind, speziell, ob er noch (in Teilen) vorexilisch entstanden ist und ob er auf unterschiedliche Textschichten aufgeteilt werden muss. Eine diachrone Analyse des gesamten Abschnittes und die Analyse der Redaktionsgeschichte sind in dieser Studie hier nicht zu leisten, allein die Beurteilung des Prophetengesetzes ermöglicht einige Indizien für Textschichten und Datierung. Dies genügt, um die Situierung des Prophetengesetzes vorzunehmen.

2.1. Kontext: Der „Verfassungsentwurf“ Dtn 16,18–18,22

Das Prophetengesetz wie der gesamte „Verfassungsentwurf“ steht im Kontext der Einzelgesetzgebung, die wie schon erwähnt in Dtn 12 einsetzt. In Dtn 26 endet dann dieser Textblock. Angezeigt wird dies durch die Verwendung des Doppelausdruckes חֻקִּים וּמִשְׁפָּטִים in Dtn 12,1 und 26,16 (s.o.).

Innerhalb der Einzelgesetze Dtn 12–26 lassen sich nach Georg Braulik drei Gesetzesblöcke unterscheiden:[210] In Dtn 12,2–16,17 zeigt sich das Privilegrecht Jhwhs, das ein von Sozialregelungen durchwobenes liturgisches Recht darbietet. In Dtn 16,18 bis 18,22 folgt der „Verfassungsentwurf“ für Israel, ein gewaltenteilig konzipiertes „Ämtergesetz“, das die Institutionen der Justiz, des Königtums, des Priestertums und des Prophetentums neu ordnet. Als dritter Teil folgt in Dtn 19–25 ein Straf- und Zivilrecht mit unterschiedlichen Inhalten, bevor dann dieser Komplex in Dtn 26 mit einem liturgischen Anhang abgeschlossen wird.

Dominik Markl[211] greift diese Einteilung auf, kritisiert sie aber im Hinblick auf den Einsatz der „Ämtergesetze“ in 16,18, der auf der Ebene des Endtextes keine entscheidende Zäsur darstelle. Er verweist darauf, dass Braulik selbst[212] auf die Verklammerung mit der voraufgehenden Kultgesetzgebung hinweise und dass auch 17,2–5 und 18,9–14 sich nicht einem systematischen „Ämtergesetz“ unterordnen lasse. Vielmehr lassen sich Dtn 12–18 von dem durchgängigen Anliegen der Exklusivität der Jhwh-Beziehung insgesamt als „Privilegrecht Jhwhs“[213] verstehen. Dies bedeute, dass die „Ämtergesetze“ erst einer späteren Textstufe entstammen.

Auch Eckart Otto sieht in Teilen eine deuteronomische Textstufe in 16,18–18,22, die erst später zu einem „Ämtergesetz“ umgebildet wurde.[214]

---

210 2016 (2016), 13.
211 2012, 26 Anm. 28.
212 1991, 46–54; 1992, 121.
213 So schon Horst 1961 (1930).
214 S.o. S. 38.

Dagegen ist jedoch einzuwenden, dass die Verklammerung mit der Kultgesetzgebung sich auch dann verstehen lässt, wenn die „Ämtergesetze“ redaktionell als Block an die vorhergehende Gesetzgebung angefügt worden sind. Inwieweit 17,2–5 und insbesondere 18,9–14 sich nicht mit einem systematischen „Ämtergesetz“ verbinden lassen, müsste sich darin zeigen, dass sich literarkritisch diese Texte abtrennen lassen. Dies ist jedoch zumindest für 18,9–14 nicht der Fall (s.u. 2.2).

Es stellt sich die Frage, warum die grundlegenden Institutionen ausgerechnet an dieser Stelle in das Buch Deuteronomium eingefügt worden sind. Eine mögliche Antwort ist die Erkenntnis, dass in Dtn 12–26 eine Zuordnung zum Dekalog vorliegt. Nachdem schon öfters im Laufe der Forschungsgeschichte auf den Dekalog als Strukturprinzip aufmerksam gemacht wurde,[215] vertritt auch G. Braulik dieses Strukturprinzip für Dtn 12–26. Dabei ordnet er die „Ämtergesetze“ dem Vierten Gebot zu.[216]

E. Otto modifiziert die dekalogische Strukturierung, indem er mit N. Lohfink[217] darauf verweist, dass der deuteronomistische Dekalog in Dtn 5,6–21 nicht als Reihe von 10 Geboten, sondern in der Abfolge von Lang- und Kurzgeboten als Reihung von fünf Geboten strukturiert ist, einem Pentalog also, „der erst mit der Einfügung des Horebdekalogs in die Sinaiperikope in der Überarbeitung zum Sinaidekalog in Ex 20,2–17 zu einem Dekalog im strikten Sinn des Wortes mit der Abfolge von zehn Geboten umgearbeitet wurde.“[218] Die dekalogische Strukturierung führt E. Otto auf die deuteronomistische Horeb-Redaktion zurück, die das Gesetzeskorpus Dtn 12–26 dahingehend strukturiert haben.[219]

Es erhebt sich jedoch ein grundsätzlicher Einwand gegen eine dekalogische Strukturierung der Einzelgesetze. Wenn eine dekalogische Strukturierung angenommen wird, wird Dtn 16,18–18,22 dem Elternehrungsgebot zugeordnet.[220] Dabei ist jedoch mit Karin Finsterbusch zum einen zu sehen, dass die Eltern hier keine Rolle spielen „und auch sprachlich keine spezifischen Bezugnahmen auf das vierte Dekaloggebot festzustellen sind.“[221]. Gewichtiger ist jedoch, dass das Elternehrungsgebot in Ex 20,12 bzw. Dtn 5,16 sich nicht an

---

[215] Zur Forschungsgeschichte s. E. Otto 2012, 179–181; Finsterbusch 2011, 124–129.

[216] 1991, 46–61; In jüngerer Zeit vertreten auch K. Finsterbusch (2011; 2012, 107 f.) und Kilchör (2015, bes. 41–70) eine dekalogische Struktur in Dtn 12–26.

[217] 1990 (1965), 193–209.

[218] 2012, 698 f.

[219] 2016, 1108–1112; s. auch das Schaubild (1108), das die „Ämtergesetzes beginnend mit 17,2 ebenfalls dem Vierten Gebot zuordnet, vgl. auch ebd., 1466 f.

[220] S. Finsterbusch 2011, 134: „Dass die ‚Ämtergesetze‘ dem Elternehrungsgebot zuzuordnen sind, ist Konsens in den vorliegenden Entwürfen zur dekalogischen Strukturierung des dtn Gesetzes.“.

[221] Finsterbusch 2011, 134.

kleine Kinder wendet. „Die Eltern von Ex 20,12 par Dtn 5,16 sind die alten bedürftig gewordenen Eltern und nicht die Autoritätspersonen, die das Kind ehren soll. Es wäre also verfehlt, am Elterngebot, wie es lange Zeit geschehen ist, ein allgemeines Gehorsamsgebot gegenüber Autoritäten festmachen zu wollen, indem von den Eltern auf alle möglichen Obrigkeiten geschlossen wird“[222].

Dominik Markl. sieht in dem Prophetengesetz die zentrale Stelle für das gesamte Buch Deuteronomium. Er weist darauf hin, dass die Ankündigung eines Propheten wie Mose in 18,15 ff. die Bitte Israels um Vermittlung von Dtn 5,23 ff. aufgreife. Für 18,15–18 sieht er literarisch die Besonderheit, dass in 18,16–20 „die längste rückblickend narrative Passage“ in Dtn 12–25 vorliege,[223] außerdem das „einzige umfangreiche Zitat einer Gottesrede“ (ein kürzeres Zitat liegt noch in 17,16 vor). Zudem thematisiert sich Mose allein in 18,15.17 f. selbst, abgesehen von der Promulgationsformel.[224]

„Dtn 18,15–22 steht daher nicht nur im Zentrum der Gesetze von Dtn 12–25, sondern auch des gesamten Dtn in seiner funktionalen Makrostruktur“[225]. Daneben sieht Markl durch die Aussage „ein Prophet wie Mose“ (Dtn 34,10) intertextuelle Beziehungen zum Moseepitaph in Dtn 34 sowie auch zu Dtn 1,3. „Die Ankündigung des Propheten wie Mose bildet für sie nicht nur einen End-, sondern auch einen Höhepunkt. Sie liegt zugleich in der tiefsten Mitte der Gesetze und Rechtsvorschriften im engeren Sinn in Dtn 12–25 und markiert auf diese Weise deren Zentrum sowie jenes des gesamten Buches.“[226].

2.2 Die Frage der diachronen Schichtung des Prophetengesetzes

Wie schon erwähnt, ist die Einheitlichkeit des Prophetengesetzes wie des gesamten „Verfassungsentwurfes“ umstritten. In diesem Abschnitt soll überprüft werden, inwieweit es Indizien gibt, die auf unterschiedliche Textschichten im Prophetengesetz hinweisen.

Das Prophetengesetz wird in Dtn 18,9 mit der Partikel כי eröffnet, die einen Konditionalsatz einleitet, der auf die bevorstehende Einnahme des Landes Bezug nimmt: כי אתה בא אל־הארץ אשר־יהוה אלהיך נתן לך Formal entspricht dies einer kasuistischen Gesetzeseinleitung. Mit dem Personalpronomen אתה ist eine Redesituation gegeben. Wer mit dem „Du“ gemeint ist, ergibt sich aus dem Relativsatz, der das zu gewinnende Land als Geschenk Jhwhs ausweist.

---

[222] R. Kessler 2017, 188.

[223] Markl 2011, 56.

[224] Ebd., 56 f.; die Promulgationsformel findet Markl in Dtn 12,11.14.28; 13,1.19; 15,5.11.15; 19,7.9; 24,18.22.

[225] Ebd., 57.

[226] Ebd., 62.

JHWH wird als der Gott der Adressatinnen bzw. Adressaten bezeichnet. Damit handelt es sich klar um das Volk Israel. Wer Sprecher ist, ist schon in Dtn 5,1 angezeigt, wo Mose das ganze Volk Israel zusammenruft, um ihm die Gesetze und Rechtsentscheide vorzutragen. Sie sollen vom Volk Israel gelernt, bewahrt und gehalten werden. למד – „lernen" kommt auch in Dtn 18,9b vor, dort allerdings bezogen auf die Gebräuche der anderen Völker, die auf keinen Fall von den Israeliten gelernt werden sollen.[227]

G. BRAULIK sieht in der Landgabe ein Gliederungselement des Verfassungsentwurfes insgesamt, da die Landgabe ebenfalls in 16,18; und 17,14 begegnet. Sie fehlt allerdings in Dtn 18,1, dem Abschnitt über die levitischen Priester. Dies ist jedoch sachlich begründet, da die levitischen Priester ja kein Land besitzen dürfen (Dtn 18,1).[228]

RÜTERSWÖRDEN spricht im Hinblick auf V9a von einer „historisierenden Gebotseinleitung", die er diachron der deuteronomisch-vorexilischen Wachstumsstufe zurechnet.[229] E. OTTO dagegen sieht hierin ein deuteronomistisches Sprachelement, das keinen Ort habe in einem Deuteronomium, dem Mose- und Moabfiktion fremd sind.[230]

In V9b wird למד[231], das ja auch in Dtn 5,1 begegnet, wieder aufgegriffen, allerdings in negativer Zielrichtung: Israel wird ermahnt, nicht die Gebräuche der Völker zu lernen. Diese werden als Gräuel (תועבה) bezeichnet. Dieses Lexem kommt noch zwei Mal zum Abschluss der nun folgenden Aufzählung der Praktiken in V12 vor; demnach rahmt diese Qualifizierung die Praktiken in V10–11. תועבה kommt insgesamt 17 Mal im Buch Deuteronomium vor; es ist einer der Schwerpunkte der insgesamt 117 Vorkommen in der Hebräischen Bibel.[232] Aufgrund des häufigen Vorkommens des Lexems zum Abschluss von Gesetzen wurde vielfach eine eigene – vordeuteronomische – Schicht angenommen.[233] Doch spricht die Vielgestaltigkeit der Verwendung von תועבה dagegen, die keinen Rückschluss auf eine eigenständige Sammlung zulässt.[234]

---

227 Zu למד im Buch Deuteronomium s. BRAULIK / LOHFINK 2021, 134–137.

228 S. BRAULIK 1991, 54 f.; zu den Landsätzen s. jetzt BRAULIK / LOHFINK 2021, 267–288.

229 1987, 54–58. Als Vergleichsstellen sieht er Dtn 6,10; 7,1; 8,7; 11,29.31; 17,14; 18,9; 19,1; 26,1; 27,2.

230 2016, 1454.

231 S. Dtn 5,1; vgl. auch den Auftrag an den König, in der Tora zu lesen, damit er Gottesfurcht lernt (Dtn 17,19).

232 PREUSS 1994–1995, 582–584; im hebräischen Sirach kommt das Lexem noch weitere vier Mal vor.

233 S. z.B. noch FORESTI 1988, 128–155, der darin eine Vorlage für DtrP sieht, der das Prophetengesetz eingefügt habe; als traditionsgeschichtliche Grundlage sieht ZOBEL 1992, 195 f. 18,10–12a an.

234 S. dazu schon SEITZ 1971, 185–187, der aber V10–12a als vordtn Grundlage ansieht (242 f.); PREUSS 1982, 118 f.; DERS. 1994–1995, 584; auch NIHAN 2010 hält es für

In V10 beginnt nun die Aufzählung der Praktiken, die in Israel nicht ausgeübt werden dürfen. Begonnen wird mit der Übergabe von Sohn und Tochter an das Feuer, es folgen die Begriffe קסם, ענן, נחש und כשף. In V11 wird die Aufzählung fortgesetzt mit חבר und nekromantischen Praktiken. V12 schärft dann noch einmal ein, dass es sich hierbei um „Gräuel" handelt und dass genau diese Praktiken ursächlich dafür sind, dass JHWH die Völker zugunsten Israels vertrieben hat. In V13 richtet sich der Blick dann wieder auf Israel. Mit תמים, das im Buch Dtn nur noch im Moselied in 32,4 vorkommt,[235] wird die vollkommene Bindung Israels an seinen Gott JHWH hervorgehoben und damit die Abkehr von den „Gräueln" der anderen Völker noch einmal unterstrichen.

Für E. OTTO[236] fallen die Verse 10–12a aus dem deuteronomistischen Kontext heraus, der für die Einfügung des Prophetengesetzes verantwortlich sein soll. Mit V10–12a verbunden sind V12b–13, so dass der Text von V9 erst in V14 fortgesetzt werde. Nach der Auffassung von E. OTTO handelt es sich bei V10–12a allerdings nicht um einen älteren Text, sondern zusammen mit V12b–13 um eine nachexilische Fortschreibung. Er begründet dies mit der Nähe zu Lev 18–20 und greift eine Beobachtung von NORBERT LOHFINK auf, der auf die Verbindung der Auflistung dieser Praktiken in 2 Kön 17,17 und 21,6 hingewiesen hat, die LOHFINK aufgrund der geringen Differenzen einer einzigen deuteronomistischen Hand zuordnet.[237] Allerdings sieht E. OTTO die Differenzen zu 2 Kön 17,17; 21,6 gewichtiger und sieht einen differenzierten literarischen Befund in den Texten des Königsbuches, so dass er zu dem Schluss kommt, dass V10–13 im Gefolge einer nachexilischen Fortschreibung in den Text gekommen sei. Diese Lösung setzt voraus, dass man insgesamt der Rekonstruktion der Textgenese wie sie E. OTTO vornimmt, folgt. Jedoch stellt die Eingangsbeobachtung von E. OTTO, dass die Verse 10–12a aus dem deuteronomistischen Kontext herausfallen, die Textschichtung auf keine sicheren Füsse. Ein überzeugendes literarkritisches Kriterium stellt es nicht dar. Ebenfalls ist mit der Feststellung, dass die umgekehrte Abhängigkeit der Texte des Königsbuches „unwahrscheinlicher"[238] sei, das Problem noch nicht gelöst. Demnach ist die nachdeuteronomistisch – nachexilische Fortschreibung von 18,10–13 keineswegs erwiesen. Es gibt keinen überzeugenden, auf einem literarkritischen Kriterium beruhenden Grund, die Verse 10–13 einer anderen Textschicht als bisher zuzuweisen.

In V14 stehen die Völker, die Israel beerben wird, wieder im Fokus. Von ihnen wird ausgesagt, dass sie auf מעננים und קסמים hören. Damit kommen

---

möglich, dass die Liste der Praktiken auf eine ursprüngliche Tradition zurückgeht (29 f. Anm. 19)

235 E. OTTO 2016, 1458, sieht in diesem Lexem einen Standardausdruck der Priesterschrift und ihrer Fortschreibungen.

236 S. zum folgenden 2016, 1457 f.

237 1991 (1981), 137 f

238 2016, 1457.

Personengruppen in den Blick, die die Praktiken, die ausführlich in V10–11 aufgezählt wurden, ausweislich ihrer Titulierung ausüben. Dass diese beiden Gruppen ausgewählt wurden, hängt wohl damit zusammen, dass sie auch als Titel für divinatorische Spezialisten im Gebrauch waren. Es gibt keinen Grund, auf Grund der selektiven Aufnahme der in Praktiken in 10 f. hier eine Doppelung anzunehmen und zwischen V13 und V14 eine literarkritische Naht zu sehen. RÜTERSWÖRDEN ist zuzustimmen, der V14 richtigerweise als „bewußte Anknüpfung und als Umschwung von der Negation zur Position"[239] versteht und damit deutlich macht, dass dieser vorgeblichen Doppelung keine literarkritische Relevanz zukommt. Das Aufgreifen der Personengruppen, auf die die Völker hören, geschieht in Vorbereitung auf die maßgebliche divinatorische Gestalt in Israel, den *nābîʾ* Mose, in V15.

Auch zwischen 18,15 und 18,16 wird gerne eine literarkritisch auszuwertende Naht gesehen, so dass V16–20 einer anderen Textschicht zugerechnet wird. In V17 erfolgt ein Wechsel in der Rede: Die Moserede geht in Gottesrede über. Sie erstreckt sich bis V20. In V21f. ist die Redesituation unklar. Es ist durchaus möglich, dass die Gottesrede fortgesetzt wird, da es durchaus vorstellbar ist, von sich selbst in einer Rede in dritter Person zu sprechen. Wahrscheinlicher ist es aber, dass hier die ursprüngliche Moserede wieder aufgegriffen wird, allerdings ohne formale Kennzeichnung.

Insbesondere RÜTERSWÖRDEN hat die Auffassung vertreten, dass V16–20 einer deuteronomistischen Bearbeitung zuzurechnen sei, während er V9–15 seiner grundlegenden deuteronomischen Schicht zuweist.[240] In der Aussage V18a sieht er eine Glättung der weitgehend ähnlichen Aussage in V15a. V15a sieht er zwar als sperrig, aber grammatikalisch nicht unmöglich an. Diese Aussage wird dann von einem anderen Verfasser in V18a geglättet. Ein weiterer Punkt ist die deuteronomistische Sprachwelt, die in V16–20 aufscheine.

LOHFINK hat gegen eine Textgrenze zwischen 18,15 und 18,16 einen grundsätzlichen Einwand. „Der riesenhafte Anlauf 18,9–14 zu einem völlig abgemagerten positiven Prophetengesetz in 18,15 wäre schon seltsam."[241]. Die Unterschiede in der Formulierung zwischen V15a und V18a sind aus der unterschiedlichen Emphase zu erklären.[242] Für E. OTTO ist der Wechsel in der Rede durch den literarischen Rückbezug auf die deuteronomistische Rahmung in 5,22–28 und 10,4 zu erklären.[243]

---

239 1987, 83 f.; s. auch ZOBEL 1992, 197 und SCHÄFER-LICHTENBERGER 1995, 91 f.

240 1987, 85–87; vgl. R. SCHMITT 2014, 121–124. Auch VONDERGEEST 2005, 258–260 vertritt diese Sicht. Ich danke CRAIG VONDERGEEST für die großzügige elektronische Überlassung seiner unveröffentlichten Dissertation.

241 1988, 428.

242 Ebd.; dieses Argument übernimmt auch E. OTTO 2016, 1457.

243 E. OTTO 2016, 1457.

Walter Gross hat die im Hebräischen unterschiedliche Satzteilfolge in V15a und V18a, die von den Übersetzungen meist verwischt werden, näher untersucht.[244] Durch מקרב אחיך wird in V15 auf das Königsgesetz zurückverwiesen, das in 17,15 ausdrücklich betont, dass der König aus dem Volk Israel stammen muss. Auch der *nābîʾ* soll keine andere Herkunft haben. Während die Herkunftsangabe in 18a im Hintergrund des Satzes steht, ist sie in 15a deutlich fokussiert. Die unterschiedlichen Sätze ergeben kein unterschiedliches Prophetenbild; sie haben lediglich eine unterschiedliche Kontextfunktion. Gross kommt zu dem Ergebnis: „V18 beseitigen die Vagheit in V15a; sie beziehen die Vergleichbarkeit auf die Gehorsam fordernde autoritative Vermittlung des dtn Gesetzes; 18a nimmt daher, gesteigert durch die Gottesrede, den Personenvergleich fokussiert noch einmal auf“[245]. Eine literarkritische Relevanz ist den unterschiedlichen Formulierungen demnach nicht zuzusprechen.[246]

Neben der Orientierung an Mose und der Herkunft aus dem Volk Israel wird die Institution der Prophetie in V16 an die Offenbarung am Horeb in Dtn 5 zurückgebunden. In V17 bestätigt Gott den Wunsch des Volkes, einen Mittler zwischen Jhwh und dem Volk einzusetzen, weil es die donnernde Stimme und das große Feuer nicht ertragen kann. Was die Aufgabe des *nābîʾ* ist, ergibt sich aus V18: Gott wird ihm die Worte in den Mund legen und der *nābîʾ* wird diese Worte dann an das Volk weitergeben.

In V19–20 werden dann die Rahmenbedingungen genannt, die für eine erfolgreiche Vermittlung der göttlichen Worte notwendig sind. Zum einen ist es wichtig, dass das Volk hörbereit ist. Jhwh selbst wird diejenigen zur Rechenschaft ziehen, die diese Hörbereitschaft nicht erkennen lassen.

Der *nābîʾ* nach der Auffassung des Autors von Dtn 18,15–18 darf nur das verkünden, was Jhwh ihm aufgetragen hat. Neben diesem Kriterium, das allerdings schwer bis unmöglich zu überprüfen ist, gilt als zweites Kriterium, dass der Nabi wie Mose auf keinen Fall im Namen anderer Götter sprechen darf. Damit wird Dtn 13,2–6 aufgegriffen, wo dieses Problem schon einmal verhandelt worden ist. Die Strafe für das falsche Verhalten des *nābîʾ* ist die Todesstrafe. Unklar bleibt allerdings, wer die Todesstrafe verhängen und durchführen soll.

Eigentlich ist mit V20 das Bild des richtigen *nābîʾ* abgeschlossen. In V21–22 wird dann noch das Problem aufgegriffen, welches Kriterium es gibt, ein echtes Jhwh-Wort zu erkennen. Die Lösung besteht in dem Erfüllungskriterium. Der Haken ist allerdings, dass es in der akuten Situation der Verkündigung keine Hilfe bietet.

V21–22 greift dann das Problem auf, woran zu erkennen sei, ob es sich um ein Wort handelt, das Jhwh nicht gesprochen hat. Kennzeichen des Jhwh-Wortes ist seine Erfüllung. Diese beiden letzten Verse passen nicht zu dem

---

244 Zum folgenden 2003, 216–224.

245 Ebd., 222.

246 So auch noch Gertz 1994; Köckert 2004 (2000); Nihan 2010, 28 Anm. 16.

Vorhergehenden. In 18,9–20 werden grundsätzlich der *rechte* JHWH-Prophet und seine Ausstattung dargestellt, während V21–22 ein praktisches Problem beim Hören der prophetischen Botschaft aufgreift. 18,21–22 können demnach als Anhang betrachtet werden.[247] Inwieweit sie einer Redaktionsschicht im Buch Deuteronomium zuzuordnen sind, kann hier natürlich nicht entschieden werden.

2.3 Die einzelnen Praktiken von Dtn 18,10 f.14 und ihr Verhältnis zur Prophetie

2.3.1 מעביר בנו־ובתו באש

Die einzelnen Praktiken, die im Prophetengesetz in 18,10–11.14 aufgeführt werden, sind in der Einleitung in 18,9 als „Gräuel der Völker" apostrophiert worden. Als erster Gräuel wird in 18,10 das Übergeben von Sohn und Tochter an das Feuer erwähnt. Im Zusammenhang des Buches Deuteronomium ist diese Praxis schon einmal in Dtn 12,31 genannt worden, terminologisch allerdings nicht genau übereinstimmend. In 18,10aβ heißt es knapp מעביר בנו־ובתו באש, also die Übergabe von Sohn bzw. Tochter an das Feuer wird unter Verwendung des Verbs עבר Hi. – „übergeben" geschildert, während in Dtn 12,31bβ die Völker von V. 29 das Subjekt bilden und als Verb שרף – „verbrennen" verwendet wird. Zusätzlich geraten in 12,31 die Adressaten der Kulthandlungen in den Blick, die Götter der anderen Völker. Der Text von 12,31bβ lautet: כי גם את־בניהם ואת־בנתיהם ישרפו באש לאלהיהם – „sie haben auch ihre Söhne und ihre Töchter im Feuer verbrannt für ihre Götter."

Die Verse 29–31 bilden den Abschluss des Kapitels 12 mit dem die Einzelgesetzgebung im Buch Deuteronomium eröffnet wird. Es geht in Dtn 12 um ein zentrales deuteronomisch-deuteronomistisches Anliegen: ein einziger legitimer Kultort und die Zerstörung der anderen Kultorte (12,2–3). Ausführlich werden Kultvorschriften im Zusammenhang des einzigen Kultortes behandelt (12,4–28). In dem abschließenden Abschnitt Dtn 12, 29–30 kommen die Völker wieder in den Blick, die schon in Vers 2–4 erwähnt worden sind. In diesen Schlussversen des Kapitels wird betont, dass Israel nicht das Gleiche tun soll wie die Völker, die in dem Israel zugesagten Land wohnen, und die Israeliten auch nicht danach fragen sollen, wie die anderen Völker ihre Götter verehrt haben. In V31 wird dies bekräftigt im Hinblick auf den Dienst der Völker gegenüber ihren Göttern, der insgesamt als Gräuel, den JHWH hasst, bezeichnet

---

[247] S. RÜTERSWÖRDEN 1987, 87; E.OTTO 2016, 1458; BRAULIK 1992, z.St. hält eine Zugehörigkeit zum Prophetengesetz für denkbar. In neuerer Zeit sprechen sich auch NIHAN 2010, 25–27 und RUTH EBACH 2023, 115 Anm. 131 für die literarische Einheitlichkeit des gesamten Abschnittes aus, ebs. D.N. DE JONG 2022, 52.

wird. Als einziges konkretes Beispiel für diesen Dienst an den Göttern wird abschließend in 12,31bβ das Verbrennen von Söhnen und Töchtern aufgeführt. Die griechische Übersetzung in der LXX gibt mit dem Verb κατακαίω den hebräischen Text wörtlich wieder. Anders ist dies in Dtn 18,10: Dort wird in der LXX das Verb עבר Hi. mit περικαθαίρω – „reinigen" übersetzt.[248] In der LXX ist die Wiedergabe des hebräischen Textes demnach mit der Vorstellung einer Reinigung verbunden.

Zur weiteren Untersuchung der hier erwähnten Praxis ist es am sinnvollsten, zunächst die sprachlich engsten Parallelstellen zu untersuchen, bevor dann weiteren Parallelen näher betrachtet werden.

2.3.1.1 *Sprachliche Parallelen von* העביר באש

Die sprachlich engeren Parallelstellen in der Hebräischen Bibel liegen in folgenden Stellen vor: העביר באש ist neben Dtn 18,10 noch in 2 Kön 16,3; 17,17; 21,6; 2 Kön 23,10; 2 Chr 33,6; Ez 20,31 belegt.

Erstmalig nach Dtn 18,10 zeigt sich dieser Ausdruck im Rahmen der Beurteilung des judäischen Königs Ahas in 2 Kön 16,3. König Ahas wird der Vorwurf gemacht, den Wegen der Könige des Nordreiches Israel gefolgt zu sein (2 Kön 16,1–3). Als konkretes Vergehen, das ausdrücklich wie im Prophetengesetz auch als „Gräuel der Völker" bezeichnet wird, heißt es in 16,3, dass Ahas seinen Sohn an das Feuer übergeben hat. Der Vers wird meist als redaktionell eingestuft, am ehesten wohl einer deuteronomistischen Redaktion zugeordnet[249] In der Parallelstelle 2 Chr 28,3 ist dann von seinen Söhnen im Plural die Rede. Dort wird anstelle von עבר Hi. das Verb בער Pi. – „verbrennen" verwendet. Die LXX übersetzt an beiden Stellen die Verben mit διάγω – „übergeben",[250] also eher einem allgemeineren Verb im Unterschied zu Dtn 18,10, wo von Reinigung die Rede ist.

In der (deuteronomistischen) Abrechnung mit dem Nordreich Israel (2 Kön 17,7–18) wird den Bewohnern des Nordreiches Israel in 2 Kön 17,17 generell diese Praxis unterstellt, hier wie auch in Dtn 18,10 eingebunden in den Vorwurf illegitimer divinatorischer Praktiken (קסם und נחש Pi.).[251] Die LXX übersetzt auch hier עבר mit διάγω.

---

[248] S. Lust / Eynikel / Hauspie 1996, 369: to purge, to purify; Liddel & Scott 1996, 1375. LXX-D übersetzt: „Es soll bei dir keiner gefunden werden, der seinen Sohn oder seine Tochter im Feuer reinigt…"

[249] S. z.B. Würthwein 1984, 387, er denkt an einen nomistisch orientierten Deuteronomisten; zuletzt McKenzie 2021, 610 f., er sieht eine Hinzufügung zu der grundlegenden deuteronomistischen Redaktion (DtrH).

[250] S. Lust / Eynikel / Hauspie 1996, 102: to carry over.; Liddell & Scott 1996, 392.

[251] Eine chronistische Parallelstelle liegt hier nicht vor.

In 2 Kön 21,6 wird ebenfalls von dem judäischen König Manasse ausgesagt, dass er seinen Sohn durchs Feuer gehen ließ. Den Kontext bilden wie in 2 Kön 17,17 illegitime divinatorische Praktiken, dieses Mal ענן Pol. und נחש Pi., zusätzlich wird noch der Vorwurf der Nekromantie erhoben. Auch hier liegt deuteronomistische oder nachdeuteronomistische Redaktionsarbeit vor. In der chronistischen Parallelüberlieferung 2 Chr 33,6 wird wie in 2 Kön 16,3 der Plural „Söhne" verwendet, darüber hinaus das Ritual im Hinnomtal lokalisiert und die illegitimen Praktiken um den Zaubereivorwurf כשף erweitert. Die LXX übersetzt auch hier עבר mit διάγω.

Die nächste Stelle 2 Kön 23,10 berichtet die kultische Verunreinigung des Tofet im Hinnomtal durch König Joschija; dort wird die Praxis der Übergabe von Kindern an das Feuer lokalisiert. Als Adressat des Rituals wird לַמֹּלֶךְ genannt. Die Septuaginta übersetzt dies mit „dem Moloch" und liest damit einen Götternamen. Für die Übergabe wird auch hier das Verb διάγω verwendet. Durchaus möglich ist es, vom Konsonantentext ausgehend, die Lesart „dem König" anstelle eines bestimmten Götternamens zu wählen und damit ein Verständnis als Epitheton für verschiedene Götter, darunter auch Jhwh, zu ermöglichen. Die masoretische Vokalisation ist dann nach בֹּשֶׁת – „Schande" erfolgt.[252] Damit stellt sich die Frage, ob bzw. wie die in Dtn 18,10 erwähnte Praxis mit dem Tofet im Hinnomtal und einer möglichen Gottheit Moloch bzw. Mālik oder einer Gottheit, die mit dem Königstitel bezeichnet werden kann, zusammenhängt.

In Ez 20,31 wird die Übergabe der Söhne an das Feuer in den Kontext der Götzenverehrung der Israeliten gestellt, die schon in Ägypten begonnen habe (Ez 20,1–44). Die griechische Überlieferung erwähnt die Übergabe von Söhnen an das Feuer in dieser Stelle überhaupt nicht.

Bei den bisher behandelten Stellen handelt es sich mit Ausnahme von Ez 20,31 um Stellen, die zu deuteronomistischen Redaktionsschichten in den Königsbüchern gerechnet werden.[253]

2.3.1.2 Ähnliche Wendungen

Für das Verständnis von Dtn 18,10 sind aber auch noch weitere Stellen einzubeziehen, bei denen das eine oder andere Element fehlt oder andere Verben benutzt werden. Es handelt sich um folgende Stellen: Lev 18,21; 20,2–5; Dtn 12,31; 2 Kön 17,31; Jes 57,5; Jer 7,31; 19,5; 32,35; Ez 16,20–21; 20,26; 23,37.39; Ps 106,37–38.[254]

---

[252] Die masoretische Vokalisation von מלך ist dann als Dysphemismus nach dem hebräischen Substantiv, בֹּשֶׁת zu sehen, s. Heider 1985, 223 f.

[253] S. die Kommentare sowie Tropper 1989, 232 Anm. 118; B.B. Schmidt, 1994, 182.

[254] Zur Terminologie s. auch Rüterswörden 2003, 199 f. 2 Chr 28,3, die Parallelstellen von 2 Kön 16,3, wird dabei unter העביר באש eingeordnet. In der Chronikstelle wird aber das Verb בער – „verbrennen" benutzt.

Lev 18,21 verwendet einfach das Verb עבר Hi., ohne aber die Übergabe an das Feuer zu erwähnen. Der Vers steht im Heiligkeitsgesetz, das in Lev 17 beginnt und sich bis Kapitel 26 erstreckt. Von Feuer ist an dieser Stelle nicht die Rede; stattdessen ist die Übergabe an den „Moloch“ das Ziel der Handlung. Anstelle von „Söhnen und Töchtern“ werden im allgemeinen Sinn Samen (זרעך = „deine Nachkommen“) erwähnt. Es handelt sich um Gottesrede, die gerahmt ist in die Anrede an Mose (18,1); Adressat der Rede ist Israel. Dem Volk wird verboten, seine Nachkommen dem „Moloch“ zu übergeben.

In Lev 20,2–5 wird nicht nur Israel, sondern auch dem Fremden (גר), der in Israel wohnt, die Todesstrafe angedroht, wenn er seine Nachkommen dem „Moloch“ übergibt, hier unter Verwendung des Verbums נתן (V2.3). Lokalisiert wird diese Praxis – anders als in 2 Kön 23,10 – im Heiligtum, wobei mit dem Vollzug des Rituals das Heiligtum verunreinigt wird.[255]

Im Buch Deuteronomium ist in Dtn 12,31 eine Gräueltat erwähnt, von der gesagt wird, dass JHWH sie hasst, nämlich das Verbrennen (שׂרף) von Söhnen und Töchtern. Adressat dieser Handlung sind die (Fremd)Götter.

Das Verb שׂרף – „verbrennen“ wird ebenfalls in 2 Kön 17,31 benutzt, wobei das Volk der Awiter Tätervolk ist und die Adressaten des Opfers die Götter Adrammelech und Annamelech.

In Jes 57,5 wird den Israeliten der Vorwurf gemacht, Kinder zu schlachten. Das Verb, das an dieser Stelle benutzt wird, ist שחט.

Jer 7,31 wird das Verbrennen (hier wieder שׂרף) von Söhnen und Töchtern in den Zusammenhang des Baues des Tofet im Hinnomtal gestellt, wobei betont wird, dass JHWH dies nicht befohlen habe. Aufgegriffen wird dies wieder in Jer 19,5; dort werden die für Baal gebauten Höhen (במות) als Ort des Geschehens bezeichnet. Auch hier wird שׂרף – „verbrennen“ als Verb benutzt. Adressat des Rituals ist ausdrücklich Baal. In Jer 32,35 ist davon die Rede, dass die Höhen des Baal im Hinnomtal gebaut werden; diese Mal ist jedoch „Moloch“ und nicht Baal der Empfänger des Opfers. Für die Handlung wird hier das Verb „übergeben“ (עבר Hi.) verwendet.

Im Kontext der Fremdgötterverehrung wird in Ez 16,20 Jerusalem, das hier im Bild einer treulosen Frau dargestellt ist, von Gott in einer vom Propheten vorgetragenen Rede der Vorwurf erhoben, dass die von der Frau geborenen Söhne und Töchter als Opfer zum Essen geschlachtet (זבח) wurden. V21 greift dieses Bild noch einmal auf und spricht ebenfalls wie in Jes 57,5 drastisch vom Schlachten (שחט) der Söhne, die „übergeben werden“ (עבר Hi.). An welche Gottheiten die Söhne übergeben werden, bleibt ohne nähere Bestimmung. Es steht einfach nur להם . In Ez 20,26 wird alles Erstgeborene (כל־פטר רחם) „übergeben“ (עבר Hi.) ohne nähere Angaben wie „im Feuer“. Diese Angabe erfolgt

[255] Zu den Erwähnungen von „Moloch“ s. die Übersicht bei DEWRELL 2017, 6 f.; in 1 Kön 11,7 ist eindeutig Milkom, der Gott der Ammoniter gemeint, s. ebd., 6 A5.

dann in Ez 20,31. Der oder die Empfänger des Geschehens bleiben unbestimmt. In Ez 23,37 werden die Söhne den Götzen (גלולים)„zum Fraß“ (לאכלה) überliefert, wiederum unter Verwendung von עבר Hi., was ziemlich eindeutig auf Menschenopfer hinweist.

Von der Darbringung der Söhne und Töchter als Schlachtopfer (זבח) – wie in Ez 16,20 – spricht wieder Ps 106,37. Als Adressat dieser Opferhandlung sind die Dämonen (שדים) benannt.

2.3.1.3 *Menschen- bzw. Kinderopfer*

Da es nicht ausgeschlossen werden kann, dass hier von Menschen- bzw. Kinderopfer die Rede ist, müssen die Stellen, die darüber hinaus von Menschen- bzw. Kinderopfer sprechen, ebenfalls im Blick bleiben: Gen 22,1–19; Jos 6,26; Ri 11,30–40; 1 Kön 16,34 und 2 Kön 3,27.[256] Bei der „Moloch“-Problematik ist auch noch Zef 1,4–5 zu berücksichtigen, außerdem Mi 6,6–7 im Kontext der Darbringung der Erstgeburt wie in Ez 20,26.31.

Damit stellt sich die Frage, wie die in Dtn 18,10 erwähnte Praxis zu bestimmen ist, ob ein Zusammenhang mit der Auslösung der Erstgeburt besteht und welche Beziehung eventuell zu einem Moloch-Kult oder Moloch-Opfer besteht und wer oder was unter „Moloch“ zu verstehen ist. Außerdem ist die Beziehung zur Bezeichnung „Tofet“ im Blick zu behalten und wie das Verhältnis zur Divination zu betrachten ist.

Diese Fragen aufzuwerfen, heißt gleichzeitig auch zu sehen, dass die Fragen angesichts der Quellenlage und der damit verbundenen Interpretationsmöglichkeiten nicht mit der wünschenswerten Klarheit beantwortet werden können.

„Söhne und Töchter durch das Feuer gehen lassen“ lässt an Kinder- bzw. Menschenopfer denken. Von daher stellt sich die Frage, was sich über die Praxis eines Kinder- bzw. Menschenopfers in Israel und der weiteren Umwelt Israels sagen lässt.[257]

Die traditionelle Deutung besagt, dass es sich bei der Opferung von Menschen in Israel um einen kanaanäischen Fremdkult gehandelt habe, der im

---

[256] S. P. Maier 2015, 127 Anm. 2; Dewrell 2017, 91–147. Hinzuzufügen ist noch in der griechischen Überlieferung des Alten Testamentes Weisheit 12,3–6; 14,23, wo den ursprünglichen Bewohnern des Landes Kindesmord und Anthropophagie vorgeworfen werden. Deutlich greift dieser Text die Tradition auf, das Opfern von Kindern wie vor allem im Buch Ezechiel mit Götzendienst zu verbinden und weit von einer Praxis Israels zu entfernen.

[257] S. dazu Dewrell 2017, außerdem Michel 2003; Stavrakopoulou 2004; P. Maier 2015; M.S. Smith 2015, 4–9 sowie Noort 2007; Bauks 2011, 2016; neuere Überblicke geben Stipp 2019, 324–346 sowie die Literaturzusammenstellung ebd., 321 f. und C.M. Maier 2022, 178–181.

Rahmen der Auslösung der Erstgeburt stattfand. Im Umfeld der deuteronomistischen Reformmaßnahmen sei dieser schreckliche Ritus dann beendet worden (2 Kön 23,10).[258]

Was die Realität von Kinder- bzw. Menschenopfer in der Umwelt Israels anbetrifft, so wurde man archäologisch vor allem im phönizisch-punischen Bereich fündig. Der bedeutsamste Fundort von Urnenfeldern mit den Skeletten von Kindern (und wenigen Tieren) wurde in Karthago entdeckt, ebenfalls Stelen mit Inschriften, die auf ein Opfergeschehen hindeuten. Der Name „Tofet" als Bezeichnung für diesen Ort wurde dem Alten Testament entnommen.[259] Allerdings ist die Beziehung zwischen den Stelen und den Urnen in Karthago nicht klar.[260] In Verbindung mit einer Sicht, dass die Aussagen der griechischen und lateinischen Autoren, die gegenüber den Karthagern den Vorwurf des Kinderopfers erheben, als polemische Zuspitzung gesehen wird, ist jedoch in den letzten Jahren die Realität eines kontinuierlichen Kinderopferkultes für die Entdeckungen in Karthago in Frage gestellt worden.[261] Entschieden ist die Frage nicht.[262] Aber auch wenn es sich in Karthago tatsächlich um die Opferung von Kindern handeln sollte, ist damit noch keineswegs das Kinderopfer im Mutterland Phönizien und in der südlichen Levante belegt. Hier fehlt eine nähere Verbindung zwischen dem eisenzeitlichen Israel und der phönizischen Kolonie Karthago.[263]

Die Entdeckung einer neuen Inschrift aus Inçirli gibt leider auch keine endgültige Sicherheit für das Vorkommen von Menschenopfern.[264] Folgt man der Lesart von Kaufman, gibt ein weiser Mann dem König gemäß dem Gesetz des Königs von Arpad und Aleppo (von Bit-Agusi?) den Rat, kein Menschenopfer

---

258 S. z.B. Fohrer 1969, 39 f.; de Vaux ²1960, 290–296.

259 S. Bonnet / Niehr 2010, 158 f. Die Bedeutung dieses Namens ist nicht klar. Folgt man C.M. Maier, 2022, 178, so ist Tofet aufgrund der Variante תָּפְתֶּה in Jes 30,33 sowie des aramäischen *tᵉpājā'* – „Kochherd" die Bezeichnung einer Feuerstätte.

260 S. zur Diskussion Bonnet / Niehr 2010, 158–166; Bauks 2011, 34–38; Dewrell 2017, 44–50; Stipp 2019, 338–340.

261 S. Bauks 2011, 37.

262 Zum gegenwärtigen Stand der Forschung siehe die beiden Aufsätze von P. Smith et al. in Antiquity 87, 2013, 1191–1198 und Xella, ebd., 1199–1207 mit entgegengesetzten Ergebnissen sowie die von Xella herausgegebene Doppelnummer der Zeitschrift „Studi epigrafici e linguistici sul Vicino Oriente antico 29–30, 2012–2013", die dem Tofet gewidmet ist.

263 S. dazu das Fazit bei Dewrell 2017, 68 f., der jedoch grundsätzlich an einer Verbindung zwischen den Kinderopfern in Israel und Karthago via Phönizien festhält und in der Molk-Opferthese von Eissfeldt die Brücke sieht.

264 Es handelt sich um eine phönizisch-assyrisch-luwische Trilingue, wohl aus der 2. Hälfte des 8. Jahrhunderts v. Chr, die 1993 in Incirli gefunden wurde; zum Text s. Kaufmann 2007; zur Diskussion Dodd, 2012; M.S. Smith 2015, 5 f.; Dewrell 2017, 56–58.

darzubringen. Leider ist die Lesart nicht klar. Falls sie stimmt, ist es sicherlich ein Beleg dafür, dass Menschenopfer in Krisensituationen möglich waren, ähnlich wie es in 2 Kön 3,27 berichtet wird: Der moabitische König opfert angesichts der Bedrohung durch die Israeliten seinen erstgeborenen Sohn und zwingt damit die Israeliten zum Abzug.

Ein anderes Verständnis hat 1935 Otto Eissfeldt ins Spiel gebracht. Er vertritt die These, dass in מלך kein Name oder das Epitheton einer Gottheit vorliege, sondern analog dem punischen „molk" eine Opferart bezeichne.[265] Doch lassen sich etliche Vorkommen in der Hebräischen Bibel, vor allem die Stellen Jer 19,5; 2 Kön 17,31, die ausdrücklich andere Götter erwähnen mit dieser Sichtweise nur schwer in Einklang bringen. Größere Schwierigkeit bereitet zudem die Aussage in Lev 20,2–5, die vom „Hinterher huren" im Hinblick auf מלך spricht und so nicht mit dem Verständnis von מלך als einer Opferart in Einklang zu bringen ist. Seidl ist sehr entschieden 2007 der Auffassung, dass diese Vorstellung heute ad acta zu legen sei. Reynolds und vor allem Dewrell halten jedoch weiterhin an der These von Eissfeldt fest.[266]

Doch um welchen Gott könnte es sich dann gehandelt haben? Ein fremder Gott oder doch Jhwh?

Heider hat die traditionelle Deutung als Fremdkult 1985 wieder aufgegriffen und aufgrund der Gottesbezeichnung מלך in unterschiedlichen Vokalisationen in der Umwelt Israels (Ebla, Mari, in akkadischen Götterlisten, in Ugarit, Melqart im phönizischen Bereich sowie Milkom als Gott der Ammoniter) eine chthonische Gottheit im westsemitischen Bereich angenommen,[267] die dann auch in Israel verehrt wurde.

Weinfeld dagegen hat 1972 das Übergeben an das Feuer im Blick auf neuassyrische Vertragstexte, die das Übergeben der Erbsöhne an das Feuer vermerken, metaphorisch als Weiheritus gedeutet und sich damit von der Kinderopferthese

---

265 1935. Zur Forschungsgeschichte s. Heider 1985, 1–92; Dewrell 2017, 4–36.

266 Das Urteil von Seidl ist sehr entschieden: „Es verwundert sehr, dass diese These immer noch Anhänger hat und Befürworter findet." (442); s. auch Albertz 1992, 298; Heider ²1999, 582; Bieberstein 2001, 514; vgl. jedoch den Beitrag von Reynolds in Finsterbusch et al. 2007; jüngst auch wieder Dewrell 2017. Es bleibt jedoch die Schwierigkeit, dass bei Lev 20,2–5 zu textkritischen Operationen gegriffen werden muss (so Dewrell 2017, 31 f.), die m.E. dem Verständnis von מלך als einem Opferterminus entgegenstehen. Auch Stipp sieht unter der Voraussetzung, dass der Modalausdruck לזנות אחרי הַמֹּלֶךְ in Lev 20,5 eine Glosse darstellt, ein Verständnis von מלך als Opferart bei dieser Levitikusstelle noch durchschimmern, obwohl er im vorliegenden Endtext das Verständnis als Göttername als gegeben ansieht (2019, 335). Dieser komplizierte Werdegang ist ebenfalls nicht überzeugend; zur Diskussion s. auch Hieke 2014, 680–682.

267 Zuletzt in DDD ²1999, 583; die gleiche Position wie Heider vertritt auch Day 1989, der mit einer von den Jebusitern übernommenen Kult rechnet.

verabschiedet.[268] Er stellt diesen Ritus in den Rahmen einer assyrisch-aramäischen Beeinflussung unter König Ahas (2 Kön 16,3.10–15; vgl. auch 2 Kön 17,31) und lokalisiert ihn im Tofet im Hinnomtal. Als Adressaten des Ritus sieht er dabei ursprünglich Adad-milki bzw. Ischtar. Insbesondere die Wiederholungsmöglichkeit, die grammatikalisch möglich ist, unterstützt diese These.[269]

Auch die schon erwähnte Übersetzung der LXX transportiert die Vorstellung eines Reinigungsritus, die mit der Übergabe an das Feuer verbunden ist. LXX gibt עבר Hi. mit περικαθαίρω – „reinigen“ in Dtn 18,10 wieder.

Albertz greift diese These 1992 auf und ortet den Reinigungsritus im Rahmen des Familienkultes dem aramäisch-assyrischen Wettergott Adad in der Form eines „Adad-Jahwe-Synkretismus“ (einschließlich seiner Paredra Ischtar = Himmelskönigin)[270] zu. Auch Keel betont die Realität eines aramäisch-assyrischen Einflusses,[271] der diesen Reinigungsritus für lebende Kinder hervorgebracht hat. Dass es sich um einen Reinigungsritus handelt, sieht Keel durch Num 31,23 bestätigt, wo Metalle durch das Feuer gezogen werden mit dem Ziel der Reinigung: כל־דבר אשר־יבא באש תעבירו באש וטהר – „Alles, aber, was Feuer nicht verbrennen kann, sollt ihr durchs Feuer ziehen, damit es rein wird“. Keel hält es für möglich, dass es sich bei der Gottheit Malik um einen chthonischen, mit Nergal zu identifizierendem Gott handelt.[272] Wahrscheinlich sei auch die Identifizierung mit dem Gott assyrisch-aramäischer Vertragstexte des 9. bis 7. Jahrhunderts, der früher Adad-Milki und jetzt Dada/Dadda gelesen wird und stets den in die Unterwelt gestiegenen Wettergott meint. Eine Identität Jhwhs mit dem Moloch des assyro-aramäischen Feuerritus hält Keel für problematisch, sieht aber aufgrund von Dtn 18,10 f.; 2 Kön 21,6; 17,17 sowie Ez 20,31 einen Zusammenhang mit Mantik.[273]

Seidl 2007 spricht sich für einen differenzierten Befund aus: Einerseits sieht er in der Übergabe der Kinder an das Feuer eine metaphorische Sprechweise und denkt dabei aufgrund der Levitikusstellen an einen *rite de passage* im Hinblick auf Jugendliche. Bei der Gottheit legt Seidl sich nicht fest. Er hält es für möglich, dass Jhwh der Adressat ist, schließt aber eine verwandte Gottheit wie Malik, Baal, Melqart oder Milkom nicht aus. Durch die Verbindung

---

268 1972, 133–154; zur Diskussion s. Heider 1985, 71–81; ebenfalls Hays 2011, 180 A239. Zu den Vertragstexten s. auch Schwemer 2001, 606 f. und seine Kritik an der Identifizierung der in 2 Kön 17,31 genannten Gottheiten mit Adadmilki (636 f.)

269 So Seidl 2007, 437 aufgrund der Verbformation w = qatal in 2 Kön 21,6; Jer 19,5, die eine iterative oder frequentative Aktionsart darstelle.

270 1992, 301; s. insgesamt 297–301.

271 2007, 476–478.

272 Ebd., 497–504.

273 Ebd., 502 f.; auch C.M. Maier 2022 hält die Identifzierung mit Adad-Milki für möglich (179); Bieberstein 2001, 518, denkt an eine lokale Spielart des syrischen Mālik mit chthonischen Zügen.

zu Königshaus und Tempel ordnet er dieses Ritual dem offiziellen Kult zu. Andererseits nimmt er ein davon abzugrenzendes Feuerritual im Hinnomtal an. Es gehe dort primär um Mantik, Orakelgabe und Divination, evtl. auch um Fruchtbarkeitsrituale, wie Jes 57,9 erkennen lässt. Hier mögen Rituale zur Steigerung der Vegetation, aber auch zur Erlangung von Kindersegen und Öl, um den Unterweltsgott zu beopfern, eine Rolle gespielt haben. Die deuteronomistischen Texte ordnen sich hier ein. „Söhne und Töchter" bei diesen Belegen beruht dann auf einer späteren Vermischung der ursprünglich eigenständigen textlichen Traditionsstufen.

Gegenüber dem metaphorischen Verständnis besteht FRANCESCA STAVRAKOPOULOU 2004 auf einem wörtlichen Verständnis als realem Kinderopfer. Für sie ist es gegeben, dass im vorexilischen Juda regelmäßige Kinderopfer dargebracht worden sind. Dies sei möglich in drei Kultbereichen: Dazu gehört das Erstgeburtsopfer an JHWH, das feurige Mlk-Opfer in Jerusalem, das der Fruchtbarkeit diente und das Kinderopfer an die שדים. Hierbei sieht sie die Texte von Deir ᶜAlla als Beleg und eine Verbindung durch die biblische Gottesbezeichnung אל שדי. Bei allen drei Bereichen sieht STAVRAKOPOULOU einen Zusammenhang mit Fruchtbarkeit.[274]

Auch die neueste Untersuchung von DEWRELL sieht die Realität von Kinderopfern im vorexilischen Israel als gegeben an. In ebenfalls drei Bereichen kamen Kinderopfer vor: 1. Als Erstgeburtsopfer des Sohnes, das jedoch nur eine kleine radikale Gruppierung durchführte. Im Bundesbuch (Ex 22,28 f.) habe diese Praxis ihren literarischen Niederschlag gefunden. 2. Das Moloch-Opfer, verbunden mit der Opferung von Kindern beiderlei Geschlechts, das unter König Ahas als phönizischer Import eingeführt und in den JHWH-Kult integriert wurde und 3. Die Opferung der Erstgeburt, egal ob Sohn oder Tochter, in Krisenzeiten (s. 2 Kön 3,27). Im Gegensatz zu STAVRAKOPOULOU sieht DEWRELL jedoch keinen übergreifenden Zusammenhang der unterschiedlichen Kinderopfer.[275]

Eine alternative Erklärung für die Moloch-Stellen im Buch Levitikus (18,21; 20,2–5) legt neuerdings HIEKE vor.[276] Ausgehend von der griechischen Übersetzung von למלך mit ἄρχοντι sieht er in der Verwendung von מלך an diesen Stellen eine Chiffre für die Kollaboration mit der (persischen) Besatzungsmacht. Dies werde gestützt von der patristischen Kommentierung des Buches Levitikus durch Theodoret von Kyrus, der in dem ἄρχων einen irdischen Herrscher oder Hausherrn sehe. Das bedeutet, dass in den Levitikusstellen eine Sonderbedeutung bzw. eine Weiterentwicklung der „Moloch"-Stellen anzunehmen sei. Allerdings ist diese These zu kompliziert um überzeugen zu können.

---

274 S. die Zusammenfassung 283–299.

275 2017; zu den israelitischen Moloch-Opfern s. besonders 119–144.

276 2011; 2014, 679–688.

Angesichts der biblischen Aussagen in Ri 11; 2 Kön 3,27; Jes 57,6; Ps 106,37–38, der archäologischen Fundlage im punischen Bereich sowie der Inschrift von Inçirli erscheint mir die Möglichkeit von Menschenopfern in Krisensituationen durchaus gegeben.[277]

Dennoch ist m.E. das metaphorische Verständnis als Weiheritus, den WEINFELD 1972 eingeschlagen hat, die sinnvollste Erklärung für das Moloch-Ritual.[278] Dabei handelt es sich möglicherweise um ein Feuerritual, das in Zusammenhang mit einem chthonischen Totenkult die rituelle Kremation von Fehlgeburten und früh verstorbenen Kindern durchführt.[279]

Die Verbindung mit Divination, die von vielen angenommen wird,[280] ist dagegen bei einer genaueren Sicht unwahrscheinlich.

Nur an wenigen Stellen wird ein Zusammenhang mit divinatorischen Praktiken überhaupt erwähnt. Dies trifft auf 2 Kön 17,17 zu, wobei der Abschnitt 2 Kön 17,7–23 zu einer deuteronomistisch geprägten theologischen Reflexion über die Ursachen des Unterganges des Nordreiches Israel gehört.[281] Als Ausfaltung der Grundursache „Götzendienst“ und im Zusammenhang der Übertretung aller Gebote (2 Kön 17,16) sind hier die divinatorischen Praktiken קסם und נחש erwähnt, ohne dass jedoch ein direkter Zusammenhang mit der Übereignung der Söhne und Töchter sichtbar wird.

In 2 Kön 21,6 wird in einem ebenfalls deuteronomistischen Textabschnitt 21,1–18 neben der Übereignung der Kinder die divinatorischen Praktiken ענן und נחש neben Nekromantie als Vorwurf gegenüber König Manasse erhoben.[282]

Interessanterweise fehlen divinatorische Praktiken in dem Reformbericht des Joschija in 2 Kön 23,10.

Auch in Ez 20,31 gehört die Übereignung der Kinder in den Zusammenhang des Götzendienstes, der divinatorisches Handeln JHWHS, die Befragung seines Propheten, unmöglich macht. Demnach kann auch hier nicht von einem Zusammenhang mit divinatorischen Praktiken gesprochen werden.

---

[277] S. dazu BAUKS 2011, 269; M.S. SMITH 2015. Zu Gen 22 siehe die Analyse von MICHEL 2003, 246–316.

[278] Neben WEINFELD vor allem ALBERTZ 1992, 297–304 und KEEL 2007, 492–504.

[279] M.S. MAIER 2015; PIETSCH 2013, 330–397; es fehlt allerdings eine archäologische Bestätigung, s. ZWICKEL 2015, 508.

[280] HEIDER 1985, 406 f.; KRINETZKI 1994, 98 f.; JEFFERS 1996, 124; VONDERGEEST 2005, 276; SEIDL 2007, 448; KEEL 2007, 502 f.; HIEKE 2014, 682 f.; PAGANINI 2017, 318; KIBOKO 2017, 132–137.

[281] So schon NOTH ^{3}1967 (1943), 5 f.85.108; WÜRTHWEIN 1984, 395–397 (mit mehreren Schichten); MCKENZIE 1991, 140–142 (Lit.); BEN-ZVI 2010, 392 f. (Lit.).

[282] In der von 2 Kön 21,6 abhängigen Stelle 2 Chr 33,8 wird zusätzlich noch der Zaubereivorwurf (כשף) erhoben.

Auf Lev 20,2–5 folgt in Lev 20,6–8 die Erwähnung nekromantischer Praktiken. Diese Verse schließen zwar terminologisch eng an V2–5 an, setzen jedoch einen Neuanfang, der es verbietet, das „Moloch"-Ritual und nekromantische Praktiken in Beziehung zu setzen. Ihr Bezugspunkt liegt darin, dass es sich jeweils um todeswürdige Praktiken handelt. Auf die nekromantischen Praktiken wird noch einmal in V27 abschließend als todeswürdiges Verbrechen hingewiesen. Im Hinblick auf Verunreinigung wurden nekromantische Praktiken schon in Lev 19,31 vermerkt, divinatorische Praktiken in 19,26. Ein direkter ritueller Zusammenhang mit dem in Lev 18,21 und 20,1–5 erwähnten Moloch-Kult ist nicht zu erkennen.

Damit sind die Stellen, die eine Verbindung mit Divination/Prophetie belegen könnten, erschöpft. Mit Ausnahme von Ez 20,31 sind alle Belege dem deuteronomistischen Traditionsstrom zuzuordnen, bei 2 Kön 23,10 handelt es sich möglicherweise um einen der deuteronomistischen Redaktion vorausliegenden Grundtext.[283] Bei diesen deuteronomistischen Stellen ist unverkennbar, dass die Übereignung der Kinder in die Verehrung fremder Gottheiten eingeordnet wird und die Praxis unter diesem Gesichtswinkel betrachtet wird. Eine genaue Darlegung des Rituals oder der Rituale unterbleibt, daran hatten die deuteronomistischen Autoren kein Interesse.

Klar ist jedenfalls, dass im deuteronomistischen Kontext, und in diesem bewegen wir uns hier, die erwähnte Praxis eindeutig als Fremdkult verstanden wird. Damit ergibt sich als wichtigen Referenztext für unsere Stelle Dtn 18,10 Dtn 12,29–31, wo ausdrücklich vor der Nachahmung der Kultbräuche der umliegenden Völker gewarnt wird.[284] Das Prophetengesetz eröffnet also die Reihe der Gräuel in 18,10 mit einer kultischen Praxis, bei der keine nähere Verbindung zur Prophetie erkennbar ist, die jedoch eindeutig – im deuteronomistischen Sinn – als Götzendienst zu qualifizieren ist. Es handelt sich wohl um ein Feuerritual, das im Tal Hinnom bei Jerusalem ausgeübt wurde. Welche Gottheit damit verbunden war, lässt sich nicht mehr erkennen. Wahrscheinlich ist, dass es sich um eine Unterweltsgottheit handelt. Es ist durchaus möglich, dass auch JHWH als der Gott verstanden wurde, dem diese Weihung der Kinder zugeschrieben wurde.

Im Zusammenhang des Prophetengesetzes in Dtn 18 wird mit dieser Eröffnung ein deutlicher Hinweis gegeben, wie auch alle folgenden Praktiken zu verstehen sind, nämlich als Dienst an fremden Göttern, als Götzendienst.

---

283 S. zu diesem Text die ausführliche Analyse von PIETSCH 2013.

284 Zu Dtn 12 s. ausführlich E. OTTO 2016, 1117–1200; Otto ordnet die Stelle einer exilischen Redaktion („deuteronomistische Fortschreibung des Deuteronomiums") zu, s. 1196–1198.

2.3.2 קסם

Nach der Übergabe der Kinder an das Feuer wird als nächster „Gräuel" קסם erwähnt. Die Wurzel קסם kommt insgesamt 29 Mal in der Hebräischen Bibel vor: Num 22,7; 23,23; Dtn 18,10.14; Jos 13,22; 1 Sam 6,2; 15,23; 28,8; 2 Kön 17,17; Spr 16,10; Jes 2,6; 3,2; 44,25; Jer 14,14; 27,9; 29,8; Ez 12,24; 13,6.7.9.23; 21,26.28.34; 22,28; Mi 3,6.7.11; Sach 10,2.[285]

Die genaue Bedeutung der Wurzel ist umstritten. Bis heute wird die Lösung von Julius Wellhausen vertreten, der auf die vorislamisch-arabische Praxis des Losorakels mit Pfeilen, *istiqsâm*, verwiesen hat.[286] Wellhausen seinerseits bezog sich auf einem Aufsatz von Robertson-Smith aus dem Jahre 1885, der קסם in Ez 21,26 aufgrund der Parallelisierung in Dtn 18,14 mit מעננים als eine spezielle Divinationsart sieht und deshalb den folgenden Vers Ez 21,27 allein auf das Pfeilorakel bezogen sieht. Einen vergleichbaren Vorgang findet Robertson-Smith in dem arabischen Losentscheid durch Pfeile, dem schon erwähnten *istiqsâm*. Aufgrund dieser arabischen Parallele sieht er in Ez 21,26b keine drei unterschiedlichen Divinationsarten, die der König durchführt, „but he draws the lot before the idol (teraphim) and in connection with a sacrifice"[287]. Damit bestimmt er קסם als Pfeilorakel. Eine andere Deutung vertritt Ruppert. Er sieht in dem Verbum קסם die allgemeine Bedeutung „wahrsagen, weissagen" ohne Hinweis auf das gebrauchte Mittel". Für Ez 21,26 nimmt er neben 1 Sam 28,8 eine Sonderbedeutung an, nämlich die Bedeutung „das Los-(Pfeil)-Orakel befragen.[288] Um zu einer genaueren Bestimmung zu kommen, ist es daher notwendig, sich die Belege im Einzelnen anzuschauen.

---

285 Jes 2,6 ist hier mit einbezogen, zu diesem Text s. jedoch weiter unten.

286 1897 (Ndr. 2007), 132 f.; ihm folgt z.B. Rüterswörden 1987, 79 + Anm. 7.

287 276–287 (Zitat 278). Aufgrund der Etymologie von קסם, die „in Stücke schneiden" bedeute, nimmt auch Jeffers 1996, 96–98 die Grundbedeutung „Pfeilorakel" bzw. „Losorakel" unter Verwendung von Holz oder Stein an, woraus sich eine allgemeine Bedeutung für Divination entwickelt habe. R. Schmitt geht ebenfalls von einer Grundbedeutung „Losorakel" aus, die dann zu einem allgemeinen Begriff erweitert worden sei (2004, 342 Anm. 30, 2014, 46 f.). Diese Entwicklung hat schon Driver ^{3}1902, 223 f. vorgeschlagen; sie wird auch von E. Otto 2016, 1494 f. übernommen.

288 Ruppert 1990, 79; auch Anthonioz 2014, 293 f. sieht in der Bedeutung „Losorakel" eine Ausweitung; sie weist darauf hin, dass außer in Ez 21,26–28 keine biblische Referenz zu dieser speziellen Bedeutung vorliege. Etwas vorsichtiger Römer 2009, 317. Auch Lundbom 2014 sieht in 18,10 die allgemeinere Bedeutung mit Verweis auf die Übersetzung durch die LXX.

2.3.2.1 *Sprachliche Parallelen: 2 Kön 17,17; Ez 13,23 und 21,26*

Die in Dtn 18,10 verwendete *figura etymologica* קסם קסמים hat ihre nächste sprachliche Parallele in 2 Kön 17,17; Ez 13,23 und Ez 21,26.[289] Da Ez 21,26–28 eine entscheidende Rolle bei der Bestimmung von קסם spielt, legt es sich nahe, mit dieser Stelle zu beginnen.

Der Zusammenhang in Ezechiel 21 ist geprägt durch die Zusammenstellung von verschiedenen Stücken, die zusammengehalten werden durch das Thema des von JHWH gegen Israel gerichteten Schwertes.[290] Mit V23 wird der dritte Hauptabschnitt durch die Verwendung der Wortereignisformel eingeleitet. Er reicht bis zum Ende des Kapitels in 21,37. Innerhalb dieses Abschnittes befindet sich die Schilderung eines Divinationsgeschehens, das die Befragung der Götter durch den babylonischen König schildert, der an einer Wegscheide steht, die ihn entweder nach Rabbat-Ammon oder Jerusalem führen wird: „Denn der König von Babel steht an der Wegscheide, am Anfang der zwei Wege, um Wahrsagung zu betreiben (לקסם־קסם)“ (Ez 21,26a). In V26b werden dann die einzelnen Divinationsarten aufgezählt: Das Schütteln der Pfeile, die Befragung der Terafim und die Leberschau. Das allgemeine לִקְסָם־קֶסֶם mit dem Ez 21,26a schließt, wird in V26b näher spezifiziert: Das Schütteln der Pfeile, die Befragung der Terafim und die Eingeweideschau bezeichnen unterschiedliche Divinationsarten, die in dieser Zusammensetzung sonst nicht bezeugt sind.[291] Es handelt sich hier um eine „fiktive Zusammenstellung verschiedener Orakeltechniken“,[292] die nicht als ein einheitlicher Divinationsvorgang gesehen werden können. Denn das Pfeilorakel, das zuerst genannt wird, ist vor allem im arabisch-beduinischen Bereich bezeugt, nicht für Babylonien.[293] Das nächste Verfahren, die Befragung der Terafim, ist dagegen in der hebräischen Bibel belegt, wiederum jedoch nicht in Babylonien.[294] Dies trifft jedoch auf die Leberschau zu, die die bevorzugte Orakeltechnik in Mesopotamien darstellt.[295]

---

289 S. RUPPERT 1990, 80.

290 S. GREENBERG 2005, 31.

291 Ein knapper Überblick über die im Alten Orient gebräuchlichen Divinationsarten findet sich bei HOFFNER, 1987, 258–262; s. auch MAUL 2003–2005, 45–88; DERS. 2013; für den hethitischen Bereich VAN DEN HOUT 2003–2005, 88–90.118–124; eine Übersicht auch bei JEANETTE FINCKE, 2014, 1–20, vgl. ebenso ULLA SUSANNE KOCH 2015; WINITZER 2017.

292 GREENBERG 2005, 59.

293 GREENBERG 2005, 58. Eine mögliche Parallele liegt in der hebräischen Bibel vielleicht im Losverfahren vor, s. ZIMMERLI ²1979, 489.

294 GREENBERG 2005, 58 f.; ZIMMERLI ²1979, 489 f.

295 In der hebräischen Bibel ist diese Orakeltechnik nicht erwähnt, jedoch wurden z.B. in Hazor Tonlebermodelle gefunden, die darauf hinweisen, dass diese Orakeltechnik auch im Gebiet Israels ausgeübt wurde, zu den Tonlebermodellen s. MEYER 1987; DERS. 1980–1983; MAUL 2013, 221–223; R. SCHMITT 2014, 108–111. Eine

Dass drei Orakeltechniken aus verschiedenen Bereichen erwähnt sind, weist darauf hin, dass hier offenbar betont werden soll, dass der babylonische König alle Möglichkeiten ausgeschöpft hat, den Willen der Götter zu erkunden. Gleichzeitig ist es damit äußerst unwahrscheinlich, in der Orakelgewinnung in Ez 21,26–28 einen Vorgang zu sehen, der in קסם eine ursprüngliche Bezeichnung des Pfeilorakels vermuten lässt. Demnach ist קסם auch in Ez 21,26–28 als Oberbegriff für unterschiedliche Divinationsarten zu verstehen und קסם in V27 nicht als Pfeilorakel zu sehen, das der König in der Hand hält, sondern als (schriftlich übermitteltes) Ergebnis der unterschiedlichen Divinationsverfahren. Das Ergebnis der Orakelanfragen lautet „Jerusalem"; die Israeliten halten es aber fälschlich für ein Trugorakel (כִּקְסָם־שָׁוְא).

Das im Griechischen als Übersetzung für קסם verwendete μαντεύω ist der allgemeinste Ausdruck für ein divinatorisch-prophetisches Agieren, was ebenfalls für eine allgemeine Bedeutung von קסם spricht.[296]

In Ez 13,23, der nächsten Stelle, an der die *figura etymologica* vorliegt, wird קסם mit dem visionären Schauen (חזה) parallelisiert. Es heißt dort: „Darum sollt ihr keine nichtigen Visionen mehr haben und keine Orakel mehr verkünden. Ich werde mein Volk aus eurer Hand befreien. Dann werdet ihr erkennen, dass ich Jhwh bin."

Angesprochen sind in diesem Abschnitt die Propheten (Nebiim) Israels (Ez 13,1 f.). Ezechiel wird bei der Beauftragung durch Gott als „Menschensohn" angesprochen, sein von Gott gefordertes Tun mit נבא Ni. beschrieben. Die Adressaten der prophetischen Botschaft Ezechiels werden bezeichnet als Nebiim, als diejenigen, die „aus ihrem Herzen heraus prophetisch reden (נבא Ni.)" bzw. „ihrem eigenen Geist folgen" und keine prophetische Schau haben (Ez 13,2–3, in V3 wird ראה für das visionäre Sehen benutzt). Eingegrenzt wird die Gruppe der Nebiim Israels in 13,17 als die Töchter deines Volkes, die aus ihrem eigenen Herzen heraus prophetisch reden (13,17). Ihnen werden Handlungen zugeschrieben, deren Ziel nicht eindeutig ist, die jedoch wohl mit im magischen Sinn „Binden und Lösen" zu tun haben.[297] Zusammenfassend wird in 13,23 dann angekündigt, dass die angesprochenen Personengruppen keine (wörtlich: שוא – „nichtig") Visionen mehr haben sollen und keine Orakel mehr orakeln (קֶסֶם לֹא־תִקְסַמְנָה). קסם ist hier eindeutig eine Praxis, die Nebiim in Israel zuzuordnen ist. Sie steht für die Praxis der Nebiim zusammenfassend neben dem visionären Schauen. Auch hier werden als Übersetzung in der

---

Transkription des Textes und Übersetzung ins Englische findet sich bei Horowitz / Oshima 2006, 66–68.

296 S. Lust / Eynikel / Hauspie 1996, 290: to divine, prophecy; Liddell & Scott ⁹1996, 1079 f.

297 S. Zimmerli ²1979, 296 f. und zu „Magie" weiter unten 3.2.2.; zu den Prophetinnen in Ez 13,17–23 Abschnitt 3.2.2.8.

griechischen Überlieferung für קסם die entsprechenden Formen von μαντεύω benutzt. Dies gilt auch für die folgenden Ezechielstellen.

Visionäres Schauen wird auch bei den weiteren Vorkommen von קסם im Ezechielbuch parallelisiert. In 12,24 steht חֲזוֹן als Parallele zu מִקְסַם. In Ez 13,6.7 wird das Handeln der Nebiim als Wortverkündigungsvorgang durch die Verwendung des Verbs אמר dargestellt; in V9 werden wiederum nichtige Visionen und lügnerische Orakel (קסם) gleichgesetzt und den Nebiim zugeordnet. Dies ist ebenfalls bei Ez 22,28 der Fall; auch hier sind Nebiim die Subjekte des Vorgangs. Von ihnen wird die Botenformel „So spricht Gott, der Herr JHWH" verwendet. In Ez 21,34 handelt es sich wohl um die gegnerischen Propheten von Ezechiel, eine genaue Bezeichnung der Gruppe unterbleibt an dieser Stelle jedoch, vielleicht aus dem Grund, dass in Ez 21,33 ausdrücklich der Titel „Nabi" für Ezechiel verwendet wird.

2 Kön 17,17, die letzte exakte sprachliche Parallele, kommt in dem Summarium 2 Kön 17,7 ff. vor. Diese Summarien wurden von NOTH zu den Charakteristika des deuteronomistischen Geschichtswerkes gerechnet.[298] Angeredet werden die Bewohner des Nordreiches Israel. Weitgehend wird dieser Passus heute einer Redaktion zugeschrieben, die nach der grundlegenden deuteronomistischen Erstausgabe der Königsbücher anzusetzen ist.[299] Angeklagt werden die Israeliten des Nordreiches, dass sie fremde Götter verehrten (17,7 f.12.15 f.). Davon ließen sie sich auch nicht durch die Warnungen der Propheten und Seher abbringen (17,13 f.). Zu den Praktiken, die wie in Dtn 18,10 mit der Übereignung der Kinder an das Feuer eröffnet wird, gehört auch קסם, das hier mit נחש parallelisiert wird. Bei נחש handelt es sich am ehesten um Vorzeichendeutung,[300] so dass höchstwahrscheinlich mit נחש an dieser Stelle die anderen Praktiken der Divination gemeint sind, wenn man davon ausgeht, dass hier möglichst flächendeckende Praktiken angesprochen sind. Die Ausführenden der Praxis sind hier alle Israeliten des Nordreiches Israel, keine religiösen Spezialisten. Ein Hinweis auf ein Pfeil- oder Losorakel zeigt sich nicht.

Die LXX übersetzt mit ἐμαντεύοντο μαντείας, verwendet hier also weiterhin den allgemeinsten Begriff für divinatorische Praktiken,[301] wie auch an den anderen Stellen, wo קסם vorkommt. Anders wird die Wurzel קסם nur 1 Sam 15,23; Jes 2,6; 3,2 übersetzt.

---

298 ³1967 (1943), 5 f.

299 S WISSMANN 2008, 155–161; vgl. CAMPBELL / O'BRIEN 2000, 442; BEN ZVI 2010, 392 Anm. 10.

300 S. dazu weiter unten 2.3.4.

301 S.o. Anm. 296.

2.3.2.2 *Weitere Vorkommen von* קסם

Innerhalb der Tora kommt קסם außer in Dtn 18,10.14 nur noch in Num 22,7 und Num 23,23 vor, d.h. in der Bileamerzählung. Lange Zeit war die vorherrschende Beurteilung, dass die Bileamerzählung in Num 22–24 Teil der Pentateuchquellen war und so meist auf zwei Pentateuchquellen verteilt wurde.[302] Dagegen hat sich schon WALTER GROSS 1974 ausgesprochen. Heute ist ein zunehmender Konsens zu einer eigenständigen Erzählung zu erkennen.[303] Ein umfangreicher Einschub ist die Eselinnenperikope in Num 22,22–35. Sie ist klar als Zusatz zu erkennen: In V22 wird Gott zornig, dass Bileam mit den Gesandten des Moabiterkönigs Balak mitzieht, obwohl er dies in V20 ausdrücklich zugesteht. V35 wird die Aufforderung, mit den Männern zu gehen, noch einmal im Mund des *malʾak jhwh* wiederholt. Hinzukommt, dass Bileam in diesem Teil negativ gezeichnet ist. Er sieht nicht den *malʾak*, den die Eselin erkennt und ist gewalttätig gegenüber der Eselin. Demnach ist neben einer Grunderzählung noch mit mindestens einer (redaktionellen) Erweiterung zu rechnen.

Die Grunderzählung hat zum einen in Bileam einen Protagonisten, der – obwohl kein Israelit – sich als Divinator auf JHWH verwiesen weiß und seine Orakel auf den Auftrag des israelitischen Gottes zurückführt. Damit steht er in Spannung zu dem Nabi in Dtn 18,15, der aus Israel stammen muss. Das Volk Israel ist eine Größe, die unter dem Schutz und Segen JHWHS steht. Eine solche Aussage ist in exilischer und nachexilischer Zeit kaum möglich. Von daher ist die Grunderzählung auf jeden Fall in der vorexilischen Zeit zu datieren.[304] ROBKER sieht seine Grunderzählung noch im Nordreich Israel beheimatet.[305] Auch wenn dies vielleicht zu weitgehend ist, so ist doch an einer vorexilischen Entstehungszeit der Grunderzählung, wahrscheinlich Ende des 8. Jahrhundert v. Chr. – festzuhalten.

In Num 22,7 wird berichtet, dass die Ältesten von Moab und Midian, die vom moabitischen König Balak zu Bileam geschickt werden, קסמים in ihren Händen haben. Die gängigen Übersetzungen als „Wahrsagung/Orakel" oder

---

302 Heute wird diese Forschungsrichtung noch von SEEBASS 2007 und BADEN 2012 vertreten; vgl. insgesamt den forschungsgeschichtlichen Überblick bei ROBKER 2019, 17–38.

303 S. ALBERTZ 2011, ROBKER 2013; BÜHRER 2016 und das Fazit von ROBKER 2019, 68, der einen wachsenden Konsens für einen eigenständigen Charakter der Bileamerzählung ausmacht, „with the exception of particularly the the donkey episode and the verses Num 24:14b–24".

304 Anders in jüngerer Zeit TIMM 1989,97–157; SCHÖNING 2013, 87–89; SCHÜLE 2001, 192; ACHENBACH 2003, WEISE 2006, 215; GERMANY 2018, 289–313; s. jedoch die überzeugenden Darlegungen von ROBKER 2019, 195–206 und auch schon SEEBASS 2007, 46–52.

305 ROBKER 2019, 182. Zum Gesamttext Num 22–24 s. auch ZENGER [9]2016, 124–126, der in Num 22–24 eine Erzähltradition sieht, die in das vorexilische Jerusalemer Geschichtswerk eingefügt wurde.

„Losorakel“ ist sinnlos als Aussage, die die Boten des Königs betrifft. Auch die Bedeutung „Orakelinstrumente“ hilft nicht weiter, da es äußerst merkwürdig wäre, brächten die Boten irgendwelche Utensilien mit, die der Divinator zur Ausübung seiner Aufgabe benötigt. Deshalb hat NOTH in seinem ATD Kommentar die Übersetzung „Wahrsagerlohn“ gewählt.[306] Grundlage für diese Lesart ist die Vulgata, die „habentes divinationis pretium in manibus“ liest und der Targum Pseudo-Jonathan, der den Vers in relativ freier Übersetzung mit אגרון דקסמין התימין בידיהון wiedergibt.[307]

Der Übersetzung mit „Wahrsagerlohn“ hat WALTER GROSS widersprochen. Er lehnt die Übersetzung mit „Wahrsagerlohn“ entschieden ab und nimmt nach Ez 21,27 für den Plural die konkrete Bedeutung „Wahrsageinstrumente“ an.[308] Hierfür spreche – neben anderen Überlegungen – auch die Verwendung des enklitischen Personalpronomens in den verschiedenen Versionen. Gleichzeitig ist GROSS jedoch der Meinung, dass der Satz in der von ihm erkannten Bedeutung sinnlos sei. „Weder ist anzunehmen, dass man berühmten Wahrsagern die Instrumente erst mitbrachte, deren sie sich in der Ausübung ihrer Kunst bedienen sollten, noch vollzieht Bileam ähnliche Praktiken. 22,7aβ ist daher als Zusatz auszuscheiden“[309]. Hier ist GROSS zuzustimmen. Es kann sich nur um eine Ergänzung handeln, die das ganze Geschehen negativ darstellen will, indem sie Bileam in einem negativen Verständnis als קֹוסֵם einstuft wie in Jos 13,22 und dabei im Hinblick auf die Praxis קסם unterschiedliche Gerätschaften voraussetzte, wie es in Ez 21,26–28 berichtet wird. Möglicherweise hat auch Mi 5,11 eine Rolle gespielt, wo von „Zaubermitteln in deinen Händen“ die Rede ist, unter Verwendung von כשף. Dies würde bedeuten, dass קסם in Num 22,7 in einer Linie mit כשף verstanden wird. Von daher handelt es sich in Num 22,7a* um eine späte und negative Zeichnung Bileams auf dem Hintergrund einer Sichtweise von קסם, die von der allgemeinen Bedeutung im neutralen Sinn „wahrsagen“ weggeht und קסם auf dem Hintergrund von Ez 21,26–28 und eventuell Mi 5,11 als Sammelbegriff für unterschiedliche technische illegitime Divinationsarten versteht.

306 1977, 146; so auch noch z.B. ROULLIARD 1985, 64–66; ACHENBACH 2003, 398; Grundlage für diese Lesart ist die Vulgata; die LXX übersetzt mit μαντεῖον und hat damit beide Übersetzungsmöglichkeiten (s. RÖSEL / SCHLUND 2011, 482).

307 HUROWITZ 1994, 5 f.

308 1974, 141–143.

309 Dies gilt auch für die „Ältesten von Moab und Midian“, mit denen die Boten von V5 jetzt bezeichnet werden; der Anfang von V7 – וילכו – gehört dagegen zum Grundtext. GROSS vermutet, dass auf denselben Redaktor auch Num 24,1 zurückgehe. Inspiriert habe sich dieser Redaktor an Num 23,23, wo er die Begriffe קסם und נחש entnahm, um Bileam als Vertreter der in Num 23,23 abgelehnten heidnischen Divination bloßzustellen (Ebd., 142 f.); RUPPERT 1990–1993, 80, übernimmt diese Deutung.

קסם kommt innerhalb der Bileamerzählung noch einmal in Num 23,23 vor. In dem Bileamspruch heißt es: כי לא נחש ביעקב וקסם בישראל. Auch hier bereitet die Übersetzung Schwierigkeiten. Wie ist das ב wiederzugeben? Heißt es „in" oder „gegen"? Bei der Übersetzung mit „in" wäre es eine grundsätzliche Aussage über das Vorhandensein von קסם und נחש in Israel und würde eher für einen Zusatz sprechen, bei der Übersetzung mit „gegen" passt es in den Zusammenhang der Grunderzählung.[310] Jedoch spricht für den Zusatzcharakter von V23, dass קסם wie נחש als Praktiken hier negativ verstanden werden, Praktiken, die gegen Israel eingesetzt werden und Bileam damit als jemand gezeichnet wird, der gegen Israel handelt. Innerhalb der Grunderzählung wird Bileam jedoch positiv gesehen: Er vollzieht den Willen des israelitischen Gottes gegen seinen Auftragsgeber Balak.[311] Demnach ist Num 23,23 am ehesten als Zusatz einzuordnen. Der Grundtext der Bileamerzählung ist wohl als vorexilisch einzustufen.[312] Am ehesten umschreibt קסם aufgrund der Parallelität mit נחש (Vorzeichendeutung) wie in 2 Kön 17,17 die Gesamtheit divinatorischen Bemühens, das eingegrenzt wird durch den Willen des israelitischen Gottes Jhwh. Es unterstreicht die Angewiesenheit des Divinators auf die durch ihn vermittelte Wirkung Gottes. Als handelnde Personen für diese Praktiken sind am ehesten religiöse Spezialisten anzunehmen, hierfür spricht der Kontext. Bileam wird ja eigens von Balak herbeigerufen, um Israel zu verfluchen. Ein direktes klar erkennbares Subjekt ist in Num 23,23 jedoch nicht gegeben. Num 23,23 ist wohl als Zusatz zu qualifizieren.

In Jos 13,22 wird davon berichtet, dass Bileam von den Israeliten mit dem Schwert getötet worden sei. Bileam wird hier ausdrücklich als הקוסם – „der Wahrsager" bezeichnet. In Num 22–24 erhält Bileam keinen Titel, in der außerbiblischen Inschrift von Deir ᶜAlla wird er allerdings als „Seher der Götter" bezeichnet. Der Kontext erweist den Titel in Jos 13,22 eindeutig als negativ. Bileam wird getötet, er wird als Feind Israels vorgestellt. Das ordnet diese Stelle in die negative Sicht Bileams ein, die in einem Teil der biblischen Tradition begegnet.[313]

Dass קסם als Titel verwendet wird, teilt Jos 13,22 mit 1 Sam 6,2; Jes 2,6 (?); 3,2; 44,25; Jer 27,9; 29,8; Mi 3,7; Sach 10,2.

---

310 S. zur Diskussion von Num 23,23 z.B. Seebass 2007, 21.89 f. Seebass selbst spricht sich gegen den Zusatzcharakter von Num 23,23a aus. Robker 2019, 112 Anm. 228 lässt die Frage der Übersetzung offen. Seit Wellhausen [4]1963, 111 wird 23,23 als Zusatz gesehen. Die Verbindung von קסם und נחש wie in 2 Kön 17,17 ist ein Argument für den Zusatzcharakter.

311 S. zuletzt Robker 2019, 184.344–346; anders Bührer 2016, 595–598.

312 S.o. Anm. 21.

313 S. Num 31,8.16; Dtn 23,5 f.; Jos 24,9 f.; Neh 13,2. Die negative Sichtweise Bileams setzt sich auch in der rabbinischen und neutestamentlichen Tradition fort. Positiv ist Bileam außer in Num 22–24 noch in Mi 6,5 erwähnt. Siehe dazu Schöning 2013, 45–54; Bührer 2016, 594–611; jetzt vor allem Robker 2019, 207–270.

In der Ladeerzählung 1 Sam 6,2 wird berichtet, dass die Philister neben den Priestern auch die קסמים zu Rate ziehen, um Auskunft darüber zu bekommen, was sie mit der einen schädlichen Einfluss auf die Philister ausübenden Lade anstellen sollen. Hier werden die „Wahrsager" als eigenständige Gruppe neben den „Priestern" erwähnt. Deutlich ist, dass beide Gruppen für Auskünfte angefragt werden können. Es muss offenbleiben, ob es sich um eine Beschreibung der philistäischen Wirklichkeit handelt oder ob sich hier andere Vorstellungen widerspiegeln. Inwieweit die „Wahrsager" einen eigenen Berufsstand auch in Israel darstellen ist anhand dieser Parallele möglich, aber letztlich nicht endgültig zu beweisen.

Neben 1 Sam 6,2 kommt קסם im Samuelbuch auch noch in 1 Sam 15 und 28 vor.

In 1 Sam 15 entgegnet Samuel Saul nach dem Sieg über die Amalekiter und dem nur teilweise erfolgten Vollzug des Banns, dass das Hören auf die Stimme JHWHS wichtiger sei als der Vollzug der Brand- und Schlachtopfer (1 Sam 15,22–23). In V23 taucht dann der Begriff קסם auf, näher qualifiziert als Sünde und dann parallelisiert mit Terafim-Frevel. Die קסם – Sünde wird als Widerspenstigkeit bezeichnet (מרי), der Terafim-Frevel, womit wohl die Befragung der Terafim gemeint ist,[314] als „Auflehnung"(פצר – Hi. Inf. abs.).[315] Mit der über den jetzigen Text hinausweisenden allgemeinen Aussage[316] gehört dieser Vers zu einer wahrscheinlich deuteronomistischen Redaktionsschicht in 1 Sam 15.[317] Hierfür spricht die Attribuierung „Sünde" bei קסם und „Frevel" bei Terafim. Die griechische Überlieferung gibt קסם mit οἰώνισμα wieder, hat also die Vogeldivination im Blick und ist damit auf dem Hintergrund der in der hellenistischen Zeit aktuellen Götzenpolemik zu verstehen.[318]

Noch einmal begegnet קסם in 1 Sam 28,8. König Saul sieht sich bedroht durch die Philister und ist bemüht um göttliche Auskunft, die jedoch nicht erfolgt. Weder Träume noch Losorakel und auch die Nebiim können eine Auskunft über den göttlichen Willen geben. In dieser verzweifelten Lage sucht Saul eine Frau in En-Dor auf, die nekromantische Praktiken beherrscht. Saul fordert sie auf, durch einen Totengeist (באוב[319]) Auskunft darüber zu erlangen,

---

[314] S. dazu Sach 10,2; Ez 21,26 (s.o.), „wohl auch in Ri 17,5; 18,14.17.18.20; Hos 3,4 (neben dem Efod). Objekte von Götzendienst sind sie in 2 Kön 23,24 (dtr)." (W. DIETRICH 2015, 167).

[315] So GESENIUS[18], 2013, 1070, allerdings mit Fragezeichen. W. DIETRICH 2015, 133.136 bevorzugt „Willfährigkeit".

[316] W. DIETRICH 2015, 167, spricht von der Möglichkeit eines „geprägten, festen Lehrsatz(es)"; vgl. auch GIERCKE-UNGERMANN 2010, 245 f.

[317] Das Kapitel ist nicht einheitlich; zur Forschungsgeschichte s. LEHNART 2003, 74–78; GIERCKE-UNGERMANN 2010, 3–19.273; W. DIETRICH 2015, 145–151. GIERCKE-UNGERMANN 2010, 261 f. rechnet V23 zu einer prophetischen Bearbeitung.

[318] S. KARRER / KRAUS 2011, 775 f.

[319] S. dazu weiter unten 2.3.7.

was er angesichts der Bedrohung durch die Philister und dem Schweigen anderer divinatorischer Quellen (s. 1 Sam 28,6.15) jetzt tun soll. Auskunft gibt ihm dann der tote Samuel, der ihm die Niederlage und den Tod samt seinen Söhnen ankündigt. Das fraglose Funktionieren nekromantischer Praktiken, die durchaus positive Zeichnung Sauls und der Frau aus En-Dor lassen auf eine alte Tradition schließen. Zu dieser alten Tradition ist auch V8 zu rechnen.[320] Ohne einen erkennbaren negativen Beigeschmack wird קסם in der Rede Sauls verwendet; damit wird die Auskunft durch einen Totengeist bezeichnet, die durch eine בעלת־אוב ermöglicht wird.

Ein Problem stellt das Vorkommen von קסם in Jes 2,6 dar. MT liest כִּי מָלְאוּ מִקֶּדֶם וְעֹנְנִים כַּפְּלִשְׁתִּים (V6aβ); das bedeutet: „denn sie (scil. das Haus Jakob, das Volk Jhwhs) haben sich gefüllt von Osten her und die Zeichendeuter wie die Philister…“. Die Fortsetzung mit וְעֹנְנִים hat dazu geführt, dass z.B. Wildberger den Titel קֹסְמִים vor מקדם ergänzt und so „Denn sie sind voll von Wahrsagern aus dem Osten und von Zauberern wie die Philister…“ übersetzt.[321]

Beuken allerdings sieht keinen Anlass für die Textverbesserungen und beurteilt den Satz als „gutes Beispiel für einen synthetischen Parallelismus“[322]. Da dieses Textverständnis keine Textverbesserung verlangt, ist ihm am ehesten zu folgen. Das heißt, dass Jes 2,6 bei der Bedeutung von קסם nicht zu berücksichtigen ist.

Textlich klar ist das Vorkommen des Titels קֹסֵם in Jes 3,2. Dort wird er in einer Aufzählung der Stützen des Staates neben dem Helden und Krieger, dem Richter und Ältesten sowie dem Nabi erwähnt. Diese Reihe wird in V3 noch fortgesetzt; als Größe im divinatorischen Bereich wird noch der kluge Beschwörer נְבוֹן לָחַשׁ erwähnt. Dies stützt die Auffassung, dass קֹסֵם als eigenständiger Stand zu sehen ist.[323] Die LXX verwendet bei der Übersetzung nicht eine Form von μαντεύω, wie ansonsten bei dem Vorkommen von קסם, sondern den Begriff στοχαστής, der wörtlich „Vermuter“ bedeutet.[324]

Im Jesajabuch begegnet קסם noch in Jes 44. In einer hymnischen Selbstprädikation,[325] die Jhwh einleitend als Schöpfer und Erlöser des Menschen, aber auch des gesamten Kosmos preist (Jes 44,24), werden in V25 die Prognostiker in den Blick genommen, die gehäuft vor allem am Königshof versammelt sind. Genannt sind בדים, deren Zeichen von JHWH zerbrochen werden. Das hier

---

320 Zur Diskussion von 1 Sam 28 s. weiter unten 2.3.7.

321 ²1980, 93.

322 2003, 99.

323 Zur Einordnung von Jes 3,1a.2–7 als vorexilisch s. Beuken 2003, 110.

324 S. LXX^D, 1233, die mit „Wahrsager“ übersetzt, obwohl das griechische Wort wörtlich „Vermuter“ bedeutet (s. ebd., 1233 Anm. a). Bei der Übersetzung von נְבוֹן לָחַשׁ in Jes 3,3 übergeht der Übersetzer den magischen Aspekt von לחש.

325 Berges 2008, 370.

verwendete Wort בדים muss nicht zu ברים verbessert werden,[326] inhaltlich sind hier Zeichendeuter gemeint, die wohl am Königshof den Lauf der Geschehnisse vorhersagten. Eine weitere Gruppe sind dann die קסמים, die der Lächerlichkeit preisgegeben werden. Welche Praktiken genau damit verbunden sind, wird nicht erläutert. Es wird sich um eine prognostische Tätigkeit gehandelt haben. Das Tun der Weisen wird ebenso negativ gesehen. Ihr Wissen macht JHWH lächerlich (Jes 44,25). Dem Wirken dieser Gruppen wird in Jes 44,26 ff. das Wort seines Knechtes und der Rat seiner Boten gegenübergestellt, die den Willen JHWHS zum Ausdruck bringen. Derjenige, dessen Handeln den Willen JHWHS zum Ausdruck bringt, ist der persische König Kyros, der als „Hirt" (Jes 44,28a) und ebenso als „Gesalbter JHWHS" (Jes 45,1) bezeichnet wird.

Als Bezeichnung für eine Gruppierung wird קסם auch im Buch Jeremia, in Jer 27,9 und 29,8 verwendet; darüber hinaus zeigt sich das Lexem קֶסֶם im Jeremiabuch noch einmal in Jer 14,14.

Die beiden Vorkommen Jer 27,9 und 29,8 erscheinen in einem Textbereich des Jeremiabuches, der in Kapitel 26 beginnt, deutlich dadurch abgegrenzt, dass in der griechischen Überlieferung des Jeremiabuches mit diesem Kapitel die Fremdvölkersprüche beginnen, die in MT erst in Kapitel 46 bis 51 wiedergegeben werden. Der griechischen Überlieferung, die kürzer ist als MT, wird im Allgemeinen die Priorität gegenüber MT eingeräumt.[327]

Der in Kapitel 26 einsetzende Textteil ist der Anfang des zweiten Teiles des Jeremiabuches, Kapitel 26–45. Er ist im Wesentlichen von einem „deuteronomistischen" Redaktor gestaltet worden.[328]

---

326 S. dazu BALTZER 1999, 279 f.; BERGES 2008, 367, anders ELLIGER 1978, 454.

327 S. z.B. die Darlegung in den Einleitungen K. SCHMID ^{6}2019, 346 f.; RÖMER 2013, 402 f. sowie STIPP 2010, 241, s. insgesamt 239–264; FINSTERBUSCH / JACOBY 2016, 1–14; vgl. auch die Bemerkungen in den neuesten Kommentaren von STIPP 2019, 3–6 und C.M. MAIER 2022, 13–22. Dem weitgehenden Konsens stellt sich G. FISCHER 2005, 39–46 entgegen, ausführlich DERS. 2007, 17–53. Massiv widersprochen hat ihm zu Recht H. ENGEL 2007, 80–96. Insgesamt ist doch vor allem aufgrund der Qumran-Texte der herkömmlichen Deutung zu folgen, die die Priorität in der LXX-Fassung sieht.

328 Eine deuteronomistischee Redaktion ist ausführlich von THIEL 1973, 1981 beschrieben worden; zu früheren Studien, s. HERRMANN 1990, 66–81. Die deuteronomistische Redaktion ist nach den Ergebnissen neuerer Untersuchungen nicht einheitlich, so dass mit mehreren deuteronomistischen Redaktionen zu rechnen ist, s. z.B. ALBERTZ 2001, 231–260. Ich folge hier der Auffassung von H.-J. STIPP, der Jer 1–25* von $JerD^1$ gestaltet sieht, das in Juda entstand, gefolgt von $JerD^2$, der in Babylon wirkte und Kapitel 26–45* gestaltete. Mit anderen Bezeichnungen für die einzelnen Redaktionen folgt C.M. MAIER 2022, 45–53 der Aufteilung in ein judäisches und babylonisches Jeremiabuch, die beide als „deuteronomistisch" zu bezeichnen sind. Zu den „deuteronomistischen" Texten s. auch C.M. MAIER 2017, 103–123; zu den historischen Erfahrungen und den Reaktionen im „deuteronomistischen" Milieu s. auch STIPP 2021 (2019), 444–468.

Nach Kapitel 26, das die Tempelrede von Kapitel 7 neu aufgreift und Jeremia als einen Propheten zeigt, der von Feinden umgeben ist, wobei er mit Micha von Moreschet und Urija in eine prophetischen Tradition eingeordnet wird (Jer 26,20–24),[329] zeigt sich in Kapitel 27–29 ein Abschnitt, der gekennzeichnet ist durch den Kampf Jeremias gegen „Falschpropheten" in Juda (Jer 27–28) und im babylonischen Exil (Jer 29).

Dabei bilden 27–28 noch einmal einen zusammengehörigen Teil, geprägt durch die Symbolhandlung des Joches. Inwieweit er auf eine eigenständige Tradition zurückgeht, die man genau abgrenzen kann, ist für unseren Zusammenhang nicht von Bedeutung.[330]

Auf Aufforderung JHWHS soll Jeremia eine Botschaft an die Könige von Moab, Edom, Ammon, Tyrus und Sidon senden, deren Gesandte sich bei dem judäischen König Zidkija in Jerusalem aufhalten. Der Inhalt dieser Botschaft ist klar: Alle sollen sich der Weltherrschaft der Babylonier unterwerfen. In 27,9 werden nun Gruppierungen aufgerufen, auf die niemand hören soll. Zu diesen Gruppierungen gehören neben den קוסמים auch „eure Nebiim" und חלמיכם – „eure Träumer" (29,8), sowie noch ענניכם – „eure Zeichendeuter" und כשפיכם – „eure Zauberer". Hier werden die קוסמים zwar als eigene Gruppierung gesehen, aber ob diese Gruppen eine jeweils eigene „Berufs"gruppe bilden, bleibt offen. Als Tätigkeit dieser Gruppen wird in 27,9 zusammenfassend das Verb אמר benutzt, in 27,10 נבא Niphal, also vor allem die Wortverkündigung betont.

In Jer 29,8 werden die קוסמים ebenfalls als Gruppierung neben den Nebiim und den Träumern erwähnt. Weitere Gruppen wie in Jer 27,9 werden nicht erwähnt. Kennzeichnende Praxis ist hier vor allem Traumdeutung, wobei dieses Tun in Jer 29,9 als „prophezeien" (נבא Niphal) bezeichnet wird.

Außerhalb dieser listenartig aufgeführten Gruppierungen, die die קוסמים, als eigenständige Gruppe neben anderen aufführen, zeigt sich die Wurzel קסם innerhalb des Jeremiabuches noch in Jer 14,14. Dieser Vers gehört in den größeren Textzusammenhang Jer 14,1–15,4. Zunächst werden die Klagen des Volkes aufgrund einer Dürre gegenüber JHWH von ihm abgewiesen (14,10) und dann in V11 auch das Eintreten des Propheten für das Volk als nutzlos dargestellt. Am Ende des Verses macht JHWH klar, dass er Israel mit Schwert, Hunger und Pest

---

[329] Jer 26 ist von Spannungen durchzogen, so dass hier mit einer Wachstumsgeschichte zu rechnen ist. Dabei ist schon die Grundschicht „dtr" (STIPP 2019, 87); zu Kapitel 26 s. weiter unten Abschnitt 3.1.1.

[330] STIPP ist der Auffassung, dass ein zweiter Falschprophetenredaktor, der in Mesopotamien wirkte, 27–29 geschaffen und in das babylonische Jeremiabuch eingestellt hat (2019, 112–130). Auf jeden Fall ist klar, dass aufgrund der Rolle Babylons im Weltgeschehen (27,6) der Text vor 539 v. Chr., als das Ende des babylonischen Weltreiches erreicht war, entstanden sein muss. Die Abfolge Jer 26–29 ist wohl auf den „deuteronomistischen" Schöpfer des babylonischen Jeremiabuches zurückzuführen (STIPP 2019, 24).

vernichten wird. Jeremia erhebt in V13 dann den Einwand, dass die Nebiim ja Frieden versprechen. In der darauf folgenden Gottesrede bezeichnet JHWH in Jer 14,14 die gesamte Praxis dieser Nebiim, die im Namen Gottes ergeht, als Lüge. Diese Aussage verbindet C.M. MAIER mit einer geschichtsätiologischen, im Exil wirkenden Redaktionsschicht, die im „deuteronomistischen" Umfeld entstanden ist.[331]

Nach dieser ersten Feststellung wird im nächsten Satz die Verbindung zum israelitischen Gott dreifach negiert: Er hat sie nicht gesandt, er hat ihnen keine Aufträge gegeben und er hat nicht zu ihnen gesprochen. Dann werden einzelne Praktiken aufgezählt und entsprechend negativ bewertet. Zunächst werden die Gesichte (חָזוֹן) als lügnerisch qualifiziert; als nächster Begriff folgt dann קֶסֶם. Das folgende וֶאֱלוּל ergibt aber wenig Sinn. Statt des Ketib ist hier mit dem Qere אֱלִיל –„nichtig" zu lesen und aufgrund der dreifachen Aufzählung „lügnerische Gesichte", „nichtige Orakel" und das dann folgende „Täuschung ihrer Herzen" das Waw vor אֱלִיל zu entfernen.[332] קֶסֶם erscheint hier demnach neben der Vision als eine normale Praxis von israelitischen Nebiim, die beanspruchen, im Namen des israelitischen Gottes zu verkündigen.

Innerhalb des Michabuches begegnet קסם konzentriert in Kapitel 3, Vers 6.7.11. In diesem Kapitel wird die politische und religiöse Elite angegriffen. Das Kapitel endet mit V12, der Ankündigung, dass der Zion zum Ackerland, Jerusalem zu einem Trümmerhaufen und der Tempelberg zu überwuchernden Höhen wird. In Jer 26,17–19 wird diese Aussage über Stadt und Tempel von den Ältesten des Landes zitiert, um Jeremia gegen Todesdrohungen zu schützen. Es gab also schon prophetische Angriffe gegen den Zion und Jerusalem zu Zeiten des Königs Hiskija, so die Aussage des Jeremiatextes.

Die Frage der Einheitlichkeit dieses Textes ist in jüngerer Zeit vor allem von BJÖRN CORZILIUS in Frage gestellt worden[333]; umstritten ist auch die Frage der Datierung dieses Abschnittes.

---

[331] „Die Qualifizierung der Heilsprophetie als menschlicher Trug und nicht von JHWH autorisierte Prophetie ist ebenso Kennzeichen der exilischen, geschichtsätiologischen Redaktion wie die Ankündigung des Todes durch Hunger und Schwert für die Heilsprophetinnen und Heilspropheten sowie das Volk (V. 15 f.); (C.M. MAIER 2022, 292). Zur genaueren Kennzeichnung dieser Redaktion s. ebd., 47–49.

[332] Mit W.H. SCHMIDT 2008, 260 A13; GESENIUS [18]2013, 64, anders G. FISCHER 2005, 471. Er geht davon aus, dass קסם in sich negativ konnotiert ist, was jedoch nicht anzunehmen ist, s. dazu weiter unten. C.M. MAIER 2022, 285 behält das Waw bei und sieht in אֱלִיל – „Nichtigkeit" eine weitere Qualifizierung der Tätigkeit der Nebiim. M.E. ist jedoch die Entsprechung zur dreifachen Ablehnung der Verbindung zu JHWH hier stärker zu gewichten. Ein Bedeutungsunterschied ergibt sich nicht. Auch die LXX hat das Waw schon gelesen und hier noch zur Verstärkung der Vorwürfe οἰωνίσματα eingefügt, also noch die Praxis der Vogeldivination ergänzt.

[333] 2016, 335–346.

Er beginnt in Mi 3,1 mit betont vorangestelltem וָאֹמַר – „und ich sprach“. Hier ergreift nun Micha das Wort,[334] nachdem schon in 2,6–11 andere Verkünder des Gotteswillens ins Blickfeld geraten sind, die sich korrumpieren lassen; am willkommensten sind dem Volk diejenigen, die „Wein und Bier“ verkünden (2,11).[335] Gleichzeitig verweist das einleitende „und ich sprach“ auf die Auseinandersetzung mit den Nebiim in den nachfolgenden Versen 5–8. Diese Einleitung ist demnach gut eingebettet in den Kontext; es besteht kein Grund, hierin eine eigene sekundäre Redaktionsschicht zu sehen.[336]

In dem Abschnitt 3,1–4 wird die politische Führung angesprochen, wobei mit ראש und קצין keine beruflichen Titel verwendet werden, sondern Leitungsfunktionen in den Blick rücken; somit ist die politische (und wirtschaftliche) Elite gemeint. Ihnen werden rechtliche Vergehen vorgehalten und allgemein, das Gute zu hassen und das Böse zu lieben. In V2b–3 wird dies in einer drastischen Bildersprache konkretisiert, die die Zerstörung des Volkes illustrieren.

V4 zieht die Schlussfolgerung aus dem Handeln der politischen Eliten, die das Gemeinwesen zerstören: Jhwh entzieht sich dem Volk; die Konsequenzen des zerstörerischen Handelns der Führungsschicht werden kommen. Ein überzeugendes Kriterium für Textschichtungen liegt nicht vor.[337]

In V5–8 richtet sich der Blick auf die Nebiim und die Seher (חזים) die wie die politischen und wirtschaftlichen Führungskräfte ebenfalls am Elend des Landes schuld sind. Mit der im prophetischen Bereich oft verwendeten „Botenformel“ wird dieser Abschnitt eingeleitet. Damit wird die Anklage gegenüber den gesellschaftlichen Führungskräften vervollständigt; ein Grund für Textscheidungen ist nicht gegeben. Angeklungen ist dieses Thema schon in Mi 2,11 und der betonten Voranstellung „und ich sage“ in Mi 3,1. Zusammenfassend wird in Mi 3,9–11 noch einmal die Anrede von V1 wiederholt, die Verdrehung des Rechts und die damit einhergehende Gewalt betont. In V11 wird dies auch mit den religiösen Führern einschließlich der Priester in Verbindung gebracht und

---

334 Damit ist der literarische Micha gemeint, nicht die historische Persönlichkeit.

335 Der Titel „Nabi“ wird hier nicht verwendet; bei den in Mi 2,7 als „Haus Jakob“ angesprochenen Personen handelt es sich wohl um die reichen Grundbesitzer (so Kessler ²2000, 130); erst in V11 wird auf einen „Wahrsager“ verwiesen und so die Auseinandersetzung mit den Nebiim im folgenden Kapitel eingeleitet.

336 Die textlichen Auffälligkeiten sind kein Grund, hier unterschiedliche Textschichten anzunehmen, so Corzilius 2016, 234 f.239–242.343 f., der hier einen eigenen redaktionellen „Weissagungsdiskurs“ annimmt, der Mi 2,6–7.11; 3,1*.8 umfasst.

337 Die von Corzilius 2016, 213 f.335–340 aufgeführten Gründe für eine Aufteilung auf eine „sozialkritische Grundschicht“, die in 3,1–2a* vorliege und zu der noch Mi 2,1–2; 3,9b.12 gehören, überzeugen nicht. Es ist kein einziges Kriterium vorhanden, das eine Textschichtung naheliegen würde. Gleiches gilt für die Annahme von sozialkritischen Erweiterungen in Mi 3,2b–3 (Corzilius 2016, 344–346; zu ihr gehören noch Mi 2,4–5.8–10; 3,10–11). Auch V4 gehört nach Corzilius zu einer „gerichtsprophetischen Erweiterung,“ die Mi 2,3; 3,4–7.9a umfassen soll (340–343).

zudem auch die ideologische Basis, die Zionstheologie, benannt. Sie alle kommen den Ansprüchen ihrer „Ämter" nicht nach und lassen sich korrumpieren (V11a). Erst damit ergibt sich ein vollständiges, allerdings niederschmetterndes Bild der Situation, die hier beklagt wird. Die Zuschreibung von Mi 3,5–8 zu einer redaktionellen Schicht zerstört diesen Zusammenhang.[338]

In V8 wird den korrupten Personengruppen der bevollmächtigte Prophet gegenübergestellt. Er ist gekennzeichnet durch die profanen Tugenden Kraft (כח), Recht (משפט) und Stärke (גבורה). Die Erwähnung des Geistes JHWHs in V8aβ fällt dabei formal und sachlich aus dem Rahmen. Er ist der einzige Begriff, der mit der *nota accusativi* eingeleitet wird; zudem wird hier eine theologische Qualifizierung, die Begabung mit dem Geist JHWHs, geboten, während es ansonsten um ganz allgemeine Tugenden geht. An keiner anderen Stelle ist ansonsten von einer Geistbegabung Micha von Moreschets die Rede. Es ist deshalb eher daran zu denken, dass diese Qualifizierung sekundär in den Zusammenhang eingefügt worden ist.[339] Ausgestattet mit den oben erwähnten allgemeinen Tugenden ist es die Aufgabe des Propheten, die Verfehlungen und Sünden offen zu legen.

Der letzte Abschnitt in V9–12 erwähnt wieder die maßgebenden Eliten wie in V1. Auch hier wird ihnen wieder Rechtsbruch und Gewalt vorgeworfen (V9–10). In V11 werden die „Häupter" (ראשים) als korrumpierbar beschrieben. Hinzugefügt werden jetzt Gruppen wie „Priester" und „Nebiim". Ihre Basis ist eine Zionstheologie, die eine Selbstgewissheit verleiht ohne soziale Verpflichtungen einzuhalten. Dies führt – so das Fazit in V12 – zur Zerstörung Zions bzw. des Tempelberges und Jerusalems.[340]

---

[338] Gegen CORZILIUS 2016, 214 f.340–343. Auch ARENA 2020, 160–166, sieht in Mi 3,5–8 einen sekundäre Einfügung. Er sieht hierin ein mit Jeremia und Ezechiel gemeinsames Motiv, das den als Nebiim bezeichneten Gegnern von Micha, Jeremia und Ezechiel eine reine Heilsverkündigung („Schalom") unterstellt. Er übersieht dabei, dass es in Micha um Korrumpierbarkeit der Nebiim und anderer politischen und religiösen Führungsgestalten geht, in Jer 23, 26–29 dagegen um die Legitimität der prophetischen Äußerungen und Handlungen. Ersteres verweist auch auf Jes 28,7–15; 30,8–17, Texte, die wohl aus der Zeit der assyrischen Vorherrschaft stammen, s. KREUCH 2011, 343–361. R. EBACH 2023, 92 Anm. 26, hält es für möglich, dass Mi 3,5–8 auf überlieferungsgeschichtlicher Ebene bis in Micha-Zeit zurückreicht.

[339] S. z.B. KESSLER ^{2}2000, 157; JEREMIAS 2007, 164 Anm. 149. ZAPFF 2020, 117 Anm. 34, hält eine Ergänzung für möglich, um den Michatext näher mit Jes 61,1 zu verbinden.

[340] BJÖRN CORZILIUS 2016, 215.256.318.344–346 sieht ebenfalls in Mi 3,9–12 den Abschluss der Sozialkritik, die in V12 das folgerichtige Urteil bietet. Allerdings sieht er nur in V9b.12 Texte der ursprünglichen Sozialkritik, während er V10–11 als sozialkritische Erweiterungen versteht; V9a sei im Rahmen der Erweiterung von 3,5–8 in den Text eingefügt worden. Der Text in Mi 3,9–12 ergibt sich jedoch folgerichtig aus dem vorher Gesagten, wie auch CORZILIUS selbst erkennt: „Das Strafurteil bildet den Höhe- und Zielpunkt der sozialkritischen Gerichtskomposition in Mi 2–3*" (318). Die Aufteilung auf unterschiedliche Textschichten ist unnötig, die dafür angeführten Gründe, z.B. „generalisierende Tendenz" in Mi 3,10–11 (215) sind nicht ausreichend.

Diese kurze Durchsicht lässt erkennen, dass in Mi 3,1–12 keine unterschiedlichen Textschichten angenommen werden müssen, demnach ist dieser Text mit einem Großteil der Forscherinnen und Forscher als literarische Einheit zu sehen ist.[341]

Was lässt sich zur Datierung dieses Textes sagen? Einzigartig ist, dass Mi 3,12 in Jer 26,18 zitiert wird. Demnach ist die Entstehung von Jer 26,18–19 *terminus ad quem.*[342] Allerdings stellt sich damit die Frage, wann dieser Text entstanden ist. Nach der Analyse von Stipp gehört 26,17–19 zur Grundschicht in Jer 26, die V1–6.8*–9.17–23 umfasst.[343] Diese Grundschicht geht auf einen zweiten Deuteronomisten zurück, der in Babylon noch vor dem Siegeszug der Perser anzusiedeln ist; er hat den zweiten Teil des Jeremiabuches gestaltet.[344] Da Jer 26,17–19 auf den Michatext als eine zeitlich weit entfernte Aussage zurückblickt, spricht dies eher dafür, den Michatext in der vorexilischen Zeit anzusiedeln. Das Argument, dass in 3,1 als Adressat der Botschaft des Micha König und Königtum nicht erwähnt werden,[345] kann dagegen nicht angeführt werden, da in V1 die umfassende Leitungsfunktion der Eliten angesprochen ist. Dazu gehört auch der König.[346] Demnach ist Mi 3,1–12 als Teil einer Micha-Denkschrift zu sehen, die wahrscheinlich im 7. Jahrhundert v. Chr. anzusiedeln ist.[347]

---

341 S. z.B. Kessler ²2000, 95.144–145; Jeremias 2007, 159; Zapff 2020, 22–24.109–110.118–119.127–129.

342 So Kessler ²2000, 97.

343 2019, 83–87; s. schon Ders. 1992, 17–72: C.M. Maier 2002, 142–146, folgt mit einer geringen Modifikation (V5 gehört zu einer Bearbeitungsschicht) der Analyse von Stipp; auch Wanke 2003, 238, hat diese Abgrenzung der Grundschicht.

344 Kapitel *26–44; s. zur Buchgenese und dem zweiten dtr Autor, der in frühexilischer Zeit wirkte, s. Stipp 2019, 17–19; Ders. 2021 (2019), 444–468; C.M. Maier 2002, 146–148, sieht ebenfalls einen exilischen Horizont der Grundschicht; vgl. auch zu den „Deuteronomisten" Dies., 2017; eine Übersicht über die von ihr angenommenen Redaktionen in Dies. 2022, 49, insgesamt 45–53; vgl. auch Wanke 2003, 238.

345 So Arena 2020, 158 Anm. 32.

346 Kessler ²2000, sieht in Mi 3 nicht bestimmte Titelträger angesprochen, sondern den „König und seinen Machtapparat" in Gänze (147–148; Zitat 148).

347 Zum Profil einer solchen Denkschrift s. Kessler ²2000,45–46. 94–97. Vgl. auch Zenger ⁹2016, 676; Jeremias 2013, 112–113; Schütte 2016, 84–99.
Gegen das Modell von Corzilius 2016 (s. die Zusammenfassung 426–436) spricht zum einen die Vielzahl der angenommenen Textschichten, deren Trennschärfe kaum nachvollziehbar ist. Gerade bei Mi 3,1–12 hat sich die Aufteilung auf verschiedene Textschichten nicht bewährt (s.o.). Zum anderen ist die Annahme eines Kristallisationskernes in dem Schefela-Städtegericht Mi 1,11–15*, der Ausgangspunkt für die Entstehung des Michabuches gewesen sein soll und der möglicherweise noch mit dem historischen Propheten Micha in Verbindung gebracht werden kann, kaum ein tragfähiges Fundament für die folgende Wachstumsgeschichte des Michabuches, die zunächst zu einer geschichtstheologischen Komposition in Mi 1* führt und dann

In Mi 3,5–8 werden als Adressaten des Prophetenspruchs ausdrücklich die Nebiim genannt. Ihnen wird vorgeworfen, dass sie korrumpierbar sind und ihre Botschaft nach dem persönlichen Gewinn ausrichten: „Haben sie etwas zu beißen, dann rufen sie Frieden! Wer ihnen aber nichts in den Mund steckt, dem sagen sie den Heiligen Krieg an." (3,5b).Als kennzeichnende Praktiken der Nebiim werden in V6 dann visionäres Schauen (חָזוֹן) und קסם erwähnt. Beides wird nicht mehr funktionieren, stattdessen wird es finster für die Nebiim. Sie werden nichts „Erhellendes" mehr beitragen können. Weder das visionäre Schauen noch קסם können hier als Praxis negativ gesehen werden. Es geht um Missbrauch, nicht um die Legitimität der Praktiken.[348] Diese Praktiken sind ganz klar den Nebiim zuzuordnen.

Im folgenden Vers 7 dienen diese beiden Praktiken dann dazu, Personengruppen zu kennzeichnen, ohne dass diese Gruppen damit abzugrenzen wären von den in der Überschrift V5 angesprochenen Nebiim.[349]

Dies wird bestätigt im folgenden Abschnitt 3,9–12, der sich an die Häupter des Hauses Jakob und die Richter wendet (V9). In V11 werden auch wieder die Nebiim erwähnt, denen derselbe Vorwurf der Bestechlichkeit gemacht wird wie im Abschnitt 3,5–8: Sie wahrsagen (קסם) für Geld. Kennzeichnende Praxis der Nebiim, die offenbar generell für das Wirken der Nebiim verwendet werden kann, ist demnach קסם. Außerdem werden als weitere Gruppe der religiösen Führergestalten die Priester aufgeführt. Ihnen wird der Vorwurf gemacht, gegen Bezahlung zu lehren (ירה). Sie haben in dem vorhergehenden Abschnitt keine Rolle gespielt.

In Sach 10,2 begegnen noch einmal קוסמים. Dieser Vers gehört zu einer Fortschreibung von Sach 1–8, die in Sach 9–14 vorliegt. Im Hintergrund dieses Textes steht nicht mehr die Verkündigung einer konkreten Prophetengestalt; hier handelt es sich um schriftgelehrte Tradentenprophetie bzw. literarische

---

erst zu einer sozialkritischen Grundschicht Mi 2,1–2; 3,1–2*.9b.12, die schon den Untergang Jerusalems im Blick hat. Zapff 2020, 22–24 sieht den Nucleus der Entstehung des Michabuches in dem Städtegedicht Mi 1,8.10–16*. Die weitere Entwicklung sieht Zapff dann im Kontext des Amos- und Hoseabuches, d.h. der Entstehung des Dodekaprophetons. Auch hier ist die Traditionslinie, die von einem Propheten des 8. Jahrhundert v. Chr zum Michabuch führt, sehr dünn. Gegen eine Entstehung im Zusammenhang eines Mehrprophetenbuches spricht auch, dass sowohl Amos als auch Hosea und Micha ein eigenes Profil aufweisen, was kaum vorstellbar ist, wenn diese Schriften in exilisch-nachexilischer Zeit von Schreibern in Jerusalem gestaltet worden sind.

348 Kessler ²2000, 156.

349 Gg. R. Schmitt 2014, 148 f., der hier unterschiedliche Typen von Mantikern sieht.

Prophetie.[350] Zeitgeschichtlicher Hintergrund ist wahrscheinlich die hellenistische Periode.[351]

Der Bitte um Regen an JHWH in Sach 10,1 wird in 10,2 die Befragung der Terafim und der קוסמים gegenüber gestellt.[352] Das Tun der קוסמים wird mit der Befragung der Terafim[353] parallelisiert. Die Auskunft, die durch die Terafim eingeholt werden kann, wird eindeutig als Frevel (און) qualifiziert und damit außerhalb des JHWH-Glaubens angesiedelt. Von den „Wahrsagern" wird visionäres Schauen (חזה) und Traumgesichte (חלמות) als geübte Praxis erwähnt, Praktiken, die auch den Nebiim zugeschrieben werden. Sowohl die Befragung der Terafim als auch die Praktiken der „Wahrsager" werden negativ bewertet: die visionäre Schau der קוסמים wird als Lüge (שקר) bezeichnet, die Träume als Nichtigkeiten (שוא). Dies wird in V2aγ noch einmal unterstrichen. Ganz klar ist es, dass die Auskunft über diese Medien für den Autor im Gegensatz zur Bitte an JHWH steht, der Herr des Regens ist (Sach 10,1), deutlich aber auch, dass es durchaus gängige Praxis war. Zum einen wird hier die Gruppe der קוסמים außerhalb des JHWH-Glaubens angesiedelt, andererseits aber mit Praktiken verbunden, die ganz klar zu den JHWH-Propheten gehören. Die LXX übersetzt קוסמים mit μάντεις, folgt also der normalen Übersetzerpraxis.

Ein einziges Mal begegnet קסם in der Weisheitsliteratur, in Spr 16,10. RUPPERT sieht hier die abgeblaßte allgemeine Bedeutung „Entscheid"[354], während DAVIES damit rechnet, dass der König sich in schwierigen Rechtsfällen des Los- oder Pfeilorakels habe bedienen können.[355] Es gibt jedoch keinen Hinweis auf eine solche Entscheidungsfindung durch den König und zudem setzt die Einschränkung auf das Los- oder Pfeilorakel die Einengung der Bedeutung von קסם auf Losorakel voraus, die so nicht gegeben ist (s.u.). Die griechische Überlieferung übersetzt קסם wie üblich mit μαντεῖον.

Der Überblick über die Vorkommen von קסם zeigt ein weites Bedeutungsspektrum. Ez 13,7; 22,28 werden die Propheten (Nebiim) Israels angesprochen, denen die Praktiken חזה und קסם zugeordnet werden. Diese Praktiken, durch

---

350 S. K. SCHMID in GERTZ ^{6}2019, 408: „Es ist aber der neueren Forschung deutlich geworden, dass die Kapitel 9–14 nicht auf ursprünglich mündliche Verkündigung selbstständiger Prophetengestalten zurückgehen, sondern (in sich gestufte) schriftgelehrte Tradentenprophetie darstellen."

351 S. schon STECK 1991; K. SCHMID in GERTZ ^{6}2019, 408; ZENGER ^{9}2016, 703; an die Perserzeit denkt REDDITT 2012, 28–31.

352 REDDITT 2012, 78 f. hält Sach 10,2–3 für einen redaktionellen Einschub; m.E. ist jedoch der Kontrast zwischen der Bitte an JHWH und anderen Praktiken, die hier außerhalb der JHWH-Verehrung angesiedelt sind, durchaus beabsichtigt und auf einen Verfasser zurückzuführen.

353 Bei den Terafim handelt es sich wahrscheinlich um Ahnenfiguren, die um Auskünfte angegangen werden, s. dazu weiter unten 2.3.7.

354 1990–1993, 84.

355 1980, 554–556, ebs. PLÖGER 1981–1984, 192.

שוא und כזב negativ qualifiziert, werden dann zusammengefasst in einem Wortverkündigungsvorgang durch אמר und als JHWH-Wort durch die Formel נאם יהוה ausgewiesen, in Ez 22,28 durch die Wortereignisformel. Dies belegt, dass es der Anspruch dieser Nebiim ist, ein JHWH-Wort zu verkünden. Im Jeremiabuch wird ebenfalls קסם in enger Beziehung mit Nebiim gesehen und als Parallele zu נבא Ni. (Jer 14,14; 27,9; 29,8) benutzt. Gleiches gilt für die Vorkommen im Michabuch.

In Sach 10,2, wo die קוסמים als eigenständige Gruppierung erscheinen, heißt es, daß sie (lügnerische) Visionen schauen (חזה) und (nichtige) Träume verkündigen (דבר Pi.). Ein *qōsem* beschränkt sich demnach nicht auf ein technisch vermitteltes Orakel wie den Losentscheid oder das Pfeilorakel, er hat Visionen und verkündet Traumgesichte.

Es bleibt jedoch fraglich, ob es sich bei den קוסמים um eine eigenständige Gruppe handelt. Außerhalb von Sach 10,2 sind קוסמים auch in Jes 3,2–3; Mi 3,7; Jer 27,9 und Jer 29,8–9 in Jerusalem bezeugt; in Jes 44,25 werden sie neben Zeichendeutern (בדים) erwähnt; in Jos 13,22 wird Bileam als *qōsem* bezeichnet. Für Mi 3,5–11 ist eher anzunehmen, dass es sich um eine alternative Bezeichnung für Nebiim handelt. Es ist jedoch ebenfalls möglich, dass es am Königshof in Jerusalem mehrere divinatorisch tätige Gruppierungen gegeben hat. In der ausgeübten Praxis sind jedoch keine Unterschiede anzunehmen, bestenfalls Akzentuierungen.

Nimmt man die Verwendung im Rahmen nekromantischer Praktiken wie in 1 Sam 28,8 und die in Ez 21,26–28 erwähnten Praktiken hinzu, so zeigt sich ein weites Feld divinatorischen Handelns.

Die Deutung von קסם als spezifisches Wort für „Pfeil- oder Losentscheid" ist deshalb abzulehnen.[356] Diese Bedeutung gibt nicht die Bedeutungsbreite von קסם in der hebräischen Bibel wieder. Bezieht man noch die in Ez 21,26 f. erwähnten Praktiken mit ein, so zeigt sich innerbiblisch ein breitgefächertes Bedeutungsspektrum von קסם. Es umfaßt Wortverkündigung, Traumdeutung, Nekromantie, Befragung der Terafim, Pfeilorakel und Eingeweideschau. Demnach ist denjenigen zuzustimmen, die in קסם einen umfassenden Begriff sehen, der eine Vielzahl von divinatorischen Praktiken umfassen kann.[357]

Für eine Entwicklungsgeschichte im Sinne von JEPSEN und LUST sind ebenfalls keine Belege vorhanden. JEPSEN zieht aus 1 Sam 15,23 sowie aus Num 23,23 und 1 Sam 28,8 den Schluss, dass ursprünglich die Praxis קסם abgelehnt worden

---

[356] S. auch Ruppert 1990–1993, 80; Auf ROBERTSON-SMITH beruft sich auch DAVIES, 1980, 555 („refers primarily").

[357] S. z.B. TROPPER 1989, 224 f., der allerdings קסם wieder eingrenzt auf illegitime Divination; JOHNSON 1962: „general application as denoting various forms of inquiry concerning the future." (33 f.); s. auch KOCH ²1987, der meint: „So wird mit qosem offenbar ein Mann gekennzeichnet, der induktive und intuitive Mantik mittels kleiner Idole oder Lose verbindet..." (29).

sei, dass sie aber dann von den Nebiim in der Zeit Micha von Moreschets aufgenommen worden sei.[358]

Mit einer ähnlichen Entwicklung rechnet auch LUST.[359] Er ist der Auffassung, daß die Nebiim unter König Joschafat (869–849) die Nekromanten und andere „Wahrsager" ersetzten und in deren Funktionen eintraten.[360] Doch fehlen Belege für eine solche Entwicklungsgeschichte. Gegenüber JEPSEN ist festzuhalten, dass 1 Sam 15,23 ein redaktioneller dtr Text ist und dass in 1 Sam 28,8 קסם keineswegs negativ verstanden wird, dagegen jedoch diese Praxis in vielen anderen Stellen fraglos anerkannt wird.

Der Überblick zeigt mit hinreichender Deutlichkeit:

1. קסם ist der umfassendste Begriff für divinatorische Praktiken. Er umfasst sowohl technisch wie medial vermittelte Methoden, also induktive wie intuitive Divination.[361]
2. Den israelitischen Nebiim wird קסם als Praxis zugeschrieben.
3. Damit ist klar, dass קסם eine anerkannte Praxis in Israel war.[362] Offenbleiben muss, ob *qōsemîm* einen eigenständigen Stand in Jerusalem gebildet haben.
4. Eine Abgrenzung geschieht erst im Bereich der deuteronomistischen und exilisch-nachexilischen Theologie (Dtn 18,10.14; Jos 13,22; 1 Sam 15,23; 2 Kön 17,17; Jes 44,25; Sach 10,2). In der Jeremia- und in der Ezechiel-Überlieferung wird קסם zwar mit den „falschen" Propheten in Verbindung gebracht. Diese waren jedoch ebenfalls ihrem Selbstverständnis nach JHWH-Propheten und als solche in Israel und auch von Jeremia akzeptiert (s. Jer 28).

2.3.3 ענן

Das Partizip Polel מעונן, das als nächster Gräuel in 18,10 folgt, kommt noch im selben Zusammenhang in Dtn 18,14 sowie außerdem in Lev 19,26; Ri 9,37; 2 Kön 21,6 mit der Parallelstelle 2 Chr 33,6; Jes 2,6; 57,3; Jer 27,9 und Mi 5,11 vor.

Das einzige Vorkommen im Kanonteil „Tora" neben Dtn 18 liegt in Lev 19,26 vor. Es handelt sich um eine Textpassage, die als Heiligkeitsgesetz bezeichnet wird und sich von Lev 17 bis Lev 26 erstreckt. Nachdem lange Zeit Einigkeit darüber bestand, dass das Heiligkeitsgesetz als drittes Gesetzescorpus neben Bundesbuch und Deuteronomium ursprünglich selbstständig existierte, so ist

---

[358] 1934, 56 f.

[359] 1973, 234–250.

[360] Ebd., 240.250.

[361] Auch VONDERGEEST 2005 betont, dass es sich um einen generellen Terminus handelt, der Orakel durch „inspired prophecy or mechanical divination" beschreiben kann (277–280, Zitat 280).

[362] KIBOKO betont, dass die mit קסם bezeichneten Praktiken „occurs mostly with a positive or neutral connotation rather than with a negative connotation." (2017, 137–151; Zitat 150).

in den letzten Jahren vor allem in der Diskussion, ob es sich bei dem Heiligkeitsgesetz eher um einen redaktionellen Text handelt, der starke Verbindungen zu Bundesbuch und Deuteronomium aufweist.[363] Dabei ist die Beziehung zum deuteronomischen Gesetz wohl komplexer zu sehen als in früheren Studien angenommen, die meist von einer Neuinterpretation des deuteronomischen Gesetzescorpus ausgegangen sind.[364] Es ist zwar richtig, dass in Lev 17–26 das deuteronomische Gesetzescorpus vorausgesetzt wird, durchaus möglich aber ist es, dass das Heiligkeitsgesetz auch spätere Schichten des Deuteronomium beeinflusst hat.[365]

Nach dem Verbot der Übergabe der Nachkommen an Moloch in Lev 18,21 (s.o. 2.3.1) werden mit ענן und נחש zwei weitere (verbotene) Praktiken von Dtn 18 in Lev 19,26 aufgenommen. Lev 19,2 als Überschrift gibt an, wie die folgenden Gebote zu verstehen sind: als Anweisungen, die Heiligkeit Jhwhs in der Gemeinde der Israeliten abzubilden. Von daher versteht sich die Vielfältigkeit der sozialen und kultischen Lebensbereiche, die in Lev 19 angesprochen werden.[366]

Lev 19,26a beginnt mit dem Verbot des Blutgenusses, also einer Speisevorschrift, um dann in V26b das Verbot der Praktiken נחש und ענן auszusprechen. Eine nähere Erläuterung, was genau mit diesen Praktiken verbunden ist, unterbleibt. Durch נחש ist es klar, dass es sich um divinatorische Praktiken handeln muss. Während נחש wie noch zu zeigen sein wird (s.u. 2.3.4) – ziemlich klar Zeichendeutung beinhaltet, ist dies bei ענן nicht deutlich. Die Übersetzung von Lev 19,2b in der LXX „οὐκ οἰωνιεῖσθε οὐδὲ ὀρνιθοσκοπήσεσθε“ helfen hier auch nicht weiter, da sie eindeutig eine Konkretion im Blick auf die im griechisch-hellenistischen Bereich vorherrschenden Wahrsagemethoden (Vogelflug) darstellen.[367] Demnach ist es wahrscheinlicher, dass auch die Übersetzerinnen bzw. Übersetzer im hellenistischen Bereich nicht wussten, was genau unter ענן und נחש zu verstehen ist. Auf jeden Fall ist aus der Stelle Lev 19,26 keine exaktere Praxis zu erkennen, die mit ענן verbunden ist.

In Ri 9,37 begegnet מעוננים in der Verbindung mit אלון – Eiche[368] *en passant* in einer Ortsangabe. Der Vers gehört in den Zusammenhang der mit Abimelech

---

363 S. den Überblick bei Hieke 2014, 66–74.1145–1150; Römer 2014, 128 f.131 f.; Zenger / Frevel ⁹2016, 205–208.

364 Zur Komplexität der Beziehung zwischen Heiligkeitsgesetz und Deuteronomium s. Braulik 2006 (2004), 119–121.

365 Braulik 2016 (2016), 26; vgl. auch das Fazit von Zenger / Frevel ⁹2016, 206: „Als weitgehender Konsens wird man festhalten können: H ist das späteste Gesetzescorpus, das weder unabhängig von der Priesterschrift (P^G und Teile von P^s) noch von großen Teilen des deuteronomischen Gesetzes entstanden ist.“ (206)

366 S. Hieke 2014, 702–704.

367 S. Vahrenhorst 2011, 395; vgl. auch Kiboko 2017, 151.

368 S. dazu Zohary ³1995, 108.

verbundenen Überlieferungen in Richter 9. Deutlich sind die Abimelech-Erzählungen durch die Namensgebung Jerubbaal in Ri 6,32; 7,1; 8,28–35 mit der vorhergehenden Gideon-Überlieferung verbunden. Abimelech erscheint so als Sohn Gideons / Jerubbaals. Klar ist, dass diese Verbindung erst sekundär hergestellt wurde. Bei Abimelech geht es um die Königswürde in Sichem, die er durch die Ermordung seiner 70 (Halb-)Brüder erreicht. Er erscheint dadurch als Gegenfigur zu Gideon, der in Ri 8,22–23 die ihm angetragene Königswürde ablehnt. Letztlich findet Abimelech in der Sicht der Tradenten ein schmachvolles Ende bei der Belagerung der Stadt Tebez durch die Hand einer Frau, die ihn mit einem Mühlstein erschlägt (9,50–57). Innerhalb dieses Textkomplexes wird in V26 eine Episode eingeleitet, die die Gefährdung der Herrschaft Abimelechs über Sichem durch eine Person namens Gaal, den Sohn Ebeds, schildert. Diese Gefährdung wird zunächst beseitigt (Ri 9,41).

Das Vorkommen neuer Protagonisten wie Gaal und Sebul und eine geänderte Situation – Abimelech ist nicht in Sichem – sowie ein plausibles Ende machen deutlich, dass hier eine ursprünglich selbstständige Erzählung eingearbeitet wurde. Sie umfasst V26–41.[369] ענן ist in Ri 9,26 nur als Ortsangabe erwähnt. Welche Vorgänge genau mit dem אלון מעננים verbunden waren, ist nicht ersichtlich. Schon vorher ist in Ri 9,6 eine Eiche in der Nähe von Sichem erwähnt worden, die der Ort der Königserhebung von Abimelech war. Ob diese beiden Bäume identisch sind, muss offenbleiben, da Ri 9,1–6 wohl eine redaktionelle Brückenfunktion zur Gideon-Überlieferung besitzt.[370] Klar ist, dass in Ri 9,37 kein negativer Beigeschmack gegenüber dem Geschehen, das mit ענן Polel ausgedrückt ist, ersichtlich ist. Allerdings bleibt unklar, was genau darunter zu verstehen ist. Die LXX hilft dabei nicht weiter. Im A-Text übersetzt sie ohne Anhalt auf eine genauere Beschreibung der Praxis zu geben, Δρυός αποβλεπόντων, was als „Eiche der Seher" übersetzt werden kann, während LXX-B den hebräischen Text lediglich transkribiert.[371] Bei der Gaal-Episode handelt es sich um eine alte, fragmentarische Erzählung. Festzuhalten bleibt,

---

369 Gross 2009, 490–492.494.513 f.; Gross ordnet diese Erzählung zusammen mit einem weiteren Erzählkranz um Abimelech (Ri 9,22*.23b.25.43–54) zeitlich in die frühe Königszeit ein (87) Focken 2014, 73–116 rechnet nur mit einer Erzählung von Abimelechs Kämpfen, die Ri 9,26–41.46–54 umfasst; zeitlich legt er sich nicht fest, da die Zerstörung Sichems in der zweiten Hälfte des zweiten Jahrtausends v. Chr. und der ersten Hälfte des ersten Jahrtausends v. Chr. öfters vorkam. Knauf 2016, 112 f. erkennt als historischen Hintergrund der Gaalepisode, die er als späteren Einschub versteht, das Söldner- und Condottieri-Wesen der (persischen und) hellnistischen Zeit. Hierbei stellt sich die Frage, warum ein Ergänzer ohne Notwendigkeit neue Personen und eine veränderte Situation einzeichnet. Wollte er seine Leserinnen und Leser verwirren?

370 S. Gross 2009, 486 f.

371 Kabiersch / Kreuzer / Schmeller 2011, 684.

dass ענן eine wohl divinatorische Praxis darstellt, die in einer nicht näher bekannten Verbindung mit Bäumen gesehen wird.

Das nächste Vorkommen von ענן zeigt sich 2 Kön 21,6, d.h. in der Darstellung der Königszeit Manasses. Diesem König werden nicht nur Kindesopfer, sondern neben der Praxis ענן auch נחש und Nekromantie vorgeworfen. Innerhalb der rein negativen Darstellung dieses Königs werden ihm vor allem kultische Verfehlungen im deuteronomisch-deuteronomistischen Verständnis angelastet (21,1–18). Von daher ist dieser Abschnitt wohl ganz von deuteronomistischen Händen gestaltet.[372] Die Sprache besteht vornehmlich aus formelhaften Wendungen.[373] Durchaus möglich ist es, dass hier mehrere Hände am Werk waren, obwohl dies für unsere Untersuchung nicht von Belang ist.[374] In der deuteronomistisch geprägten Abrechnung mit König Manasse wird ihm in 2 Kön 21,2 nicht nur vorgeworfen, die Gräuel der Völker nachzuahmen, sondern er verführte sie nach V9 auch noch Schlimmeres zu tun als die Völker, die Jhwh beim Einzug in das Gelobte Land vernichtet hatte. Es ist eine Überbietung der Aussage von Dtn 18,9, in der das Volk Israel nachdrücklich ermahnt wird, die Gräuel der Völker nicht nachzuahmen. In V6 kommt fast die gesamte Palette der inkriminierten Praktiken vor, die auch in Dtn 18,10 f. aufgezählt werden. Nach der Übergabe des Sohnes an das Feuer (s.o.) wird direkt ענן erwähnt, um dann mit נחש fortzufahren und mit nekromantischen Praktiken zu enden. Durch die Parallelisierung mit נחש ist deutlich, dass es wohl um eine divinatorische Praxis geht, ohne jedoch eine nähere Erläuterung zu geben. Dies trifft auch auf die Übersetzung der LXX zu, die ebenfalls einen Allgemeinbegriff (κληδονίζω) verwendet.[375]

Die Aussage wird in der Parallelstelle 2 Chr 33,6 noch verschärft, indem jetzt nicht nur ein Sohn, sondern alle Söhne dem Feuer überantwortet werden (s.o. 2.3.1). Konkreter als in 2 Kön 21,6 wird dieser Vorgang im Hinnomtal lokalisiert. Der Katalog wird noch um כשף ergänzt, also der Akzent auf Schadenszauber gelegt, den Manasse ausgeübt habe.[376]

Interessanterweise wird weder in 2 Kön 21,6 noch in 2 Chr 33,6 קסם erwähnt, obwohl m.E. davon auszugehen ist, dass der deuteronomistische und chronistische Autor Dtn 18 vor Augen hatten.

Das nächste Vorkommen liegt im Jesajabuch vor. Mit Jes 2,6[377] wird der Text Jes 2,6–22 eröffnet, der das Kommen Jhwhs zum Gericht am „Haus Jakob" schildert. Er beginnt mit einer Klage, dass Jhwh sein Volk verstoßen

---

[372] So schon Würhtwein 1984, 440.

[373] So Gass 2010, 195; s. insgesamt ebd., 198–223.

[374] Blanco Wissmann 2008, 171, rechnet z.B. mit einer Grundschicht in 2 Kön 21, 1–2a.3.5.16–18.

[375] S. Lust / Eynikel / Hauspie 1996, 297; Liddell & Scott [9]1996, 958 f.

[376] Zu weiteren Unterschieden in der chronistischen Darstellung s. Sweeney 2007, 426.

[377] Zum Vorkommen von קסם in Jes 2,6 s.o. 2.3.2.

habe. Im weiteren Verlauf wird dann deutlich, dass die Verehrung von Götzen der eigentliche Grund für das Kommen JHWHS im Gericht darstellt. In V6 wird beklagt, dass das Volk von Fremdartigem überflutet wird als Folge der Verstoßung durch JHWH. Es verliert dadurch seine Identität. In diesem Zusammenhang werden עננים erwähnt und den Philistern zugeordnet. Eine genauere Bestimmung der zugrundeliegenden Praxis oder Praktiken erfolgt nicht; in dem Kontext ist es aber klar, dass sie negativ konnotiert sind und als etwas Fremdartiges betrachtet werden. In der griechischen Überlieferung ist im allgemeinen Sinn von Weissagungen (κληδονίσμοι) die Rede.

Ein weiteres Vorkommen von ענן liegt innerhalb des Jesajabuches in 57,3 vor, einem Textbereich, der herkömmlich als „Tritojesaja“ bezeichnet wird, obwohl zunehmend deutlich wird, dass hier kein historischer Prophet im Hintergrund steht, sondern literarische Prophetie vorliegt[378] In dem Abschnitt Jes 57,3–13 wird der Vorwurf des Götzendienstes gegenüber den Israeliten[379] erhoben. Dieser Text, der der Perserzeit zuzuordnen ist, zeigt eine Situation, die in vielem an die Missstände erinnert, die in deuteronomistischen Texten beklagt werden. Es zeigt sich der Topos, dass Israel auf den Höhen in Freilichtheiligtümern (V5a: Ihr geratet in Gier unter den Eichen, unter jedem üppigen Baum) den Fremdkulten huldigt und sogar zu Kinderopfern bereit ist (V5b). Angeredet werden die Israeliten als „Söhne der עננה“ und „Kinder eines Ehebrechers und einer Dirne“ (V3).[380] Ganz eindeutig ist ענן hier negativ konnotiert und die Praxis ענן nicht auf einen Spezialistenkreis eingeengt. Die LXX übersetzt בני עננה mit υἱοὶ ἄνομοι = „gesetzlose Söhne“, legt den Akzent also auf das Nichterlaubtsein des Tuns. Sehr wahrscheinlich ist, dass der Übersetzer bzw. die Übersetzerin keine genaue Vorstellung der Praxis besaß.

Dass hier die weibliche Form verwendet wird, könnte ein Hinweis sein auf eine vielleicht vorrangig von Frauen ausgeübte Praxis. Sie wird eingeordnet in das Geschehen in Freilichtheiligtümern auf den Höhen. Interessant ist, dass in V5 auch Bäume erwähnt sind, was ein weiteres Indiz neben Ri 9,37 ergibt, dass diese Praxis mit Baumheiligtümern verknüpft ist.

---

378 S. zuletzt BERGES 2022, 42–56.

379 Näherhin handelt es sich wohl um die Oberschicht, s. den vorhergehenden Abschnitt Jes 56,9–12. Nach Zapff 2006, 361, unterscheidet sich der in Jes 57,3 ff. angesprochene Adressatenkreis von den zuvor erwähnten Hirten. Nicht nachvollziehbar ist jedoch, dass in V3–5 die Kinder einer Kultprostituierten angesprochen sein sollen. Es liegt eher eine Ausweitung vor, so dass die Mehrzahl oder zumindest eine maßgebliche Minderheit der Israeliten hier adressiert wird. Siehe zu diesem Abschnitt auch oben 2.3.1.

380 BERGES 2022, 189, sieht hier im Hintergrund die Aufnahme der prophetischen Anklage in Ez 16, wo dem weiblich vorgestellten Gottesvolk ein Amoriter als Vater und eine Hetiterin als Mutter zugeordnet werden (Ez 16,3).

In Jer 27,9 werden diejenigen aufgezählt, die dem Propheten Jeremia feindlich gegenüber stehen. Die Aufzählung gibt eine Vielzahl von Personen wieder, deren Botschaft zusammengefasst am Ende mit der Aussage zitiert wird: Ihr werdet dem König von Babel nicht untertan sein. Die ersten, die erwähnt werden, sind die Nebiim.[381] Als nächstes folgen dann *qosemîm*, womit diejenigen angesprochen sind, die sich divinatorisch betätigen. Ob es sich um einen eigenständigen Titel handelt, ist nicht klar;[382] hier spiegelt sich wider, dass divinatorisches Handeln nicht auf eine bestimmte Gruppe begrenzt werden kann. Mit „euren Träumen“ wird eine allgemein anerkannte Form der Divination angesprochen, die göttlich gesandte Träume bzw. die damit verbundene Traumdeutung aufgreift (s. Josef in Gen). Sie wird auch ausdrücklich – im durchaus positiven Sinn – den Nebiim zugeordnet (s. auch z.B. Dtn 13,2). Die beiden folgenden Praktiken sind dagegen in der hebräischen Bibel nie mit Nebiim oder „Sehern“ verbunden. Das direkt sich anschließende ענן wird von כשף –„Schadenszauber“ gefolgt, ohne dass im Einzelnen deutlich wäre, worin die Übereinstimmung oder der Unterschied besteht. Auf jeden Fall sind die aufgeführten Praktiken negativ konnotiert. Damit werden die Gegner Jeremias gekennzeichnet. Zusammenfassend ist die Aussage, dass sie die Botschaft vermitteln, sich nicht dem König von Babel zu unterwerfen. Inwieweit die einzelnen erwähnten Personen sich in ihrer normalen Praxis unterscheiden, wird nicht deutlich Die LXX übersetzt ענן hier mit οἰώνισμα,[383] hat also die divinatorische Vogelbeobachtung im Blick.

Das letzte Vorkommen von ענן Polel liegt in Mi 5,11 vor. Mi 5,11 gehört zu dem gleichmäßig aufgebauten Abschnitt 5,9–14, der in einer Gottesrede die Ausrottung der gottfeindlichen Mächte ankündigt.

Umstritten ist, ob V14 als Abschluss oder doch vielmehr als Zusatz zu sehen ist. Rainer Kessler hat gegen ein Verständnis von V14 als Zusatz geltend gemacht, dass diese abschließende Ankündigung Jhwhs aufzeigt, dass Israel nach der militärischen Demontage nicht wehrlos zurückgelassen wird.[384] Zu den gottfeindlichen Mächten gehören militärische Machtmittel (Pferde, Wagen, Festungen), aber auch götzendienerische Praktiken und Gottesbilder, die als Werk deiner (= Israels) Hände angesehen werden. Als götzendienerische Praktiken werden in V11 neben den zuerst erwähnten Zaubermitteln in deinen Händen auch die מעוננים aufgeführt. Diese Orakelgeber werden demnach mit dem Gebrauch von Zaubermitteln parallelisiert. Ganz klar ist die negative Konnotierung. Ebenso klar ist, dass diese Praktiken in Israel angesiedelt sind.

---

381 Zu dem Titel nabi s. u. 3.1.1.

382 S.o. 2.3.2.

383 S. Lust / Eynikel / Hauspie, 1996, 328, die „omen from the flight or cries of birds“ als Bedeutung angeben und auf 1 Sam 15,23; Jer 14,14 hinweisen.

384 Kessler ²2000, 246.

Es sind jedoch keine Worte des Propheten Micha aus dem 8. Jahrhundert, sondern es handelt sich hier um den Abschluss der Komposition Mi 1–5, die wohl in der frühen Perserzeit erfolgte.[385]

Die LXX verwendet das allgemeine ἀποφθέγγομαι, was (prophetisches) Sprechen bedeutet.[386] Die ἀποφθεγγόμενοι sind demnach hier mit „Wahrsager" wiederzugeben.

Vondergeest versucht eine Verbindung zur Unterwelt aufzuzeigen und sieht in dem מענן einen Beschwörer, der etwas zu tun hat mit der Evokation der Totengeister.[387] Der Kontext der Stellen erlaubt jedoch keine eindeutige Verbindung zu diesem Bereich.

Die Untersuchung der einzelnen Stellen hat keine genauere Beschreibung der mit ענן verbundenen Praxis ergeben. Einzig eine Verbindung zu Baumheiligtümern lässt sich erkennen. Da aus dem Kontext keine nähere Bestimmung erkennbar ist, wurde versucht, mit Hilfe der Etymologie die Praxis näher zu erfassen. Aufgrund von Gen 9,14, wo ענן ein einziges Mal im Piel begegnet und dort die Bedeutung „Wolken bilden, zusammenballen" hat, legt es sich nahe, das Verb als *verbum denominativum* von עָנָן – „Wolke" zu sehen und damit die Bedeutung „Wolkendeutung" anzunehmen.[388] Jedoch ist Gen 9,14 das einzige Vorkommen, das diese Bedeutung nahelegt. Freedman-Willoughby denken dagegen eher an ein homographes Lexem ענן II.[389] Vielleicht legt sich etymologisch eher ein Zusammenhang mit dem arabischen *ᶜanna* – „sich zeigen, erscheinen" nahe.[390] Sicherheit ist jedoch nicht zu bekommen. Es bleibt dabei, dass über die Etymologie auch keine Klarheit in die Bedeutung von ענן zu bringen ist.[391] Eine Eingrenzung auf „Wolkendeutung" beruht nur auf einer Stelle und ist nicht überzeugend.

ענן begegnet neben Jer 27,9 und Dtn 18,10, wo dieser Begriff in einer umfangreichen Liste unterschiedlicher Gruppen bzw. Praktiken auftaucht, in Mi 5,11 in Parallele mit כשף „Zauberei treiben". Handelt es sich demnach um

---

385 Kessler ²2000, 46.

386 Lust / Eynikel / Hauspie 1996, 58 mit Verweis auf 1 Chr 25,1; Ez 13,3.19; Sach 10,2.

387 2005, 281–284.

388 So vor allem Rüterswörden 1987, 142. Eher unwahrscheinlich ist eine Ableitung aus dem Ugaritischen, s. ebd., 142 f.

389 1987–1989, 271; zur Diskussion s. auch Kopf 1958, 190.

390 Tropper 1989, 237 f. Erwogen wird auch seit Robertson-Smith 1884, 119 eine Ableitung von arab. „raue Töne hervorbringen", s. dazu Driver ³1965, 224; mit dem abschließenden Urteil: „The etymology is obscure", vgl. auch de Ward 1977, 8 f., der an das Summen von Insekten als ursprüngliche Bedeutung denkt. Jeffers 1996, 78 f.; erwägt zusätzlich aufgrund des Targums eine Verbindung mit עין – „Auge".

391 So auch Jeffers 1996, 78 f.; Römer 2009, 317 f.; R. Schmitt 2014, 45 f.

eine magische Praxis?[392] Dagegen spricht, dass in der chronistischen Neuformulierung von 2 Kön 21,6 im Rahmen einer Verschärfung der Vorwürfe gegen König Manasse der Zaubereivorwurf כשף nachgetragen ist (s.o.). Tropper sieht dagegen aufgrund der von ihm präferierten Ableitung aus dem Arabischen eine Synonymität zu נחש und gibt ענן mit „Erscheinungen, Vorzeichen deuten" wieder. Im Allgemeinen wird heute mit einer divinatorischen Praxis gerechnet, wobei der Akzent auf einer deduktiven Form der Divination liegt.[393]

Der einzige mit einiger Sicherheit früh anzusetzende Beleg in Ri 9,37 lässt m.E. noch eine weitere Präzisierung zu. In Gen 12,6 ist für Sichem ein Baum erwähnt, der als אלון מורה bezeichnet wird. Dies weist auf eine Orakeltätigkeit hin, die mit diesem Baum verbunden ist. Es spricht alles dafür, dass dieser Baum bei Sichem identisch ist mit der in Ri 9,37 erwähnten Eiche,[394] obwohl darüber keine letzte Sicherheit zu erlangen ist. Wie diese Orakelerteilung genau ausgesehen hat, ist nicht klar. Entweder hat der Baum den (heiligen) Ort markiert, an dem die Orakel erteilt wurden oder es ist an ein spezielles Baumorakel zu denken, wie es in 2 Sam 5,23 begegnet und der מעונן wäre der Interpret der vom Baum erzeugten Orakel. Auf die Nähe der Praxis ענן zu einem Baumheiligtum verweist auch die Erwähnung von Bäumen in Jes 57,5. In der wahrscheinlich ältesten Stelle Ri 9,37 ist keinerlei Vorbehalt gegenüber dieser Praxis zu erkennen. Sie wird *en passant* ohne einen negativen Unterton erwähnt. Demnach dürfte es sich um eine geläufige Praxis gehandelt haben. In diesem Zusammenhang ist auch an das Baumheiligtum zu erinnern, zu dem die Israeliten kamen, um sich von der als נביאה bezeichneten Debora משפט zu holen (Ri 5,4–5).

Eine Nähe zu Nebiim zeigt sich außer an der erwähnten Stelle Ri 4,4–5 und den Aufzählungen in Jer 27,9 und Dtn 18,10 nicht mehr.

Als Fazit lässt sich ziehen, dass ענן eine divinatorische Praxis darstellt, die in Verbindung mit einem Baumheiligtum zu sehen ist, die jedoch später wohl zu einem allgemeinen Begriff für Orakelerteilung wurde.[395]

---

392 Caquot sieht in dem מונן einen „sorcier" und ordnet ihn חבר zu (1968, 85 A2). Auch Barucq 1960, 753, denkt an eine magische Praxis, allerdings stärker aufgrund von Jes 57,3.

393 S. R. Schmitt 2014, 45 f.; Anthonioz 2014, 294; Römer 2009, 323. Kiboko 2017, 154 rechnet mit einer eigenen „Berufs" gruppe der מעננים, „who could interpret everyday events by means of knowledge acquired through observing naturals phenomena. מעננן functioned alongside prophets."

394 S. Westermann 1981, 178; vgl. auch. Robertson-Smith 1885, 113–122.

395 S. auch E. Otto 2016, 1494.

2.3.4 נחש

Die Wurzel נחש begegnet in Gen 30,27; 44,5.15; Lev 19,26; Num 23,23; 24,1; 1 Kön 20,33; 2 Kön 17,17; 21,6; 2 Chr 33,6.

Das erste Vorkommen in Gen 30,27 gehört zu dem Textbereich der Erzelternerzählungen im Buch Genesis (Gen 12–36). Der Erzvater Jakob ist auf Anraten seiner Mutter Rebekka nach der Erschleichung des Erstgeburtssegens vor der Rache seines Bruders Esau zu seinem Verwandten Laban geflüchtet. Wie schon beim Erstgeburtsrecht sind auch die Auseinandersetzungen zwischen Jakob und Laban von List und Heimtücke geprägt, bevor sie in einer vertraglichen Einigung enden (Gen 29–31): Laban täuscht Jakob bei seinen Töchtern Lea und Rachel und behält ihm seinen Lohn vor; umgekehrt überlistet Jakob Laban mit einem (magischen?) Trick und sichert sich seine Unabhängigkeit und damit die Möglichkeit, in seine Heimat zurückzukehren. In Kapitel 30 spielt zunächst die Rivalität zwischen Lea und Rachel eine Rolle, bei der es um die Nachkommen geht (30,1–24), bevor dann Jakob Laban um Entlassung bittet (30,25–26). Auf den Wunsch Jakobs, nach Hause ziehen zu wollen, antwortet Laban mit dem Hinweis auf den Segen, den er Jakob verdanke. Er beginnt mit der Bitte, dass sein Anliegen doch Gefallen bei Jakob finden möge. Dann fährt er fort, dass er eine bestimmte Handlung, nämlich נחש ausgeübt habe. Sie habe ergeben, dass Laban durch Jakob gesegnet sei. Was genau diese Praxis ist, wird nicht gesagt. Aber immerhin ist deutlich, dass sie nicht durch einen religiösen Spezialisten ausgeübt wird und dass durch diese Praxis JHWH zu einer Auskunft bewogen wird. Sie gehört also in den Rahmen der JHWH-Verehrung, näherhin der familiären Religionsform.

Die Übersetzung durch die LXX hat die divinatorische Beobachtung des Vogelfluges vor Augen und damit eine Divinationsform, die in Israel nicht üblich war.[396]

Der Text ist wohl Teil eines frühen Erzählkranzes um Jakob und Laban. Schon in Hos 12 werden die Jakobtraditionen kritisch gesehen und der Exodus-Tradition gegenübergestellt.[397] Demnach stammt dieser Text möglicherweise noch aus dem Nordreich; er gehört auf jeden Fall in die vorexilische Zeit.[398]

---

[396] S. zu οἰωνίζομαι LIDELL-SCOTT [9]1996, 1210 f.; Orakel aus der Beobachtung von Vögeln waren in Mesopotamien nicht sehr häufig, s. MAUL 2003–2005, 85 f.; zu diesem Orakel bei den Hethitern s. HAAS 2008, 27–45, der auch mit einer Beheimatung in Nordsyrien rechnet sowie BAWANYPECK 2005.

[397] Zur literarhistorischen Einordnung von Hos 12 s. weiter unten 3.1.2.

[398] S. BLUM 1984, 202 f.; DERS. 2012 ; DE PURY 2013, 205–208; RÖMER 2014, 108–110. WILLI-PLEIN 2011, 199, erwägt die Möglichkeit einer sekundären Erweiterung von V27–29a durch einen P nahestehenden Ergänzer. Jedoch sind keine eindeutigen literarkritischen Indizien erkennbar.

Eine Ablehnung oder negative Bedeutung dieser Handlung ist vom Kontext her nicht erkennbar.

Zwei Mal begegnet נחש in der Josefsgeschichte, in Gen 44,5.15. Die Josefserzählung in Gen 37–50 bildet die Brücke zwischen den Erzeltern-Überlieferungen in Gen 12–36 und den im Buch Exodus folgenden Ereignissen, die das Volk Israel in Ägypten voraussetzen. Von daher wurden auch in dieser sehr konflikthaften Familiengeschichte die Pentateuchquellen am Werk gesehen und die Erzählung auf die entsprechenden Quellen J,E bzw. JE und P aufgeteilt.[399] Es wird jedoch angesichts des Umbruchs in der Pentateuchkritik zunehmend deutlicher, dass diese Lösung nicht überzeugt.[400] Trotz mancher Spannungen ist der Eindruck vorherrschend, dass die Josefsgeschichte im Wesentlichen eine in sich durchkomponierte Größe darstellt.[401] Es genügt, mit Blum / Weingart fünf Verbindungslinien auszugrenzen, die die Josefserzählung mit dem Kontext verbinden.[402]

Die zeitliche Ansetzung der Joseferzähliung ist sehr breitgefächert, wobei die Tendenz in Richtung Spätdatierung, d.h. exilisch-nachexilische Zeit geht.[403] Dagegen haben Blum / Weingart Stellung bezogen. Sie sehen eine Verbindung zur Sinuhe-Erzählung und weisen darauf hin, dass Unterschiede zur Diaspora-Literatur wie Ester oder Daniel bestehen:[404] Es fehlt ein besonderes Gesetz und Speisevorschriften; die religiöse Auffassung entspricht der israelitischen und altorientalischen Weisheit. Es handelt sich um eine Ursprungsgeschichte, deren Charaktere die Vorfahren Israels sind. Sie finden ihre Identität in der Verwandtschaftsbeziehung. Substantielle Erzählelemente verlangen einen früheren Kontext. Josefs spezieller Status und das Thema „Herrschaft", d.h. die Brüder zeigen sich in Proskinese vor Josef, passt nicht zur Diaspora und auch

---

399 So. z.B. noch L. Ruppert 2008, 17–53; Baden 2012.

400 S. schon Blum 1984, 230–234; Blum / Weingart 2017, 503 Anm. 5; vgl. auch Albertz 2009, 11–36; Ede 2016, 6–15; vgl. auch Joosten, J. / Schipper, B.U 2019, 1–3.

401 Einen komplizierten Fortschreibungsprozess mit etlichen Textschichten nimmt Franziska Ede an, deren Ausgangspunkt ein „Märchen" (514) über die Bevorzugung Josefs durch Jakob sei (Gen 37*; 39–41*), an den sich etliche Fortschreibungen anschließen (2016, s. die Zusammenfassung 513–523); vgl. dazu die berechtigte Kritik von Blum / Weingart 2017, 504 Anm. 7; zur Forschungslage insgesamt s. den Sammelband von Schmid / Römer / Bühler 2021.

402 2017, 503–510: Dazu gehört (1) Gen 48, 21–22; 50, 22bβ-26; (2) Die Anteile von P; (3) Gen 46, 1–5a; (4) Gen 38; 49; (5) Josefs Segen in Gen 48*.

403 S. J. Ebach 2007: „Die zeitlichen Ansetzungen reichen vom 10./9. Jahrhundert bis zur Perserzeit, ja – nimmt man die jeweils extremen Datierungen hinzu – vom 13. Jahrhundert (Jozef Vergote) bis zum 2./1. Jahrhundert (Bernd J. Diebner)." Ebach selbst kommt nach einer ausführlichen Diskussion auf die Einordnung in die Exilszeit; er sieht in der Josefserzählung im Anschluss an Redford und Meinhold eine „Diasporanovelle" (679–697, bes. 692 f.).

404 S. zum folgenden Blum / Weingart 2017, 511–519.

die Rolle Benjamins ist plausibler in der monarchische Periode Israels anzusetzen, näherhin in der Vorherrschaft des Nordreiches Israel über Benjamin und Juda zur Zeit Jerobeams II. Jan Joosten hat die Sprache der Josefserzählung mit judäischen Inschriften verglichen und kommt zu dem Ergebnis, dass die Josefserzählung in die monarchische Zeit einzuordnen ist.[405] Bernd U. Schipper dagegen beleuchtet den ägyptischen Hintergrund neu und ist der Auffassung, dass die persische Periode in Ägypten, wie sie sich in den Elephantine-Texten darstellt, als Datierung der Josefserzählung in Frage kommt.[406] Doch gilt auch hier der Einwand von Blum / Weingart, dass deutliche Kennzeichen einer Diaspora-Literatur fehlen.

In Kapitel 44 wird erzählt, wie den Brüdern auf Befehl Josefs ein Becher untergeschoben wird, um sie später des Diebstahls bezichtigen zu können. Von diesem Becher wird in Gen 44,5 ausdrücklich vermerkt, dass er Josef nicht nur zum Trinken dient, sondern auch dazu, divinatorische Erkenntnisse zu gewinnen. Damit verweist נחש hier auf die Lekanomantie, bei der mittels der Beifügung von Öl in einem mit Wasser gefüllten Becher das Omen gewonnen wird. Sie war sowohl in Mesopotamien wie in Kleinasien weitverbreitet.[407] Die Beiläufigkeit, mit der hier נחש verwendet wird, dient wohl vor allem der Darstellung der Fähigkeiten Josefs, der für die Brüder, die ihn noch nicht erkannt haben, umso geheimnisvoller und gefährlicher erscheint. Josef setzt seine divinatorischen Fähigkeiten im Hinblick auf den Konflikt mit den Brüdern nicht ein. Es dürfte sich hier um ein literarisches Motiv handeln.[408] Immerhin wird es damit möglich, נחש mit der konkreten Praxis der Lekanomantie zu verbinden. Die Unbefangenheit, mit der hier die Praxis נחש für Josef aufgegriffen wird, spricht für eine vorexilische Entstehung der Joseferzählung.[409] Gleichzeitig wird auch wie in Gen 30,27 deutlich, dass נחש eine Praxis darstellt, die nicht von religiösen Spezialisten ausgeübt werden musste.

Die LXX wählt dieselbe Übersetzung wie in Gen 30,27, wobei οἰωνίζομαι im allgemeinen Sinn der Omengewinnung verwendet wird.[410]

---

405 2019, 24–43.

406 2019, 6–23; s. auch Ders. 2021, 139–163.

407 S. dazu das Standardwerk von Pettinato 1966, Bd. I; II sowie Maul 2003–2005, 83 f.; ein Beispieltext bei Pientka-Hinz 2008, 31–34.

408 R. Schmitt 2014, 111 f.

409 S. die Darlegungen bei Zenger / Frevel ^{9}2016, 216–227 mit der Zuordnung zu einem vorexilischen Jerusalemer Geschichtswerk; anders Römer 2014, 101–103; s. auch Ders. 2019; mit einer komplexen Entstehungsgeschichte von mindestens fünf Stadien rechnet Uehlinger 2013, 217–232; sie beginnt für Uehlinger jedoch erst mit dem babylonischen Exil, s. auch die Beiträge in Heft 1 der Zeitschrift „Hebrew Bible and Ancient Israel, Vol 8 (2019) sowie den Sammelband Schmid / Römer / Bühler 2021.

410 S. Lidell / Scott ^{9}1996, 1211.

Ein weiteres Vorkommen von נחש liegt im so genannten Heiligkeitsgesetz in Lev 19,26 vor.[411] V26a beginnt mit dem Verbot, Blut zu essen. Die ungewöhnliche Verwendung der Präposition על ist möglicherweise als eine Anspielung auf eine magische Vorstellung im Rahmen eines divinatorischen Vorganges zu verstehen, wonach das Blut der Tiere, die bei diesem Ritus verwendet werden, sich in Erdvertiefungen sammelt, die Dämonen und Geister aus der Unterwelt anlocken. Diese Vorstellung spiegelt sich in Ez 33,25.[412] In V26b folgt nun ein Verbot der Praxis נחש, die gefolgt wird durch das Verbot von ענן. Da diese Praxis am ehesten auf ein Orakel hindeutet, das in Verbindung mit einem Baumheiligtum steht (s.o. 2.3.3), ist נחש wohl in Parallelstellung zu ענן als weitere Form einer deduktiven Orakelgewinnung zu verstehen. Möglicherweise ist sie mit einbezogen worden, weil die Omengewinnung durch נחש nicht mit einem religiösen Spezialisten verbunden sein muss (s. Gen 30,27; 44,5.15) Eine genauere Vorstellung ist aber aus dieser Levitikusstelle nicht zu gewinnen. Auf jeden Fall wird sie negativ verstanden und als verbotene Praxis dargestellt. Die Übersetzung durch die LXX hat die divinatorische Praxis der Beobachtung des Vogelfluges als Hintergrund, stellt also eine Aktualisierung dar, die für die ursprüngliche Bedeutung des hebräischen Lexems nichts austrägt.[413]

Innerhalb der Bileamperikope begegnet נחש zwei Mal: Num 23,23; 24,1. Num 23,23 ist schon weiter oben bei קסם behandelt worden und dort einer Bearbeitungsschicht zugeordnet worden.[414] Zwar ist es von der Übersetzung her möglich, נחש in einen Grundtext einzuordnen, der Bileam als Jhwh-treuen Divinator schildert. Die Gründe, נחש in 23,23 einer Überarbeitungsschicht zuzuordnen, wiegen jedoch schwerer. נחש wird wie קסם in Num 23,23 als Praxis negativ gesehen. Da diese Praktiken potenziell Bileam zugeordnet werden, ist dieser Vers am ehesten einer Textschicht zuzuordnen, die Bileam negativ sieht. Dies ist in der Bearbeitungsschicht der Fall.

Auch Num 24,1 passt nicht gut in den Zusammenhang einer Grunderzählung, die darlegt, dass Bileam nur das verkünden kann, was ihm Jhwh eingibt. Num 24,1 führt aus, dass Bileam erkennt, dass er Israel segnen muss. Dies entspricht dem Duktus der Grunderzählung.[415] Dann fährt der Text aber fort, dass er nicht seiner normalen Praxis entsprechen kann, jeweils den נחשים zu

---

411 Zum Heiligkeitsgesetz s.o. 2.3.2.

412 S. dazu Hieke 2014, 746.

413 S. Vahrenhorst 2011: „Die LXX konkretisiert dies im Blick auf aktuell praktizierte Wahrsagemethoden, von denen die erste, die ihre Informationen aus der Interpretation der Flugbewegungen der Vögel zieht, in der paganen Literatur seit Homer bezeugt ist (z.B. Hom., Il. 2,858). Das zweite Verb stellt zwar einen Neologismus dar, doch findet sich ein verwandtes Nomen schon bei Sophoc., Ant. 998 (vgl. auch Theophrast, Charaktere 16,11; 19,7)“ (395).

414 Zur grundsätzlichen literarhistorischen Einordnung der Bileamperikope s.o. 2.3.2.

415 Einen Überblick zur Forschungslage gibt Seebass 2007, 28–55; Robker 2019, 1–68.

folgen. Dies setzt einen Bruch zwischen dem Zwang, dem Willen Jhwhs folgen zu müssen und dem gewöhnlichen Vorgehen Bileams, das mit נחש bezeichnet wird, voraus. נחש wird hier von Jhwh fortgerückt und damit negativ gekennzeichnet. Es ist deshalb wahrscheinlich, hier eine Ergänzung zu sehen, die auf der gleichen Linie liegt wie die negative Sichtweise Bileams in Num 31,8.16; Dtn 23,5 f.; Jos 13,22; 24,9; Neh 13,2;[416] die in Bileam einen heidnischen Mantiker erkennt, der gegen Israel handelt. Diese negative Sicht Bileams liegt auch in der Bearbeitungsschicht in Num 22–24 vor (z.B. in der Eselsperikope Num 22,21–35).

LXX hat an beiden Stellen die Vorstellung der Omengewinnung aus dem Vogelflug bzw der Vogelrufe im Kopf.[417]

Das nächste Vorkommen findet sich in einer Erzählung über die Auseinandersetzung zwischen Israel und den Aramäern, in 1 Kön 20. Der Text ist wohl bis auf die Verse 35–43 einheitlich. V 35–43 sind eindeutig eine Ergänzung zum ursprünglichen Text, die im Widerspruch zur Grundaussage in V1–34 steht.[418] Das Vorkommen von נחש in 1 Kön 20,33 ist demnach dem Grundtext zuzuordnen.[419] Die zeitliche Zuordnung zu dem aramäischen König Ben-Hadad ist ebenso in Frage zu stellen wie der Name Ahab für den israelitischen König. Die Auseinandersetzungen zwischen Israel und Aram weisen eher in die Zeit der Jehu-Dynastie, vielleicht noch in der Zeit des Königs Joasch,[420] jedoch ist dies nicht sicher. Allerdings ist eine exilische oder nachexilische Entstehung angesichts der Zielaussage, die auf einen Ausgleich zwischen Israel und Aram abhebt, m.E. unwahrscheinlich.

Obwohl in dieser Erzählung Propheten eine tragende Rolle spielen, ist die Verwendung von נחש in 1 Kön 20,33 nicht in einen divinatorischen Vorgang eingebettet. Hier ist eher eine beiläufige, abgeblasste Bedeutung mit der Bedeutung „als gute Vorbedeutung nehmen, als günstiges Zeichen annehmen."[421] zu

---

416 Interessanterweise liegt eine positive Wertung Bileams in dem späten Text Mi 6,5 vor. Zur weiteren Rezeptionsgeschichte s. Gross 1991, 300 f.; Bührer 2016.

417 οἰωνός in Num 24,1; in Num 23,23 verwendet LXX den Begriff οἰωνισμὸς, s. Lust / Eynikel / Hauspie 1996, 328.

418 S. den Forschungsüberblick bei Lehnart 2003, 368–373.417 f., s. auch 381–385; vgl. Thiel 2012, 340–342; auch McKenzie 2021, 191–200, sieht in V35–42 eine Ergänzung, die er einem „prophetischen Erzähler" zuordnet; zu diesem „prophetischen Erzähler" s. 42 f.; ursprünglich waren seiner Auffassung nach zwei Kriegserzählungen vorhanden, die V1–21* und V26–43* umfassten, die an 1 Kön 22,1–38 anschlossen und der Voraussage Elischas in 2 Kön 13 zugeordnet werden müssen; Knauf 2019, 363–380 rechnet mit einer „Komposition von den drei Aramäerkriegen", die er dem Hof Jerobeams II. zeitlich zuordnet; diese Komposition wurde von mehreren Prophetenredaktionen überarbeitet.

419 S. zur Einheitlichkeit von 1 Kön 20,1–34 Thiel 2019 (2012), 340–352.

420 So Thiel 2019 (2012), 351.

421 Thiel 2019 (2014), 421.

sehen. Die Aussage in 1 Kön 20,33 geht also in Richtung Divination aus Vorzeichen. Gleichwohl ist נחש hier keineswegs negativ konnotiert, sondern als positive Aussage zu werten.

Die nächste Stelle 2 Kön 17,17 war schon beim Vorwurf des Kinderopfers und bei der Praxis קסם im Fokus (s.o. 2.3.1 und 2.3.2). Sie ist einer deuteronomistischen Redaktion der Königsbücher zuzurechnen. In 2 Kön 17,17 wird den Nordisraeliten generell der Vorwurf gemacht, die Gebote JHWHS übertreten zu haben, fremde Götter verehrt zu haben und die Gebräuche der fremden Völker nachzuahmen. Neben Kinderopfern wird der allgemeine, alle Divinationsarten umfassende Begriff קסם als konkrete Praxis neben נחש erwähnt. Wahrscheinlich ist נחש hier als weitere Spezifikation der Divinationsarten zu verstehen und damit die Vorzeichendeutung, die auch von Nichtspezialisten ausgeübt werden kann, noch einmal besonders betont. Sie „trieben Wahrsagerei und Zeichendeutung" ist hier am besten zu übersetzen. Ganz klar ist dabei נחש negativ konnotiert. Die LXX hat mit der Übersetzung durch οἰωνίζομαι wieder die Divination mit Vögeln als Hintergrundsvorstellung.

In 2 Kön 21, 1–18, dem Abschnitt, das die Zeit König Manasses abbildet, kommt נחש in 2 Kön 21,6 vor. Der wesentlich deuteronomistisch geprägte Text beinhaltet eine negative Darstellung der Herrschaft Manasses, die jedoch in Spannung zur langen Herrschaftsdauer dieses Königs steht. Seine Taten lesen sich wie ein Katalog von verabscheuungswürdigen Handlungen im deuteronomistischen Sinne. Auch diese Stelle war schon beim Kinderopfer, behandelt worden, das Manasse vorgeworfen wurde (s.o. Abschnitt 2.3.1). In 2 Kön 21,6 begegnet נחש neben ענן, קסם kommt nicht vor. Die Praxis ist ganz klar negativ bewertet, der Kontext ist deuteronomistische Theologie. Die LXX hat wieder mit οἰωνίζετο die Vogeldivination im Blick.

Das letzte Vorkommen ist die Parallelstelle von 2 Kön 21,6, 2 Chr 33,6. Zusätzlich zu ענן ist hier auch noch כשף in den Katalog aufgenommen worden. Alles ist wie in den deuteronomistischen Stellen negativ bewertet. Auch hier hat die Übersetzung durch die LXX wie in 2 Kön 21,6 die Vogeldivination im Blick.

Als erstes Fazit lässt sich erkennen, dass נחש in der hebräischen Bibel unterschiedlich beurteilt wird. Aus Gen 30,27; 44,5.15; 1 Kön 20,33 lässt sich zweifelsfrei erkennen, dass נחש eine in den Augen eines Teiles der biblischen Tradenten unverfängliche Praxis darstellt.[422] Gegen die Auffassung, dass נחש nur in einem

---

[422] CAQUOT 1968 bezweifelt generell das positive Verständnis aller in Dtn 18,10 erwähnten Praktiken. Sie „sont pris en mauvaise part dans toute l'histoire de la langue." (85). Die nicht zu leugnende positive oder zumindest nicht negative Wertung von נחש in Gen 44,5.15 und 1 Kön 20,33 versucht er mit dem Hinweis zu überspielen, daß es sich dabei um Schauplätze außerhalb von Israel handele (85 Anm. 1). LANGE 2001, 375, rechnet Gen 44,5.15 zur älteren vorexilischen Judaschicht. Für ihn sind nur die vorexilischen Belege positiv bzw. wertneutral.

ägyptischen Kontext positiv gesehen wird, macht KIBOKO geltend: „Joseph's brothers' answers to the questions demonstrate that both Joseph and his brothers lived in a world where this typ of divination was common"[423].

Erst in den deuteronomistischen Texten 2 Kön 17,17; 21,6, wo ähnliche Zusammenstellungen wie in Dtn 18 vorliegen, wird eine negative Wertung von נחשׁ sichtbar. Gleiches gilt für das Heiligkeitsgesetz in Lev 19,26[424] sowie 2 Chr 33,6, die Neuformulierung von 2 Kön 21,6 im chronistischen Geschichtswerk.

Genau läßt sich jedoch die mit נחשׁ verbundene Praxis auch in den späten Texten nicht eingrenzen. Ein konkreter Vorgang ist am deutlichsten in Gen 44,5.15 erkennbar. Hier zeigt sich, daß mit נחשׁ ein Becherorakel (Lecanomantie) bezeichnet werden kann. Doch muß dies nicht die ganze Bedeutungsbreite beinhalten. Auf jeden Fall ist damit die Richtung angedeutet, daß es sich bei נחשׁ um ein divinatorisches Phänomen handelt, das am ehesten mit der Deutung von Vorzeichen zu tun hat.[425] Demnach ist GUILLAUME zuzustimmen, der meint: „The verb *niḥḥesh* seems to stand for all species of divination from natural omens"[426].

2.3.4.1 נחשׁ als Schlangenbeschwörung?

Daß es sich bei נחשׁ um eine magische Praxis, näherhin um Schlangenbeschwörung handele und נחשׁ demnach ein *verbum denominativum* von naḥaš- „Schlange" sei, wie RÜTERSWÖRDEN[427] annimmt, ist aufgrund von Gen 44,5.15 nahezu ausgeschlossen.[428] Eine Beziehung zur Schlangenbeschwörung ist dagegen für das Verbum לחשׁ offensichtlich (s. Ps 58,6).[429]

---

423 2017, 159.

424 R. Schmitt 2014, 136, sieht eine unmittelbare Abhängigkeit von Dtn 18; s. auch oben 2.3.3.

425 Alle möglichen Materialien sind hier vorstellbar; s. ZUESSE 1987: „Anything can be used to divine the meaning of events." (375); zum Becherorakel in Mesopotamien s. auch noch CRYER 1994, 145 f.

426 1938, 165 Anm. 3; JEFFERS 1996, 74.78; RÖMER 2009, 318 f.; ANTHONIOZ 2014, 294 f.; E. OTTO 2016, 1495 (wie R. SCHMITT 2014, mit der Nebenbedeutung „beschwören"); KIBOKO 2017, 155–160.

427 1987, 79 und Anm. 9 (142).

428 Vgl. dazu schon GROSS 1974: „Alle Belege sprechen von Vorzeichendeutung, nicht aber von Beschwören, Bannen..." (138); s. auch 138 Anm. 486, wo GROSS zu der These Stellung bezieht, daß נחשׁ ein *verbum denominativum* darstelle. Die Auffassung von GROSS, der diese These ablehnt, ist überzeugend; RÜTERSWÖRDEN geht auf die Arbeit von GROSS nicht ein.

429 Eine Verbindung von „Schlange" und נחשׁ wird auch von FABRY 1984–1986, 385, abgelehnt; er hält es jedoch für möglich, daß in *ḥš*- „zischeln, flüstern" eine semantische Brücke vorliege; auch BARUCQ 1960, 753, hält eine Verbindung durchaus für möglich.

Auch R. Schmitt bringt נחש mit *nāḥāš* – „Schlange“ in Verbindung. Dazu bezeichnet er לחש als Nebenform von נחש und kommt so auf der Basis der zusätzlichen Belege für לחש auf die ursprünglich lautmalerische Bedeutung „wispern, zischeln“, die im übertragenen Sinn auch „beschwören“ bedeuten könne.[430] Daraus leitet R. Schmitt die Bedeutung „beschwören, Vorzeichen befragen“ ab.[431] Er sieht in נחש einen eher magischen Ausdruck, der auch als mantischer Terminus benutzt werden kann. Diese Bedeutungserweiterung funktioniert jedoch nur, wenn לחש mit נחש in Verbindung gebracht wird. Hierfür gibt es jedoch keinen Beweis.[432]

Dagegen spricht auch die Übersetzung der LXX, die eine eindeutig divinatorische Praxis im Auge hat.

Demnach lässt sich als Fazit festhalten: Eine Verbindung zu divinatorischen Spezialisten liegt außerhalb von Num 24,1, wo Bileam ausdrücklich aufgrund der deutlichen Erkenntnis, daß Jhwh Israel segnen will, auf נחשים verzichtet, nicht vor. Diese Verbindung kann jedoch aufgrund des wahrscheinlichen Zusatzcharakters von Num 24,1 (s.o.) nicht allzu stark gewichtet werden. Es ist wahrscheinlich, dass es sich hierbei um einen Divinationsart handelt, die auch und vielleicht sogar vor allem von Nichtspezialisten verwendet wurde. Das Becherorakel ist z.B. eine Divinationsform, die keiner großartigen Voraussetzungen bedarf und auch keine höheren Kosten verursacht, wie es z.B. bei der Eingeweideschau der Fall ist. Durchaus vorstellbar ist es, dass die Auskünfte, die mit dieser Divinationsform zu erlangen waren, nicht besonders hoch eingeschätzt wurden, ähnlich wie es bei den Azande neben dem Prinzenorakel auch noch das Stöckchenorakel gab, das von jedem eingesetzt werden konnte, dessen Zuverlässigkeit jedoch geringer eingeschätzt wurde.[433]

2.3.5 כשף

Bei כשף, das in Ex 7,11; 22,17; 2 Kön 9,22; Jes 47,9.12; Jer 27,9; Dan 2,2; Mi 5,11; Nah 3,4 und Mal 3,5 vorkommt, handelt es sich um einen Begriff, der am ehesten mit „Zauberei treiben“ übersetzt werden kann. Hierfür spricht der unbestrittene Zusammenhang, der etymologisch mit akkadisch *kaššapu/kuššupu* besteht, das mit „ver- bzw. behexen“ wiedergegeben wird.[434] Es handelt sich dabei

---

430 2014, 2.47; er verweist zusätzlich auf ugar lḫst, akkad liḫsu, syrisch luḥšetā (mit Verweis auf HAL 501; 652 und Ges[18], 606; s. auch schon R. Schmitt 2004, 110–112.

431 Ebenso urteilen Römer 2009, und E. Otto 2016, 1495.

432 S. schon die Arbeit von Gross 1974 und oben Anm. 428.

433 S. dazu Cryer 1994, 106.

434 S. André 1982–1984, 376; Cryer 1994, 258; R. Schmitt 2004, 77–80.107–109.

um die manipulative Gestaltung der Wirklichkeit zum Schaden anderer und zum eigenen Nutzen, also um gemeinschaftsschädigenden Schadenszauber.[435]

Zum ersten Mal kommt כשף in Ex 7,11 vor. Der Abschnitt Ex 7,8–13 bildet die Eröffnung der Plagenerzählung Ex 7–11,[436] in der Mose und Aaron dem Pharao den Auszug der Israeliten abringen. Gewöhnlich wird dieser Abschnitt den priesterschriftlichen Texten zugerechnet.[437]

Als Beglaubigungswunder wirft Aaron seinen Stab vor dem Pharao hin und dieser wird zur Schlange (V8–10). Dieses Beglaubigungswunder verweist im näheren Textumfeld auf die Berufung des Mose in Ex 4,1–17. Dort wird die Verwandlung des Stabes in eine Schlange als mögliches Beglaubigungswunder gegenüber den Israeliten auf Anordnung von JHWH durch Mose ausgeübt. Die Unterschiede machen es schwer, 4,1–5 derselben Textebene zuzuordnen wie 7,8–13. Allerdings bleibt es unklar, ob 4,1–5 dem Text in 7,8–13 vorausliegt, wie W.H. SCHMIDT annimmt[438] oder ob es sich um eine nachpriesterschriftliche Ergänzung handelt.[439]

Nach der magischen Handlung durch Aaron ruft der Pharao ägyptische Experten, die das Gleiche vollbringen. Auch ihre Stäbe werden zu Schlangen, jedoch werden sie von Aarons Stab verschlungen. Diese Experten werden als חכמים bezeichnet, was die allgemeine Bezeichnung für „Weise" ist. Parallel dazu wird מְכַשְּׁפִים. benutzt. Die Bezeichnung חַרְטֻמִּים; die ihnen zusammenfassend ebenfalls zugeordnet wird, ist ein Lehnwort aus dem Ägyptischen, das den „Vorlesepriester" benennt.[440] Ihr Handeln wird mit להטים bezeichnet. Dieses Wort ist ein *hapax legomenon*, wahrscheinlich eine Nebenform von לָט, das in Ex 7,22; 8,3.14 benutzt wird und dort „Heimlichkeit" bedeutet. Aufgrund dieser Verbindung ist daher als Bedeutung von כשף in diesem Zusammenhang so etwas wie „geheime Zauberkünste" anzunehmen.[441] Diese Experten sind Gegner von Mose und Aaron und damit auch Gegner des israelitischen Gottes, dessen Willen sie sich in den Weg stellen. Damit ist כשף hier eindeutig negativ konnotiert.

Die griechische Übersetzung mit φαρμακός setzt einen anderen Akzent, der an eine ursprüngliche Bedeutung als Heiler denken lässt, der sich mit Kräutern

---

435 S. auch RÜTERSWÖRDEN 1987, 143.

436 Dohmen 2015, 231.

437 So schon EISSFELDT 1922, 119; UTZSCHNEIDER / OSWALD 2013, 184; ALBERTZ ^{2}2017, 132–135; zu der ersten priesterlichen Bearbeitung (PB^1) s. 21 f.; zu Ex 7,1–7 s. weiter unten Abschnitt 3.1.2 und 3.1.3. GERMANY 2017, 43, sieht in חרטמי מצרים eine spätere Glossierung in Ex 7,1–7.

438 1988 (1983), 192–197.

439 So zuletzt BERNER 2018, 34 (Lit!)

440 ASSMANN 2015; 176–178; R. SCHMITT 2014, 2; KOCH 2005, 143.

441 Auf jeden Fall ist damit das Handeln aller dieser ägyptischen Experten gekennzeichnet; s. HOUTMAN 1993, 534; R. SCHMITT 2014, 2.

auskennt.[442] Auch das Handeln der ägyptischen Experten wird in der LXX mit dem gleichen Wortstamm wiedergegeben. Jedoch ist weder an dieser Stelle noch an den folgenden Stellen eine positive heilende Funktion erkennbar, so dass diese Bedeutung im Griechischen keinen Rückschluss auf den hebräischen Begriff zulässt.[443]

Als einziger der in Dtn 18,10 f.14 verwendeten Begriffe begegnet כשף auch außerhalb des Deuteronomiums innerhalb einer Gesetzessammlung, nämlich im Bundesbuch, in Ex 22,17. Dort heißt es lapidar: מכשפה לא תחיה [444]. Was im Einzelnen der „Zauberin" vorgeworfen wird und weswegen „Zauberei" mit der Todesstrafe zu sanktionieren ist, wird in Ex 22,17 nicht mitgeteilt. Ex 22,17 gehört zu dem Abschnitt Ex 22,17–19.[445] Das folgende todeswürdige Verbrechen ist Sodomie (Ex 22,18); den Abschluß bildet das Verbot, einem anderen Gott als JHWH Schlachtopfer darzubringen (Ex 22,19). Während letztere Vergehen klar umrissene Handlungen sind, bleibt undeutlich, was genau das mit כשף bezeichnete todeswürdige Verbrechen ist. Verstörend ist auch, dass hier die weibliche Form auftaucht. DOHMEN sieht die feminine Form nicht als geschlechtsspezifische Form an, sondern als *nomen actionis* und übersetzt – gestützt durch die Übersetzung der LXX, die den generalisierenden Plural φαρμακοὺς verwendet – „Wer Magie treibt, den sollst du nicht am Leben lassen"[446]. Es sind Handlungen in 22,17–19, deren Sanktionierung die „Einheit und Zusammenhalt der Volksgemeinschaft garantieren"[447]. Sie drücken demnach Grundwerte aus, die zentral für die Gesellschaft sind.

---

442 So JEFFERS 1996, 70: „herbalist", s. insgesamt 66–70.

443 S. R. Schmitt 2004, 107 Anm. 4.

444 Zum Bundesbuch s. die neueren Monographien von E. OTTO 1988; SCHWIENHORST-SCHÖNBERGER 1990; OSUMI 1991; ROTHENBUSCH 2000; außerdem ALBERTZ 1992, 283–290; CRÜSEMANN 1992, 132–234; zur verbreiteten Annahme einer dtr Redaktionsschicht im Bundesbuch s. ablehnend LOHFINK 1995 (1990), 39–64; Zur Forschungsgeschichte s. ROTHENBUSCH 2000, 23–91; ZENGER/FREVEL [9]2016, 227, rechnen mit der Entstehung des Bundesbuches in der frühen bis mittleren Königszeit; KESSLER 2017, 201 f., denkt an Ende des 8. oder Anfang des 7. Jahrhunderts v. Chr.; Zur Forschungsgeschichte s. auch OSWALD 2005.

445 Nach SCHWIENHORST-SCHÖNBERGER, Bundesbuch, 406–418, gehört der Abschnitt Ex 22,17–19 zu einer gottesrechtlichen Erweiterung des Bundesbuches, die noch vorexilisch ist; OSUMI 1991, 144 f., rechnet Ex 22,17–19 zum Mischpatim-Recht, das eine Sammlung darstelle, die der Gestaltung des Bundesbuches vorausliegt; s. auch CRÜSEMANN, Tora, 1992, 177 Anm. 217, s. insgesamt zum Bundesbuch 132–234. Die Entstehung des Bundesbuches ist wohl im Zusammenhang der sozialen Krise in Israel und Juda im ausgehenden 8. oder Anfang des 7. Jahrhunderts zu sehen, s. KESSLER [2]2008, 122–124; DERS. 2017, 201.

446 2015, 146.171 f.

447 Ebd., 172; Hat es so auch LXX verstanden?

Eine andere und m.E. überzeugendere Lösung für die weibliche Form schlägt R. Schmitt vor: Er sieht darin die Übernahme eines vorderorientalischen Hexenmusters auf dem Hintergrund patriarchal geprägter Gesellschaften, „in dem primär Frauen – hier vor allem Außenseiterinnen, aber auch wie in Kleinasien Ritualspezialistinnen – der bösartigen Hexerei verdächtigt werden."[448]. Dieses Hexenmuster hat eine gesellschaftsstabilisierende Funktion und kann auch benutzt werden zur Bestreitung ritueller Autorität (s. Ez 13) bzw. politischer Legitimität (2 Kön 9,22).[449] Ganz klar ist כשף in Ex 22,17 durch die Kennzeichnung als todeswürdiges Verbrechen negativ bestimmt. Die LXX übersetzt כשף wie schon in Ex 7,11 durch φαρμακός[450].

Im Zusammenhang des Jehuputsches, der in 2 Kön 9–10 geschildert wird, zeigt sich das nächste Vorkommen von כשף. Der Text schildert, dass Jehu sich nach Jesreel begibt, wo Joram, der König von Israel und ebenfalls der judäische König Ahasja sich aufhalten. Als die Könige von Israel und Juda Jehu mit ihren Streitwagen entgegenfahren und König Joram Jehu danach fragt, ob er in friedlicher Absicht kommt, verweist Jehu auf die Taten Isebels, der Mutter Jorams. Er wirft ihr זנונים (Hurereien) und כשפים vor (2 Kön 9,22). Danach kommt es zur Ermordung des israelitischen wie des judäischen Königs (9,23–29), wobei in 9,25–26 Bezug genommen wird auf den Justizmord an Nabot aus Jesreel (1 Kön 21). In 2 Kön 9,30–37 wird dann ausführlich das Ende Isebels geschildert. In 2 Kön 10,1–17 geht der Blutrausch weiter mit der Vernichtung der übrigen Omriden. Den Abschluss bildet dann in 2 Kön 10,18–28 die Tötung der Baalverehrer.

Umstritten ist die Einheitlichkeit dieser umfangreichen Erzählung vom Ende der Omridenherrschaft in Israel.

2 Kön 9–10 ist die einzige Elischa-Überlieferung, in der deuteronomistische Phraseologie erkennbar ist, die an die zweifellos vorhandene deuteronomistische Redaktion bzw. Redaktionen der Königsbücher denken lässt. So wird die Ausführung des Salbungsauftrages in 2 Kön 9,6*7–10a von dem Großteil der Forscherinnen und Forscher aufgrund der Erweiterungen des knapp gefassten Auftrags zur Salbung in V3 und der deutlichen Stoßrichtung gegen Ahab, Isebel und die Omriden insgesamt sowie der geprägten Sprache im allgemeinen einer deuteronomistischen Redaktion zugeordnet.[451]

---

448 R. Schmitt 2014a, 184; s. auch schon R.Schmitt 2004, 77–80.107–109; dort spricht er noch von einem „mesopotamischen Hexerei-Stigma" (78) s. auch Ders. 2014, 67.

449 Ebd., 184.

450 Lust / Eynikel / Hauspie 1996, 500: mixer of magical potions, sorcerer, magician.

451 S. schon Benzinger 1899, 150; weitere Literatur bei Lehnart 403 Anm. 138; neuerdings auch Hasegawa 2012, 13 f.; Robker 2012, 39. Möglicherweise ist die Erweiterung auf zwei deuteronomistische Bearbeitungen zu verteilen. Pruin 2006, 145–150 sieht ebenfalls 9,7–10a als sekundär an, ist allerdings skeptisch bei der Zuordnung zu einer dtr Schicht, vgl. auch 195–199.

In 2 Kön 9,26 wird auf ein Verbrechen König Ahabs an Nabot und seinen Söhnen hingewiesen, für das JHWH Vergeltung fordert. Die Beziehung zu 1 Kön 21 lässt daran denken, dass hier auch wie in 2 Kön 9,7–10* eine deuteronomistische Redaktion eingegriffen hat. Doch die Unterschiede zum Geschehen in 1 Kön 21 und die Erwähnung der Söhne, die in 1 Kön 21 nicht vorkommen, lassen eher daran denken, dass hier eine eigenständige Version des Nabotvorfalls verarbeitet worden ist.

2 Kön 9,28–29 gehören dagegen wieder zu den üblichen Rahmennotizen, die wohl der deuteronomistischen Redaktion zugeschrieben werden müssen.[452]

In dem folgenden Abschnitt 9,30–36, der die Ermordung der Isebel schildert, zeigt der Rückverweis auf 1 Kön 21, den Propheten Elija und die geprägte Sprache den Eingriff eines deuteronomistischen Redaktors.[453] 9,36b–37 sind demnach dieser Redaktion zuzuordnen.

Für den Rückbezug auf eine Weissagung des Propheten Elija in 2 Kön 10,10–11 und 10,17aβb gilt dasselbe.[454]

Innerhalb des folgenden Abschnittes 2 Kön 10,18–28 wurden vor allem V25b–27 zu einer deuteronomistischen Redaktion gerechnet. Schon HOFFMANN rechnete diese Verse zu den deuteronomistisch gestalteten Kultnotizen.[455] Ich halte den Erweis deuteronomistischer Terminologie für nicht erwiesen: „Die Termini נתץ für die Beseitigung anstößiger Kultobjekte und שׂרף in Verbindung mit einem eigentlich unbrennbaren Objekt reicht zum Beleg für eine deuteronomistische Verfasserschaft nicht aus. Dass נתץ mit dem Objekt מזבח nur in 2 Kön 10,27 belegt ist, und dass vom Verbrennen einer מזבח nur in 2 Kön 10,26 die Rede ist, mahnt zur Vorsicht."[456]

---

452 LEHNART 2003, 405; HASEGAWA 2012, 19 f., V29 rechnet er zu einer nachdeuteronomistischen Redaktion, ROBKER 2012, 43–44, rechnet V28–29 zu einer nachdeuteronomistischen Glossierung; SAUERWEIN 2014, 43–44 sieht hier eine nachdeuteronomistische „Juda-Joschafat Bearbeitung" am Werk.

453 S. LEHNART 2003, 405 f.; PRUIN 2006, 148; HASEGAWA 2012, 20: bei V37 denkt er an eine nachfolgende Redaktion; ebs. ROBKER 2012, 45 f.; SAUERWEIN 2014, 91, sieht die „Theologisierende Redaktion" am Werk; MCKENZIE, 2021, 458: den „prophetischen Erzähler".

454 LEHNART 2003, 406; auch PRUIN 2006, 146 (sekundär; zur Problematik des deuteronomistischen Geschichtswerkes s. 119–126); HASEGAWA 2012, 21.23; ROBKER 2012, 46 f.; MCKENZIE 2021, 477, ordnet diese Verse der deuteronomisitschen Redaktion DtrH zu, wobei er für V10–14 insgesamt diese Zuordnung vornimmt; SAUERWEIN 2014, 91, sieht die „Theologisierende Redaktion" am Werk.

455 1980, 99–102. Ihm folgen SUSANNE OTTO 2001, 54; HASEGAWA 2012, 23 f. Auch PRUIN 2006, 167 f. entdeckt mit Verweis auf S. OTTO deuteronomistisches Vokabular in 10,26–27, wobei sie insgesamt den gesamten Abschnitt 10,18–28 als sekundär ansieht.

456 LEHNART 2003, 408. ROBKER 2012, 48 f. hat ebenfalls Bedenken, hier von deuteronomistischer Sprache zu reden.

Demnach ist die deuteronomistische Redaktion bzw die deuteronomistischen Redaktionen auf 2 Kön 9,6*.7–10a.28–29.36b–37; 10,10–11.17aβb zu begrenzen.

Umstritten ist auch, inwieweit der gesamte Abschnitt 9,1–13 zum Grundtext gehören.

Auf Ruth Sauerwein macht der gesamte Abschnitt 9,1–13, also die Beauftragung durch Elischa und deren Ausführung, den Eindruck, literarisch sekundär zu sein. Sie rechnet diesen Abschnitt einer „theologisierenden Redaktion" zu, die schon in 1 Kön 19,15 einsetzt und die in der gesamten Elischa-Überlieferung vorhanden und postdeuteronomistisch anzusetzen ist.[457] In dem Kommentar von Stephen McKenzie wird diese Sicht geteilt, der gesamte Text 9,1–13 einheitlich einer Redaktion zugeordnet, die er als „Prophetenerzähler" bezeichnet und die ebenfalls postdeuteronomistisch einzuordnen sei.[458]

Wie schon erwähnt, stehen auch der Auftrag Elischas und seine Ausführung unter dem Verdacht, sekundär zu sein. Ein Grund hierfür besteht darin, dass der Anfang oft als unbefriedigend angesehen wird, weil eine Begründung für den Auftrag Elischas fehlt. Für einige Forscherinnen und Forscher liegt die Lösung darin, den vorhergehenden Text 2 Kön 8,25–29 einzubeziehen.[459] Bei einem Einsatz der Erzählung in 2 Kön 8,28, der eine Hintergrundinformation für das folgende Geschehen liefern könnte, ergibt sich jedoch die Schwierigkeit, entweder als Subjekt Ahasja zu ergänzen oder die Partikel את zu streichen. Es ist jedoch einfacher, ohne Textänderung auszukommen und den Textzusammenhang mit 2 Kön 9,1 einsetzen zu lassen.[460] Durchaus möglich ist es, dass solche Informationen erst im Laufe der weiteren Erzählung gegeben werden. Ein Beispiel hierfür ist die Ankündigung der Dürre in 1 Kön 17,1, wobei die Gründe für das Handeln Elijas erst in Kapitel 18 mitgeteilt werden. In unserem Text würden dann die notwendigen Informationen durch 9,14–15 nachgeholt werden.

Gegen den Auftakt der Erzählung durch 9,1–13 ist weiter eingewandt worden, dass die Salbung durch den Prophetenjünger und die Beauftragung durch Elischa in der folgenden Erzählung nicht mehr erwähnt wird.[461]

---

457 2014, 85; zur „theologisierenden Redaktion s. 122–126. S. dazu weiter unten zu 2 Kön 9,22.

458 2021, 432–434.451–454.

459 In jüngerer Zeit s. Würthwein 2008, 30 f.; Sauerwein 2014, 89; McKenzie 2021, 449–460, der 8,25–26 zu einer DtrH vorausliegenden Quelle zählt, den Gesamtzusammenhang aber erst durch DtrH gestaltet sieht mit Elementen einer DtrH vorausliegenden Quelle in 8,25–26 und einer alten Erzählung von der Revolte Jehus (V17–28).

460 S. Minokami 1989, 22–25; S. Otto 2001, 47–50, Lehnart 2003, 402 f., Pruin 2006, 141–143; Hasegawa 2012, 14–17; Robker 2012, 35–37.

461 Ältere Literatur bei Mulzer 1992, 222 f. Anm. 92; neuerdings wird dies auch von Würthwein 2008, 31 f. (s. schon 1984, 328–330); Sauerwein 2014, 85 f. und McKenzie 2021 vertreten: Würthwein 2008, 31 f., rechnet die Verse zu DtrP; Sauerwein 2014,

Mit der Salbungserzählung wird der Jehuputsch ohne Zweifel legitimiert.[462] Er liegt damit auf einer Linie, die meist für die Grunderzählung in 2 Kön 9–10 angenommen wird.[463] Außerdem entspricht die Darstellung Elischas als Haupt einer Prophetengemeinschaft dem Bild, das in den Anekdoten 2 Kön 4,1–7.38–41.42–44; 6,1–7 begegnet. Diese Anekdoten werden meist zum ursprünglichen Kern der Elischa-Überlieferung gerechnet.[464] Von daher gibt es keinen Grund, 2 Kön 9,1–13 nicht dem Grundtext zuzurechnen. Es genügt die über den Kontext hinausweisenden, deuteronomistische Diktion aufweisenden Verse 6*–10a einer Redaktion zuzuweisen.[465] Die folgenden Verse 9,14–15a geben eine Hintergrundinformation, die von den meisten Forschern und Forscherinnen als sekundär angesehen wird. Jedoch rechtfertigen die angeführten Gründe wie Unterbrechung des Zusammenhanges, Störung des Spannungsverlaufs oder stilistische Unterschiede nicht die Zuordnung zu einer Redaktionsschicht. Pruin weist darauf hin, dass der Text hier die Perspektive auf die Ebene des auktorialen Verhaltens wechselt, was keineswegs als Kohärenzstörung anzusehen sei.[466]

Demnach spricht nichts dagegen 2 Kön 9,1–13 als integralen Bestandteil einer Grunderzählung anzusehen.

Auf dem Weg nach Samaria trifft Jehu Jonadab ben Rechab, demgegenüber Jehu seinen „Eifer für Jhwh" preist (2 Kön 10,15 f.); Jonadab ben Rechab zeigt

---

85 f. denkt an eine postdeuteronomistische theologisierende Redaktion, s. dazu 122–130; ebenso sieht McKenzie 2021, 449–454, einen postdeuteronomistischen „prophetischen Erzähler", am Werk, s. zur Charakterisierung S. 42 f.

462 S. die Salbung Sauls durch Samuel in 1 Sam 9–10 sowie die Salbung Davids ebenfalls durch Samuel in 1 Sam 16; vgl. auch 1 Kön 1,34; zur Salbung durch Propheten s. Lehnart 2003, 145–148.

463 Anders Würthwein 2008, 45, der der von ihm angenommenen Grunderzählung eine kritische Sicht Jehus unterstellt, die durch die deutliche Darstellung der Grausamkeiten Jehus zu Ausdruck kommt. S. dazu jedoch 2 Kön 15,16, wo als Tat des israelitischen Königs Menahem, der ebenfalls durch einen Putsch an die Macht kam, die Tötung der Einwohner der Stadt Tifsach und ihrer Umgebung veranlasst wurde, weil sie ihm die Tore nicht geöffnet haben. Als besondere Grausamkeit ist noch erwähnt, dass er den schwangeren Frauen den Leib aufschlitzen ließ. Trotzdem erhält er keine andere Wertung als der König Secharja, der ebenfalls tat, „was in den Augen Jhwhs böse war" (2 Kön 15,9), was vor allen Dingen die „Sünde Jerobeams" als Vergehen bedeutete.

464 Vgl. zuletzt Sauerwein 2014, 109–113.

465 S. auch S. Otto 2001, 41–44.64 f.; Lehnart 2003, 403 f.; Pruin 2006, 141–143.145–150; Hasegawa 2012, 13–17; Robker 2012, 35–39.

466 2006, 143 f.; s. schon vorher S. Otto 2001, 66–68; Lehnart 2003, 403 f.; auch Hasegawa 2012, 14 f. rechnet V14–15a zum Grundtext. Anders Robker 2012, 39 f.; Sauerwein 2014, 86; McKenzie 2021,454.

sich dann noch einmal als Begleiter Jehus bei der Abschlachtung der Baalsdiener (10,23). Auch diese Stellen sind als redaktionell eingeschätzt worden

Welche Rolle Jonadab in diesem Geschehen spielt, so dass sich Jehu seiner Loyalität versichern muss, ist nicht klar. Dies führt bei WÜRTHWEIN zu der Einschätzung, dass diese Begegnung erst sekundär hinzugefügt worden ist und die Erzählung insgesamt mit der Notiz endet, dass Jehu nach Samaria kam (10,17*).[467] MULZER sieht demgegenüber für die Aussonderung von V15–16 kein stichhaltiges literarkritisches Argument und ist auch der Auffassung, dass die Argumente für die Abtrennung von 10,18–28 nicht ausreichend sind; es gäbe andererseits genügend Hinweise für die Kohärenz des Abschnittes mit der Grundschicht.[468] Auch SUSANNE OTTO betont die Verbindungslinien der Jonadab-Szene mit dem Kontext und der später geschilderten Ausrottung des Baaldienstes in 10,18 ff.[469]

DAGMAR PRUIN sieht das als „Eifer für JHWH" bezeichnete Verhalten auf einer Linie mit dem Handeln des Pinchas in Num 25 und dem Handeln Elijas in 1 Kön 19. Diese Texte seien als späte Texte einzuordnen. Sie sieht deshalb sowohl die Begegnung mit Jonadab als auch 10,18–28 als nicht zum Grundtext zugehörig an und lässt die Grunderzählung ebenfalls mit 10,17* enden.[470]

In den neueren Untersuchungen von ROBKER und HASEGAWA wird wieder die Zugehörigkeit von 10,18–28* zum Grundtext vertreten.[471] Die Frage ist, ob ein Ende in 10,17aα mit der Notiz, dass Jehu in Samaria angekommen sei, einen befriedigenden Abschluß der Grunderzählung darstellt. Dies hat SAUERWEIN veranlasst, das Ende schon in 10,14bα mit der Ermordung der 42 Brüder Ahasjas, des Königs von Juda, zu sehen. Überzeugend ist das nicht. Die Erzählung geht folgerichtig weiter mit der Vernichtung der Baalsdiener. Neben der Frage, inwieweit der Abschluss in 10,17* mit der Notiz, dass Jehu in Samaria angekommen ist, ein befriedigender Abschluss der Grunderzählung darstellt, ist bei einer redaktionellen Zuordnung ebenso die Frage zu beantworten, welche übergreifenden redaktionellen Interessen mit dieser Erweiterung bedient werden. Diese redaktionellen Interessen sind m.E. nicht auszumachen; die deuteronomistische Einschätzung folgt erst in 2 Kön 10,29–30.

Demnach ist die Begegnung Jehus mit Jonadab wie auch wesentliche Teile von 2 Kön 10,18–28* zum Grundtext zu rechnen.

Es bleibt die Frage, ob 9,22 zum ursprünglichen Text zu rechnen ist. Für WÜRTHWEIN handelt es sich um einen deuteronomistischen Zusatz, der mit

---

467 1984, 338–342; SAUERWEIN 2014 hält eine Diskussion dieses Abschnittes für nicht notwendig.

468 1992, 259 f.272 f. 273 Anm. 202 führt MULZER einige Argument auf; ebs. LEHNART 2003, 406 f.

469 2001, 68–69.71–73.

470 2006, 164–165, s. insgesamt 161–168.

471 ROBKER 2012, 48 f.; HASEGAWA 2012, 22 f.

„Hurerei" und „Zaubereien" auf die Baalsreligion verweist, „in der sexuelle Riten und Magie eine Rolle spielten."[472] Es ist jedoch keineswegs so, dass diese Kombination in anderen deuteronomistischen Texten belegt ist. „Hurerei" in Verbindung mit כשף begegnet nur noch einmal in Nah 3,4, wohl kaum ein deuteronomistischer Text.

Für Ruth Sauerwein ist 9,22bβ wie auch 9,1–13 Teil einer „theologisierenden Redaktion", die in nachexilischer Zeit anzusiedeln sei.[473] Dagegen lassen sich jedoch mehrere Argumente anführen:

1. Es liegt keinerlei literarkritisches Indiz vor, das diesen Teilvers von seiner Umgebung abheben würde.
2. Die zeitgeschichtliche Einordnung der Redaktion (welche Gruppierung, welches Interesse mit Ausnahme des Theologisierens), bleibt vage.
3. Vor allem aber spiegelt sich in der Annahme einer „theologisierenden Redaktion" eine Abfolge: Zunächst magisch, dann religiös, die deutlich auf die Einteilung von Frazer im 19. Jahrhundert verweist. Sie ist inzwischen in der Religionswissenschaft ad acta gelegt. Ruth Sauerwein ist sich dieser Gefahr bewusst: „Theologisierende Redaktion mag fragwürdig klingen"[474]: R. Schmitt merkt zu Recht an, dass ein magisches Handeln eines Wundertäters völlig ohne Bezug zu einer Gottheit im Bereich der altorientalischen Vorstellungen und somit die strikte Trennung von göttlicher Sphäre und übernatürlichem Handeln kaum zu denken ist."[475] Saueerwein macht dann den Kunstgriff, indem sie implizit dies gelten läßt und auch auf den Titel „Gottesmann" verweist, die explizite Aussage aber einer späten Bearbeitung zuordnet.

Für Susanne Otto ist jedoch klar, dass die literarkritische Entfernung nicht zu begründen ist.[476] Auch Dagmar Pruin teilt die Auffassung, dass man hier nicht von einer tatsächlichen Kohärenzstörung sprechen könne. Eine sperrige Satzkonstruktion und die Untersuchung der Begriffe זנה und כשף lässt sie jedoch zu dem Ergebnis kommen, dass die prophetische Ehemetaphorik in 9,22bβ vorausgesetzt ist und demnach nicht zur Grunderzählung zu rechnen sei.[477]

9,22 macht jedoch deutlich, warum die Ermordung Isebels in 9,30–36 so ausführlich dargestellt wird, so dass dieses Ereignis eine wichtige Station auf dem Weg der Machtergreifung Jehus ist. Ohne 9,22 wäre die ausführliche Schilderung der Ermordung der Königsgattin kaum verständlich. Von daher gibt

---

472 1994, 333.
473 2014, 85–94.
474 Ebd., 122 f. mit Verweis auf Karner 2009.
475 2004, 100–104.
476 2001, 72.
477 2006, 150–156; Sauerwein 2014, 91, rechnet diesen Teilvers zu der theologisierenden Redaktion; McKenzie 2019, 398 zu seinem „prophetic narrator".

es keinen überzeugenden Grund, V22 oder Teile davon aus dem Grundtext zu entfernen.[478]

Damit stellt sich jedoch die Frage, wie diese Aussage im Rahmen der Grunderzählung zu verstehen ist. Hier weist m.E. R. Schmitt die richtige Spur.[479] Die Metaphorik des Hurens ist hier allgemeiner in dem Sinne zu verstehen, dass sie auf die Betörung durch eine Hure anspielt. Es ist kaum auf ein konkretes Handeln der Isebel bezogen, sondern das Stigma der Hurerei und Hexerei dient dazu, Isebel die Legitimität zu entziehen und sie als eine Frau zu kennzeichnen, die nach Ex 22,17; Lev 20,9; Dtn 13,7–12 und nach gemeinvorderorientalischem Empfinden den Tod verdient hat. R. Schmitt verweist darauf, dass Hexerei und Prostitution in Mesopotamien zum Hexerei-Komplex gehören (s. Maqlû III, 44–45 u.ö[480]) und dass in Kleinasien der Hexerei-Komplex als Mittel der Auseinandersetzung zwischen konkurrierenden Parteien am Hof und bei Thronwechseln dient. Der Verfasser von 2 Kön 9,22 rekurriert demnach auf einen vorgeprägten Topos, der dazu führt, dass aufgrund des Handelns der Königin Isebel kein Schalom vorhanden ist. Die Taten Isebels sind demnach Chiffren für die Verworfenheit der herrschenden Dynastie.

Die literarkritische Frage nach der Grunderzählung lässt sich folgendermaßen beantworten. Die Beauftragung und Salbung durch einen Prophetenjünger in 9,1–6*.10b–13 ist zum Grundtext zu rechnen. Auch die folgenden Verse 9,10b–27.30–36; 10,1–9.12–17abα gehören dazu, ebenso 10,18–28*. Der Vers 2 Kön 9,22 lässt sich gut in eine frühe Grunderzählung einordnen, die noch im Nordreich entstanden sein kann. Von daher gibt es keinen überzeugenden Grund, V22 oder Teile davon aus dem Grundtext zu entfernen.[481]

Ausführende Person von כשף ist wie in Ex 22,17 eine Frau, hier Isebel, die Gattin Ahabs; neben Zaubereien werden ihr „Hurereien" vorgeworfen, was wohl hier im Sinne von „Fremdgehen", d.h. sich mit anderen Göttern einlassen, zu verstehen ist. „Zaubereien" sind hier wohl innerhalb des allgemeinen „Hexerei-Stigmas" zu verorten und als „Schadenszauber" zu qualifizieren.[482]

---

478 So auch in jüngerer Zeit Robker 2012, 35–62.62–65; Hasegawa 2012, 12–28.

479 2004, 374–376, s. auch 335–337; Ders. 2014a.

480 Mit Verweis auf Meier 1937; s. auch 2014a; zur Serie Maqlû s. Abusch 2015 und Schwemer 2017.

481 S. schon Lehnart 2003, 404; in jüngerer Zeit Robker 2012, 35–62.62–65; Hasegawa 2012, 29.

482 Inwieweit mit religionspolitischen Auseinandersetzungen im 9. Jahrhundert v. Chr. zu rechnen ist, ist umstritten, unwahrscheinlich sind sie jedoch nicht, s. Pietsch 2013, 482A38. Die Entwicklung des Onomastikons, die sich anhand der Samaria-Ostraka belegen lässt, zeigt für das 8. Jahrhundert eine Mehrheit an Jhwh-haltigen Namen. Dabei können sie die Verhältnisse schon im 9. Jahrhundert abbilden (s. Frevel, ^{2}2018, 229). In den Inschriften von Kuntillet Ajrud ist jetzt auch der Name Elija nachgewiesen, der ja ein ausdrückliches Bekenntnis zu Jhwh beinhaltet; außerdem ist an die

Die LXX übersetzt כשפיה mit τὰ φάρμακα αὐτῆς.

In der Neufassung der Beurteilung des judäischen Königs Manasse im chronistischen Geschichtswerk, begegnet in 2 Chr 33,6 zusätzlich zu 2 Kön 21,6 die Wurzel כשף. Gegenüber den Aussagen in 2 Kön 21,6 sind in der Chronikstelle die Vorwürfe gegenüber Manasse noch einmal erweitert worden;כשף findet sich in 2 Kön 21,6 nicht.[483] Die Erweiterung geht wohl auf den Einfluss von Dtn 18,10 zurück. „Was Manasse hier vorgeworfen wird, sind nahezu alle dort erwähnten verbotenen Praktiken, die bei keinem der anderen Könige in so geballter Fülle vorkommen“[484].

כשף wird in der griechischen Überlieferung mit φαρμακεύω wiedergegeben.

Bei Deuterojesaja[485] begegnet כשף in dem Völkerspruch Jes 47,1–15, näherhin in 47, 9.12. Personifiziert als Frauengestalt wird Babylon das kommende Ende angesagt. Der Text ist Teil des Triptychons Jes 46–48. In Kapitel 46 wird betont, dass Jhwh der einzige Gott ist (46,9) und nicht die babylonischen Götter. Jhwh ist derjenige, der die Geschicke der Welt lenkt, er wird Israel auch wieder aus Babel herausführen (48). Der Frauengestalt Babel wird in 47,9 Kinderlosigkeit und Witwenschaft angekündigt. Ihre Fähigkeiten, die mit כשף und חבר gekennzeichnet werden, werden ihr dabei nichts nützen. Bei כשף ist hier an Zauberpraktiken zu denken, näherhin an den Schadenszauber, der zum Hexerei-Komplex gehört.[486] Ergänzt wird der Schadenszauber hier wie in Dtn 18,10 durch beschwörende Praktiken (חבר s.u. 2.3.6), die vor allem eine apotropäische Ausrichtung haben (V9.12). Durch den Begriff שחר (V11) werden auch die babylonischen Ritual- und Orakelpraktiken miteinbezogen,[487] ausdrücklich benannt werden in V13 astrologische Praktiken.[488] Sie alle vermögen nicht die Pläne Jhwhs zu durchkreuzen, der allein derjenige ist, dessen Pläne sich erfüllen.

Die LXX übersetzt in Jes 47,9 כְּשָׁפַ֫יִךְ mit ἐν τῇ φαρμακείᾳ σου, in 47,12 mit τῇ πολλῇ φαρμακείᾳ σου.

Mescha-Stele zu erinnern, die die Wegführung von kultischen Gegenständen belegt. Zum Onomastikon s. Renz 2001, 148–152; Albertz / Schmitt 2012, 534–609).

483 Zu 2 Kön 21 s.o. 2.3.3.

484 Japhet 2003, 447.

485 Bei Deuterojesaja handelt es sich nicht mehr um eine historische Prophetengestalt; es ist eher an eine Gruppe zu denken. U. Berges 2008, 28–43 denkt an levitische Tempelsänger. Es handelt sich also um Tradentenprophetie.

486 S. R. Schmitt 2004, 368–374, zu Jes 47 bes. 370–374.

487 Jes 47,11 verwendet hier שחר III, das wohl als akkadisches Fremdwort einzuschätzen ist, s. Köhler / Baumgartner [3]2004, 1359 f. und Berges 2008, 497.

488 Ebd., 373.

Im Jeremiabuch 27,9 begegnet כשף als letztes Glied in einer Aufzählung von religiösen Spezialisten, zu denen auch die Nebiim gehören.[489] Allen wird die gleiche Aussage zugesprochen, nämlich den Dienst gegenüber dem babylonischen König zu verweigern. Durch diese Aussage stellen sie sich gegen Jeremia, der derjenige ist, der gemäß der biblischen Darstellung allein den wirklichen Willen Jhwhs offenbart. Es geht hier nicht um irgendwelche unterschiedlichen Praktiken, sondern der Text „stigmatisiert diejenigen Propheten als Schadenszauberer, die nicht auf der Linie deuteronomistischer Theologie sind und in dieser Weise das Wort Jahwes für sich unautorisiert in Anspruch nehmen."[490]

Übersetzt wird כשפיכם in der LXX mit τῶν φαρμακῶν ὑμῶν.

In der fiktiv am babylonischen Hofe Nebukadnezzars situierten Danielerzählung läßt Nebukadnezzar in Dan 2 nach einem geheimnisvollen Traum alle religiösen Spezialisten zusammenrufen, die an seinem Hofe greifbar sind. Sie sollen ihm den Traum deuten. Die מכשפים stehen hier wie in Ex 7,11 neben den חרטמים, außerdem werden אשפים und כשדים erwähnt. Bei den אשפים handelt es sich wohl um den Titel *ašipu*, den mesopotamischen Beschwörungsfachmann, der vor allem in Heilungsritualen mitwirkt.[491] Chaldäer sind als zusammenfassende Bezeichnung zu sehen, nicht als eigene Sondergruppe.[492] Eine genauere Eingrenzung der Praktiken, die mit einem Zauberer verbunden sind, ist nicht gegeben. Eine Fähigkeit zur Traumdeutung scheint auf jeden Fall mit allen Spezialisten verbunden zu sein. Auf jeden Fall konnte man sich diese Zauberer am Hofe Nebukadnezzars vorstellen, wenngleich die Situierung eine fiktive Vergangenheit darstellt. Insgesamt werden diese Gruppen den „Weisen" zugeordnet (Dan 2,12). Der weitere Verlauf der Danielerzählung macht dann klar, dass allein der israelitische Gott dafür sorgen kann, dass Daniel den Traum entschlüsseln kann (2,19). Es geht hier nicht um die Praktiken der Spezialisten, sondern um die Verehrung des rechten und einzigen Gottes. Der Kontakt zu ihm allein ermöglicht es, verborgene Dinge zu erkennen (2,22).

Die LXX übersetzt wie üblich מכשפים mit τοὺς φαρμακοὺς.

Mi 5,11 ist Teil eines Textes, der redaktionell für den Zusammenhang geschaffen ist.[493] כשף steht in Verbindung mit ענן und bezeichnet hier wohl irgendwelche Zaubermittel, die zu schadensmagischen Zwecken benutzt werden.[494] Möglicherweise sind ähnliche Vorgänge anzunehmen wie sie bei den

---

489 Zur Einordnung von Jer 27,9 s.o. Abschnitt 2.3.3 sowie unten Abschnitt 3.2; Jer 27,9 ist nach Stipp 2019, 142, dem zweiten Falschprophetenredaktor zuzuschreiben.

490 R. Schmitt 2004, 363.

491 Koch 2005, 144 f.

492 Koch 2005, 89.

493 Kessler ^{2}2000, 249; zu diesem Text s. auch schon oben 2.3.3.

494 Wolff 1982, 131, denkt an Pfeile, Losorakel, Leber oder Stöcke, die aus der Hand geschlagen werden können. Da ענן als zweiter Begriff erwähnt ist, der vor allem

Prophetinnen in Ez 13 erwähnt sind. Dieses Mal ist es kein Phänomen außerhalb Israels oder das von Personen, die nicht zu Israel gehören, ausgeübt wird. Es ist ein Phänomen inmitten Israels. In einer zukünftigen idealen Welt wird es diese Zaubermittel nicht mehr geben. Ganz klar sind auch hier Praktiken im Blick, die mit dem JHWH-Glauben als unvereinbar angesehen werden.

Die LXX übersetzt wieder mit τὰ φάρμακά.

Nah 3,4 ist Teil des Prophetenspruches Nah 3,1–7 gegen die Hauptstadt des assyrischen Reiches, Ninive.[495] Sie wird in V1 als „Stadt der Blutschuld" bezeichnet und ihr das Ende angekündigt. Personalisiert als Frau wird ihr auch in V4 „Hurerei" vorgeworfen und sie wird als „Herrin der Zaubereien" (בעלת כשפים) bezeichnet. Ähnlich wie in 2 Kön 9,22 wird auch hier das altorientalische Hexerei-Stigma[496] verwendet, das – erweitert um den Vorwurf der Hurerei – dazu dient, Ninive als widergöttliche Macht zu charakterisieren.

Die LXX übersetzt בעלת כשפים mit ἐπιχαρὴς ἡγουμένη φαρμάκων, auch hier wird der gleiche Wortstamm verwendet.

In der Abschlussschrift des Dodekapropheton, im Buch Maleachi kommt כשף in Mal 3,5 ein letztes Mal vor.[497] Hier werden Personen benannt, denen das Gericht angedroht wird. Sexuelles Fehlverhalten spielt wie in Nah 3,4 und 2 Kön 9,22 in Mal 3,5 insofern eine Rolle als dort neben den מכשפים Ehebrecher (מנאפים) als Personengruppe erwähnt werden. Weitere Gruppen, die sich dem Gericht gegenüber sehen, sind Meineidige sowie diejenigen, die Tagelöhner, Witwen und Waisen ausbeuten und Fremden das Recht verweigern. Hier werden die Zauberer in einen umfassenden Zusammenhang von asozialem Verhalten eingebettet. Ganz eindeutig ist כשף demnach negativ konnotiert und wie schon in Ex 22,17 in einen größeren Handlungsrahmen von Verhaltensweisen gestellt, die als widergöttlich anzusehen sind.

Auch hier wird כשף von der LXX mit φαρμακοὺς wiedergegeben.

Insgesamt ergibt die Durchsicht der Stellen, an denen כשף vorkommt, dass die Bedeutung „Schadenszauber" in Übereinstimmung mit dem Akkadischen am ehesten die Bedeutung von כשף wiedergibt. An keiner Stelle ist eine positive Sicht dieser Praxis zu erkennen. VONDERGEEST 2005 betont für diejenigen, die diese Praxis ausüben, auch die Abwehr von Unglück und Desaster; sie haben

---

Vorzeichendeutung meint (s.o.), ist bei כשף eher an schadenszauberische Praktiken zu denken.

495 S. FABRY 2006, 183–195; er ist der Auffassung: „Hinter diesem Text steht ohne Zweifel der Prophet Nahum selbst."(183). Dietrich 2014, 90 f. denkt an einen „prophetischen Poeten" oder an einen „sein Vermächtnis wahrender Kompositor" aus der späteren Assyrerzeit; dies braucht hier nicht diskutiert zu werden.

496 R. SCHMITT 2004, 368–370; zur Vorstellung der Hurerei als Metapher für den Abfall von JHWH s. DIETRICH 2014, 79–82.

497 S. die Kommentare von MEINHOLD 2006 und R. KESSLER 2011.

„the ability to carry out rituals such as spell casting that could either cause or ward off evil and disaster."[498]

2.3.6 חבר

Mit der Cstr-V. חבר חבר wird in Dtn 18,11 der in V10 begonnene Satz fortgesetzt. Jemand, der חבר ausübt, soll es in Israel nicht geben. Was genau unter חבר zu verstehen ist, wird nicht vermerkt. Der Kontext durch כשף, das unmittelbar vorausgeht und die folgende Praxis der Nekromantie machen klar, dass unter חבר eine Praxis aus dem magisch-divinatorischen Bereich zu verstehen ist. Geht man von einer Grundbedeutung „binden"[499] aus, so ist hier an „beschwören" zu denken bzw. an eine Beschwörung abwehrende apotropäische Funktion. Dies verweist für חבר innerhalb der Hebräischen Bibel auf Jes 47,9.12–13, wo כשף als Parallelbegriff zu חבר auftaucht sowie auf Ps 58,6.[500]

Auch in Jes 44,11 besteht die Möglichkeit, von einer Bedeutung „beschwören" auszugehen und zu übersetzen: „alle seine Beschwörungen werden zuschanden". Jedoch zeigt der Zusammenhang, dass eher an „Genossen, Gefährten" zu denken ist.[501]

Über den Bereich der Hebräischen Bibel hinaus ist auch noch auf Sir 12,13 zu verweisen.[502] Dort heißt es: „Wer wird den von einer Schlange gebissenen Beschwörer bemitleiden…" In dieser Sirachstelle begegnet demnach der gleiche Zusammenhang der Beschwörung von Schlangen wie in Ps 58,6 (s.u.).

Die Bedeutung von חבר lässt sich demnach am ehesten aus Jes 47,9.12–13 und aus Ps 58,6 erheben.[503]

Die Androhung des Endes von Babylon in Jes 47,1–15 hat uns schon bei כשף beschäftigt. Dort war כשף als schadenszauberische Praxis erkannt worden (s.o.)

Wie ist nun חבר näher zu fassen, das in 47,9.12–13 vorkommt? Ob man aufgrund von Jes 47,13 חבר unter dem Begriff „Astrologie" wie die גזרין in Dan 2,27; 4,4; 5,7.11 subsumieren kann,[504] ist unwahrscheinlich. In Jes 47,13

---

[498] 2005, 288. Kiboko 2017, 164, sieht in כשף eine im Alten Orient weitverbreitete Praxis mit einer Verbindung zur Traumdeutung. Dies ist jedoch spekulativ.

[499] Köhler / Baumgartner ³2004, 276; Gesenius¹⁸2013, 320; s. auch Jeffers 1996, 32; Krinetzki 1994, 102 f.; R. Schmitt 2004, 113; s. auch E. Otto 2016, 1496.

[500] S. Jeffers 1996, 34; insgesamt 31–35. Ihr folgt Anthonioz 2014. Zur Kritik an Jeffers, die חבר auf einen reinen Wortakt beschränken will, s. R. Schmitt 2004, 113.

[501] S. Berges 2008, 342; Gesenius ¹⁸2013, 321 erwägt es als Möglichkeit.

[502] Krinetzki 1994, 102 f.; Römer 2009, 320. Zu Sir 12,13 s. Marböck 2010, 167.171. Schlangenbeschwörung ist außerdem noch erwähnt in Jer 8,17 und Koh 10,11.

[503] Vgl. auch Kiboko 2017, 165.

[504] So André, 1982–1984, 381.

wird zwar von חברי שמים gesprochen, der Zusammenhang zur „Astrologie“ ist jedoch zu dünn: 1QJes[a]: bietet die Lesart „Beschwörer des Himmels“[505].

Der wohl anzunehmende Zusammenhang mit חבר – „binden“ spricht für eine Beschwörungspraxis. Die Parallelstellung mit כשף (= Schadenszauber) lässt daran denken, dass mit חבר wohl der Schutzzauber angesprochen wird, so dass mit den beiden Begriffen die Gesamtheit „magischen“ Verhaltens, zum Schaden und zum Schutz zum Ausdruck gebracht wird.

LXX übersetzt בְּעָצְמַת חֲבָרַיִךְ mit ἐν τῇ ἰσχύι τῶν ἐπαοιδῶν. Der letztere Begriff ἐπαοιδή wird von Lust / Eynikel / Hauspie mit „enchantment“ wiedergegeben. Die gleiche Übersetzung wird auch in 49,12 verwendet.

Die Wiedergabe von חבר mit „Schutzzauber“ bewährt sich auch in Ps 58,6. In diesem Psalm wird Gott angefleht, sich doch endlich gegenüber den Frevlern als Richter zu zeigen (58.11 f.). Es gibt keinen Grund, bei diesem Psalm unterschiedliche Textschichten anzunehmen.[506] Den Zentrum des Psalms bildet V7 mit der massiven Aussage: „Gott, zerbrich ihre Zähne in ihrem Maul, das Gebiß der jungen Löwen zerschlage, Jhwh“[507]. Gemeint sind die Frevler, die in V4–6 näherhin beschrieben werden. In V5 wird ihr Tun mit dem Gift einer Schlange verglichen, einer Kobra, die ihr Ohr für den Schlangenbeschwörer (מְלַחֲשִׁים) verschließt. In V6 wird dann der Schlangenbeschwörer parallelisiert mit dem חוֹבֵר, der weise Beschwörungen vornimmt. Diese Beschwörungen werden appositionell durch מְחֻכָּם im Bereich der Weisheit angesiedelt und demnach nicht negativ bewertet.[508] Frevler sind taub für Beschwörungen, für den Schutz, den der Schlangenbeschwörer anbietet und allgemein für weise Beschwörungen. Der Schlangenbeschwörer wird in enger Beziehung zur Weisheit gesehen und entspricht damit der Einordnung der Magier und Mantiker in den Bereich der Weisheit wie auch schon in Ex 7 und Dan 2. Das Gift der Frevler wird nicht eingedämmt, was den Beter dann in V7 zu der Bitte an Gott führt, der selbst gegen die Frevler eingreifen soll. חבר wird hier in Ps 58,6

---

505 S. dazu Berges 2008, 500, der auf der Grundlage von MT „den Himmel einteilen“ liest.

506 S. Hossfeld / Zenger 2000, 133 f.; mit Ausnahme der Überschrift Ps 58,1.

507 So die Übersetzung von Hossfeld / Zenger, 2000, 131; zur konzentrischen Struktur s. Oeming / Vette 2010, 102 f.; Hossfeld / Zenger 2000, 135.

508 S. auch Hossfeld / Zenger 2000: „Das Bild der Hörverweigerung wird in V6 gesteigert durch die Erwähnung des mantischen Personals der Schlangenbeschwörer, die vergeblich ihr Handwerk versuchen. Ps 58,6 geht es beim Aufgreifen dieses Topos nicht um eine Wertung mantischer Praktiken (vgl. ebenso Jer 8,17; Koh 10,11; Sir 12,13; dagegen aber Dtn 18,10 f.), sondern darum, metaphorisch die Aussichtslosigkeit einer ‚Bindung / Beschwörung‘ der Frevler und einer Eindämmung ihrer giftigen Bedrohung darzustellen.“(137). Auch Kiboko 2017, 166, spricht von einer „neutral connotation“ und weist zu Recht die negative Bewertung durch Jeffers 1996, 32 f. zurück.

deutlich als „Schutzmagie“ interpretiert. Vielleicht ist damit auch die Praxis der „magischen Knoten“ einbezogen.[509]

Die LXX übersetzt hier den Schlangenbeschwörer mit ἐπαοιδός, חבר dagegen mit einer Form von φαρμακός.[510]

Eine Verbindung mit anderen, mehr divinatorischen Praktiken ist nicht belegt, auch keine Verbindung zu divinatorischen Spezialisten, mit Ausnahme der Einordnung in den allgemeinen Oberbegriff der Weisen.

2.3.7 Nekromantie

Den Abschluss der Aufzählung der „Gräuel“, die in Israel nicht vorkommen dürfen (V9) bildet in V11 der doppelte Hinweis auf nekromantische Praktiken: שאל אוב וידעני und dann דרש אל המתים. Die Aussage des zweiten Stichos ist klar und deutlich: Die Befragung der Toten wird als illegale Praxis benannt. Das hier verwendete Verb דרש gehört zu den Verben, die zur Gottesbefragung benutzt werden.[511] Wer befragt wird, ist mit „den Toten“ unmissverständlich benannt. Das Ziel dieser Praxis ist ebenfalls klar: Die Toten sollen befragt werden, d.h. um Auskunft in Krisensituationen gebeten werden. Von daher ist es eindeutig, dass es um Nekromantie geht.

Die vorhergehende erste Aussage wird mit dem Verb שאל konstruiert. Dieses Verb wird ebenfalls in der Gottesbefragung verwendet.[512] Wer allerdings befragt wird, ist nicht so deutlich. Der zweite Begriff ידעני ist relativ selten. Er kommt nur insgesamt elf Mal in der Hebräischen Bibel vor: Lev 19,31; 20,6.27; Dtn 18,11; 1 Sam 28,3.9; 2 Kön 21,6; 23,24; 2 Chr 33,6; Jes 8,19; 19,3, wobei er immer zusammen mit אוב bzw. אובות verwendet wird. Der unverkennbare Zusammenhang von ידעני mit dem Verb ידע : – „erkennen“ verweist auf einen Erkenntnisgewinn, demnach auf einen divinatorischen Vorgang. ידעני ist also mit „Wissender“ zu übersetzen. Wer genau mit den „Wissenden“ gemeint ist, bleibt aber offen.[513] Der Zusammenhang legt es nahe, dabei am ehesten an die Vorfahren bzw. deren Repräsentanz in Form von Figurinen und Statuetten zu denken oder dass die Spezialisten bzw. Spezialistinnen gemeint sind, die dieses Wissen vermitteln können. Eine dritte Möglichkeit besteht darin, dass damit

---

509 S. R. Schmitt 2004, 113; Römer 2009, 320.323. Vondergeest 2005, 288–290, sieht in חבר einen Parallelbegriff zu כשף mit einer schadenszauberischen wie ebenso einer apotropäischen Funktion.

510 S. dazu LXX-D, 808 und die Erläuterungen von Bons 2011, 1657.

511 Wagner, 1974–1977, 323–325; Gerleman / Ruprecht 1971, 462–464; Thelle 2002, 73–115.221–234.

512 S. Fuhs,1990–1993, 920–923; Madl 1977, 37–70; Thelle 2002, 41–72.215–219.

513 Kibobo 2017 sieht in ידענים die „knowing spirits“ und unterscheidet diesen Ausdruck von אובות, das sie als „spirit of the dead“ bezeichnet (170 f.). Jedoch ist für eine solche Differenzierung m.E. das Material nicht ausreichend.

Hilfsmittel benannt werden, die für den Vorgang der Nekromantie benötigt werden.[514]

Die LXX wählt verschiedene Übersetzungen für ידעני: Mal ist es der „Beschwörer" (ἐπαοιδός: Lev 19,31; 20,6.27; 2 Chr 33,6), mal der „Zeichendeuter" (τερατοσκόπος Dtn 18,11); als „Wissende" (γνωστής) werden ידענים in 1 Sam 28,3.9; 2 Kön 21,6 benannt, eine Nebenform (γνωριστής) liegt in 2 Kön 23,24 vor. Eine deutlichere Vorstellung zeigt sich in Jes 8,19, wo von „Bauchrednern" gesprochen wird. In Jes 19,3 liegt wohl die gleiche Vorstellung zugrunde; ebenso in Jes 29,4, wo allerdings nur אוב als Begriff auftaucht. Dort ist die Vorstellung von aus der Erde kommenden Stimmen, d.h. die Verbindung zur Unterwelt deutlich zu erkennen. Insgesamt spiegelt die griechische Wiedergabe eher die Unsicherheit der Übersetzerinnen und Übersetzer wider, welche genaue Bedeutung mit dem Begriff ידעני verbunden werden kann.

2.3.7.1 אוב / אובות: Totengeist, Medium oder Grube?

Die drei Interpretationsmöglichkeiten Totengeist, Medium für einen Totengeist und Hilfsmittel für die Durchführung der Nekromantie legen sich auch für den Parallelbegriff ʾôb bzw ʾôbôt nahe,[515] wobei die Nähe zu אָב' – „Vater" ein Hinweis sein könnte auf den Ahnenkult, innerhalb dessen eine solche Praxis der Befragung anzusiedeln wäre.[516]

Bei ʾôb bzw. ʾôbôt kommt jedoch noch als Spezialfall hinzu, dass damit auch eine Grube gemeint sein könnte, die als Hilfsmittel zur Durchführung der Nekromantie benutzt werden konnte. Dies wird begründet durch den Befund im Alten Orient. Im Hethitischen ist *api* die Opfergrube; der Begriff begegnet ebenfalls noch im Neuassyrischen sowie in Ugarit.[517]

---

514 S. Gesenius [18]2013, 445; vgl. auch Jeffers 1996, 172; insgesamt 169–172.

515 Zu diesem Spektrum der Interpretationsmöglichkeiten s. zuletzt Bar 2021, 118.

516 Tropper1989, 189–200.312–316 sieht in אוב den divinisierten Ahnen; unter אוב(ות) וידענים versteht er die Ahnenbilder; ihm schließt sich Loretz, 1993, 309.311, an; vorher sah auch schon Lust 1973, 238; Ders. 1974, 133–142, eine Verbindung mit „Vater"; für möglich hält dies auch Albertz 1992, 60 Anm. 58 (Lit.).; skeptisch bleibt Cryer 1994, 259 f.; für eine Verbindung mit arabisch *'āba* – „zurückkehren" spricht sich B.B. Schmidt 1994, 151, aus und übersetzt *'ôb* mit „the One who returns"; den Ausdruck אוב(ות) וידענים sieht er bezogen auf die „Totengeister" (ebd., 152 f.); gegen eine Herleitung aus dem Arabischen spricht sich jüngst Bar 2021, 122 aus.

517 S. R. Schmitt 2014, 91–93; Jeffers 1996, 169 f. (Lit!). Im deutschsprachigen Raum haben sich vor allem Ebach / Rüterswörden 1977/1980 für eine Ableitung von dem akkadischen *apu* bzw. des hetitischen *api* – „Grube" ausgesprochen. Einen Überblick über die Deutungen findet sich bei Kim 2021, 31 Anm 11. Gegen eine Deutung als Grube hat sich B.B. Schmidt 1994, 150 f. ausgesprochen; vgl. auch dessen Stellung gegen die Wiedergabe von אוב(ות) וידענים als Titel für „Totenbeschwörer" (154), ebenso dagegen Bar 2021, 121.

Von daher ist es angebracht, sich die Stellen genauer anzuschauen, an denen אוב vorkommt, um abzuklären, welche Möglichkeiten am ehesten in Frage kommen. Neben den Stellen, an denen ᵓôb bzw der Plural ᵓôbôt und jidᶜonî zusammenstehen, sind dabei auch noch die Stellen zu berücksichtigen, an denen אוב bzw אובות alleine stehen.

Zusammen kommen die beiden Lexeme neben Dtn 18,11 an folgenden Stellen vor: Lev 19,31; 20,6.27; 1 Sam 28,3.9; 2 Kön 21,6; 23,24; Jes 8,19; 19,3 sowie 2 Chr 33,6.

ᵓôb bzw. ᵓôbôt kommt alleine noch in 1 Sam 28,8; Jes 29,4; Ijob 32,19; 1 Chr 10,13 vor. Hinzuzunehmen ist noch das Vorkommen von ᵓôb in dem Titel baᶜalat ᵓôb, der in 1 Sam 28,7.8 begegnet. Meist als Homonym wird ᵓôb in Ijob 32,19 verstanden und mit „Schlauch" übersetzt.[518] JEFFERS versucht jedoch, über den Wein als ein Mittel, mit dessen Hilfe Ekstase erreicht werden kann, eine Verbindung herzustellen.[519] Das ist sehr konstruiert, zumal Wein im Zusammenhang der Orakelübermittlung in der Hebräischen Bibel nicht erwähnt wird.

Neben den einzelnen Stellen muss auch das ganze Kapitel 1 Sam 28 in den Blick genommen werden, da dieses Kapitel eine nekromantische Sitzung schildert, was einmalig in der Hebräischen Bibel ist. Dies soll abschließend geschehen.

Alle drei Vorkommen im Buch Levitikus gehören zum Bereich des Heiligkeitsgesetzes. In Lev 19,31 und 20,6 wird der Plural verwendet, in Lev 20,27 der Singular.

Während die Abhängigkeitsverhältnisse der Gesetzescorpora bis vor einiger Zeit in der Abfolge Bundesbuch – Deuteronomium – Heiligkeitsgesetz *communis opinio* war, ist in jüngster Zeit die Diskussion gerade über das Abhängigkeitsverhältnis des Heiligkeitsgesetzes vom deuteronomischen Gesetz entbrannt.[520] Für unsere Fragestellung können wir diese Frage offen lassen.

In Lev 19,31 und 20,6 wird davor gewarnt, sich an ᵓôbôt und jidᶜonîm zu wenden. Durch den vorangehenden V4, die erste konkrete Aufforderung in der Gottesrede, wo ebenfalls פנה – „sich wenden an" gebraucht wird, wird klar, dass es bei der Heiligung des Gottesvolkes darum geht, sich nicht anderen Göttern bzw. Götzen (אֱלִילִים) zuzuwenden. Wenn die Israeliten sich an ᵓôbôt und jidᶜonîm wenden, bedeutet das in V31 die Hinwendung zum Götzendienst. In 19,31 wird als Begründung für das Verbot angegeben, dass man sich nicht verunreinigen soll. Was näherhin unter ᵓôbôt und jidᶜonîm verstanden wird, lässt sich allerdings aus dieser Stelle nicht erkennen. Es können sowohl (Ahnen-)statuetten als auch Totenbeschwörer gemeint sein. Die Bedeutung von ᵓôbôt als Grube oder anderes Hilfsmittel ist dagegen eher unpassend, wenngleich

---

518 GESENIUS ^{18}2013, 22; KOEHLER / BAUMGARTNER ^{3}2004, 19.

519 1996, 169–172.

520 S. KILCHÖR 2015; BRAULIK 2016, 26.

auch nicht unmöglich. Das gilt auch für Lev 20,6, wo das Verb זנה neben פנה verwendet wird, Dieses Verb wird öfters auch im Zusammenhang mit der Verehrung fremder Götter verwendet. In 20,6 wird eine deutliche Sanktion gegen die Person ausgesprochen, die solches tut: Sie wird aus Israel ausgestoßen (כרת Hi). In 20,27 ist diese Sanktion dann noch mit der Todesstrafe der Steinigung verbunden. An dieser Stelle ist ein Verständnis von ᵓôb als Grube ausgeschlossen, es sei denn, man sieht in den ᵓôbôt die Besitzer der Totengruben. Näherliegend ist jedoch, dass hier der Totengeist gemeint ist, der von einer Frau oder einem Mann Besitz ergriffen hat bzw. die Frau oder der Mann, der den Totengeist evoziert bzw. aus dem er spricht. ᵓôb und jidᶜonî werden hier streng parallel verstanden.

An allen drei Stellen übersetzt die LXX ᵓôb/ᵓôbôt mit ἐγγαστρίμυθος. Dies bedeutet „Bauchredner"[521]. LXX interpretiert damit ᵓôb/ᵓôbôt durch eine Praxis, die vor allem aus dem hellenistischen Bereich bekannt ist.

Dtn 18,11 zeigt sich die Wendung als Abschluss der verbotenen Praktiken in Dtn 18,10 f. Der zweite Stichos דרש אל־המתים macht deutlich, dass es um die Befragung von Toten geht, den Toten also durchaus eine Einflussmöglichkeit und Führung für die Lebenden zugestanden wird. Ansonsten lässt sich keine genauere Erklärung der Praxis an dieser Stelle erkennen.

Die griechische Überlieferung übersetzt die Wendung אוב וידעני mit ἐγγαστρίμηθος καὶ τερατοσκόπος hat also neben dem „Bauchredner" den relativ allgemein gehaltenen Begriff „Zeichendeuter" im Blick.

Die nächsten beiden Vorkommen sind in der Erzählung vom Besuch Sauls bei der Frau aus Endor, die als baᶜalat-ᵓôb bezeichnet wird, verankert: 1 Sam 28,3 und die parallele Aussage in V9. An diesen beiden Stellen wird gesagt, dass König Saul die אובות וידעים[522] aus dem Lande entfernt habe. Hierbei werden unterschiedliche Verben verwendet: סור Hi. in 28,3 und כרת Hi. in 28,9. In V9 wird das eher unbestimmt gehaltene סור Hi. durch das eindeutigere כרת Hi. – „ausrotten" ersetzt. Damit wird Saul in die Reihe der Könige eingeordnet, die religiöse Reformen durchgeführt haben. Dies bedeutet zunächst einmal eine positive Sicht Sauls aus der Sicht der deuteronomistischen Redaktoren. Jedoch ist die Darstellung hintergründiger: Das Aufsuchen der Nekromantin durch Saul wird damit als eindeutiges Vergehen gegen die göttliche Weisung gekennzeichnet, die Saul wie schon in 1 Sam 15 nicht folgerichtig umsetzt.[523] Diese beiden Verse sind demnach keineswegs als freundliche Kennzeichnung Sauls einzuschätzen. Da Saul ansonsten in der Erzählung eher mit tragischen, aber

---

521 Lust / Eynikel / Hauspie 1996, 125. Zu Bauchrednern s. Frenchkowski 2002, 140–158; Johnston 2008, 140 f.; Koenen 2016, 4 f.; Bauchredner bezeichnet eine Person, aus dem ein Geist oder Dämon spricht. Gemeint sind Wahrsager oder Wahrsagerinnen im Bereich der populären Religion, die gegen Bezahlung auf Märkten etc. auftreten.

522 In 28,9 ist wie in 28,3 mit LXX der Plural zu lesen, s. Dietrich 2019 (2016), 35.

523 S. Dietrich 2019 (2016), 54.

dennoch durchaus sympathischen Zügen ausgestattet wird (s.u.), deutet dies darauf hin, dass die anachronistischen Aussagen über die Entfernung und Ausrottung der אובות וידעים erst auf einer redaktionellen Ebene in den Text geraten sind.[524] Klar erkennbar ist, dass hier Personengruppen gemeint sein müssen, ein Verständnis als „Grube" ist nicht möglich.

In 1 Sam 28,7 äußert Saul den Wunsch, eine אשת בעלת־אוב aufzusuchen, nachdem JHWH ihm zuvor den Zugang zu allen anderen Quellen für eine göttliche Weisung verweigert hat (28,6). Die Bezeichnung, die nur hier vorkommt, ist als „Herrin über einen אוב" wiederzugeben, was hier ziemlich deutlich als „Totengeist" zu verstehen ist. Es handelt sich demnach um einen *terminus technicus* für eine nekromantische Spezialistin. Von McCarter wurde diese Bezeichnung aufgrund der LXX als Zusammenfügung zweier ursprünglicher Ausdrücke אשת אוב und בעלת־אוב gesehen.[525] Ein appositionelles Verständnis als Titel ist jedoch zu bevorzugen,[526] eine Übersetzung mit „Grube" ist zwar nicht ausgeschlossen, aber eher unwahrscheinlich.

Dies gilt auch für 1 Sam 28,8, wo אוב alleine verwendet wird. Shaul Bar sieht in den wenigen Vorkommen, wo אוב alleine vorkommt (1 Sam 28,7–8; Jes 29,4; 1 Chr 10,13) eine „shorthand form of the compound expression."[527] König Saul verlangt in 1 Sam 28,8 von der Frau aus Endor, dass sie wahrsagen (קסם) soll durch einen אוב und dass dies geschehen soll durch eine Person, die sie evozieren soll. Das Verb, das im Text für die Evokation benutzt wird, ist עלה Hi.; die Vorstellung einer Unterwelt, in der die Toten existieren, liegt dem offenbar zugrunde. Ein Verständnis als Grube an dieser Stellen ist zwar nicht unmöglich, aber unwahrscheinlich, da die Auskunft durch einen אוב erfolgen soll, was eher auf eine Person deutet als auf das Hilfsmittel der Grube.[528]

In der chronistischen Neubearbeitung der Samuelbücher wird der erste König Israels, Saul, nur in einem kurzen Abschnitt erwähnt (1 Chr 10,1–14). In der abschließenden Beurteilung Sauls in 1 Chr 10,13 f. wird noch einmal hervorgehoben, dass er nicht JHWH befragte, sondern sich stattdessen an einen אוב gewandt hat. Neben dem Ungehorsam gegenüber dem Wort JHWHs ist die Befragung des אוב der zentrale Kritikpunkt, der zum Ende der Herrschaft Sauls geführt hat. Die weitere Darstellung in 1 Chr 10,1–14 folgt dabei 1 Sam 31; nur in V13 greift der Autor der Chronikbücher auf die Erzählung 1 Sam 28 zurück. Der Parallelbegriff ידעני begegnet an dieser Stelle nicht. Auch hier ist

---

524 Ich folge damit der Einschätzung von Dietrich 2019 (2016), 52 f.; anders noch Lehnart 2003, 97, s. insgesamt 89–99.

525 1980, 418; ebenso noch Miller 2017, 98.

526 S. Dietrich 2019 (2016), 35; Kiboko 2017, 172 f.; Kiboko sieht in der Bezeichnung auch eine Kombination von weiblich und männlich in Analogie zu der Tradition aus der Sanga Kultur in Zentralafrika, aus der sie stammt (s. den Prolog XIII–XXXI).

527 2021, 118.

528 Dietrich 2019 (2016), 32, übersetzt hier אוב mit „Ahnenfigur".

eher entweder an einen Spezialisten oder an einen Totengeist zu denken als an eine Grube oder ein anderes Hilfsmittel, wenngleich dies nicht gänzlich ausgeschlossen werden kann. Die LXX übersetzt wiederum אוב mit „Bauchredner".

In den Königsbüchern begegnet die Wendung zunächst in der deuteronomistischen Beurteilung von König Manasse, in 2 Kön 21,6. Hier steht אוב im Singular. Als Verb wird עשׂה benutzt, was gut mit der Herstellung oder Benutzung von Figurinen oder anderen Hilfsmitteln bei der Nekromantie im Einklang steht, weniger mit der Vorstellung einer Grube. Die LXX übersetzt mit θελητής, was den Willensakt betont, so dass Lust / Eynikel / Hauspie die Übersetzung mit „those who have will-control over spirits" wählen.[529]

Die Neubearbeitung in 2 Chr 33,6 ergibt den gleichen Befund für die Befragung der אובות וידעים. Die LXX übersetzt hier אוב mit ἐγγαστρίμυθος, also „Bauchredner" und ידעני mit ἐπαοιδός – „Beschwörer".

In 2 Kön 23,24, dem Reformbericht des Königs Joschija, kommt die Wendung in einer langen Aufzählung von Dingen und Personen vor, die Joschija aus Juda und Jerusalem entfernte. Als Verb wird dabei בער II – „beseitigen, wegräumen" verwendet. Auch hier ist eher an Personen zu denken, d.h. Totenbeschwörer und deren Hilfsmittel als an eine Grube. In der chronistischen Darstellung werden אובות וידעים nicht erwähnt.

Weitere Vorkommen von אוב zeigen sich im Buch Jesaja.

Die engste sprachliche Parallele zu Dtn 18,11 liegt in Jes 8,19 vor: Wie in Dtn 18,11 wird neben der Befragung der אובות וידעים im Schlussteil des Verses als Parallelausdruck die Befragung der Toten erwähnt. Diese beiden Wendungen begegnen zusammen nur in Dtn 18,11 und Jes 8,19. Die Verwendung der Verben ist etwas unterschiedlich. Beide Male wird in Jes 8,19 für den Fragevorgang das Verb דרשׁ verwendet, während in Dtn 18,11 bei der Befragung der אובות וידעים das Verb שׁאל Verwendung findet.

Eine weitere Übereinstimmun ist, dass dem nekromantischen Ritual die Befragung Gottes gegenübergestellt wird. Damit ist der israelitische Gott Jhwh gemeint. Interessant ist auch, dass in Jes 8,19 der allgemeinere Begriff אלהים benutzt wird. Dies verweist auf 1 Sam 28,13 wo die Frau den Evozierten ebenfalls als אלהים bezeichnet.

Damit ist Jes 8,19 die nächste Ausdrucksparallele zu Dtn 18,11. Für R. Schmitt ist klar, dass Jes 8,19–20 eine späte Ergänzung zum Text darstellt, die Dtn 18,11 voraussetze.[530] Auch Beuken / Berges urteilen, dass 8,19 zur Rahmung der Immanuelschrift gehört, die gemeinsam mit dem Weinbergslied Jes 5,1–7 angefügt wurde. Diese Ergänzung sei wohl auf nachexilische schriftgelehrte Kreise zurückzuführen.[531] Allerdings erscheint mir eine Abhängigkeit von Dtn 18,11 nicht gegeben, auch wenn die Terminologie ähnlich ist. Die

---

[529] 1992, 203; vgl. auch Liddell / Scott [9]1996, 788.

[530] 2014, 138 f.

[531] 2016, 51.59.

Übereinstimmung im Ausdruck ist in der Sache begründet. Die Tendenz entspricht jedoch sowohl den Levitikusstellen wie auch Dtn 18,11: Es wird ein Gegensatz zwischen der Gottesbefragung und der Nekromantie hergestellt. Sie wird eindeutig negativ bewertet. Von der Bedeutung der Begriffe her ist durch das folgende המצפצפים והמהנים – „die da flüstern und murmeln" in Jes 8,19aβ die Bedeutung „Grube" so gut wie ausgeschlossen.

Die LXX übersetzt wieder mit „Bauchredner".

Als weiteres Vorkommen von אובות וידעים ist noch Jes 19,3 zu behandeln. In einem Völkerspruch gegen Ägypten wird die Befragung von אובות וידעים als Praxis der Ägypter beschrieben, die in einer Krisensituation aufgrund der Verwirrung durch den israelitischen Gott JHWH erfolgt. Die Befragung, für die das Verb דרשׁ benutzt wird, bezieht sich neben den אובות וידעים auch auf אֱלִילִים das abwertend Götter bezeichnet, also als Götzen wiederzugeben ist sowie i אִטִּים, das wohl als Fremdwort auf das akkadische *eṭemmu* bzw. sumerisch *gidim* zurückgeht und den Totengeist bezeichnet.[532] Da es sich hier um Personengruppen handelt, spricht einiges dafür, dass mit אובות auch hier am ehesten die Bedeutung „Totenbeschwörer" oder „Totengeist" anzunehmen ist.

Die LXX gibt אובות mit οἱ ἐκ τῆς γῆς φωνοῦντας wieder. Das ist mit der Vorstellung, dass der Tote aus einer speziellen Grube spricht, durchaus vereinbar.

Vielleicht hat auch Jes 29,4b hier eingewirkt, das die letzte Stelle im Jesajabuch ist, in der אוב vorkommt, an dieser Stelle ohne den Parallelbegriff ידעני.
Dort heißt es:

והיה כאוב מארץ קולך ומעפר אמרתך תצפצף „– Deine Stimme wird sein wie ein ᵓôb aus der Erde und aus dem Staub wird deine Rede flüstern".

Jes 29,4 ist Teil des zweiten Weherufes der insgesamt 5 Weherufe, die in Jes 28–31 vorliegen. Adressat des zweiten Weherufes ist Ariel, wohl eine Bezeichnung für Jerusalem.[533] Dieser Textbereich gehört zu den Texten, die noch zumindest in die Nähe des historischen Jesaja führen.[534] Dieses Bild, das in V4 verwendet wird, lässt an zirpende Vogelstimmen denken, die mit Totengeistern verbunden sind (s. Jes 8,19). Grundsätzlich lässt sich die Bedeutung von אוב sowohl mit der Vorstellung eines Hilfsmittels wie einer Grube wie auch mit der Vorstellung eines Totengeistes vereinbaren.

Die Übersetzung der LXX entspricht der in Jes 19,3.

---

532 GESENIUS [18]2013, 43.

533 BEUKEN 2010, 110 f.; ob damit die Verwendung des Begriffes Ariel für Jerusalem auf magische bzw. mantische Praktiken anspielt wie auch ANN JEFFERS (1996,105–109) annimmt, erscheint mir spekulativ.

534 S. JÜNGLING [9]2016, 542; für KREUCH gehört Jes 29,1–7.9 f. zu den Texten, die der Erstausgabe des Assurzyklus zuzurechnen sind, wobei Jes 29,1–4 schon vorgegeben waren (2011, 177–215.487–496).

Nach Durchsicht der Stellen läßt sich sagen, dass die Übersetzung mit „Grubengeist" durchaus möglich ist.[535] Die Bedeutung Totenbeschwörer oder Totengeist liegt jedoch näher: Von den 14 Vorkommen (ohne Ijob 32,19) ist in Lev 20,27 und Jes 8,19 die Bedeutung „Grube" ausgeschlossen, bei den weiteren Vorkommen ist ein Verständnis als „Totenbeschwörer" oder „Totengeist" eher anzunehmen, wenngleich die Vorstellung einer „Grube" nicht unmöglich ist. Damit ist deutlich, dass אוב in der Hebräischen Bibel am ehesten mit „Totenbeschwörer" oder „Totengeist" wiederzugeben ist.[536]

2.3.7.2 Ein nekromantisches Verfahren in 1 Sam 28

Zum Schluss ist noch 1 Sam 28,3–25 insgesamt zu betrachten. Das Vorkommen von ᵓôbôt und jidᶜonîm in V3 und V9 ist zwar einer Bearbeitungsschicht zuzuweisen, so dass man auf eine weitere genauere Betrachtung des Grundtextes verzichten könnte. Jedoch wird in diesem Text zum einen ein Titel überliefert, der auf Spezialistinnen bzw. Spezialisten für den Bereich der Totenbefragung hinweist: baᶜalat-ôb (V7.8). Zum anderen zeigt sich der Begriff ôb ohne jidᶜonîm noch in V8. Außerdem bildet ein nekromantischer Vorgang das zentrale Geschehen in diesem Text. Von daher ist es unerlässlich, diesen Text genauer zu betrachten.

In 1 Sam 28,3–25 wird die Durchführung einer Nekromantie berichtet. Saul sucht eine baᶜalat-ôb auf, die ihm den verstorbenen Samuel (s. 1 Sam 25,1; 28,3) aus der Unterwelt heraufbeschwört. Saul befindet sich in einer verzweifelten Situation. Angesichts der überlegenen Kräfte der Philister ist Saul bemüht, den Willen Gottes zu erfragen. Allerdings führen die gängigen Anfragen über Traumdeutungen, die Urim, die wahrscheinlich mit den Priestern verbunden waren und wohl ein Losorakel darstellten wie auch die Befragung der Nebiim nicht zu einem Ziel (V6). Dass solche Anfragen an die Götter ohne Antwort blieben, ist auch im Alten Orient bezeugt.[537] Als letzte Möglichkeit, den Willen Gottes zu erfahren, fragt Saul nach einer baᶜalat-ôb. Tatsächlich wissen seine Diener, dass in En-Dor eine solche Frau wohnt. Saul macht sich verkleidet mit zwei Begleitern nachts auf den Weg und verlangt von der Totenbeschwörerin, Samuel aus dem Totenreich zu rufen. Wenn man 28,3.9 zu einer Bearbeitungsschicht rechnet, stellt sich die Frage, warum der König sich verkleidet. Ein Hinweis kann 1 Kön 22 geben, wo sich der israelitische König ebenfalls verkleidet. Auch in 1 Kön 14 veranlasst der König die Verkleidung seiner Gemahlin, wobei dabei am ehesten der Aspekt in den Vordergrund tritt, dass sie unvoreingenommen sich dem Urteil des Propheten bzw. der Nekromantin stellen wollen.

---

[535] So z.B. Beuken 2007, 173 für Jes 19,3.

[536] Vgl. auch Vondergeest 2005, 290–296, der in אוב eher die Bezeichnung für einen „ancestral ghost" sieht als die Bezeichnung für ein Objekt.

[537] Vgl. dazu Bührer 2017, 210 f.; Dietrich 2019 (2016), 57.

Die Verkleidung unterstreicht die Zuverlässigkeit der prophetischen bzw. nekromantischen Ansage, weil sie jeweils den bzw. die Anfragende nicht in einer herausgehobenen Stellung zeigt, die das Urteil beeinflussen könnte.[538]

Die nekromantische Anfrage gelingt auch: Samuel erscheint und sagt Saul den eigenen Tod, den seiner Söhne und die Niederlage Israels voraus. Diese Botschaft lässt Saul zusammenbrechen, was im Text auch darauf zurückgeführt wird, dass Saul keine Nahrung zu sich genommen hat. Die Frau ergreift dann die Initiative, um Saul wieder zu Kräften kommen zu lassen, bereitet ihm und seinen Begleitern ein Mahl zu. Gestärkt gehen Saul und seine Begleiter noch in der Nacht zurück zu dem Lager der Israeliten. Das Ende Sauls und seiner Söhne und die Niederlage Israels wird dann erst in 1 Sam 31 geschildert.

1 Sam 28,3–25 ist sehr sperrig im Kontext verankert. Die Person Davids als Konkurrent Sauls, die seit 1 Sam 16 im Zentrum des Interesses steht, tritt in diesem Text ganz in den Hintergrund. Erst in 1 Sam 29 spielt David wieder eine zentrale Rolle. David wird in 1 Sam 28,3–25 nur in V17 erwähnt, er spielt allerdings für den Ablauf der Geschehnisse in 1 Sam 28 keine Rolle. Wie in den Kapiteln 1 Sam 9–15 sind Samuel und Saul wieder die Hauptpersonen.[539] Hinzu kommt, dass 1 Sam 28 den Zusammenhang der Kapitel 27 und 29 unterbricht, der Davids Indienstnahme durch die Philister schildert: Beinahe kommt es dazu, dass David gegen Israel ins Feld ziehen muss. Das Misstrauen der Philisterfürsten sorgt jedoch dafür, dass David mit seinen Leuten aus dem Heeresverband der Philister ausschert und stattdessen die Amalekiter, die Feinde Israels (s. 1 Sam 15) im Süden bekämpft (1 Sam 30). Es ist ziemlich deutlich, dass die Abfolge der Texte künstlich hergestellt worden ist. So lagert Israel nach 1 Sam 29,1 an der Quelle bei Jesreel, während die Philister sich bei Afek, das wohl in der Scharon-Ebene liegt,[540] versammeln. In 1 Sam 28,4 ist dagegen davon die Rede, dass die Israeliten ihr Lager auf dem Gebirge Gilboa aufschlugen, während die Philister bei Schunem lagerten.

Neben den geographischen Ungereimtheiten kommt hinzu, dass in 28,19 die kommende Schlacht für den morgigen Tag angekündigt wird, während die in 1 Sam 29–30 geschilderten Ereignisse auf jeden Fall mehrere Tage in Anspruch genommen haben müssen.

Die Schwierigkeit, 1 Sam 28,3–25 in einen folgerichtigen Ablauf von 1 Sam 27–31 einzuordnen, hat schon WELLHAUSEN dazu gebracht, in diesem

---

538 Die Aussage, dass sich mit der Verkleidung die betreffenden Personen ihrem Schicksal entziehen wollen, so DIETRICH 2019 (2016), 62, ist mir im Hinblick auf 1 Sam 28 zu negativ; dies gilt in noch stärkerem Maße für YAP 2022, der damit eine Haltung und Absicht gegenüber dem prophetischen Wort ausgedrückt haben will.

539 S. LEHNART 2003, 89.

540 S. dazu DIETRICH 2019 (2017), 101 f. und die Karte ebd., 2019 (2016), 6.

Abschnitt eine Ergänzung zu sehen.[541] Dennoch wurde weitgehend daran festgehalten, in dieser Erzählung eine eigenständige alte Tradition zu sehen.[542]

Die weitgehende Übereinstimmung, dass es sich bei 1 Sam 28 um eine alte Tradition handelt, ist in den letzten Jahren fraglich geworden. Die Vertreter einer Spätdatierung sind stärker in den Vordergrund getreten:

Foresti sieht eine direkte Verbindung zu dem seiner Meinung nach späten Text 1 Sam 15 über 15,35aα und nimmt eine Abhängigkeit der Erzählung in 1 Sam 28 von 1 Sam 15 an. Außerdem weist er auf weitere Verbindungen zu 1 Sam 7–14 und zu redaktionellen Texten von DtrH (die grundlegende deuteronomistische Redaktion) hin, so dass er zu dem Schluss kommt, dass 1 Sam 28, wo Samuel im Unterschied zu dem „village visionary" von 1 Sam 9 als Prophet begegnet, einer nachfolgenden deuteronomistischen Redaktionsschicht, DtrP, zuzuordnen sei.[543]

B.B. Schmidt hält 1 Sam 28,3–25 für eine post-deuteronomistische Komposition, die kein Beleg für das Vorkommen von Nekromantie im vorexilischen Israel darstellen kann.[544]

Ausführlich nimmt auch Nihan Stellung gegen eine frühe, vordeuteronomistische Tradition.[545] 1 Sam 28,3–25 sei erst nach der ursprünglichen deuteronomistischen Ausgabe der Samuelbücher in den Text eingefügt worden. Es gebe außerdem viele Elemente, die sich auf andere Texte im Samuelbuch beziehen, z.B. der Mantel (m^{e} cîl), der in 1 Sam 2,19; 15,27 und 28,14 erwähnt wird. Das Schweigen JHWHs in 28,6 verweise auf 14,37 und 28,18 beziehe sich ausdrücklich auf 1 Sam 15. 1 Sam 28,17 wiederhole 15,28 fast wörtlich. 1 Sam 28,3, das zum Text von 1 Sam 28 konstitutiv gehört, steht in Verbindung mit 1 Sam 25,1 und der Konflikt zwischen Israel und den Philistern in 1 Sam 28 greife den Hintergrund der gesamten Erzählung von Davids Aufstieg auf (s. 1 Sam 14,52). 1 Sam 28,15 f. stehe in Verbindung mit der Aussage 1 Sam 16,14; das geographische Setting in 1 Sam 28,3–4 verweise auf 1 Sam 31 und das Mahl in 1 Sam 28,20–25 stelle eine Verbindung zu 1 Sam 25 her. Da auch spezifische deuteronomistische Ausdrücke und Motive vorkommen, sei 1 Sam 28,3–25 – inspiriert von Dtn 18,10–11 – von einem post-deuteronomistischen Zirkel in der persischen Zeit geschaffen worden.

---

541 ^{4}1963, 251 f.

542 Z.B. Donner 1983, 232–241; Strauss 1989, 17–25; Mommer 1991, 163–175; Stoebe 1973, 482–497.

543 1984, 130–136; zu den einzelnen Verbindungen zu 1 Sam 7–14 und DtrH s. 133; 1 Sam 28,17–19aα, das Foresti als sekundär einstuft, weist er DtrN zu. Vgl. vorher auch schon Schunk 1963, 94–96, der 1 Sam 28 R II zuordnet, möglicherweise unter Verwendung eines Überlieferungskerns.

544 1994, 201–220; 1995, 111–129.

545 S. zum folgenden 2003, 32–42.

Als antisamaritanischen Text aus der hellenistischen Periode versteht ADAM 1 Sam 28, der beeinflusst sei von Schilderungen von Totenbeschwörungen aus der altgriechischen Literatur.[546]

Auch BÜHRER[547] ist entschieden der Meinung im Anschluss an SCHMIDT und NIHAN, dass es sich bei 1 Sam 28 keinesfalls um eine vorexilische Darstellung einer nekromantischen Sitzung handele, vielmehr um ein schriftgelehrtes Produkt der exilischen oder nachexilischen Zeit, das die wesentlichen Themen seinem literarischen Kontext entnommen habe.

KIM[548] kommt 2021 ebenfalls zu dem Ergebnis, dass 1 Sam 28 aus nachexilischer Zeit stamme, allerdings nicht postdeuteronomistisch sei, sondern eine deuteronomistische Antwort auf die Probleme der Perserzeit darstelle, d.h. auf die scharfe Abgrenzung zu allem Nichtjudäischen (Heirat, s. Esra 9,1–4; Neh 13,25–27), die Ablehnung der Nekromantie und die Neubestimmung der Bezeichnung אלהים, verbunden mit einer Geringschätzung der mündlichen Prophetie. Dabei wurde eine ältere Erzählung von Sauls Nekromantie weiterentwickelt.

Gegen eine Einordnung in die nachexilische Zeit erheben sich jedoch gewichtige Bedenken:

Wenn es sich bei 1 Sam 28,3–25 um einen späten Text handelt, der unter Kenntnis der Texte aus 1 Sam formuliert worden sein soll, so stellt sich die Frage, warum ein Ergänzer so massiv in einen vorliegenden Zusammenhang eingegriffen hat und ihn unter den Gesichtspunkten der Geographie und der zu erwartenden Abläufe (Morgen in 28,19) so ungeschickt in den Zusammenhang eingefügt hat. Es kommt hinzu, dass ein unter dem Einfluss von deuteronomistischen Autoren stehender Autor ein doch in wesentlichen Zügen recht positives Bild von Saul zeichnet, der als tragischer Held sein Geschick annimmt: Er sucht danach, den göttlichen Willen zu erkunden. In 1 Sam 28,6 verweigert JHWH ihm die Antwort. In V14 erweist er Samuel durch die Verneigung seine Ehrerbietung. In V20 zeigt er verständliche Angst aufgrund der

---

546 2009.

547 2017, die Monographie zu 1 Sam 28 von KIBOKO 2017 verzichtet auf eine literarhistorische Einordnung (191). Ihr geht es darum, dass die negative Sicht von Divination, wie sie im christlichen Europa des ausgehenden Mittelalters und der beginnenden Neuzeit vorherrschte und die sich in den Übersetzungen der Bibel niederschlug, z.B. in der Bezeichnung der Frau aus En-Dor als „Hexe“ (engl. „witch“, franz. „sorcière“) sich nicht aus 1 Sam 28 herleiten kann. Divination wurde in der christlichen Mission wesentlich als dämonische Größe gesehen. Die positiven Seiten der Divination in ihrer Bedeutung der Führung durch Gott, wie sie in der ursprünglichen Kultur der Sanga und auch in der Hebräischen Bibel durchaus vorhanden sind, konnten dadurch nicht wahrgenommen werden. Von daher versucht KIBOKO 1 Sam 28,3–25 aus einer postkolonialen Sicht zu beleuchten und neu zu übersetzen.

548 2021.

vernichtenden Ansage Samuels und ist sehr betroffen von der Auskunft von Samuel (V21). Dennoch hört er trotz anfänglicher Weigerung auf die Bitten der Nekromantin und seiner Begleiter; er nimmt das stärkende Mahl an und macht sich wieder auf den Rückweg, um seine Rolle als König wieder auszufüllen. Seine Darstellung ist deshalb eher als tragisch zu sehen, nicht negativ wie in der nachexilischen Darstellung 1 Chr 10,1–14.[549]

Mit einer Entstehung in nachexilischer Zeit lässt sich auch kaum die Zeichnung der Frau von En-Dor vereinbaren. Sie ist nicht nur eine erfolgreiche Nekromantin, sie ist auch besorgt um ihren Klienten Saul und bereitet ihm ein Mahl zur Stärkung (V21–25). Dies ist kaum zu vereinbaren mit einer negativen Sicht der Nekromantie wie sie unzweifelhaft in nachexilischer Zeit gesehen wurde (s. Lev 19,31; 20,6.27; Dtn 18,11).

Für eine späte Datierung wird auch hingewiesen, dass die Evokation des Samuel nicht in allen rituellen Einzelheiten geschildert wird. Dies kann jedoch nicht als Kritik an nekromantischen Praktiken gelesen werden. Der Text macht ja deutlich, dass dieses nekromantische Ritual zum Erfolg führt und dass es gelingt, die gewünschte Person zu evozieren. Der evozierte Samuel gibt außerdem die richtige Auskunft: Saul stirbt tatsächlich bei der folgenden Niederlage gegen die Philister (1 Sam 31).[550]

Heißt dies etwa, dass 1 Sam 28,3–25 in mehreren Textstufen gewachsen ist, wobei öfters auch noch unterscheidbare mündliche Stufen angenommen werden?

Die Ergebnisse der diachron orientierten Forschung sind leider nicht so übereinstimmend, sondern zeigen ein sehr unterschiedliches Bild, das hier nicht im einzelnen nachgezeichnet werden muss. W. Dietrich hat die verschiedenen Modelle übersichtlich zusammengestellt.[551]

Schon seit langem wurde anerkannt, dass 28,17–19aα einer deuteronomistischen Redaktion der Samuelbücher zugeschrieben werden muss. Die

---

549 So z.B. Kim 2021, 32–35; für eine Zeichnung als tragische Gestalt s. vor allem Gunn 1980 sowie Dietrich / Naumann 1995, 50–55.108–110.

550 S. auch Gass 2012, 178, der der Meinung ist, dass einerseits die Grunderzählung eine gewisse Sympathie für Saul und die Totenbeschwörerin aufweist und auch die Nekromantie im Gegensatz zur Erwähnung von Nekromantie in den Rechtstexten anerkannt ist. Vroon-van Vogt 2016 sieht eine doppelte Botschaft in 1 Sam 28; legale und illegale Kommunikationsmöglichkeiten mit der göttlichen Sphäre werden mit Hilfe des „conceptual blending" miteinander verknüpft und so entsteht aus einer teilweise illegal erworbenen Erkenntnis eine glaubwürdige und wahre Information (393–402). Dies ergibt eine interessante Interpretation für den Endtext, hebt allerdings die Indizien für eine Textentwicklung nicht auf.

551 2019 (2016), 45–48. Es gibt noch die Variante, dass eine alte Tradition in einer jungen Sprachgestalt in 1 Sam 28,3–25 vorliegt, s. Tropper 1989, 215–223; 1999; R. Schmitt 2014, 65 f.; vgl. Bezzel 2015, 230 A137.

deuteronomistische Redaktion hat die Verworfenheit Sauls und die Erwählung Davids durch die Einfügung von 28,17–19aα mit dem Rückblick auf 1 Sam 15 akzentuiert. Auf sie gehen auch noch die anachronistischen Eintragungen der Vertreibung der ᵓôbôt und jidᶜonîm in V3b.9 zurück sowie die Züge, dass jemand, der Nekromantie betreibt, vom Tode bedroht ist. So gehören insgesamt V3b.9.12b.17–19aα.21bβγ zur dtr Redaktion.[552] Eine weitere Aufgliederung des Textes und die sehr spekulative Rekonstruktion mündlicher Vorstufen erscheinen mir nicht notwendig. Aufgrund der Konstellation der Hauptpersonen Samuel und Saul und der Zeichnung Samuels als prophetische Gestalt war der Text wohl Teil von Samuel-Saul-Traditionen,[553] die mit den David- Überlieferungen kompositorisch verbunden worden sind. Auf dieser Stufe sind die geographischen und ablaufmäßigen Unstimmigkeiten entstanden.[554]

Es gibt demnach keine überzeugenden nachvollziehbaren Gründe, 1 Sam 28,3–25 später als vorexilisch einzustufen; der Text ist auch im Wesentlichen einheitlich.[555]

Nekromantie bedeutet die Befragung von verstorbenen Personen. Dies bedarf immer begleitender Riten, die die Evokation und die abschließende Rückkehr des Toten in das Totenreich beinhalten.[556]

Während in der älteren Forschung die Meinung überwog, dass Nekromantie eine bedeutende Rolle in der Volksreligion gespielt habe,[557] ist die Skepsis gegen eine häufig vorkommende religiöse Praxis in den letzten Jahren größer geworden. Dies hat neben der zunehmenden Spätdatierung von 1 Sam 28 auch mit der Seltenheit von Beschreibungen der Befragung von Toten zu tun.[558]

---

552 Ich folge hierin jetzt der Abgrenzung von Dietrich 2019 (2016), 52, anders noch Lehnart 2003, 89–99.

553 Dietrich 2019 (2016), 50, denkt an einen Erzählkranz von David und den Sauliden, der in 1 Sam 31 endet und der seine Anfänge in 1 Sam 9 f. besitzt. Ich selbst habe für eine Samuel-Saul-Komposition plädiert, die 1 Sam 9–31* umfasst (Lehnart 2003, 99–129). Diese Fragen müssen hier nicht entschieden werden. Klar ist, dass ein ursprünglicher Zusammenhang mit 1 Sam 31 gegeben ist.

554 S. dazu Dietrichs „Höfischen Erzähler“, 2019 (2016), S. 51 f.

555 An eine vorexilische Entstehung des Grundtextes denken auch Koenen 2015; A.A. Fischer 2005, 115–122; W. Dietrich 2019 (2016), 53 und E. Gass 2012.

556 Tropper 1989, 13–23 verwendet eine weitere Definition, die insgesamt die Totenbeschwörung umfasst. Richtig daran ist, dass die Befragung der Verstorbenen immer auch mit der Beschwörung der entsprechenden Person verbunden ist; zur Definition von Nekromantie s. Podella 1997, 125, der auf die Bedeutung der Ritualexperten verweist; außerdem Nihan 2003, 24; R. Schmitt 2014, 17 (er folgt Podella); Bührer 2017, 203 f. A2.

557 Sei es als ein vorjahwistisches Substrat, ein kanaanäisches Erbe bzw. ein Import aus Phönizien, vgl. zur Forschungsgeschichte R. Schmitt 2014, 15–17; Dietrich 2019 (2016), 58–60.

558 S. schon Cryer 1994, 181–183; B.B. Schmidt 1994, 201–220; 1995, 112 f.; R. Schmitt 2009, 502 f.; 2014, 61–69; Albertz / Ders. 2012, 469–471; Bührer 2017, 216–218.

Richtig daran ist, dass man die Häufigkeit der Praxis anhand der vorliegenden Belege kaum beurteilen kann. Jedoch ist darauf hinzuweisen, dass insgesamt Belege aus dem Alten Orient vorliegen, insbesondere auch aus Ugarit, dem näheren Umfeld Israels.[559] Außerdem hat die Untersuchung von 1 Sam 28* ergeben, dass es sich nicht um ein Spätprodukt handelt, sondern aus vorexilischer Zeit stammt und unbefangen eine nekromantische Praxis dokumentiert. Da diese Praxis vor allem auf der Ebene der familiären Religiosität anzusiedeln ist, ist es nachvollziehbar, dass nur wenige schriftliche Zeugnisse überliefert wurden.[560] Es kommt hinzu, dass historische Entwicklungen in der Hiskijazeit zu erkennen sind, die aufgrund der assyrischen Bedrohung einen Bruch mit der angestammten Ahnenverehrung wahrscheinlich machen lassen.[561] Zusammen mit dem massiven Verbot der Nekromantie in späten Gesetzestexten sprechen diese Argumente dafür, Nekromantie als eine bekannte Praxis der vorexilischen Zeit anzusehen, die wahrscheinlich nicht im Gegensatz zur JHWH-Verehrung stand. Aufgrund der geringen Belege ist eine Aussage über die Häufigkeit dieser Praxis und der dazu notwendigen Experten jedoch nicht möglich.

2.4 Die Datierung des Prophetengesetzes

NORBERT LOHFINK hat 1971 den gesamten Text der Ämtergesetze in Dtn 16,18–18,22 aus der Exilszeit hergeleitet.[562] Er verweist darauf, dass die Tora im Königsgesetz in einer Rolle (ספר) von den levitischen Priestern aufbewahrt wird (17,18). Im Priestergesetz wird jedem Leviten das Opferrecht in Jerusalem gewährt. Nach 2 Kön 23,9 wurde dies den Leviten in der Joschijanischen Reform jedoch vorenthalten. Möglicherweise haben die Priester in Jerusalem dies zu verhindern gewußt, es sei aber wahrscheinlicher, dass dieser Passus noch nicht im Deuteronomium stand. Auf der anderen Seite wisse der „Verfassungsentwurf“ noch nichts von der Kompromisslösung zwischen Leviten und Zadokiden der ausgehenden Exilszeit. Außerdem verweise die Unterscheidungsregel für echte und falsche JHWH-Propheten auf die Probleme, die Jeremia und seine Schule beschäftigten. Von daher lege sich die beginnende Exilszeit als Entstehungszeit des „Verfassungsentwurfs“ nahe.

---

559 S. dazu FINKEL 1983/1984; TROPPER 1989, 25–160; LORETZ 1993, 285–318.

560 S. TROPPER 1989, 109; BÜHRER 2017, 217A40, weist dieses Argument zwar zurück, erkennt aber an, dass es nicht von der Hand zu weisen ist; U.S. KOCH 2015, 138 f. ist ebenfalls skeptisch im Hinblick auf eine nekromantische Praxis in Mesopotamien.

561 S. HAYS 2011, 174 f.

562 1990 (1971), 313 f.; in der zeitlichen Einordnung folgen ihm SCHÄFER-LICHTENBERGER 1995; KÖCKERT 2000; vgl. insgesamt die forschungsgeschichtliche Skizze zum Prophetengesetz bei E. OTTO 2016, 1456–1458.

RÜTERSWÖRDEN hat demgegenüber Teile des Prophetengesetzes (und des „Verfassungsentwurfes“ insgesamt) einer vorexilischen – deuteronomischen – Textschicht zugeordnet. Für den Bereich des Prophetengesetzes umfasst dies Dtn 18,9–15, während 18,16–20 einer deuteronomistischen – exilischen – Bearbeitung zuzurechnen sind, die nachexilisch um 18,21–22 ergänzt worden ist.[563]

Für das eng mit dem Prophetengesetz verbundene Königsgesetz in Dtn 17,14–20 rechnet RÜTERSWÖRDEN mit einer deuteronomischen Grundschicht, die in 17,14–15.16aα.17*.20 vorliege, wobei eine ältere Fassung der Prohibitivreihe רק לו ירבה לו סוסים / ולא ירבה לא נשים / וכסף וזהב לא ירבה לא מאד die Grundlage darstelle, die möglicherweise sogar noch vordeuteronomisches Material beinhalte. Durch die historisierende Gebotseinleitung in 17,14 f. und den Abschluss in V20 wurde das deuteronomische Königsgesetz dann vervollständigt.[564] Demgegenüber hat E. OTTO den deuteronomistischen Charakter der Grundschicht im Königsgesetz betont und darauf verwiesen, dass die historisierenden Gebotseinleitungen erst auf deuteronomistischer Ebene eingefügt wurden.[565] Es kommt hinzu, dass für die von RÜTERSWÖRDEN als ursprünglich erkannten Prohibitive kein Ort in der spätvorexilischen Königszeit erkennbar ist. Das Königsgesetz sei erst in exilischer Zeit entstanden.

E. OTTO ordnet den von ihm als ursprünglich angesehenen Teil des Prophetengesetzes einer schon deuteronomistischen Redaktion zu, die er in der Exilszeit ansiedelt.[566] Das Königsgesetz ordnet er derselben Textschicht zu (17,14–17). Daneben rechnet er noch mit nachexilischen Fortschreibungen.[567]

In der Tat zeigen Königsgesetz und Prophetengesetz einige Gemeinsamkeiten:

1) Beide Texte beginnen mit einem mit כי eingeleiteten Konditionalsatz, der eine historisierende Gebotseinleitung bietet, verbunden mit einer Landgabeformel (17,14 bzw. 18,9).[568]
2) Sowohl der König als auch der Nabi wie Mose müssen aus dem Volk Israel stammen: Dtn 17,15b lautet der Text:
   מקרב אחיך תשים עליך מלך אשר יבחר לא תוכל לתת עליך איש נכרי אשר לא־אחיך הוא

[563] RÜTERSWÖRDEN 1987, 76–88.

[564] Ebd., 50–66.

[565] 2016, 1454 f.; s. den Überblick über die unterschiedlichen Textaufteilungen des Königsgesetzes 1453 f.

[566] E. OTTO 2016, 1446–1459.

[567] S. dazu oben Abschnitt 2.2; R. SCHMITT 2014, 121–124, schließt sich in der exilischen Datierung einer früheren Arbeit von E. OTTO (2007) an, während er in der literarkritischen Beurteilung RÜTERSWÖRDEN folgt.

[568] S. E. OTTO 2016, 1439.

3) Im Prophetengesetz zeigt sich in 18,15a dasselbe Auswahlkriterium für den Nabi.
4) Beide Texte haben die anderen Völker im Blick. Beim Königtum ist es der Wunsch des Volkes, das einen König will wie die umliegenden Völker (17,14) und im Prophetengesetz sind es die anderen Völker, deren Gebräuchen auf keinen Fall übernommen werden dürfen (18,9.14).

Von daher legt es sich nahe, das Königsgesetz bei der Datierungsfrage des Prophetengesetzes mit einzubeziehen.

Das Königsgesetz verweist eindeutig auf die Entstehungsgeschichte des Königtums wie sie im Buch Samuel berichtet wird. In 1 Sam 8 wird erzählt, wie der Wunsch des Volkes übermächtig wird, einen König wie die anderen Völker zu besitzen. Dieser Wunsch wird sehr kritisch gesehen, aber es wird ihm letztlich von Jhwh entsprochen (1 Sam 8,19–22). In 1 Sam 10,17–27 wird ein Losverfahren geschildert, das die Beteiligung Jhwhs bei der Wahl des Königs konkretisiert und letztlich die Auswahl des Königs auf ihn zurückführt.

Es ist offensichtlich, dass das Königsgesetz Dtn 17,14–20 die Erzählungen des Samuelbuches voraussetzen. „In Dtn 17,14b wird die Königserhebung Sauls in 1 Sam 8,5.19–20 und 1 Sam 10,19a rezipiert und zusammengebunden, was darauf hinweist, dass Dtn 17,14–20 nicht der gebende, sondern der rezipierende Text ist, werden doch zwei Erzählungen zusammengezogen“[569]. Von daher setzt das Königsgesetz die deuteronomistisch bearbeiteten Erzählungen der Königserhebung Sauls in voraus.

In 17,18–19 taucht zwei Mal der Begriff der תורה auf. Er bezeichnet hier eindeutig eine schriftliche Größe, die in einem ספר (= Rolle) niedergeschrieben wurde. An die in dieser Rolle niedergeschriebenen Worte soll sich der König halten und die einzelnen Vorschriften (חקים) tun.[570] Der Hinweis auf eine schriftlich fixierte Rolle, die von den levitischen Priestern aufbewahrt wird (Dtn 31,9), verweist am ehesten auf eine redaktionelle Hand, die das Königsgesetz gestaltet hat.

Rüterswörden hält dagegen eine vorexilische Datierung zumindest eines Grundbestandes des Königsgesetzes für geboten. „Wie hätte man in der exilischen oder nachexilischen auf die Idee kommen können, ein königloses Deuteronomium ausgerechnet um dieses Amt zu ergänzen, in einer Zeit, die eine politische Autonomie für Juda ausschloss?“[571] Dagegen ist jedoch einzuwenden, dass in der Exils- und frühnachexilischen Zeit durchaus Vorstellungen

---

569 Ebd., 1454; s. auch Achenbach 2009, 222–228.

570 Zu תורה im Buch Deuteronomium s. jetzt Braulik / Lohfink 2021, 185–226. In Dtn 17,18–19 hat Vieles in diesen Sätzen einen kataphorischen Sinn, der erst in den späteren Kapiteln verstanden wird (193). Nach E. Otto, 2016, 1456, ist der Begriff תורה generell Kennzeichen nachexilischer Fortschreibung.

571 2006, 120.

vorhanden waren, die davidischen Dynastie und damit das Königtum erneut zu etablieren, s. Hag 2,20–23; Sach 4; Jer 23,5; 30,9; 33,15.21 f.26; Ez 34,23 f.; 37,22–25; vgl. auch Am 9,11–15; Mi 5,1–3. Es ist R. Achenbach zuzustimmen, der meint: „Der Sinn eines solchen fiktiven Gesetzes besteht dann darin, aufgrund einer skeptischen Gesamtbeurteilung der Geschichte und Institution des Königtums Kriterien für den Fall einer möglichen Restitution desselben vorzulegen, die dem Geist des mosaischen Gesetzes entsprechen.“[572]

Zwingend ist, dass sowohl das Königsgesetz wie auch das Prophetengesetz in einer Zeit entstanden sein müssen, in der die Notwendigkeit bestand, über das Königtum und die Prophetie neu nachzudenken. Für das Königtum lässt dies am ehesten an die Zeit des Exils denken. Im Rahmen eines neuen „Verfassungsentwurfs“ war noch ein Platz vorgesehen für das (davidische?) Königtum, allerdings wurde es seiner wichtigsten Machtmittel beraubt und war auch nicht mehr im Kriegsfall von Bedeutung (Dtn 20). Dieses depotenzierte Königtum war mit der Herrschaft der Tora und damit der Herrschaft Jhwhs noch vereinbar. Am ehesten ist dafür an die Zeit des Exils bzw. die frühnachexilische Zeit zu denken.

Ebenso ergab sich in dieser Zeit die Notwendigkeit, die Bedeutung der Prophetie neu zu bestimmen. Es war die Zeit, in der der Titel „Nabi“ zum vorherrschenden Titel im divinatorischen Bereich wurde, wie sich an den Büchern Jeremia und auch Ezechiel belegen lässt (s.u. Abschnitt 3.1.1) Gleichzeitig war es die Zeit, in der die immer schon virulente Frage nach der Echtheit der Prophetie sich zuspitzte. Dies lässt sich am deutlichsten im Buch Jeremia festmachen.

Schon in Jer 1, innerhalb der Berufung Jeremias zum „Propheten für die Völker“ (1,5), wird Jeremia auf Widerstand gegen die Botschaft Jhwhs vorbereitetet: „Erschrick nicht vor ihnen, sonst setze ich dich vor ihren Augen in Schrecken“ (1,17b). Jeremia wird mit den Bildworten „befestigte Stadt“, „eiserne Säule“ und bronzene Mauer“ ausgerüstet, um sich gegen Könige, Beamten, die

---

[572] 2009, 218. Achenbach selbst denkt an die (früh-)nachexilische Zeit. In dieser Zeit siedeln auch Nihan 2010, 31 und Ruth Ebach 2023, 115 f. das Prophetengesetz an. D.N. De Jong 2022, 52–56 hält es jedoch für zweifelhaft, das Prophetengesetz in dieser Zeit zu verorten. Den utopischen Charakter hält er auch schon in einer antiassyrischen Reformbewegung in der Zeit des Königs Manasse für möglich; außerdem bestreitet er den deuteronomisitschen Charakter des Prophetengesetzes und sieht es verbunden mit einer alten divinatorischen Funktion der Befragung. D.N. De Jong übersieht dabei die enge Beziehung zum Königsgesetz, das die deuteronomistische Bearbeitung von 1 Sam 8–12 voraussetzt, abgesehen davon, dass eine utopische Ausrichtung der Reformbewegung in der Manassezeit zwar vorstellbar, aber nicht nachgewiesen ist. Es kommt hinzu, dass die alte Tradition der Befragung von Propheten im Prophetengesetz keine erkennbare Rolle spielt; der Hinweis auf Stackert 2012, 58 f. ist nicht ausreichend.

Priester von Juda und die Bürger des Landes stellen zu können.[573] Hier sind noch keine Propheten genannt; als Gegner Jeremias zeigen sie sich dann jedoch in den weiteren Texten.

In Jer 2,8 wird innerhalb einer Gottesrede beklagt, dass Priester und Könige (= Hirten) sich von JHWH abgewandt haben. Den Nebiim wird zum Vorwurf gemacht, dass sie im Namen Baals prophezeien und Götzen nachlaufen.[574] V26 werden die Nebiim zusammen mit den Königen, den Beamten (שׂרים) und den Priestern als die Gruppen benannt, die sich schämen sollten. Dies bezieht sich auf die Abkehr von JHWH.

In positiver Weise werden die Nebiim im Rückblick auf die frühere Geschichte in Jer 2,30 sichtbar. Das Volk weigerte sich, die Züchtigung JHWHS anzunehmen; es tötete die Nebiim. Diese positive Sichtweise der Nebiim, allerdings meist ohne Tötungsvorwurf, zeigt sich auch noch in Jer 7,25; 25,4; 26,5; 29,19; 35,15; 44,4; Die Sichtweise der Nebiim entspricht dabei der Sichtweise der Nebiim wie sie im Rahmen der Bücher Richter bis 2 Kön begegnet. Es handelt sich um ein deuteronomistisches Theologumenon.[575]

In Jer 4,9 wird gesagt, dass die gegenwärtigen Nebiim angesichts des Zornes JHWHS sich entsetzen werden. Auch die Priester werden erschrecken und der Mut vergeht dem König und den שׂרים. Die Nebiim werden in diesem Text eher zu den Gegnern Jeremias gerechnet.

Jer 5,12 wird die inhaltliche Botschaft, die den Nebiim zugeschrieben wird, kenntlich: Kein Unheil komme über Israel und das Volk wird vor Schwert und Hunger verschont. Verantwortlich für diese Botschaft sind die Nebiim, wie aus V13 hervorgeht. Von ihnen wird gesagt, dass das Wort (דבר) nicht mehr bei ihnen ist. Von daher ist es folgerichtig, wenn in Jer 5,31 ausgesagt wird, dass die Nebiim Lüge (שקר) prophezeien. In V31 werden auch die Priester erwähnt, die ihre Lehre nach den Propheten ausrichten.

---

573 Auch der im Exil in Babylon wirkende Ezechiel wird entsprechend auf Widerstand vorbereitet: Ez 2,6; 3,8 f. C.M. MAIER sieht in Jer 1 „eine sorgfältig stilisierte Komposition, dessen Kern das exilische Jeremiabuch der geschichtsätiologischen Redaktion einleitete und in nachexilischer Zeit um Verse fortgeschrieben wurde, die auf weitere, mittlerweile ins Buch übernommene Texte anspielen."(2022, 66). C.M. MAIER rechnet diese Bearbeitung zu einer „Völker-Redaktion", die in die frühnachexilische Zeit zu datieren ist (ebd., 50 f.)

574 In Jer 23,13 wird dies ebenfalls von den Propheten Samarias ausgesagt, in 23,14 wird aber mindestens ebenso Grauenhaftes bei den Jerusalemer Propheten festgestellt.

575 S. dazu C.M. MAIER 2002, 148–157. Den Tötungsvorwurf gegenüber den Judäern will C.M. MAIER in ihrem Kommentar erst auf eine prämasoretische Stufe zurückführen (2022, 74). Die Lesart von LXX und S, die als Subjekt „ein Schwert" lesen, lassen die Täterfrage offen, verweisen allerdings auf Gott als möglichen Täter. M.E. verweist der Kontext auf Judäer als Täter.

In Jer 6,13 wird noch der Vorwurf des Betruges gegenüber dem ganzen Volk erhoben; ausdrücklich auch gegenüber Priester und Propheten (עשׂה שׁקר), denen in V14 eine Friedensbotschaft zugeschrieben wird, die kein Fundament hat. Die gleiche Aussage findet sich auch noch einmal in Jer 8,10 f.

Die Feindschaft gegenüber Jeremia ist auch in seiner Heimatstadt vorhanden; die Leute von Anatot trachten ihm nach dem Leben und wollen verhindern, dass Jeremia als Prophet auftritt (11,21; vgl. auch Jer 20,10).

Allen Bewohnern des Landes soll in Jer 13,13 f. die Vernichtung angedroht werden, wobei einzelne Gruppen noch einmal hervorgehoben werden: die Davididen, die Priester und Propheten sowie alle Einwohner Jerusalems.

In Jer 14,13–15 wird den Nebiim die Vernichtung angedroht als Träger einer falschen Heilsbotschaft, die Lüge ist und die nicht von JHWH stammt. In 14,18 kommen Priester und Propheten neben anderen Gruppen als Betroffene der Exilierung in den Blick.

Neben dem Priester, dem Weisung (תורה) zugeordnet wird und dem Nabi, der für das Wort (דבר) zuständig ist, wird in Jer 18,18 als weiterer Gegner der „Weise" (חכם) genannt. Dem „Weisen" wird als Tätigkeitsmerkmal Rat geben (עצה) zugeschrieben.

Kapitel 23 nimmt die Herrscher in den Blick, die ihre Hirtenfunktion nicht wahrgenommen haben. JHWH selbst wird wieder Herrscher aus der Dynastie der Davididen erwecken, die ihrer Hirtenfunktion nachkommen werden (23,1–8). Danach richtet sich der Blick auf die Nebiim, an denen kein gutes Haar gelassen wird (23,9–40). Es sind „ruchlose Frevler" (23,11, zusammen mit den Priestern), sie handeln unmoralisch und sind wie „Sodom und Gomorrha" (23,14 f.). Es wird ihnen wiederum Verkündigung vorgeworfen, die nicht von JHWH stammt und sicheres Heil verspricht (23,16–17). Neu ist der Vorwurf, dass sie nicht in der Ratsversammlung (סוד) JHWHS gestanden haben, was ja den Umkehrschluss zulässt, dass dies bei Jeremia der Fall war (23,18.22). Damit ist klar, dass JHWH die Nebiim nicht gesandt hat und dass sie Lügen aus ihrem eigenen Inneren prophezeien und dass auch die Träume, die zu ihrer Verkündigung dazugehören, null und nichtig sind (23,25–32). V33–40 widmen sich dann noch der Abgrenzung von משׂא – „Ausspruch", einem Begriff, der zwar nicht im weiteren Jeremiabuch verwendet wird, wohl aber bei anderen Propheten.[576]

Während Kapitel 25 intensiv darauf verweist, dass das judäische Volk einschließlich der Einwohner Jerusalems nicht auf die Nebiim gehört habe, die JHWH unaufhörlich zum Volk von Juda gesandt hat, hat er in Jer 23 Jeremia mit einer Vernichtungsbotschaft beauftragt. Vollziehen wird sie der Feind aus dem Norden.[577]

---

576 S. KELLY 2020, 202–204.

577 Jer 25,1–14 ist so etwas wie ein Summarium von JHWHS und Jeremias Wirken, s. C.M. MAIER 2022, 422–433.

In Kapitel 26–29 werden gegnerische Nebiim zum beherrschenden Thema.[578]

Nach einer einleitenden Einordnung in die Regierungszeit Jojakims folgt in Kapitel 26 mit der Wortereignisformel ein Auftrag Jhwhs an Jeremia, im Tempelvorhof die Zerstörung des Tempels und der Stadt anzukündigen, falls das Volk nicht umkehrt von seinem bösen Weg, so dass Jhwh es reut, die Gerichtsansage zu vollziehen. In V6 wird rekurriert auf das Schicksal von Schilo, das als bekannt vorausgesetzt wird. Dies verweist auf Jer 7,1–15, wo Schilo schon Thema einer Gerichtsansage an den Jerusalemer Tempel war.[579] In V4–5 wird diese Botschaft eingebettet in die Verkündigung der Nebiim, die als Knechte Jhwhs gesehen werden und die Jhwh unermüdlich immer wieder gesandt hat. In V4 werden die Nebiim zudem als Verkünder des Toragehorsams gesehen, so dass mit Recht Verbindungen zum Prophetengesetz in Dtn 18 gesehen werden.

Ohne dass die Ausführung dieses Auftrages eigens geschildert wird, wird in V7–9 die Reaktion auf die Verkündigung Jeremias mitgeteilt: Priester, Nebiim und das ganze Volk verlangen seinen Tod. In V10 kommt eine weitere Gruppe ins Blickfeld: die Beamten Judas (שׂרים), die zum Tempel kommen, offensichtlich, um hier als eine Art von Richter zu wirken. Gegenüber dieser Gruppe wiederholen die Priester und Nebiim den Wunsch der Todesstrafe für Jeremia. Nicht mehr zur Gruppe der Gegner Jeremias gehört jetzt das ganze Volk (כל־העם), das plötzlich eine Art von neutraler Zuschauerrolle einnimmt und zusammen mit den Beamten erwähnt wird (V11f.).[580]

Sie sind die Adressaten für die anschließende Verteidigungsrede Jeremias, der betont, dass er wirklich von Jhwh gesandt worden ist (V12–15).Die Sendung durch Jhwh wird von den Beamten und dem ganzen Volk akzeptiert (26,16).

V17–19 wird mit Micha von Moreschet ein historisches Beispiel für eine gegen den Tempel und Jerusalem gerichtete Prophetie aufgegriffen. Einige der Ältesten des Landes (אנשים מזקני הארץ) erinnern an die Verkündigung Michas

---

578 S. G. Fischer 2005, 19; Stipp 2019, 82 f., sieht in Kapitel 26 den Beginn des zweiten Buchteils, der sich bis Kapitel 44 erstreckt: Dieser Teil wird nach Stipp geprägt von Dtr Jer II, der im Exil wirkte; s. auch Ders. 2015 (2007), 325–347. C.M. Maier folgt im Wesentlichen dieser Sicht; sie bezeichnet diese Textschicht als „golaorientierte Redaktion“ (2022, 50).

579 Stipp 2019, 83, sieht in Kapitel 26 eine narrative Parallele zu Jer 7,1–15. Zur Textschichtung in Jer 26 s. Stipp 2019, 85–87, der die Grundschicht einer exilischen „deuteronomistischen“ Redaktion zuteilt. Auch Jer 7 ist im Wesentlichen einer exilischen „deuteronomistischen“ Redaktion zuzuordnen, s. C.M. Maier 2022, 182 f.; zur weiteren Aufteilung des Textes s. Ebd., 182–189.

580 Sharp 2022, 101, sieht in der Darstellung der unterschiedlichen Stellung des Volkes in Jer 26 ein Beispiel für die kunstvolle literarische Gestaltung. Es stellt sich jedoch die Frage, warum der Wechsel in der Meinung des Volkes ohne nachvollziehbare Begründung geschieht.

zur Zeit des Königs Hiskija, die eine ähnliche Zielrichtung hatte wie die Jeremias und der dennoch nicht von Hiskija und dem judäischen Volk getötet wurde.[581]

In V20–23 wird ein weiteres prophetisches Beispiel aufgegriffen, das König Jojakim als Feind der Propheten darstellt. Der ansonsten unbekannte Prophet Urija verkündete wohl ähnlich wie Jeremia Unheil gegen die Stadt Jerusalem und das Land Juda. König Jojakim versuchte ihn zu töten und Urija flüchtete nach Ägypten. Von dort ließ König Jojakim ihn durch einen Trupp von Leuten, die von Elnatan, dem Sohn Achbors, angeführt wurde, wieder nach Juda zurückbringen. In Juda wurde er erschlagen und sein Leichnam in den Gräbern des Volkes entsorgt.

Wie der ganze Konflikt in Jer 26 letztlich geendet hat, wird nicht geschildert. Nur eine abschließende Notiz in V24 betont, dass Jeremia von Ahikam, einem Mitglied des Geschlechtes der Schafaniden, beschützt wurde und nicht dem Volk, das ihn töten wollte, ausgeliefert wurde. So konnte Jeremia offensichtlich seinen Feinden entkommen. Die Nebiim, zu deren Gruppe Jeremia zweifellos zu rechnen ist (s. Jer 26,1–6; auch V17–19 bzw. V20–23) ist bei dem in Kapitel 26 geschilderten Ereignis eindeutig gegen Jeremia eingestellt und verlangt zusammen mit anderen seinen Tod (V7f.11).

Knobloch versucht, die Beziehungen zwischen dem PG in Dtn 18 und Jer 26 zu klären.[582] In Auseinandersetzung vor allem mit Köckert erkennt er dabei eine literarische Abhängigkeit von Jer 26 (und ebenfalls Kapitel 36) vom Prophetengesetz, so dass Jer 26 seiner Meinung nach ein narratives Exempel des Prophetengesetzes darstellt. Es handele sich in Jer 26 (und 36) um eine postdeuteronomistische Rezeption des deuteronomistischen Prophetengesetzes.[583] In nachexilischer Zeit am Zweiten Tempel wirkende Tradentenpropheten haben das Prophetengesetz aufgegriffen, um die Frage „nach einer legitimen Offenbarung des Gotteswillens in postmosaischer Zeit gegen die in Dtn 34,10–12 zum Ausdruck kommende Einstellung positiv zu beantworten suchten."[584]. Der Jeremiatext will entgegen der Aussage von Dtn 34,10–12 festhalten, dass eine prophetische Offenbarung nach Mose durchaus noch möglich ist.

Abgesehen davon, dass Dtn 34,10–12 nicht unbedingt in dieser Weise interpretiert werden muss,[585] geht der Grundgedanke der Prophetie als Umkehrruf in Jer 26 in eine andere Richtung als die Frage nach der Legitimität der

---

581 Stipp 2021a, 133–135 sieht in dem Aufgreifen und dem wörtlichen Zitat von Mi 3,12 ein Beispielfall intentionaler Intertextualität; unterschiedlich sieht er in Mi 3,12 eine unkonditionierte Unheilsansage, während in Jer 26 eine Umkehr und damit eine Verhinderung des Unheils möglich erscheint.

582 2009, 251–259.

583 Ebd., 255.

584 Ebd., 257

585 S.u. den Abschnitt 3.1.2 sowie Stipp 2021a, 135–138.

prophetischen Offenbarung in Dtn 18. Jer 26 verhandelt die Frage, ob Unheilsansagen legitim sind und wie mit Nebiim umgegangen werden muss, die Unheil ankündigen (s. V9; außerdem V17–23).[586] Dtn 18,9–22 verhandeln dagegen die Frage, welche Prophetie denn überhaupt legitim ist. Das Prophetengesetz in Dtn 18 geht in eine gänzlich andere Richtung wie Jer 26. Von daher ist die Auffassung von Knobloch, dass Jer 26 auf Dtn 18,9–22 aufbaut, abzulehnen. Schwierig nachzuvollziehen ist auch, dass die Mosegestalt in Ex 32–34 die Gegenfigur darstelle, gegen die der Text in Jer 26 gestaltet worden sein soll.[587]

Die schon erwähnten Anklänge an das Prophetengesetz Dtn 18,9–22 in Jer 26 erklären sich ohne die Annahme einer literarischen Abhängigkeit durch die Herkunft aus dem „deuteronomistischen" Milieu der jeweiligen Tradenten.[588] Eine literarische Abhängigkeit nach beiden Richtungen ist nicht anzunehmen.[589]

Die auf Kapitel 26 folgenden Kapitel 27–29 sind ebenfalls von der Frage nach der wahren und falschen Prophetie geprägt.

Kapitel 27 und 28 bilden dabei einen Erzählzusammenhang, der durch die Zeichenhandlung der Jochgeschirre zusammengehalten wird.

Jer 27,1 markiert mit einer weiteren Datierungsangabe wie in 26,1 einen Neuanfang.[590] Jeremia erhält durch Jhwh den Auftrag, ein hölzernes Jochgeschirr als Zeichenhandlung anzulegen (V2). Damit verbunden ist eine Botschaft an die Könige von Edom, Moab, Ammon, Tyrus und Sidon, d.h. an die Nachbarländer Judas. Jeremia erhält so einen Verkündigungsauftrag über die Grenzen Judas hinaus.[591] Übermittler der Botschaft sollen die Gesandten sein, die sich in Jerusalem aufhalten. Der Inhalt der Botschaft ist eindeutig: Jhwh hat für den babylonischen Herrscher die Weltherrschaft bestimmt und alle Völker haben sich dem zu beugen (V4–8). In V9 kommen dann die Gegner dieser klaren Ansage in den Blick; auf sie soll nicht gehört werden. Neben den Nebiim, die zu Beginn genannt werden, gehören dazu auch andere Gruppen mit divinatorischen Fähigkeiten. Ihre Botschaft wird für alle zusammengefasst, dass sie sagen, dass sie nicht dem König von Babel untertan sein werden (V9). Die Vielzahl der angesprochenen Gruppen lässt an das Prophetengesetz denken, wo ein scharfer Trennstrich zwischen dem Nabi aus Israel und divinatorischen Praktiken außerhalb der Wortverkündigung gezogen wird. Diese Praktiken werden in Dtn 18 Fremdvölkern zugeschrieben. In Jer 27 ist durch den Adressatenkreis

---

586 S. Stipp 2019, 109: „Auf konditionierte Prophetie ist das Erfüllungskriterium aber prinzipiell nicht anwendbar."

587 S. dazu die weitergehende Auseinandersetzung mit der These von Knobloch unter dem methodischen Aspekt der Intertextualität bei Stipp, 2021a, 127–161.

588 Stipp 2019, 93.

589 S. Maier 2002, 159.

590 Zur Textgenese von Jer 27–29 s. Stipp 2019, 111–130.

591 S. die Bezeichnung Jeremias in 1,5: Prophet für die Völker.

ein internationaler Horizont eingezogen worden. Die Botschaft ist allerdings für alle Wortverkündigung, die von Jeremia qualifiziert wird: כי שקר הם נבאים (V10). Ein Unterschied zwischen Nebiim und anderen divinatorischen Spezialisten hinsichtlich ihrer Praxis ist nicht erkennbar. Dies geschieht erst im Prophetengesetz. Demnach ist diese Aufreihung unterschiedlicher Gruppen in Jer 27,9 als ursprünglicher anzusehen und das Prophetengesetz hatte wohl solche Aufzählungen wie Jer 27,9 vor Auge.

Die Botschaft Jeremias lautet demgegenüber: „Beugt euren Nacken unter das Joch des Königs von Babel und dient ihm und seinem Volk; dann werdet ihr leben"(V12). Gegenüber dem Adressaten König Zidkija sind wiederum allein die Nebiim die Vertreter der Botschaft, sich dem babylonischen König nicht zu unterwerfen (V14). In V16 sind Priester und Volk wiederum die Adressaten. Hier erscheinen allein die Nebiim als Gegner Jeremias. In V16–22 geht es dann noch konkret um die kultischen Geräte, die nach Babel geschafft worden sind und deren Rückkehr angekündigt wird, was Jeremia allein in die Hände JHWHS legt.

In Jer 28 wird eine direkte Konfrontation zwischen dem Nabi Hananja und dem Nabi Jeremia[592] sichtbar. Hananja verkündet im Namen JHWHS das Zerbrechen des Jochs des Königs von Babel, unter dem das Volk leidet. Jeremia verkündet das Gegenteil, die weiter bestehende Herrschaft der Babylonier und unterstreicht dies mit dem Tragen eines Jochholzes, das er auf Geheiß JHWHS trägt (s. Jer 27,2). Hananja zerbricht das hölzerne Joch, das Jeremia trägt und verkündet das Ende der Herrschaft des babylonischen Königs binnen zweier Jahre. Dies geschieht im Tempel in Anwesenheit der Priester und des ganzen Volkes. In 28,11 wird dann – diese Szene abschließend – gesagt, dass Jeremia seines Weges ging. Das erweckt den Eindruck, dass Hananja diese Konfrontation zunächst einmal als Sieger beendet hat.

Erst nach einem weiteren JHWH-Wort und damit zeitlich abgesetzt reagiert Jeremia und fordert den Nabi Hananja nun auf, Jochstangen aus Eisen zu machen. Solch ein Joch, das auf den Nacken aller Völker gelegt wird, ist nicht mehr zu zerbrechen. Zusätzlich kündigt Jeremia Hananja den Tod an, dessen Eintreten in 28,17 festgestellt wird.

---

592 Der Titel „Nabi" wird im hebräischen Text sechs Mal für Hananja und ebenfalls sechs Mal für Jeremia benutzt. Ganz anders das Ergebnis in der griechischen Tradition: Dort wird Hananja einmal als „Pseudoprophet" (35,1) bezeichnet, ansonsten begegnet der Titel „Prophet" weder für Hananja noch für Jeremia. Dennoch gibt es keinen Zweifel an der prophetischen Funktion sowohl Hananjas als auch Jeremias. Beide benutzen die Botenformel und in V12 wird im Hinblick auf Jeremia die Wortereignisformel verwendet. Hananja verwendet auch die Formel נאם־יהוה in V4. Außerdem wird in einer Jeremiarede in V6 das Verb נבא für das Tun Hananjas benutzt; dieses Verb wird auch im griechischen Text korrekt mit προφετεύειν übersetzt. Zum Titel „Nabi" s. weiter unten 3.1.1 sowie den Exkurs zum Jeremiabuch.

Zwei Kriterien werden hier sichtbar: In V9 wird wie im Prophetengesetz das Erfüllungskriterium als Zeichen echter Prophetie aufgeführt und in 28,15 wird Hananja von Jeremia vorgeworfen, dass JHWH ihn nicht gesandt hat und er dementsprechend das Volk verführt und belogen habe. Eine Abhängigkeit dieser Erzählung vom Prophetengesetz Dtn 18 im Sinne einer Exemplifizierung des Gesetzes ist jedoch nicht anzunehmen, da der Verlauf der Erzählung gerade die Schwierigkeit des Erfüllungskriteriums zeigt.[593]

Nach den Nachbarländern in Kapitel 27 und der Situation in Juda (Kapitel 28) kommt in Kapitel 29 die Lage im Exil in den Blick. Jeremia versucht Einfluss zu nehmen durch einen Brief, was durchaus prophetischer Praxis entspricht, wie die zeitlich nicht allzuweit entfernten Lachisch-Briefe dokumentieren.[594] Der Brief richtet sich an die Ältesten der Gola, die Priester, die Nebiim und das ganze Volk.[595] In V5–7 wird die Botschaft an die Exulanten entfaltet, sich einzurichten auf eine lange Aufenthaltsdauer und sich auch um das Heil der anderen Bewohner zu sorgen.

Wer dem entgegensteht, wird in V8–9 deutlich: Nebiim, die in der Mitte der Exulanten sind und die nach Auffassung des Volkes von JHWH in Babel erweckt worden sind (29,15). Neben den Nebiim werden auch קסמים erwähnt, die allerdings hier kein eigenes Profil entwickeln. Außerdem wird noch eigens auf eine Traumpraxis verwiesen, die wohl auch über den Kreis der „berufsmäßigen" Divinatoren hinausweist. Der Vorwurf, der in dem Brief erhoben wird, entspricht der bisherigen Darstellung der prophetischen Gegner Jeremias: Sie prophezeien Lügen und sind nicht von JHWH gesandt (V9). Ihnen zu folgen bedeutet, dass Schwert, Hunger und Seuchen über das Volk kommen (29,17–18). In V19 tauchen die Nebiim wieder als eigene Gruppe auf, dieses Mal jedoch im Sinne der deuteronomistischen Prophetenaussage, nach der JHWH in der Vergangenheit immer wieder Nebiim gesandt hat, auf die nicht gehört worden ist.

V21–23 benennen dann zwei konkrete Personen, Ahab und Zidkija, beide mit Filiation versehen, vielleicht um sie nicht mit einem bekannten israelitischen König (s. 1 Kön 16–22) bzw. dem amtierenden judäischen König gleichen Namens zu verwechseln. Eingeleitet mit der Botenformel wird ein Gerichtswort über diese Personen ausgesprochen. Ihnen wird vorgeworfen, im Namen JHWHS Lügen zu verbreiten bzw. ein Wort zu verkünden, das ihnen nicht von JHWH aufgetragen wurde (V21.23). Damit werden sie eindeutig in die Gruppe der Nebiim eingeordnet. Es wird ihnen außerdem sozialschädliches Verhalten vorgeworfen, das einen Fluch für die gesamte Gola bedeutet; konkretisiert wird dieses Verhalten als Ehebruch, ohne dass dazu nähere Einzelheiten mitgeteilt werden (V23).

---

593 S. STIPP 2021 (2015), 188–214; M. DE JONG 2012.

594 STIPP 2019, 171, ist der Auffassung, dass der Kern von Jer 29 mit hoher Wahrscheinlichkeit auf ein solches Schreiben zurückgeht.

595 STIPP 2019, 173, meint, dass die Ältesten wohl die ursprünglichen Adressaten waren.

Stipp sieht darin einen verklausulierten Hinweis an die Adressaten des Briefes, dass sie selbst schon Opfer der sexuellen Grenzverletzung wurden.[596] Diese beiden Nebiim wurden offensichtlich von den babylonischen Behörden auf eine Art und Weise hingerichtet, die als Warnung an die Exilierten zu verstehen ist und das zur Ausbildung eines Fluchwortes (קללה) führte. Dieser Passus des Briefes blickt also schon auf dieses Ereignis zurück. Historisch ist es unmöglich, dass die hier aufgeführten Gründe ein Einschreiten der babylonischen Behörden verursacht haben. Dies ist aber dann möglich, wenn es sich um eine „politische Heilsprophetie" aus judäischer Warte nach dem Muster Hananjas in 28,2–4.11 handelte, die den baldigen Untergang des mesopotamischen Großreiches implizierte oder gar unverblümt ankündigte, sodass die Babylonier darin eine Gefahr für ihre imperialen Interessen erkennen mussten"[597].

In V24–31 kommt ein weiterer Gegner Jeremias ins Blickfeld: Schemaja aus Nehelam. Von ihm wird in V31 gesagt, dass er prophezeit (נבא Ni.). Er gehört demnach wohl zu den Nebiim. Von der Gola aus versucht er auf dem gleichen Weg wie Jeremia Einfluss zu nehmen, um die Verkündigung Jeremias zu unterbinden. Von Jeremia wird ausgesagt, dass er sich prophetisch aufführt (V27: נבא Hitp.). Der Adressat, der Priester Zefanja, soll seine Aufsichtspflicht, die er über die „Verrückten", die sich prophetisch gebärden, hat, auch gegenüber Jeremia wahrnehmen. Zefanja las diesen Brief jedoch Jeremia vor, der daraufhin ein Gerichtswort gegen Schemaja und seine Nachkommen verkündet mit dem bekannten Vorwurf, nicht von Jhwh gesandt zu sein und Israel zu verführen, d.h. auf Lügen zu vertrauen. Das Tun Schemajas wird in V32 als Auflehnung gegen Jhwh qualifiziert.

Die folgenden Kapitel des Jeremiabuches zeigen Jeremia zwar weiterhin in Auseinandersetzung mit dem König und anderen Gruppierungen, die Nebiim treten jedoch als Gegner Jeremias in den Hintergrund.

In Jer 32,26–35 ist ein Gerichtswort gegen Jerusalem überliefert, das die Eroberung durch die Babylonier ankündigt. Eingeordnet ist das Gerichtswort in die Gefangenschaft Jeremias im Wachhof (32,2). Bei der Begründung des Gerichtswortes kommt das ganze Volk in den Blick, die Söhne Israels und die Söhne Judas. Sie haben immer das getan, was in den Augen Jhwhs böse war (V30). Dies wird noch einmal in V32–33 aufgegriffen. Dabei werden in V32 einzelne Gruppen aufgezählt, die sich Jhwh-feindlich verhalten: die Könige, die Beamten, die Priester und Nebiim, letztlich das judäische Volk und die Einwohner Jerusalems. Ihnen werden kultische Vergehen vorgeworfen, wie sie vor allem im deuteronomistischen Umfeld beklagt worden sind (V34f.). In V33 wird in der Jhwh-Rede auf die unermüdliche Belehrung durch Jhwh hingewiesen. Dies ist ein deutlicher Anklang an die deuteronomistische Prophetenaussage.[598]

---

596 Stipp 2019, 190.
597 Ebd., 190 f.
598 S. Stipp 2019, 50.

Sie geht von einer immer wieder erfolgten Warnung und Umkehrruf gegenüber einem immer wieder den rechten Weg der alleinigen JHWH-Verehrung verlassenden Volk aus.

Kapitel 36 zeigt Jeremia (zusammen mit Baruch) im Konflikt mit König Jojakim, der die Rolle mit den Worten Jeremias, die Baruch aufgeschrieben hatte, verbrennt. Während der König sich unbeeindruckt von der Botschaft Jeremias zeigt, sind es die Beamten, die betroffen sind von den Worten Jeremias. Sie sorgen dafür, dass auch dem König die Rolle vorgelesen wird. Der König reagiert allerdings damit, dass er die Rolle dem Feuer übergibt und den Befehl gibt, Jeremia sowie den Schreiber Baruch zu ergreifen (36,26). Dank der Vorsicht der שׂרים, die Baruch und Jeremia aufgefordert hatten, sich zu verbergen, gelingt dieses Manöver nicht.

Auch unter König Zidkija bleibt in Kapitel 37 diese Frontstellung erhalten. Der König, seine Diener und das Volk des Landes hören nicht auf Jeremia. Unter dem Vorwand, dass Jeremia zu den Babyloniern überlaufen will, wird Jeremia gefangen genommen. König Zidkija ist jedoch wohl davon überzeugt, dass bei Jeremia das Wort JHWHS ist. So lässt er ihn zu sich kommen und fragt nach einem Wort JHWHS. Jeremia verkündet König Zidkija, dass er in die Hände des Königs von Babylon fallen wird (37,17). Er fragt den König danach, welches Verbrechen ihm vorgeworfen wird, dass er ins Gefängnis geworfen wird. In der Fortsetzung in V19 tauchen wieder Nebiim auf, die verkündet hatten, dass der König von Babel nicht über Jerusalem und Juda kommen werde. Jeremia fragt, wo diese denn jetzt angesichts der offensichtlichen Situation sind. Sie sind wohl in der Versenkung verschwunden. Jeremia erbittet sich gleichzeitig von dem König, dass er nicht mehr weiter im Haus des Schreibers Jonatan gefangen sein sollte, damit er nicht sterbe. Dies gewährt der König, der anscheinend eher auf der Seite Jeremias ist, jedoch als schwach und wankelmütig dargestellt wird. Diese Wankelmütigkeit zeigt sich dann in Kapitel 38, wo er dem Drängen der Beamten nachgibt, die Jeremia töten wollen (38,1–6). Hier sind die Beamten wohl in ihrer Mehrheit Gegner Jeremias. König Zidkija schwankt hin und her. Er erlaubt dem Kuschiter Ebed-Melek die Rettung Jeremias aus der Zisterne und bittet Jeremia erneut um ein JHWH-Wort (38,14–26). Er folgt allerdings nicht diesem Wort, das ihn zur Übergabe auffordert und hat wohl in dieser Situation Angst vor den Beamten (V24–28).

Nach der Eroberung Jerusalems und der Befreiung Jeremias durch die Babylonier (39,11–14) wird Jeremia Gedalja aus dem Geschlecht der Schafaniden übergeben, der ihn nach Hause entlässt. Nach der erneuten Befreiung durch den Babylonier Nebusaradan aus einer Gruppe, die nach Babel in die Verbannung gehen soll, hält sich Jeremia nun in Mizpa auf, dem Sitz des Statthalters Gedalja (40,1–6). Nachdem dieser ermordet wurde, warnt Jeremia vor einer Flucht nach Ägypten (42,1–21). Auf Jeremia wird jedoch nicht gehört. Seine Worte werden schlicht als Lüge bezeichnet und es wird behauptet, dass er nicht von JHWH gesandt ist (43,1–4). Die Machthaber und das ganze Volk hören auch bei der geänderten Konstellation nicht auf Jeremia.

Von Nebiim ist in diesen Kapiteln mit Ausnahme von 37,19 nicht mehr die Rede. In Jer 44,4 wie in Jer 35,15 ist einzig von Nebiim im Sinne der deuteronomistischen Prophetenaussage als Phänomen der Vergangenheit die Rede.

Gerade das Buch Jeremia zeigt Jeremia vielfach in Auseinandersetzung mit Nebiim, zu denen er selbst auch gehört. Die Situationen sind unterschiedlich und gerade in Jer 28 verlässt Jeremia auch nicht als Sieger die Bühne. Erst in einer weiteren Ausgestaltung beherrscht Jeremia wieder das Geschehen. Dies macht deutlich, dass Konflikte Jeremias mit Nebiim wohl ein *fundamentum in re* gehabt haben dürften. In demselben Zeitrahmen wird auch der Titel „Nabi“ zum vorherrschenden Titel für prophetische Gestalten, was für Jeremia wie auch für den Exilspropheten Ezechiel gilt (s.u. 3.1.1). Auch von Ezechiel werden Konflikte mit anderen Nebiim berichtet (Ez 12 f.).

Von daher erscheint es am sinnvollsten, die Ausgestaltung des Prophetengesetzes in frühnachexilischer Zeit anzunehmen. In einem Reflexionstext, der Entwicklungen aufgreift und sie zu kanalisieren versucht, versucht das Prophetengesetz in Dtn 18,9–22 die Gestalt des israelitischen Propheten mit neuem Inhalt zu füllen. Das Prophetengesetz ist aus einer Grundhaltung zu verstehen, die als deuteronomistisch zu begreifen ist. Es verbindet den Nabi mit der Gestalt des Mose, der Israel aus Ägypten geführt hat und der die Tora JHWHS am Horeb vermittelt hat. Dabei greift das Prophetengesetz auf die schon bei Hosea vorhandene Vorstellung von einem Nabi Mose zurück, der Israel aus Ägypten herausgeführt hat (Hos 12).

3. Überlegungen zum Verhältnis von Prophetie, Divination und Magie

3.1 Das Prophetenbild des Prophetengesetzes im Kontext des Buches Deuteronomium

Im Prophetengesetz wird Mose zwei Mal als „Nabi" bezeichnet (Dtn 18,15.18). Im Buch Deuteronomium wird insgesamt noch in zwei weiteren Texten der Titel „Nabi" erwähnt, in Dtn 13 (V2.4) und Dtn 34,10–12 (V10). Der Abschlusstext des Buches Deuteronomium 34,10–12 benennt wieder wie Dtn 18,15.18 Mose als „Nabi".

Damit kommt – wie insgesamt im Pentateuch – der Titel „Nabi" nicht sehr häufig im Deuteronomium vor.

Eine erste Abschätzung des im Prophetengesetz vermittelten Prophetenbildes soll hier in Verbindung mit den Vorkommen im Buchganzen vorgenommen werden.

Erstmalig erwähnt wird ein „Nabi" in Dtn 13,2–6. Nach der einleitenden Textsicherungsformel in 13,1 wird in V2–6 das Auftreten eines Nabi verhandelt, der das Volk zur Apostasie verleitet, indem er das Volk auffordert, fremde Götter zu verehren.[599]

Neben dem Nabi ist als weitere divinatorische Gestalt der חֹלֵם חֲלוֹם erwähnt. Damit ist wohl kein eigener Titel für einen divinatorisch tätigen Spezialisten gemeint, sondern eine Funktion benannt, die von unterschiedlichen Spezialisten und darüber hinaus von Privatpersonen ausgeübt werden konnte.[600] Ansonsten begegnet diese Bezeichnung nicht mehr in der Hebräischen Bibel. Ein funktioneller Unterschied zwischen dem Nabi und dem Traumseher in Dtn 13,2–6 ist nicht erkennbar. Der Traumseher / Traumdeuter wird nicht von dem Nabi abgesetzt; Träume bzw. Traumdeutung stellen ein legitimes Offenbarungsgeschehen dar.[601] Dass von divinatorisch tätigen Personen Gefahren für

---

599 Dtn 13 ist insgesamt vom Thema „Apostasie" bestimmt, s. dazu das Schaubild bei E. Otto 2016, 1222. Rüterswörden 2011, 78–80 ist der Auffassung, dass V1 zu einem Übergangsbereich zu rechnen sei, der auch Verbindungslinien zu dem vorhergehenden Kapitel 12 aufweist; traditionsgeschichtlich sieht er den Hintergrund von Dtn 13,1 in Jer 26,2.

600 S. z.B. die Rolle Josefs als Traumdeuter in Gen 37–50.

601 Mit Bezug vor allem auf Jer 23 wird gerne der Traum als legitimes Offenbarungsmittel abgelehnt, s. z.B. W.H. Schmidt 2013, 49. Auch Jonathan Stökl 2012, 10.98.222 f. trennt Traum bzw. Traumdeutung im Alten Orient von „Prophetie" scharf ab. Aus Jer 23 kann man jedoch keine Ablehnung des Traumes als Offenbarungsmittel ableiten. Im Hinblick auf Jer 23,27.32 kommt Kelly 2020 zu dem klaren Ergebnis: „Both of these criticisms are directed at the effect produced by the prophets' messages, not

das Gemeinwesen ausgehen konnten, zeigt sich auch in den neuassyrischen Vasallenverträgen von Asarhaddon (VTE), wo ebenfalls ausdrücklich auf die Gefahr durch Divinatoren hingewiesen wird. Auch dort werden in § 10 mehrere divinatorisch tätige Personen erwähnt, die zum Aufruhr, d.h. Hochverrat aufrufen. Die in 13,6 verwendete Wendung דִּבֶּר־סָרָה begegnet ebenfalls mit *dabāb surrāti* in den VTE, womit ein enger Bezug von Dtn 13 zu den neuassyrischen Vertragstexten hergestellt wird.[602] Steymans sieht für die ersten beiden Abschnitte in Dtn 13, V2–6 und V7–12 die literarische Abhängigkeit von den neuassyrischen Vasallenverträgen als gegeben an, beim dritten Teil erkennt er die Abhängigkeit von einer levantinischen Tradition. Diese drei Teile gehören jedoch zusammen[603] und sind in vorexilischer Zeit entstanden.[604]

Von Nabi und Traumdeuter wird als erstes ausgesagt, dass er bei einem Auftreten „Zeichen und Wunder" (אות או מופת) gibt (נתן). Es wird auch angenommen, dass dies erfolgreich geschieht (V3a). Verknüpft wird dieses Auftreten mit der Aufforderung an die Israeliten (דבר אליך), doch hinter anderen Göttern herzulaufen, d.h. ihnen zu dienen und sie zu verehren. Neben „Zeichen und Wunder" ist demnach auch noch Wortverkündigung als Funktion zu erkennen. Der Botschaft dieser Funktionsträger darf nicht gefolgt werden, da dies nicht Ausdruck des Gotteswillens ist, sondern eine Erprobung der Treue des Volkes zu Jhwh darstelle. Es ist ein rein inhaltliches Kriterium, keine andere Funktion, die hier den falschen Nabi (oder Traumdeuter) von dem richtigen unterscheidet.

Das Geben von אות ומופת bzw.אותו ומפתים ist eine Wendung, die insgesamt 17 Mal in der Hebräischen Bibel vorkommt: Ex 7,3; Dtn 4,34; 6,22; 7,19; 13,2.3; 26,8; 28,46; 29,2; 34,11; Jes 8,18; 20,3; Jer 32,20.21; Ps 78,43; 105,27; 135,9; Neh 9,10. Mit neun Vorkommen stellt das Buch Deuteronomium einen

---

the means by which they receive them." (198, s. insgesamt 189–199. Ebenso richtig ist das Statement von Ruth Ebach, die im Hinblick auf eine kritische Sicht von Träumen in Dtn 13 meint: „Die Argumentation in Dtn 13 läuft jedoch nicht auf eine Kritik an den Offenbarungswegen hinaus, sondern an dem Inhalt, der verkündet wird." (2023, 105; s. insgesamt 102–108).

602 E. Otto 2016,1225.1239; s. insgesamt die Strukturähnlichkeiten zu den neuassyrischen und hethitischen Loyalitätseiden bei E. Otto 2016, 1241–1253. Ihre Verbreitung ist durch den Fund eines solchen Loyalitätseides in Tell Tayinat belegt. Zur Diskussion s. Rüterswörden 2019, 111–117, der zu dem Ergebnis kommt, dass die Bekanntschaft mit den VTE vorauszusetzen ist, „vielleicht nicht in der ‚Reinkultur', wie sie von E. Otto angenommen wurde." (117). Steymans vertritt die Auffassung, dass alle Kriterien für eine literarische Abhängigkeit gegeben sind und dass auch in Jerusalem ein Exemplar der Vasallenverträge vorhanden war (2019, 130).

603 2019, 132; auch Rüterswörden 2019, 146–149, betont die Einheitlichkeit des Textes Dtn 13.

604 Steymans 2019 sieht in Dtn 13 das Werk eines judäischen Schreibers der Manassezeit (130–132).

Schwerpunkt dieser Aussage dar. Meist wird mit dieser Wendung auf die Ereignisse um den Exodus der Israeliten aus Ägypten angespielt: Ex 7,3; Dtn 4,34; 6,22; 7,19; 29,2; 34,11; Jer 32,20 f.; Ps 78,43; 105,27; 135,9; Neh 9,10. JHWH ist dabei als Verursacher Subjekt des Geschehens. Als menschliche (Mit-)Verursacher werden im Zusammenhang des Exodusgeschehens auch noch Mose (Dtn 34,11) bzw. Mose und Aaron (Ps 105,27) genannt.

Außerhalb des Exodusgeschehens wird die Wendung noch im Fluchteil von Dtn 28, in 28,46 benutzt, wobei „Zeichen und Wunder" sich als Ergebnis der Verfluchung bei den Israeliten zeigen.

Im prophetischen Bereich zeigt sich der Ausdruck noch in Jes 8,18 und 20,3. In Jes 8,18 werden die Kinder Jesajas als „Zeichen und Wunder" für Israel erwähnt, die JHWH Jesaja gegeben habe und in Jes 20,3 ist es die symbolische Zeichenhandlung Jesajas, der drei Jahre lang sich nackt durch Jerusalem bewegt hat, die mit der Wendung beschrieben wird.

Als Ergebnis dieser relativ ungewöhnlichen Aussage über das Handeln von divinatorischen Spezialisten ist festzuhalten, dass אות ומופת wohl auf prophetische Zeichenhandlungen verweist, die durchaus zum Spektrum prophetischen Handelns zu rechnen sind.[605]

Umstritten sind die Einheitlichkeit des Textes und die Datierung.[606] Was die Frage der Einheitlichkeit anbetrifft, so ist für den Abschnitt Dtn 13,2–6 kein literarkritisch relevantes Kriterium zu erkennen, das auf eine Textschichtung hinweist.[607]

Bei der Datierung stehen sich die Einordnung in eine vorexilische und eine exilisch-nachexilische Datierung gegenüber, wobei jedoch die große Übereinstimmung von Dtn 13 und 28 mit den VTE darauf hinweisen, dass die Vertragskategorie aus der neuassyrischen Kultur übernommen wurde. GEORG BRAULIK ist der Auffassung, dass diese Übernahme „nach 612 v. Chr., dem Fall Ninives und Ende der Loyalitätsbindung Judas an das neuassyrische Reich, unwahrscheinlich (ist)."[608].

---

605 S. auch noch weiter unten 3.2.2.9 zu prophetischen Zeichenhandlungen und ihrer Nähe zur Magie.

606 Zur Forschungsgeschichte s. E. OTTO 2016, 1222–1226.

607 Anders E. OTTO 2016, 1226–1234, der einen Grundtext annimmt, der auf das deuteronomische Deuteronomium zurückgeht (zum Text s. 1253); dieser Grundtext ist deuteronomistisch für den Bereich der Verse 2–6 in V2b.3a*.b*.4b–5.6a* überarbeitet worden. Auch RÜTERSWÖRDEN 2019, 109–111, sieht in Dtn 13,2–6 mehrere Textschichten. Für VEIJOLA 2004, 280–285 ist Dtn 13,2–6 im Wesentlichen literarkritisch einheitlich, er rechnet lediglich in V3b den Textteil „und ihnen dienen" als eine spätere Ergänzung wobei er den Grundtext von Dtn 13 einem nachexilischen Redaktor, DtrB, zuordnet; diese Datierung ist jedoch nicht überzeugend.

608 S. BRAULIK 2016 (^{9}2016), 33, s. insgesamt 31–35. Anders VEIJOLA 2004, 288, der die Jeremiatexte wie z.B. Jer 23 als traditionsgeschichtlichen Hintergrund annimmt und damit eine nachexilische Entstehung annimmt. Siehe dagegen richtigerweise

Hart ist das Urteil, das den Nabi bzw. Traumseher erwartet: Er ist zu töten, begründet damit, dass das Böse in Israel ausgerottet werden muss (V7a). Traditionsgeschichtlich im Hintergrund steht die Aussage im Bundesbuch, keinem anderen Gott als JHWH Opfer darzubringen (Ex 22,19a).[609] „Der Grund für die Tötung durch das Volk liegt im Inhalt seiner Rede, die Anstiftung zur Abkehr von Jhwh als Merkmal der Rebellion bildet eine Grenze, bei deren Überschreitung der Tod herbeizuführen ist."[610]

Das nächste Vorkommen von „Nabi" zeigt sich im Prophetengesetz, Dtn 18, 15.18.20 (2x).22 (2x). Das Prophetengesetz wird zunächst eröffnet mit Praktiken, die bei einem israelitischen Nabi nicht vorkommen dürfen. In Dtn 18,9 werden sie einleitend als „Gräuel der Völker" apostrophiert. In V10f. werden sie dann näher aufgelistet.[611] In 18,14 wird dann noch einmal bekräftigt, dass die divinatorische Praxis der Völker sich auf מעננים und קסמים stützt. Ihr Handeln ist für einen israelitischen Nabi abzulehnen.

Während die Praxis eines „Nabi" in Dtn 13,2–6 noch durch den Hinweis auf „Zeichen und Wunder" breiter gefasst ist und wohl auch als magisch zu qualifizierende Handlungen (prophetische Zeichenhandlungen) umfasst, wird jetzt im Prophetengesetz das richtige Handeln eines „Nabi" präzisiert. Dies geschieht zunächst negativ durch die Liste der Praktiken, die einem „Nabi" nicht zustehen; sie werden den Völkern zugeordnet, deren Praktiken für Israel nicht in Frage kommen.

In V15–18 folgt nun die Wende zur positiven Beschreibung des israelitischen Divinators:

Es handelt sich um einen „Nabi", der wie Mose agiert und der aus dem israelitischen Volk stammen muss (V15).[612] Er ist derjenige, der die furchterregende Gegenwart JHWHS, wie sie sich am Horeb offenbart hat, erträglich macht und seine Botschaft weitergibt.

Die grundlegende Funktion wird in V18b formuliert, nachdem in V18a noch einmal die Herkunft aus Israel wie in V15 erwähnt wird. In Dtn 18,b heißt es

---

die gründliche Auseinandersetzung von E. OTTO mit TIMO VEIJOLA (2016, 1223–1225), der sich für eine vorexilische Entstehung des Grundtextes von Dtn 13 ausspricht. Innerhalb unseres Themenzusammenhangs behandelt auch R. SCHMITT 2014, 124–126 diese Stelle; er entscheidet sich für eine exilische Datierung. Beachtenswert ist m.E. die These von STEYMANS, dass Dtn 13 die Übung eines Schreibers darstellt, die nur in einem engen Kreis zirkulierte und bis 622/621 wieder vergessen wurde (2019, 132). Für die Entstehung der Grundschrift in vorexilischer Zeit spricht sich auch R. EBACH 2023, 120 f. Anm. 160 aus.

609 E. OTTO 2016, 1238.

610 R. EBACH 2023, 121.

611 S. oben 2.3.

612 Eine prophetische Gestalt wie Bileam, der JHWH verpflichtet ist und dennoch nicht aus Israel stammt (Num 22–24), ist damit nicht mehr möglich.

dann: ונתתי דברי בפיו ודבר אליהם את כל־אשר אצונו. – JHWH legt dem Nabi seine Worte in den Mund, und er gibt dann all das an das Volk weiter, was JHWH ihm befohlen hat. Es handelt sich um Wortverkündigung, die die Funktion des Nabi auf eine Weitergabe von Worten reduziert, die ihm von JHWH in den Mund gelegt werden. Dies ergibt einen Kontrast zu den anderen Praktiken, die in 18,10 f. erwähnt wurden und die vehement abgelehnt worden sind.

Das bedeutet jedoch nicht, dass der Nabi bzw. die Prophetie hier negativ gesehen wird.[613]

Der Ausdruck נתן דבר (יהוה) בפי begegnet unter Verwendung des Verbs נתן nur noch in Jer 1,9 und 5,14. Da auch die Wendung in Dtn 18,18bβ דבר אליהם את כל־אשר אצונו – „er (der Nabi wie Mose) spricht zu ihnen (dem Volk) alles, was ich ihm befehle" eine Parallele in Jer 1,7 hat, stellt sich Frage der Abhängigkeit. Für WINFRIED THIEL ist klar, dass es sich um Einträge der deuteronomistischen Redaktion handelt, also die Formulierung in Jeremia von der Deuteronomiumsstellte abhängt.[614] MARTIN KÖCKERT macht demgegenüber jedoch darauf aufmerksam, dass die Gestaltung von Jer 1 sich durchaus von der prophetischen Tradition wie vor allem Jes 6 und weiteren Texten im Jeremiabuch ableiten lässt.[615]

Nimmt man noch die gleiche Wendung mit der Basis שׂים hinzu, so erweitern sich die Parallelstellen neben Jer 1,9 und 5,14 auf Num 22,38; 23,5.12.16 aus der Bileam-Überlieferung und Jes 51,16; 59,21 aus der Dt- bzw. Trjes-Überlieferung. Mit einem menschlichen Subjekt begegnet diese Wendung in Ex 4,15 und 2 Sam 14,3.

Mit JHWH als Subjekt zeigt sich dieser Ausdruck demnach ausschließlich in der prophetischen Tradition und von dieser her hat wohl auch das Prophetengesetz formuliert, wobei vor allem die Jeremiastellen prägend wirken.

Auch auf die prophetische Tradition verweist die Cstr.-V. דבר יהוה, die als *terminus technicus* für die prophetische Wortoffenbarung angesehen wird.[616]

---

613 So z.B. BARSTAD 1994, 236–251, der in Dtn 18,9–22 eine negative Sicht der Prophetie erkennen will; hiergegen spricht schon die von RÜTERSWÖRDEN und BRAULIK erkannte Abfolge der Ämtergesetze, die das Prophetengesetz deutlich positiv hervorhebt; vgl. auch die Auseinandersetzung von JEPPESEN 1994, 252–256 und TENGSTRÖM 1994, 257–266 mit BARSTAD.

Zu der Auffassung von FORESTI 1988, 175, dass der „Nabi" in Dtn 18,15.18 auf Samuel, näherhin 1 Sam 3 verweise, s. RÜTERSWÖRDEN 1994, 319; E. OTTO 1994, 144 Anm. 12.

614 1973, 65–68; s. auch in jüngerer Zeit G. FISCHER 2005, 135 f.; GRÄTZ 2007.

615 2004 (2000), 200–209.

616 S. W.H. SCHMIDT 1974–1977, 118; RÜTERSWÖRDEN 1987, 86; HOSSFELD 1982, 226. Eine Wort-JHWH-Theologie ist dann vor allem im Bereich der deuteronomistischen Redaktion der Samuel- und Königsbücher ausgebildet worden, ein Beispiel hierfür ist die Wortereignisformel. Dass Propheten Wortmittler sind, ist jedoch schon dadurch evident, dass der Titel „Nabi" mit „sprechen" zu tun hat (s.u. 3.2).

Innerhalb des Dtn bezeichnet dieser Terminus in Dtn 5,5a jedoch ebenso die von Mose vermittelte Gesetzesverkündigung am Horeb.[617] Dies zeigt, dass die Gesetzesverkündigung und die Prophetie im Prophetengesetz miteinander verknüpft werden.

Die zweite Wendung zeigt sich innerhalb des Jeremiabuches noch in Jer 26,2.8, verbunden mit einer konkreten Handlung auch in Jer 1,17 und 13,6; außerdem negativ gewendet im Bezug auf falsche Propheten in Jer 14,14; 23,32; 29,23. Demnach lassen sich die Wendungen in Jer 1 durchaus vom Jeremiabuch und der prophetischen Tradition her verstehen, wenn man Jer 1,4–10 als programmatischen Eröffnungstext des Jeremiabuches versteht und nicht als ehemals selbstständige Berufungserzählung.[618] C.M. MAIER macht zudem darauf aufmerksam, dass die entsprechenden Aussagen in Jer 1 vollkommen in den Kontext integriert sind, in Dtn 18 dagegen überraschend kommen.[619] Von daher ist die Annahme passender, dass die Jeremiastellen auf Dtn 18,18 eingewirkt haben als umgekehrt.[620]

Im Prophetengesetz wird in V19a dann gefordert, dass das Volk auf die im Namen JHWHS vermittelten Worte des Nabi hören muß (V19a). In gleicher Weise wird in Dtn 12,28 auch die Befolgung der dtn Gesetze – hier als כל־הדברים האלה zusammengefaßt[621] – eingeschworen: שמר ושמעת את כל־הדברים האלה אשר מצוך אנכי Nimmt man die redaktionelle Gestaltung des Prophetengesetzes ernst, so zeigt sich für den Verfasser der Wille JHWHS gleichrangig im Prophetenwort wie im Gesetz.[622]

In V20 wird wieder die Problematik aufgegriffen, die schon in Dtn 13 verhandelt wurde: Was ist, wenn ein Prophet sein eigenes Wort verkündet oder im Namen anderer Götter spricht? Die Sanktionierung ist die gleiche wie in Dtn 13: Der Nabi soll sterben. Allerdings wird hier nicht angegeben, wer und wie diese Sanktionierung durchführen soll. Es bleibt wohl JHWH überlassen für die Strafe zu sorgen.[623]

---

617 S. HOSSFELD 1982, 226. E. OTTO 2012, 669 zieht hier textkritisch mit den Textzeugen Samaritanus, LXX und 4QDeut$^{c/n}$ den Plural vor; s. dagegen jedoch BHQ sowie Braulik 2009, 209 A39; Lundbom 2013, 269. Zur Rolle des Mose als „mediator s. ebd., 368, wo Lundbom neben Dtn 5,5 auf 5,31; 9,18–20.25–29; 10,10 verweist.

618 S. C.M. MAIER 2022: „Die Vielzahl an literarischen Bezügen zeigt jedoch, dass die Berufungsszene durchgängig stilisiert und ein Produkt dtjer Traditionsbildung ist."(64).

619 Ebd., 64.

620 S. auch schon S. BRAULIK, 1992, 136 f.; außerdem KÖCKERT 2004 (2000), 200–209; KELLY 2020, 134 und C.M. MAIER 2022, 64.

621 „In 12,28 verweisen כל־הדברים האלה, „alle diese Worte" anaphorisch auf die vorangegangene Zentralisationsbestimmungen in 12,4–28 zurück" (BRAULIK / LOHFINK 2021, 294).

622 So schon RÜTERSWÖRDEN, 1987, 87.

623 S. R. EBACH 2023, 122 f.

In den abschließenden, wahrscheinlich später angefügten Versen 18,21–22 wird dann das Problem erhoben, wie das richtige Prophetenwort erkannt werden soll. Die Lösung besteht im Eintreffen der prophetischen Verheißung. Das bedeutet jedoch keine Hilfe für die Entscheidungsfindung, für die die prophetische Aussage gedacht ist, wie z.B. aus Jer 28 im Konflikt zwischen Jeremia und Hananja hervorgeht. Im Prophetengesetz wird dazu keine weitere Hilfe geboten als die begleitende Orientierung an Mose in Dtn 18,15.18 und damit an der Tora.

In dem Epitaph 34,10–12 auf Mose begegnet zum Abschluss des Buches Deuteronomium noch einmal in V10 der Titel „Nabi". Es handelt sich hierbei um eine Aussage der Pentateuchredaktion, die damit das Buch Deuteronomium von den nachfolgenden Büchern trennte.[624] Mose wird hier noch einmal in Beziehung gesetzt zur Prophetie. Dies geschieht in einer Unvergleichlichkeitsaussage, die Mose aus der Schar der Nebiim heraushebt und auf seine Funktion im Exodusgeschehen verweist. In V11 begegnet wieder der schon in Dtn 13 verwendete Ausdruck האתות והמפתים. Damit wird zurückverwiesen auf die Geschehnisse im Zusammenhang mit dem Exodus Israels aus Ägypten.[625] Die Aussage, dass kein Prophet wie Mose mehr in Israel aufgetreten ist, erzeugt eine Spannung zu Dtn 18, die die Nebiim der Idealgestalt Mose zuordnen. E. Otto sieht hierin eine Korrektur des Prophetengesetzes von Dtn 18, das den Widerstand nachexilischer priesterlicher Kreise gegen eine Prophetie widerspiegele, „die sich auf eine nachmosaische Offenbarungsprophetie, unabhängig von Mose berufen."[626]. Meines Erachtens ist jedoch eher die einmalige Rolle des Nabi Mose im Exodusgeschehen betont, so dass hier kein unüberbrückbarer Gegensatz zu dem Prophetengesetz in Dtn 18 anzunehmen ist.[627] Dies bedeutet jedoch nicht, dass die Texte auf einen Verfasser zurückgeführt werden können.

3.1.1 Zum Titel „Nabi"

In Dtn 13,2–6 wird noch neben dem Titel „Nabi" die Bezeichnung חלם חלום verwendet, was am ehesten mit Traumdeuter/Traumseher zu übersetzen ist. Im Prophetengesetz wird dagegen als einziger Titel „Nabi" verwendet. Es handelt sich dabei um den meistgebrauchten Titel für prophetische Gestalten in der Hebräischen Bibel.[628]

Das Nomen „Nabi" kommt 315x in der Hebräischen Bibel vor,[629] wobei der Titel sehr ungleich verteilt ist. So begegnet er in Genesis bis Numeri lediglich

[624] S. Braulik [9]2016, 168; E. Otto 2017, 2276.

[625] S. dazu insgesamt die folgenden Aussagen in V11–12.

[626] 2017, 2285.

[627] S. Schulmeister 2010, 99–109; Markl 2011.

[628] Einen Überblick über die Literatur findet sich bei Kelly 2020, 69 Anm. 2.

[629] S. Kelly 2020, 32 Anm 63; Vgl. auch Gonçalves 2001, 146–158, der unter Einbeziehung der Verbformen 445 Vorkommen zählt sowie Stökl 2012, 171–192 und Nissinen

fünf Mal, im Buch Deuteronomium, das den Pentateuch abschließt, auch nur insgesamt zehn Mal. In den nachfolgenden „Frühen Propheten" zeigt sich der Titel überhaupt nicht im Buch Josua und nur zwei Mal im Richterbuch. Am häufigsten findet er sich in den Königsbüchern (74x). Im *corpus propheticum* hat der Titel mit 98 Vorkommen seinen absoluten Schwerpunkt im Buch Jeremia und auch noch häufig bei Ezechiel (15x), während er bei Jesaja nur neun Mal begegnet. Im gesamten Dodekapropheton wird er 11x im Buch Sacharja erwähnt und sechs Mal bei Hosea, ansonsten nur noch 15x insgesamt bei den anderen Prophetenbüchern im Zwölfprophetenbuch.[630]

Eine große Übereinstimmung in der Forschung betreffs der Etymologie besteht darin, dass Nabi mit der westsemitischen Wurzel *nb'*, einem *verbum dicendi* verbunden ist.[631]

Nachdem das passive Verständnis von Nabi in der wissenschaftlichen Diskussion sich stärker durchgesetzt hatte, ist aufgrund neuerer Textfunde in Emar und Mari vor allem von D.E. Fleming wieder ein aktives Verständnis von Nabi als „the one who invokes god" vertreten worden.[632] Dem ist von Huehnergard entschieden widersprochen worden, was von M. Weippert als überzeugend bewertet wird.[633]

Stökl hat die Vorkommen von *nabû* in Texten von Emar und Ebla genauer betrachtet und verneint eine Beziehung zur Divination.[634] Hier bedarf es noch weiterer Klärung der divinatorischen Phänomene in Emar und Ebla.

Ein wichtiger außerbiblischer Beleg ist jedoch das Vorkommen des Titels in einem Mari-Brief.[635] In diesem wohl an König Zimrilim gerichteten Brief teilt *Tebî-gêrî-šu* mit, dass er die Propheten der Hanäer (^{lú}*na-bi-i*^{meš} *ša ha-na-meš*) versammelt habe, um ein günstiges Orakel zu liefern für eine rituelle Reinigung außerhalb der Stadtmauern, die der König vornehmen solle. Es handelt sich

---

2017, 27. Hinzu kommt die weibliche Form נביאה, die sechs Mal belegt ist (Ex 15,20; Ri 4,4; 2 Kön 22,14, Jes 8,3; Neh 6,14; 2 Chr 34,22) sowie das Abstraktnomen נבואה, das drei Mal in Neh 6,12; 2 Chr 9,29 und 15,8 vorkommt sowie einmal aramäisch in Esra 6,14 (vgl. auch Sir 44,3). In Daniel 9,24 ist wohl ebenfalls נבואה zu lesen, s.u. S. 147.

630 In Obadja und Jona kommt er überhaupt nicht vor.

631 S. Müller 1984, 143 und den Überblick bei Kelly 2020, 33–35. Zur Recht macht Kelly mit dem Hinweis auf die Arbeiten von James Barr darauf aufmerksam, dass die Etymologie nur sehr begrenzt zur Bedeutung des Lexems beitragen kann; hier ist der Kontext wichtiger (ebd., 37).

632 S. die Übersicht über die Diskussion bei Kelle 2014, 278–282.

633 2014, 236–238; Weippert weist auch auf die Diskussion bei Stökl, 2012, 161–167 hin; vorsichtig ist Kelly 2020, 36 f.; Deluty 2020, 3 f., sieht in dem passivischen Verständnis die vorherrschende Meinung.

634 2012, 162–166; s. auch Weippert 2014, 236–238; skeptisch auch schon Huffmon 1992, 477.

635 Durand 1988, Nr. 216; Nissinen ^{2}2019, Nr. 26; Sasson 2015, 278.

deutlich um einen divinatorischen Kontext, in dem der Titel vorkommt. Hier wird auch der Begriff *tērtum* benutzt, der für ein (technisches) Orakel Verwendung findet (s. dazu unten 3.2).

Von großer Bedeutung ist auch das Vorkommen des Titels „Nabi" in den Lachisch Ostraka. Sie wurden Im Jahre 1935 in Lachisch gefunden und bilden die Situation kurz vor der Einnahme Jerusalems durch die Babylonier im Jahre 587/6 v. Chr. ab. Bei drei Briefen, die wohl von einem Außenposten nach Lachisch gelangten, wird ein Bezug zur Prophetie diskutiert.[636]

Am klarsten ist der Bezug in dem Lachisch-Ostrakon 3. In diesem Brief wehrt sich der Absender Hoschajahu zunächst dagegen, einen Brief seines Vorgesetzten nicht lesen zu können. Am Ende des Schreibens nimmt Hoschajahu Bezug auf den Brief eines Nabi, der an einen Šallum gerichtet war, mit der Aufforderung, vorsichtig zu sein. Mehr Informationen werden leider nicht gegeben. Auch in Ostrakon 16 wird ein Nabi erwähnt, allerdings ist außer dem Titel „Nabi" diesem Brief keine weitere Information zu entlocken. Keinerlei Bezug zu einem Nabi liegt in Ostrakon 6 vor. In Zeile 5 wird nach *dbrj* und dem folgenden Artikel von manchen Forschern *nbᶜ* gelesen und aufgrund der folgenden Zeile mit Jer 38,4 in Verbindung gebracht. Der erste Buchstabe nach dem Artikel ist jedoch eher als Schin/Sin zu lesen, so dass wahrscheinlich hier *hśrym* zu ergänzen ist.[637]

Mit den Lachisch-Ostraka ist damit auch außerbiblisch erwiesen, dass der Titel „Nabi" in spätvorexilischer Zeit in Juda in Gebrauch war.

Innerbiblisch bezeugt 1 Sam 9,9, eine redaktionelle Notiz, wahrscheinlich deuteronomistischer Herkunft, dass der Titel „Seher" הָרֹאֶה in dem Titel „Nabi" aufgegangen ist. Samuel, der in 1 Sam 9–10 in einer fraglos divinatorischen Rolle erscheint, wird zunächst als „Gottesmann" bezeichnet, ab V11 dann aber als רֹאֶה . Erklärt wird dies in 9,9, wo ausdrücklich erwähnt wird, dass wer jetzt „Nabi" genannt wird, früher als „Seher" (רֹאֶה) bezeichnet wurde.

Da Samuel in 1 Sam 3,20 auch mit dem Titel „Nabi" versehen wurde, stellt sich die Frage, inwieweit weitere Titel für divinatorische Spezialisten noch belegt sind.

3.1.1.1 Nabi und die Titel „Seher" (ראה / חזה) und „Gottesmann"

In der Erzählung von den verlorenen Eselinnen, die Saul sucht, er aber stattdessen das Königtum findet (1 Sam 9–10), wird Samuel zunächst als „Gottesmann" (9,6.7.8) bezeichnet, dann als רֹאֶה (V11.18.19). In 9,9 wird erläutert, dass diese Bezeichnung früher benutzt wurde für diejenigen, die jetzt „Nabi" genannt

---

[636] S. zuletzt Nissinen 2017, 92 f.; zum Text der Lachisch-Ostraka s. Renz-Röllig I, 1995, 412–437; Ahituv 2008, 56–91; Nissinen ^{2}2019, Nr. 139–141.

[637] S. Renz-Röllig I, 1995, 426; Nissinen ^{2}2019, 267.

werden. Von der Mehrheit der Forschung wird anerkannt ist, dass es sich in 1 Sam 9,9 um einen redaktionellen Einschub handelt.[638]

Der Titel רֹאֶה als Bezeichnung für einen Divinator kommt insgesamt 12 Mal in der Hebräischen Bibel vor: 1 Sam 9,9 (2x).11.18.19; 1 Chr 9,22; 26,28; 29,29; 2 Chr 16,7.10; Jes 21,8; 30,10.[639] Nur zwei namentlich bekannte Personen bekommen diesen Titel. Zum einen Samuel in 1 Sam 9,11.18.19 sowie in 1 Chr 9,22. In 1 Chr 9,22 wird Samuel zusammen mit König David in einer eher herrscherlichen Funktion bei der Einsetzung der Torwächter dargestellt, in 1 Chr 26,28 als Spender von Weihegaben und in 1 Chr 29,29 in der für die Chronik charakteristischen Funktion von divinatorischen Spezialisten als Verfasser von Schriften. Hier steht er in einer Linie mit dem Nabi Natan und dem Seher (חזה) Gad. In 1 Sam 9–10 wird Samuel in einer unzweifelhaft divinatorischen Funktion gezeichnet, er kündigt Saul das Königtum an und kümmert sich auch um die Eselinnen (1 Sam 9,20). Auch die zweite Person, der ansonsten unbekannte Hanani wird in 2 Chr 16,7–10 in einer prophetischen Funktion dargestellt. Er übt Kritik an der Bündnispolitik von König Asa. Bei diesen beiden prophetischen Gestalten lässt sich kein eigenes Profil für einen רֹאֶה erkennen. Das gilt auch für Jes 30,10, wo das prophetische visionäre' Schauen sowohl mit רֹאִים als auch mit חֹזִים verbunden wird. Ebenso lässt sich in Jes 21,8 das Spähen als Wachen über politisch-gesellschaftlichen Entwicklungen mit prophetisch-divinatorischem Handeln in Einklang bringen.

Die Textbasis insgesamt ist schmal und bei den wenigen Stellen zeichnet sich kein eigenständiges Profil für einen ראה ab.[640]

Etwas häufiger ist ein weiterer Titel vertreten, der auf dieselbe prophetisch-divinatorische Grundfunktion verweist, das visionäre Schauen. Es handelt sich um den Titel חֹזֶה.Er kommt insgesamt 17x in der Hebräischen Bibel vor:[641]

---

[638] S. z.B. W. Dietrich 2011, 404.413; er denkt an einen, prophetisch orientierten Deuteronomisten; Lehnart 2003, 313 f. an einen zweiten deuteronomistischen Redaktor, der im Exil wirkte.

[639] Nicht einbezogen ist 1 Chr 2,52, wo ein Name vorliegt, der aufgrund von 1 Chr 4,2 ראיה gelesen werden muss (Japhet 2002, 96; Stökl 2012, 196). Auch bei Jes 28,7 ist deutlich, dass kein Titel vorliegt, sondern die Übersetzung „Vision, Gesicht" gewählt werden muss. Mit aufgenommen werden muss aber Jes 21,8, wo aufgrund von 1QJes[a] statt Löwe (אריה) im MT הראה gelesen werden muss (s. Beuken 2007, 219 f.; A.A. Fischer 2009, 2 f.). Stökl 2012, 196–199 geht auf diesen Text nicht ein und kommt so auch auf nur elf Vorkommen.

[640] S. R. Schmitt 2014, 42 f.; Nissinen 2017, 30; Stökl 2012, 199 äußert die Vermutung, dass ראה „a term for a diviner without institutional links" sei. Jeffers 1996, 99–101, glaubt ebenfalls eine Unabhängigkeit von Institutionen feststellen zu können; diese „Seher" werden für ihre Dienste bezahlt.

[641] Nicht mit einbezogen sind Jes 28,15; hier ist ganz klar aufgrund des parallelen Stichos die Bedeutung „Vertrag, Pakt" gegeben (s. z.B. Beuken 2007, 44; Kreuch 2011, 122)

2 Sam 24,11; 2 Kön 17,13; Jes 29,10; 30,10; Am 7,12; Mi 3,7; 1 Chr 21,9; 25,5; 29,29; 2 Chr 9,29; 12,15; 19,2; 29,25.30; 33,18.19; 35,15.

Deutlich zu erkennen ist, dass bei diesem Titel wie auch bei רֹאֶה der Schwerpunkt im Bereich der Chronikbücher vorliegt. Zu einfach wäre es jedoch, diesen Titel als eine späte Bildung zu betrachten. Denn er ist auch inschriftlich in altorientalischen Texten belegt:

In Deir Rifa, in Ägypten, wurde ein Siegel gefunden, das die Inschrift *l Qn ḥz* – „Qen, dem Seher gehörend“ enthält. Gordon Hamilton identifiziert die Sprache als Proto-Kanaanäisch und datiert das Siegel um 1700 v. Chr.[642] An Informationen über den prophetisch-divinatorischen Bereich ist dem Siegel nicht viel zu entnehmen außer der sehr frühen Existenz von Divinatoren im westsemitischen Bereich und die Ausweitung nach Ägypten hin.[643]
Ein weiteres außerbiblisches Zeugnis ist die Zakkur-Inschrift. In einer Stele, die König Zakkur von Hamath aufstellen ließ, wird in Zeile 12 gesagt, dass der Gott Baalschamain zu König Zakkur „*[b]yd.ḥzyn.wbyd.ᶜddn*“ spricht. Auch wenn unklar ist, welche Funktion die *ᶜddn* einnehmen, so entspricht *ḥzyn* den biblischen *ḥōzîm*. Die Funktion des Eingreifens in politischen Notsituationen entspricht dem Spektrum prophetisch-divinatorischen Handelns auch in der Hebräischen Bibel. In der folgenden Zeile 13 wird dann berichtet, dass die Gottheit Baalschamain Zakkur zum König gemacht hat. Zusammen mit der Formel „Fürchte dich nicht“, die ebenfalls zur prophetischen Sprache gehört und auch im Alten Orient benutzt wird, ist klar, dass es sich um ein ähnliches Phänomen wie in der Hebräischen Bibel gehandelt haben muss.[644]

Das dritte Vorkommen, zeitlich und räumlich noch näher herangerückt an die biblische Prophetie, ist die auf Verputz aufgetragene Inschrift von Deir ᶜAlla. Dort wird der auch aus der Bibel in Num 22–24 bekannte Bileam in Zeile 1 als *ḥzh. ᵓlhn* – „Seher der Götter“ bezeichnet. Die Götter kommen in der Nacht zu Bileam und vermitteln ihm eine „Unheilsankündigung an ein Kollektiv“[645]. Mit anderen Worten kommt dieser Text in die Nähe der israelitisch-judäischen Unheilsprophetie. Er ist zugleich ein Text, der sich mit Sicherheit in die vorexilische Zeit, wahrscheinlich das 9. Jahrhundert v. Chr., einordnen lässt.[646]

---

sowie Neh 3,15; 11,5; dort liegt kein Titel vor, sondern ein Name; Stökl 2012, 193 Anm. 197 ist sich nicht sicher, dass es sich um einen hebräischen Namen handelt.

642 2009. Der Text findet sich auch in Nissinen ²2019, Nr. 141a.

643 S. zur Diskussion Stökl 2012, 22 f.; Nissinen 2017, 41. 63.

644 S. auch die bei Nissinen ²2019, 254 aufgeführte Literatur, zu der noch R. Schmitt 2014, 25 f. und Sader 2018 zu ergänzen sind.

645 Leuenberger ²2021, 143 Anm. 98.

646 Der Text ist wiedergegeben bei Blum 2015, 459–474 sowie bei Nissinen ²2019, 258–263; dort findet sich auch die wichtigste Literatur (259 f.); vgl. auch noch Steiner 2019, 3 f. Zur Datierung s. Blum 2015, 459 f.

Insgesamt 7 Personen werden in den Chronikbüchern mit diesem Titel versehen, wobei Gad am häufigsten so genannt wird (1 Chr 21,9; 29,29; 2 Chr 29,25). Gad ist auch schon in 2 Sam 24,11 als „Seher Davids" bezeichnet worden, in 1 Sam 22,5 auch als „Nabi". Ebenso wird Heman in 1 Chr 25,5 „Seher Davids" genannt. Der Name ist wohl von 1 Kön 5,11 übernommen,[647] dort wird er als „Weiser" vorgestellt. Zwei weitere „Seher" sind die ansonsten unbekannten Jedo (2 Chr 9,29) und Iddo (2 Chr 12,15).[648] In 2 Chr 19,2 wird Jehu genannt, der als Nabi in 1 Kön 16,7 bekannt ist und dort gegen den König Bascha auftritt. In 2 Chr 19,2 wird er auch als Gegner des Königs Joschafat gesehen. Weitere „Seher" sind die außerhalb der Chronikbücher unbekannten Asaf (2 Chr 29,25) und Jedutun (2 Chr 35,15).

In Am 7,12 redet der Priester Amazja Amos als „Seher" an. Als Verb verwendet Amazja für die Tätigkeit des Sehers aber *nbᶜ*. Amos wehrt sich gegen diese Anrede, indem er darauf hinweist, kein „Nabi" bzw. *ben-nābîᵓ* zu sein (7,13). Dies spricht dafür, Nabi und חזה synonym zu verstehen. Für ein synonymes Verständnis spricht auch die Parallelisierung mit „Nabi" in 2 Sam 24,11; 2 Kön 17,13; Jes 29,10; 1 Chr 29,29 (auch mit רֹאֶה); 2 Chr 9,29; 12,15; 29,25. In Jes 30,10 wird חזה synonym mit רֹאִים und in Mi 3,7 mit קסמים benutzt.

Charakteristisch für die Chronikbücher ist, dass „Seher (ראים / חזים) wie auch die Nebiim schriftstellerisch tätig sind, d.h. als Autoren gekennzeichnet sind: 1 Chr 29,29; 2 Chr 12,15; 29,30; 33,18.19. Mit anderen Worten heißt dies, dass alle drei Titel in den Chronikbüchern *promiscue* gebraucht werden.

Aufgrund der Vorkommen außerhalb der Bibel und 1 Sam 9,9 ist der Gebrauch des Titels „Seher" in vorexilischer Zeit anzunehmen. Allerdings ist kein eigenständiges Profil erkennbar, das einen „Seher" von einem Nabi unterscheiden würde.[649]

Ein weiterer Titel könnte איש (ה)אלהים darstellen, ein Titel, der im Unterschied zu den Titeln, die mit „Seher" übersetzt werden können, allerdings nicht mit einer grundlegenden Funktion von Divinatoren in Verbindung gebracht werden kann. Zudem gehören zu den Personen, die mit diesem Titel bedacht werden, so unterschiedliche Gestalten wie Mose und David (Mose: Dtn 33,1; Jos 14,6; Ps 90,1; 1 Chr 23,14; 2 Chr 30,16; Esra 3,2; David: 2 Chr 8,14; Neh 12,24.36).[650]

---

647 S. Japhet 2002, 98.103. In Ps 88,1 wird ein Heman auch als Verfasser eines משכיל genannt.

648 Möglicherweise handelt es sich um dieselbe Person, s. Japhet 2002, 128.

649 S. R. Schmitt 2014, 42–44; Nissinen 2017, 30; s. auch schon Jepsen 1934, 43 f.54; Stökl 2012, 199 f. sieht in dem Nabi einen „official, professional prophet." (200). Auch Jeffers 1996, verbindet mit dem ḥōzeh einen „court seer" (30–35), mit rōᵓeh eine alte Bezeichnung, deren Praxis aber nicht genau zu fassen sei (99–101). Einen Überblick über die ältere Forschung zu einer „Sehertradition" findet sich bei Fuhs 1978, 5–24.

650 Stellenangaben im Einzelnen bei Nissinen 2017, 30 Anm. 133.135.136; Kelly 2020, 32 f. Anm. 64.

In 1 Kön 13 wird eine merkwürdige Geschichte erzählt, in die ein anonymer „Gottesmann" aus Juda und ein Nabi aus Israel involviert sind. In V18 wird dabei die Identität von „Gottesmann" und „Nabi" festgestellt. Nun ist die Datierung dieser Erzählung umstritten, sie wird zunehmend mit einer späten Datierung versehen.[651] Weitgehend als frühe Überlieferungen, in denen der Titel „Gottesmann" verwendet wird, sind nur die Erzählung von den verlorenen Eselinnen in 1 Sam 9–10 und die Überlieferung von Elija und Elischa anzusehen.[652] Dabei wird der Titel für Elija in eindeutig redaktionellem Kontext verwendet, einer Redaktion, die Elija und Elischa näher zusammenführen will. Sie liegt in 1 Kön 17,17–24 und 2 Kön 1,9–16 vor.[653] So bleibt neben 1 Sam 9–10 nur die Elischa-Überlieferung übrig, die auf ein ursprüngliches Profil des „Gottesmannes" schließen lassen. Nun zeigt sich neben dem Titel „Gottesmann" auch der Titel „Nabi" in den Elischa-Überlieferungen,[654] Gleiches gilt für 1 Sam 9–10, wo neben dem Titel „Gottesmann" der Titel „Seher" verwendet wird. Ein eigenständiges Profil des „Gottesmannes" ist nicht erkennbar, so dass auch „Gottesmann" nicht als unterscheidbarer Titel zu „Nabi" anzusehen ist; es ist allein eine enge Beziehung zu Gott, auf die dieser Titel hinweist.[655]

Insgesamt lässt sich kein anderes Profil bei dem Seher- und Gottesmanntitel als bei dem Titel „Nabi" erkennen, wenngleich es Unterschiede gegeben haben mag. „What the significance was of the different names is hard to say at this point because the text seems to use them interchangeably at times."[656]

3.1.1.2 Der Titel „Nabi" in der Hebräischen Bibel – ein survey

Zum Gebrauch des Titels „Nabi" ist es notwendig, sich einen Überblick über die Verwendung von „Nabi" in der Hebräischen Bibel zu verschaffen.

---

[651] S. zuletzt Knauf 2016, 369; zum Text s. Schmitz 2008.

[652] S. zu 1 Sam 9–10 oben und zu den Elija- und Elischa-Überlieferungen weiter unten in diesem Kapitel.

[653] S. dazu Lehnart 2003, 289–303.

[654] S. dazu weiter unten zu Elischa.

[655] Vgl. schon Lehnart 2003, 131 f.; ebenso Stökl 2012, 156; R. Schmitt 2014, 44–45; Nissinen 2017, 30, der neben der Wortübermittlung auf eine Wundertätigkeit verweist; auch Jeffers 1996, 27 f. sieht allenfalls als Besonderheit des Gottesmannes an, dass er bei Problemen von Krankheit bis Hungersnot zu Rate gezogen wurde. Die Feststellung von Gonçalves, 2001: 159: „À la différence des prophètes, les hommes de Dieu apparaissent toujours sous un jour entièrement favorable" ergibt keinen belastbaren Unterschied.

[656] Grabbe 1995, 202; s. auch Uffenheimer 1999, 484.

Zum ersten Mal zeigt sich der Titel „Nabi“ innerhalb des Pentateuch in Gen 20,7. Der Erzvater Abraham wird mit diesem Titel in einer im Traum vermittelten Botschaft Gottes als „Nabi“ bezeichnet, der für Abimelech, den König von Gerar, eintreten (פלל Hitp.) kann und ihm damit das Leben retten kann, wenn er die Frau Abrahams, Sara, wieder an Abraham zurückgibt. Damit übt Abraham eine fürbittende Funktion aus, die auch ansonsten im Spektrum, prophetischen Handelns liegt.[657] *Communis opinio* ist, dass Abraham der Titel „Nabi“ erst in einem sekundären Prozess zuerkannt worden ist.

In Ex 7,1 wird Aaron, der Bruder des Mose, als „Nabi“ bezeichnet. Der ansonsten vor allem als Begründer des Priestergeschlechts der Aaroniden in der Hebräischen Bibel bekannte Aaron ist hier als derjenige gezeichnet, der die Gottesbotschaft über den als „Elohim“ bezeichnenden Mose an den Pharao weitergeben soll. Er ist reine Mittlerinstanz. Innerhalb der prophetischen Funktion erinnert dies am ehesten an die deuteronomistische Prophetenaussage, die vor allem durch die Wortereignisformel als Vermittlungsvorgang gekennzeichnet ist. Diese Stelle gehört wohl am ehesten zu einer priesterschriftlichen Textschicht.[658]

Im Buch Exodus wird nur noch eine weitere Person, Mirjam, als Prophetin bezeichnet, in Ex 15,20–21. Sie stimmt nach der Vernichtung der Ägypter am Schilfmeer ein Siegeslied an. Dies verweist auf die Verbindung von Prophetie und Musik, die sich in 1 Sam 10,5 bei einer Gruppe von „Nebiim“ zeigt, die in einer Art von Prozession von einer Kulthöhe herabkommen. Sie sind in einem alternierenden Bewusstseinszustand, der mit dem Verb *nbʾ* Hitp. ausgedrückt wird. Er wird auf den Geist Jhwhs (Elohims) zurückgeführt. Dieser Zustand ist ansteckend, so dass auch Saul bei der Begegnung mit dieser Gruppe in prophetische Verzückung gerät.[659]

Auf den Zusammenhang von Prophetie und Musik verweist auch 2 Kön 3,15, wo Elischa ein prophetisches Orakel unter Einfluss von Musik verkündet. Hier wird der Zustand des Propheten von der „Hand Jhwhs“ gesteuert. Die Verbindung zur Musik zeigt sich auch in der Schilderung in der Chronik, wo die Söhne Asafs, Hemans und Jedutuns als Tempelsänger bestimmt werden und ihr musikalisches Tun mit dem Verbum *nbʾ* Ni, ausgedrückt wird (1 Chr 25,1–3).

---

657 S. Am 7,1–9; 1 Kön 17,17–24 (Elija); 2 Kön 4,1–7 (Elischa); Jer 7,16; 11,14; 15,11; 37,3; 42,2.20; zum Propheten als Fürbitter s. Stökl 2012, 215 f.; vgl. auch R. Kessler 2014; zuletzt Kelly 2020, 222–224.

658 S. z.B. Utzschneider / Oswald 2013, 180–182; Albertz ^{2}2017, 132–134.

659 S. auch 1 Sam 19,20–24, wo auch König Saul in den Bann des nebiistischen Gottesgeistes gerät und die Selbstkontrolle verliert.

Mirjam wird in einer Führungsrolle für die Frauen Israels gezeichnet. Alle Frauen ziehen hinter ihr her. Dies erinnert an Mi 6,4, wo Mirjam eine zentrale Rolle im Exodusgeschehen neben Mose und Aaron zugesprochen wird. Denkt man daran, dass in Hos 12,14 einem „Nabi" die Führungsrolle beim Auszug aus Ägypten zuerkannt wird, so könnte auch dies auf eine Prophetin Mirjam verweisen.[660]

In der Erzählung Num 11,24–30 wird davon berichtet, dass der Geist des Mose durch JHWH auf 70 Älteste übertragen wird. Dies hat zur Folge, dass die Ältesten prophetisches Verhalten zeigen, das mit dem Verb *nbʾ* Hitp. ausgedrückt wird. Die Verbindung mit der Geistbegabung spricht dafür, dass hier ein alternierender Bewusstseinszustand ausgedrückt wird wie in 1 Sam 10,19.[661] Zu dem Personenkreis gehören auch Eldad und Medad, die jedoch nicht am Zeltheiligtum anwesend sind. Auch sie zeigen im Lager prophetisches Verhalten (Num 11,26). Mose soll sie daran hindern. Dagegen wendet sich Mose mit dem Wunsch, dass doch alle Israeliten Propheten sein sollten und an dem Geist JHWHS partizipieren sollten. Dieser Wunsch findet sich auch in Joel 3,1, wo in einer Zukunftsansage die Ausgießung des Geistes zur Folge haben wird, dass Söhne und Töchter, Knechte und Mägde zu Propheten werden. Der Text zeigt eine Ausweitung des Prophetischen auf das ganze Volk, wie es in nachexilischer Zeit – verbunden mit einer eschatologischen Ausrichtung – vertreten wurde.

Im folgenden Kapitel im Buch Numeri wird eine Auseinandersetzung von Aaron und Mirjam mit Mose wegen dessen kuschitischer Frau erzählt. Am Zeltheiligtum wird in einer Gottesrede der Nabi als derjenige charakterisiert, dem JHWH sich in Vision und Traum offenbart. Der „Nabi" wird wie in Dtn 34 Mose gegenübergestellt als derjenige, mit dem JHWH von „Mund zu Mund" redet und sich in einer Vision, nicht in Rätseln zeigt. Mose darf sogar die Gestalt JHWHS sehen (Num 12,8; vgl. auch das ausdrückliche Verbot, JHWH zu sehen in Ex 33,18–23). In diesem Text spiegelt sich eine Auseinandersetzung in nachexilischer Zeit. Die Personenkonstellation gibt nicht eine historische Zuordnung wieder, sondern wie in Mi 6,4, wo Mose, Aaron und Mirjam gleichberechtigt nebeneinander erwähnt werden, steht Mose für die Tora, Aaron für das Priestertum und Mirjam für die Prophetie. Dabei handelt es sich in Num 12 um einen Gegentext zu Mi 6,4. Mose steht mit absoluter Autorität über der Prophetie und dem Priestertum (= Aaron). Ihm obliegt die Aufgabe der Vermittlung zur göttlichen Sphäre, zu der Mose bzw. die durch ihn vermittelte Tora gehört wie R. KESSLER klar herausgearbeitet hat.[662]

---

[660] Vgl. zu Mirjam RAPP 2002; R. KESSLER 2006 (1996); zu Num 11; 12 s. weiter unten Abschnitt 3.1.2.

[661] Zur Kennzeichnung des prophetischen Verhaltens als ekstatisches Phänomen mit nbᶜ s. zuletzt Nissinen 2017, 185–191; zur Auseinandersetzung mit ADAM 2009 s. ebd., 183 Anm. 65; zur Ekstase s. auch NEU 2006; R. SCHMITT 2016.

[662] R. KESSLER 2006 (1996).

Den Abschluss der Vorkommen von „Nabi" im Pentateuch bilden Dtn 13,2–6[663] sowie Dtn 18,15.18.20 und 34,10. In 13,2–6 stellt sich die Frage nach dem richtigen oder falschen Nabi (s.o. 3.1). Diese Frage stellt sich auch bei dem nächsten Vorkommen innerhalb des Prophetengesetzes in 18,15.18.20.22, wobei hier die Beziehung zu Mose und Israel in den näheren Fokus gerückt ist. Abschließend wird in dem Epitaph 34,10–12 die Einmaligkeit des Mose gegenüber dem „Nabi" (Dtn 34,10) betont.

Insgesamt ist festzuhalten, dass das Vorkommen von „Nabi" im Pentateuch ziemlich selten ist und in den meisten Fällen auf sekundären Zuschreibungen durch spätere Redaktionen beruhen dürfte.

Bei den „Vorderen Propheten" (Jos–2 Kön) ändert sich das Bild zunächst nicht. Im Buch Josua gibt es kein einziges Vorkommen von „Nabi".

Auch im Buch der Richter ist das Bild nur unwesentlich anders: In Ri 4,4 wird Debora als „Prophetin" bezeichnet. Von ihr wird berichtet, dass sie unter einer Palme, die Debora-Palme genannt wurde und die wohl ein Baum-Heiligtum darstellte, ihren Sitz hatte und dass dorthin die Israeliten kamen, um von ihr Entscheide (למשפט) zu erhalten. Dies erinnert innerhalb des prophetischen Spektrums an 2 Kön 4,23–25, wo Elischa sich am Karmel zu bestimmten Zeiten aufhält und offensichtlich die Leute hinkommen, um von ihm Hilfe und Auskunft zu erhalten. Allerdings wird Debora auch in Ri 4,4 als „Richterin" bezeichnet, wobei die prophetische Funktion nach Gross ursprünglicher ist.[664] Sie bestellt Barak, wohl ein Mann mit anerkannten militärischen Fähigkeiten, zu sich und teilt ihm den Gotteswillen mit, dass der kanaanäische Heerführer Sisera in seine Hand gegeben ist. Die Bedeutung von Propheten in kriegerischen Auseinandersetzungen ist auch ansonsten in der Hebräischen Bibel gegeben (z.B. 1 Kön 20; 22; 2 Kön 3; 6).

Ein weiteres Mal begegnet der Titel „Nabi" in Ri 6,8. Es handelt sich um einen anonymen Propheten, der in Ri 6,7–10 ganz Israel anspricht. Er verwendet die im prophetischen Schrifttum geläufige Botenspruchformel und rekurriert auf das Exodusgeschehen und die Vertreibung der Völker, die Jhwh für Israel bewirkt hat. Trotzdem habe das Volk nicht auf die Stimme Jhwhs gehört. Der ganze Text ist formelhaft und als späte Hinzufügung zu qualifizieren. Es erinnert an die deuteronomistische Darstellung, die Propheten als vergebliche Warner zu sehen, ist allerdings aufgrund des reichen Formelgutes eher als spät- oder postdeuteronomistisch einzustufen.[665]

---

663 Näherhin in Dtn 13,2.4.6. Zu den Stellen im Dtn s.o. 3.1.

664 Gross 2009, 260.266; Ders. 2010, 178–185. Knauf 2016b, 67, sieht in der „Prophetin" das Werk einer späten Prophetenredaktion wie Ri 6,7–10; Sasson 2014, 256, wiederum hält es für schwierig, die Bezeichnung „Richterin" als editoriale Zufügung zu verstehen.

665 Gross 2009, 369 f.; Ders. 2010, 185–191.

In den folgenden Samuel- und Königsbüchern ändert sich das Bild. In 1 Sam 3,20 wird Samuel, der in 1 Sam 1 bis 1 Sam 28 eine wesentliche Rolle bei der Einführung und Etablierung der Monarchie in Israel spielt, als „Nabi" bezeichnet. Dies ist nicht der einzige Titel, den Samuel erhält. In der Erzählung von der Salbung Sauls in 1 Sam 9–10 begegnet der Titel „Gottesmann" in 9,6.7.8; in V9 folgt die redaktionelle Notiz, dass ein „Nabi" früher „Seher" genannt wurde. Im folgenden wird Samuel dann in 9,11.18.19 als „Seher" (ראה) bezeichnet.[666]

Auch in weiteren Kapiteln übt Samuel Funktionen aus, die zum prophetischen Spektrum gehören: Samuel kündigt Saul das Ende seiner Herrschaft an (1 Sam 13,13–14), veranlasst ihn zum Kampf gegen die Amalekiter mit dem Vollzug des Bannes, was zur endgültigen Verwerfung Sauls als König führt (1 Sam 15); Samuel salbt in 1 Sam 16 auch noch David, den neuen Auserkorenen und kündigt aus dem Totenreich den Tod Sauls und seiner Söhne an (1 Sam 28). In 1 Sam 7 f.; 12 zeigt sich Samuel als Retter und Führungsgestalt in Israel, die am ehesten als Richterfunktion zu verstehen ist. Bei den vielen Facetten ist umstritten, welche Rolle der historische Samuel eingenommen hat. M.E. ist die ursprüngliche Rolle eher als eine prophetische Gestalt zu begreifen, W. Dietrich dagegen ist der Auffassung, dass dies für die Richterrolle gilt.[667]

Das nächste Vorkommen des Titels „Nabi" zeigt sich in 1 Sam 9–10, wo Samuel nach der Salbung Saul drei Begegnungen ankündigt. Die letzte Begegnung zeigt Samuel mit einer Gruppe von „Nebiim" (חבל נביאים), die unter Musikbegleitung von einer Kulthöhe herabkommen. Auf sie ist der Geist Jhwhs (רוח יהוה)[668] herabgekommen, der zu einem alternierenden Bewusstseinszustand führt, der nach außen sichtbar ist. Dieses ekstatische Verhalten wird auf Saul übergehen, ist also kontagiös und wird mit dem wohl als *verbum denominativum*[669] verstehendem *nbᶜ* Hitp. ausgedrückt. Es bewirkt, dass Saul zu einem anderen Menschen wird (1 Sam 10,5–6). Die Begegnung wird dann in 1 Sam 10,10–12 berichtet. Der Abschluss besteht darin, dass damit die Entstehung des Sprichwortes „Ist denn auch Saul unter den Propheten?" verbunden wird.

Dieses Sprichwort wird noch einmal in dem Abschnitt 1 Sam 19,18–24 aufgegriffen. David ist zu Samuel nach Rama geflüchtet und Saul wird es

---

666 Die Frage, ob ein ursprünglich anonymer „Gottesmann" durch die Gestalt Samuels ersetzt worden ist, braucht hier nicht zu interessieren.

667 Siehe einerseits Lehnart 2003, 131–154; R. Kessler 2007, 203–224 mit einer ausführlichen Darstellung der überlieferungsgeschichtlichen Anreicherungen und andererseits W. Dietrich 2012 (2007), 115–130; Ders. 2019 (2015), 285–293.

668 In 1 Sam 10,10 ist vom Geist Gottes (רוח אלהים) die Rede; diese Gottesbezeichnung wird auch in 1 Sam 19,18–24 benutzt. Das Verb *nbᵓ* wird in V11 und 1 Sam 19,20 auch im Niphal verwendet; ein Bedeutungsunterschied lässt sich nicht erkennen.

669 S. zuletzt Kelly 2020, 95.

hinterbracht. Die Boten Sauls, die David zu Saul bringen sollen, werden beim Anblick der „Nebiim", als deren Vorsteher Samuel gezeichnet wird,[670] vom Gottesgeist ergriffen. Dies geschieht insgesamt drei Mal, bevor dann Saul selbst aufbricht und auch Saul in Ekstase gerät, die dazu führt, dass er letztlich nackt da liegt. Ähnlich wie in den Elischa-Überlieferungen wird Samuel hier als Leiter der Prophetengruppe dargestellt. Der Text ist wohl eine in Juda entstandene Überlieferung, die auf den älteren Text 1 Sam 10,5–6.10–12 zurückgreift.[671]

In 1 Sam 22,5 zeigt sich der Nabi Gad als Berater Davids, den er zur Rückkehr nach Juda auffordert. Noch einmal begegnet Gad im Zusammenhang der Volkszählung und des Altarbaus in 2 Sam 24. In V11 erhält Gad neben dem Titel „Nabi" auch den Titel „Seher" und wird David zugeordnet (חזה דוד). Er überbringt das Gerichtswort an David für die Volkszählung in V12–14 und fordert ihn zum Altarbau auf der Tenne des Arauna auf (24,18 f.). In 1 Chr 29,29 wird er ebenfalls als „Seher (הַחֹזֶה)" bezeichnet, der eine Geschichte des Königs David verfasst haben soll, neben dem „Seher (הָרֹאֶה)" Samuel und dem „Nabi" Natan, denen dasselbe zugeschrieben wird.

Eine Mehrzahl an nicht namentlich benannten Nebiim wird in der Erzählung von Sauls Befragung der Frau von En-Dor erwähnt. Saul befindet sich in einer militärischen Auseinandersetzung mit den Philistern. König Saul will Jhwh befragen (1 Sam 28,6). Er wendet sich an Traumseher und an die wohl ein Losorakel bezeichnenden Urim wie auch an die „Nebiim", die hier als anonyme Gruppe erscheinen (vgl. 1 Kön 22). Jhwh verweigert jedoch die Auskunft. Erst die Befragung des toten Samuel durch eine Totenbeschwörerin gibt Saul die ersehnte, jedoch niederschmetternde Auskunft, die den Tod Sauls und seiner Söhne ankündigt.

Die vergeblichen Anstrengungen Sauls werden noch einmal in der Rede Sauls an Samuel in 28,15 wiederholt. Die „Nebiim" erscheinen hier als wichtige Instanz, die in der Krisensituation der Philisterkriege den göttlichen Willen zum Ausdruck bringen.

Im zweiten Samuelbuch und dem ersten Kapitel des ersten Königsbuches tritt mit Natan eine Figur im Umfeld König Davids ins Licht, die in 2 Sam 7,2; 12,25 und dann gehäuft in 1 Kön 1,8.10.22.23.32.34.38.44.45 als „Nabi" bezeichnet wird. Der letzte Text wurde zusammen mit 1 Kön 2 als Ende einer „Thronfolgeerzählung" gesehen, die nicht allzuweit von den Geschehnissen selbst verfasst worden ist.[672] Weiterführend ist m.E. die Einordnung der Texte in einen ebenfalls noch vordeuteronomistischen Zusammenhang durch

---

670 Zu der Bezeichnung der Gruppe der Nebiim als להקה s. einerseits Lehnart 2004, 207, eine andere Möglichkeit bei Dietrich 2015, 455.

671 S. Lehnart 2004, 204–223.

672 Grundlegend dazu Rost 1965 (1926); zur Diskussion s. de Pury / Römer 2000; ein alternatives Konzept bei Knauf 2016a, 121–127.

W. Dietrich, der ein „Erzählwerk über die frühe Königszeit" annimmt, das im 8./7. Jahrhundert v. Chr. entstanden ist.[673]

Als nächste prophetische Gestalt erscheint Ahija in 1 Kön 11,29–40. Von ihm liegt auch noch eine umfangreichere Überlieferung in 1 Kön 14,1–18 vor. In 1 Kön 11,29 wird er als הנביא bezeichnet; dieser Titel wird ihm auch noch zuerkannt in 1 Kön 14,2.18. Er erhält in 11,29 zusätzlich die Herkunftsbezeichnung „der Schilonite" wie in den weiteren Erwähnungen Ahijas in 1 Kön 12,15; 15,29 sowie 2 Chr 9,29; 10,15. Dies ist durchaus üblich für eine prophetische Gestalt, wie 1 Kön 17,1; 2 Kön 1,3.8; 9,36 (Elija); Mi 1,1; Nah 1,1; Mi 1,1 sowie Jer 26,18 (Micha von Moreschet); Jer 29,31 (Schemaja) bezeugen. Ahija designiert Jerobeam in einem symbolischen Akt zum König der Nordstämme (1 Kön 11,29–40); er zeigt sich aber auch Auskunft gebend in 1 Kön 14,1–18. Dort erscheint er mit einer Gerichtsansage gegenüber dem Haus Jerobeams und Israel insgesamt (1 Kön 14,14–16). Es ist fraglich, inwieweit bei den Texten, die Ahija erwähnen, alte Tradition vorliegt oder ob hier aus späterer Sicht das Wirken Ahijas geformt wurde.[674]

Der nächste „Nabi" zeigt sich in 1 Kön 13, der in Bet-El angesiedelt ist. Er bleibt ohne Namen, genau wie sein Widerpart und Kollege, der Gottesmann aus Juda. „Gottesmann" und „Nabi" werden ausdrücklich in 13,18 in eins gesetzt. Klar ist eine geographische Zuordnung, die den Gottesmann in Juda und den Nabi in Bet-El verortet (13,11.18.20.23.25.26.29). Von Auftreten und Funktion her gibt es keinen Unterschied zwischen dem Gottesmann und dem Nabi. Merkwürdig ist einerseits die Lüge, die der Nabi aus Bet-El gegenüber dem Gottesmann äußert und andererseits dann die Totenklage und das Begräbnis im eigenen Grab des „Nabi" aus Bet-El.[675] Das Wort des Gottesmannes gegen Bet-El wird ausdrücklich als Gotteswort anerkannt (13,32).

Nachdem Ahija von Schilo in 1 Kön 14,2.18 noch einmal erwähnt wird (s.o.), leitet die Wortereignisformel in 16,1 eine Weissagung gegen die Dynastie Baschas ein, die formal wie inhaltlich auf 1 Kön 14,7–11; 21,20–24; 2 Kön 9,7–10a verweist und wohl auf deuteronomistische Redaktionstätigkeit zurückzuführen ist.[676] Jehu, dem diese Drohung zugeschrieben wird, wird in 1 Kön 16,7.12 mit dem Titel „Nabi" versehen. Inwieweit dieser Titel auf eine historische Prophetengestalt verweist, muss angesichts der deuteronomistischen Gestaltung dieses Abschnittes offenbleiben.

---

673 1997, 229–273. Die Texte bezüglich des Nabi Natan ordnet die monographische Untersuchung von W. Oswald spät ein und sieht in dem Nabi Natan den „Prototyp eines machtvollen Jhwh-Propheten, eines Propheten, der weit über seine Vorgänger in der klassischen Prophetie und im Alten Orient hinaus Einfluss auf das politische Geschehen ausübt."(2008, Zitat S. 275).

674 So z.B. Knauf 2016a, 324 f.

675 S. z.B. die ausführliche Analysen von B. Schmitz 2008, 117–225.343–395.

676 S. z.B. Würthwein 1977, 194.

In den nächsten Kapiteln 1 Kön 17–19; 21 und 2 Kön 1; 2 steht Elija im Zentrum des Interesses. Im Rahmen dieser Überlieferungen ist gehäuft von „Nebiim" die Rede.

In 1 Kön 18,4.13 werden eine unbestimmte Anzahl unbekannter Nebiim, die JHWH zugeordnet werden, erwähnt. Diese werden von Elija beschützt und versorgt gegenüber den Nachstellungen der Königin Isebel. Auf die Ermordung von Propheten JHWHS durch Isebel wird ebenfalls in 1 Kön 19,10.14 Bezug genommen.

Auch von „Nebiim", die anderen Göttern zugerechnet werden, ist in 1 Kön 18,19.20.22.25.40, implizit auch in 1 Kön 19,1 die Rede. Sie werden der Gottheit Baal und einmal auch in 1 Kön 18,19 der Göttin Aschera zugeordnet.[677]

Elija selbst wird in 1 Kön 18,22 als (einzig übriggebliebener) JHWH-Prophet und als „Nabi" in 18,36 bezeichnet. Der Titel „Nabi" ist in 1 Kön 19,16 vorausgesetzt, wo Elija zur Salbung Elischas als Prophet an der Stelle Elijas beauftragt wird. Interessant ist, dass dieser Titel für Elija in 1 Kön 21 fehlt. In 1 Kön 17,17–24 und 2 Kön 1 wird Elija zudem als „Gottesmann" bezeichnet.[678]

In 1 Kön 20 und 22 liegen außerhalb der Elija-Überlieferungen weitere prophetische Überlieferungen und damit Vorkommen von „Nabi" vor. Ein anonymer „Nabi" berät den israelitischen König im Kampf gegen den aramäischen König Ben-Hadad, der zum Sieg über die Aramäer führt und zu einem friedlichen Abkommen zwischen Israel und Aram (1 Kön 20,13.22). In V28 wird dieser Nabi auch mit dem Titel „Gottesmann" bedacht. In 1 Kön 20,35–43 wird eine weitere Episode mit einem „Nabi" berichtet, der den israelitischen König für die Freilassung des aramäischen Königs des Vergehens gegen die Bannvorschriften anklagt und Konsequenzen für den König und das Volk Israel androht. In 1 Kön 20,35 wird dieser Nabi als „einer der Prophetenjünger" bezeichnet. Diese Bezeichnung findet sich außerhalb des Elischa-Zyklus nur noch hier und – mit etwas anderer Formulierung – in Am 7,14. Ansonsten wird er in 20,38 wieder als „Nabi" bezeichnet. Wahrscheinlich ist dieser Abschnitt als später Zusatz zu verstehen, der gegenüber den Aramäern eine intransigente Haltung einnimmt und wohl eine Kenntnis der Elischa-Überlieferungen voraussetzt.

In 1 Kön 22 spielen die Auseinandersetzungen Israels mit den Aramäern ebenfalls eine Rolle. Gemeinsam wollen die Könige von Israel und Juda die Stadt Ramot-Gilead der Hand der Aramäer entreißen. Zur Vorbereitung dieses Feldzuges fordert der judäische König Joschafat die Befragung der „Nebiim".

---

677 In 2 Kön 3,13 wird auf die Propheten des Vaters und der Mutter des israelitischen Königs Jorams zurückverwiesen, demnach auf die Propheten Ahabs und Isebels. Es ist klar, dass damit auf die in 1 Kön 17–19 erwähnten Propheten Baals und der Aschera Bezug genommen wird, wahrscheinlich auch auf die „falschen" Propheten in 1 Kön 22.

678 In 1 Kön 17,1 ist im griechischen Text der C. Alexandrinus und Vaticanus zusätzlich הנביא vorausgesetzt; hier ist jedoch MT zu folgen, s. LEHNART 2003, 191 Anm. 29.

Die „Nebiim“ geben den erwünschten Bescheid und sagen einen Erfolg für die israelitisch / judäische Seite voraus. Dies stellt wiederum den judäischen König Joschafat nicht zufrieden und er äußert den Wunsch nach der Befragung eines weiteren JHWH-Propheten. Als ein solcher Prophet wird Micha ben Jimla benannt, allerdings betont der König von Israel, dass dieser Prophet ihm nie Gutes verheißt. Die Propheten zeigen wohl ekstatisches Verhalten vor den Königen (22,10) und Zidkija ben Kenaan (der Leiter der Nebiim?) unterstreicht die Botschaft der Nebiim durch eine symbolische Handlung, in dem er mit eisernen Hörnern das Niederstoßen der Aramäer verdeutlicht.

Zuerst schließt Micha sich der Botschaft der „Nebiim“ an; erst auf nochmaliges Nachhaken kündigt er die Niederlage und den Tod des Königs an. Die Botschaft der °Erzählung ist klar: Micha ben Jimla ist der wahre JHWH-Prophet. In einem Nachtrag in 22,19–22 wird die falsche Auskunft der „Nebiim“ in einer (himmlischen) Thronratsversammlung auf das Einwirken eines Geistes zurückgeführt, der von JHWH die Erlaubnis erhält, zu einem Lügengeist bei den „Nebiim“ zu werden.[679]

Mit 2 Kön 2 beginnen die Erzählungen, in denen Elischa die zentrale prophetische Gestalt darstellt. Elischa wird relativ selten mit dem Titel „Nabi“ versehen. Jedoch schon innerhalb der Elija-Überlieferung in 1 Kön 19,16, in der Beauftragung Elijas zur Salbung von Jehu, Hasael und Elischa wird er als „Nabi“ in der Nachfolge Elijas gesehen. In 2 Kön 3,11 wird Elischa von einem Diener des israelitischen Königs als נביא ליהוה bezeichnet, in 2 Kön 5,3.8.13 sowie in 6,12 und 9,1 als „der Nabi“. Häufiger noch wird Elischa als „Gottesmann“ in 2 Kön 4,7.9.16.21.22.25.27(2x).31.36.40.42; 2 Kön 5,8.14.15.20; 6,6.9.15; 7,2.17.18.19; 8,2.4.7.8 bezeichnet.

In 2 Kön 3,13 ist in der Entgegnung Elischas auf das Ansinnen des judäischen Königs, die an den israelitischen König gerichtet ist, die Rede von Nebiim, die mit dem Vater bzw. Mutter des israelitischen Königs, also Ahab und Isebel, verbunden sind. Dies verweist auf die 450 Nebiim, die auf dem Karmel durch König Ahab versammelt werden und die der Gottheit Baal zugehören (1 Kön 18,19.22.25.40), und auf die Nebiim der Aschera, die Königiin Isebel zugerechnet werden (1 Kön 18,19).

Ein weiterer Begriff, die בני הנביאים,was wörtlich „Prophetensöhne“ bedeutet und am ehesten zu verstehen ist als Bezeichnung für eine bestimmte Gruppierung, begegnet fast exklusiv in den Elischa-Überlieferungen. Außer in 1 Kön 20,35 und wohl Am 7,14 (hier wird der Singular *baen-nābî*ᵓ benutzt, der ansonsten nicht mehr vorkommt) wird diese Bezeichnung nur in 2 Kön 2,3.5.7.15; 4,1.38; 5,22; 6,1; 9,1 verwendet. Gemeint sind mit diesem Begriff „Gruppenpropheten“, die sich um einen Leiter scharen. Deutlich ist Elischa diese Führergestalt. Nach der Geistübertragung von Elija zu Elischa

679 Zur Darstellung der Prophetie in diesem Kapitel s. jetzt RUTH EBACH 2023, 187–206.

werfen sich die *b^enê hän^ebî^îm* vor ihm nieder (2 Kön 2,15), die Frau des Prophetenjüngers bezeichnet ihren verstorbenen Mann in 2 Kön 4,1 als „Knecht“ Elischas, Elischa bestraft in 2 Kön 5,26 f. Gehasi und beauftragt einen nicht namentlich genannten Prophetenjünger mit der Salbung Jehus (2 Kön 9,1; vgl. auch 2 Kön 9,4). Inwieweit der historische Elischa den Titel „Nabi“ getragen hat, muss allerdings offenbleiben.

Innerhalb der Erzählung über den *coup d'état* Jehus in 2 Kön 9,7–10 wird auf die Nebiim als eine Gruppe zurückgeblickt, die von Isebel getötet wurden. Sie werden als Diener JHWHS bezeichnet (2 Kön 9,7).

In 2 Kön 9–10 werden noch einmal „Propheten des Baal“ in 2 Kön 10,19 erwähnt, wie auch schon in 1 Kön 18.

Bei der Beurteilung Jerobeams II., der unter das allgemeine deuteronomistische Verdikt der Nordreich-Könige mit dem Verweis auf die Sünde Jerobeams I. fällt, wird etwas widerwillig darauf verwiesen, dass die Grenzen Israels unter Jerobeams Herrschaft wieder hergestellt wurden (2 Kön 14,23–29). Zurückgeführt wird dies auf die Ankündigung des „Nabi“ Jona, der in deuteronomistischem Stil als Knecht JHWHS bezeichnet wird. Über ihn ist ansonsten nichts bekannt außer seiner Herkunft aus Gat-Hefer und dem Vatersnamen Amittai (2 Kön 14,25).

In der allgemeinen deuteronomistischen Abrechnung mit dem Nordreich Israel werden in 2 Kön 17,13 „Nebiim“ (und „Seher“) erwähnt, durch die Israel und Juda gewarnt worden waren. Allerdings wurde weder in Israel noch in Juda auf die „Knechte JHWHS“ gehört; sie haben den Bund verworfen. Seher und Nebiim werden hier synonym gebraucht, ein funktioneller Unterschied ist nicht zu erkennen.

Vier Mal wird in dem Textkomplex 2 Kön 18–20 Jesaja als הנביא bezeichnet: 2 Kön 19,2; 20,1.11.14.[680] Im Buch Jesaja wird außerhalb der Parallele Jes 36–39 Jesaja nicht mit einem Titel versehen.

Im deuteronomistiscchen Abschnitt über das Wirken des Königs Manasse wird wieder auf die Propheten verwiesen, die als Knechte JHWHS wegen der Taten Manasses Unheil für Juda und Jerusalem verkünden (2 Kön 21,10).

Eine der wenigen Stellen, die eine Prophetin erwähnen, liegt in 2 Kön 22,14 vor. Angesichts des Buchfundes im Tempel wird von König Joschija eine Delegation zu der Prophetin Hulda entsandt, die um die Auskunft JHWHS bitten soll. Ort der Auskunft ist offenbar das Wohnhaus Huldas in der Neustadt von Jerusalem.

In 2 Kön 23,2 wird König Joschija neben dem Volk auch von den Gruppen der Priester und Propheten begleitet beim Weg zum Tempel, wo die Worte des Bundesbuches verlesen werden.

---

680 Ein Paralleltext liegt in Jes 36–39 vor. Eine genaue Abhängigkeit in dem Sinne, ob 2 Kön 18–20 der Ausgangstext ist oder Jes 36–39, wird in letzter Zeit eher in Richtung einer gegenseitigen Abhängigkeit beantwortet, s. BERGES / BEUKEN 2016, 354–358.

Bei der Zerstörung des Altares in Bet-El kommt das Grabmal des Gottesmannes und des „Nabi“ in den Blick, deren Geschichte in 1 Kön 13 erzählt worden ist. Als Joschija die Geschichte hört, gibt er den Befehl, dass das Grabmal unversehrt bleibt (2 Kön 23,18).

Abschließend wird in deuteronomistischer Diktion in 2 Kön 24,2 auf die Drohungen der „Nebiim“, die wiederum als „Knechte JHWHS“ bezeichnet werden, verwiesen. JHWH hat aufgrund der Sünden Manasses die Räuberscharen der Chaldäer, Aramäer, Moabiter und Ammoniter gegen Juda gesandt und es durch die „Nebiim“ androhen lassen. Da half auch das Wirken Joschijas nicht mehr.

Insgesamt lässt sich sagen, dass der Titel „Nabi“ häufig vorkommt, es jedoch schwer ist, diesen Titel mit einer historischen Gestalt zu verbinden. Am ehesten dürfte dies noch bei Natan möglich sein, der vor allem in 1 Kön 1 f. sehr oft als „Nabi“ bezeichnet wird. Dies ist kaum auf eine redaktionelle Bearbeitung zurückzuführen.

Welches Bild ergibt sich nun im Bereich der Bücher, die einer bestimmten prophetischen Gestalt zugeordnet werden?

Jesaja wird in der Überschrift 1,1 zeitlich dem Ende des 8. Jahrhunderts zugeteilt. Einigkeit besteht darüber, dass im besten Falle Teile der Überlieferung in Jes 1–39 mit der historischen Gestalt des Jesaja ben Amoz in Verbindung gebracht werden können.

In der Überschrift wird die Botschaft Jesajas als Vision (חזון) zusammengefasst, was am ehesten auf eine Bezeichnung als „Seher“ verweisen könnte.

Zum ersten Mal zeigt sich der Titel „Nabi“ in einer Aufzählung der Stützen der Gesellschaft neben dem Helden, dem Kriegsmann, dem Richter, dem „Wahrsager“ (קסם) und dem Ältesten, die JHWH von Juda entfernt (3,2) und stattdessen Unerfahrenen und Ungeeigneten die Herrschaft überträgt (3,4). Inwieweit Jesaja mit einer dieser Gruppen in Verbindung zu bringen ist, wird nicht deutlich.

In Jes 8,3 kommt eine namentlich nicht genannte Prophetin in den Blick, die Jesaja einen Sohn mit dem Symbolnamen „Schnelle Beute – rascher Raub“ schenkt. Es handelt sich wohl um seine Gattin. Inwieweit sie divinatorisch tätig war, ist aufgrund des Titels anzunehmen, es fehlt aber ein entsprechender Beleg.

In Jes 9,14 gehören die „Nebiim“ zu den gesellschaftlichen Gruppen, die JHWH entfernt, weil sie zu Verführern geworden sind (9,15). Bei der radikalen Kritik auch an den „Nebiim“ ist schwer vorstellbar, dass Jesaja zu dieser Gruppe hinzugerechnet werden kann.

In Jes 28,7 zeigen sich wieder „Nebiim“ neben den Priestern. Als Funktion wird ihnen visionäres Schauen (ראה) zugewiesen, den Priestern der Bescheid (פלילה) Diese Funktion nehmen sie jedoch (wie die Priester) im Zustand der Volltrunkenheit wahr, was die Bedeutung der Handlungen dem Erbrochenen gleichsetzt (28,8).

In Jes 29,10 werden noch einmal „Nebiim" erwähnt, dieses Mal neben „Sehern" (החזים). Auch das Urteil über diese beiden Gruppen fällt nicht gut aus, da JHWH ihre Augen verschlossen und ihre Erkenntnisfähigkeit beseitigt hat. Da Jesaja wohl mit dem Anspruch aufgetreten sein muss, eine Botschaft von JHWH zu verkünden, ist eine Zugehörigkeit von Jesaja zu diesen Gruppen ausgeschlossen.

In dem Anhang Jes 36–39 wird Jesaja dagegen in 37,2; 38,1.3 als „der Nabi" bezeichnet. Dies ist wohl als Hinweis zu sehen, dass die Jesajaüberlieferung in unterschiedlichen Gruppen tradiert worden ist.

Ein anderes Bild ergibt sich im Buch Jeremia. In der Überschrift Jer 1,2–3 wird das Wirken Jeremias in die Zeit der judäischen Könige Joschija, Jojakim und Zidkija eingeordnet, d.h. er wirkte nach diesen Angaben in der Zeit der Eroberung Jerusalems durch die Babylonier, der Zerstörung des Tempels und der Wegführung von Bevölkerungsteilen in das Exil.

Jeremia hat mit Gegnern zu tun, die wie er selbst den Anspruch erheben, eine Botschaft des israelitischen Gottes JHWH zu vermitteln. Für diese Gegner wird ganz selbstverständlich der Titel „Nabi" bzw. der Plural „Nebiim" benutzt.[681] Neben einer anonymen Mehrzahl, die in Jer 5,13.31; 6,13; 8,10; 14,13.14.15; 23, 9.11.14.15.16.21.25.26.28.30.31.32.33.34.37; 26,16; 27,9–10.14.15.16.18.19 begegnet, wird in Jer 28.1.5.12.15.17 der Nabi Hananja namentlich benannt. Die anonymen „Nebiim" zeigen sich als wichtige gesellschaftliche Gruppe neben Priestern, Beamten und anderen divinatorischen Spezialisten: Jer 2,26; 4,9; 8,1; 13,13; 14,18; 18,18; 26,7.11; 27,9; 29,1.8; 32,32.

Auch Jeremia wird ebenfalls ganz selbstverständlich als Nabi bezeichnet: Jer 1,5 (Besonderheit נביא לגוים); 11,21; 20,2; 25,2.30; 28,5.6.10.11.12.15; 29,1.29; 32,2; 34,6; 36,8.26; 37,2.3.6.13; 38,9.10.14; 42,2.4.6; 45,1; 46,1.13; 47,1.34; 50,1.59.

Außerdem wird für das Tun Jeremias das Verb נבא benutzt: Jer 19,4; 20,1; 25,13; 26,9.11.12; 29,27; 32,3. In Jer 26,16 wird ausdrücklich gesagt, dass Jeremia im Namen JHWHS redet.[682]

Mit dem Jeremiabuch verbunden ist die Frage, ob die kürzere und eine andere Abfolge der Texte bietende griechische Überlieferung ein ursprünglicheres Stadium der Jeremia-Überlieferung bewahrt hat. Anzunehmen ist – trotz neuerer Einsprüche –, dass der griechischen Überlieferung die Priorität

---

[681] In Jer 2.8 wird von Nebiim berichtet, die im Namen Baals weissagen (נבא Ni.) und Göttern nachlaufen, die unnütz sind. In Jer 23,13 wird die Verkündigung im Namen Baals den Nebiim des Nordreiches zugeordnet. Es muss jedoch in beiden Fällen offen bleiben, ob es sich um polemische Verzerrungen handelt oder ob diese Nebiim tatsächlich Baal verehrten. Wahrscheinlicher ist Ersteres.

[682] In Jer 20,6 wird wird das Verb auch mit dem Subjekt Paschur, der Priester ist, benutzt: Dies zeigt, dass prophetische Äußerungen auch „berufliche" Grenzen überschreiten können.

besitzt.[683] Von daher ist es wichtig, die Verwendung des Prophetentitels in der griechischen Überlieferung für Jeremia genauer zu betrachten.

Exkurs 1: Der Prophetentitel נביא für Jeremia in Jer^LXX

Schaut man auf den masoretischen Text des Jeremiabuches, so ist dort Jeremia 31 Mal mit dem Titel versehen.[684] Ein anderes Bild ergibt sich, wenn man auf die griechische Überlieferung des Jeremiabuches schaut. Dort wird Jeremia nur 5 Mal als Nabi bezeichnet: Jer 1,5; 42,2; 43,6; 45,1; 51,59. Ein deutlich geringeres Vorkommen also. Nach der vorwiegenden Auffassung der Forscherinnen und Forscher ist dem griechischen Text die Priorität gegenüber dem umfangreicheren MT einzuräumen. Für Gonçalves zeigt der große Unterschied in der Titelzuweisung an Jeremia, dass Jer^LXX eine Textstufe repräsentiert, in der Jeremia noch nicht als נביא gesehen wurde.[685] Deutlich ist auf jeden Fall, dass der Titel Nabi in Jer^LXX sehr viel restriktiver gehandhabt wurde. War Jeremia demnach kein Nabi?

Es ist klar, dass Jer^LXX mit dem Begriff gerungen hat. Denn nur so ist zu erklären, dass im Jeremiabuch der Begriff „Nabi" manchmal im Griechischen mit ψευδοπροφήτης wiedergegeben wird: Jer 6,13; 33,7.8.11.16; Jer 34,9; 35,1; 36,1.8[686]. Außerhalb des Jeremiabuches kommt dieser Begriff nur noch in Sach 13,2 vor. Es handelt sich hier um eine explikative Übersetzung, die eine deutlich negative Bewertung beinhaltet, nämlich Falschprophet. Innerhalb des Jeremiabuches kommt dieses Lexem gehäuft in Kapitel 33 (Jer^LXX) vor, dem Kapitel, das die Auseinandersetzungen Jeremias mit den Nebiim, die sich vor allem bis Kapitel 36 erstreckt (Jer^MT: 26–29), einleitet. Dies zeigt deutlich, dass in der griechischen Überlieferung eine Leserlenkung vorgenommen wird, die klarstellt, wer falscher und wer wahrer Prophet ist.

---

683 S.o. S. 60 Anm. 137; zuletzt C.M. Maier 2022, 13–22; Stipp 2019, 3–6.

684 Jer 20,2; 25,2; 28,5.6.10.11.12.15; 29,1; 32,2; 34,6; 36,8.26; 37,2.3.6.13; 38,9.10.14; 42,2.4; 43,6; 45,1; 46,1.13; 47,1; 49,34; 50,1; 51,59. Dazu gehört auch die Bezeichnung Jeremias in Jer 1,5 als „Prophet für die Völker" (נביא לגוים).

685 2001, 176 f.; Ders. 2007; ebs. de Jong 2011, der vier Stufen in der Jeremia-Überlieferung unterscheidet, wobei die erste Stufe in der Klage über Vernichtungen in Juda durch einen Feind aus dem Norden besteht. Auf dieser Stufe tritt Jeremia für die Wohlfahrt Judas ein, entsprechend den altorientalischen divinatorisch-prophetischen Aufgaben. In einer zweiten Stufe wird Jeremia als Verkünder des Gotteswortes gegen die Nebiim und das ganze Volk gestellt; in der dritten – deuteronomistischen – Stufe wird Jeremia als Mahner in einer langen Kette von Nebiim gesehen, die als „Knechte Jhwhs" bezeichnet werden und schließlich viertens als Prophet für die Völker. (507–508; s. insgesamt 483–510). Die Schwierigkeit dieser Auffassung liegt in dem Gegensatz zwischen der ersten und zweiten Stufe, in der Jeremia sich vom Unterstützer des Volkes zum Gerichtspropheten wandelt. Die Brücke über die Klage ist nicht tragfähig genug für einen solchen radikalen Umschwung.

686 Die Stellenangaben nach der Zählung in Jer^LXX.

Schaut man auf die Verwendung des Verbums נבא mit Jeremia als Subjekt, so wird dieses Verb, das am ehesten mit „prophetisch reden“ wiedergegeben werden kann, für Jeremia elf Mal verwendet: Jer 11,21; 19,14; 20,1; 25,13.30; 26,9.11.12; 29,27.29; 32,3. In der griechischen Überlieferung wird dieses Verb mit προφητεύειν, dem griechischen Äquivalent, wiedergegeben. Im Unterschied zu dem Titel Nabi ergibt sich eine völlige Übereinstimmung zwischen Jer^{LXX} und Jer^{MT}.[687]

Als Folgerung lässt sich ziehen, dass Jeremia in den früheren Textstufen weniger als „Nabi“ bezeichnet wird, er jedoch in diesem Rahmen verstanden werden konnte. Stipp, der den Prophetentitel und den Eigennamen bei Jeremia auf der Ebene der prämasoretischen Revisionen untersucht hat, ist der Auffassung: „Grundsätzlich vergab man den Titel nur an Figuren, die ihn im älteren Textbestand bereits besaßen, also an Jeremia und Hananja, nicht jedoch an Samuel, Mose (15,1b) und Urija ben Schemaja (26,20a.21c.23aMT), wo dies nicht der Fall war.“[688] Die Verwendung des Titels, wenn auch nur in wenigen Fällen in früheren Textstufen, weist ihn zusammen mit der Verwendung des Verbs als eine Person aus, die im Rahmen des Wirkens eines Nabis verstanden wurde.

Ende des Exkurses

Im positiven Sinne werden Unheilspropheten der Vergangenheit in 28,8 benannt, vorher auch schon namentlich Micha von Moreschet in Jer 26,18, allerdings ohne den Titel „Nabi“. Benutzt wird aber das Verb נבא; das Gleiche gilt auch für Urija aus Kirjat-Jearim in Jer 26,20. Auch für ihn wird nur das Verb benutzt.

Die Vergeblichkeit prophetischen Bemühens der Vergangenheit, die als Knechte Jhwhs bezeichnet werden, betonen Jer 7,25; 25,4; 26,5; 29,19; 35,15; 44,4.

Im Brief Jeremias an die Verbannten in Babel wird auch deutlich, dass im Exil ebenfalls Nebiim auftraten (Jer 29,15).

Auf alternierende Bewusstseinszustände bei Nebiim verweist Jer 29,26, wo ein Nabi als verrückt bezeichnet wird.[689]

Das Bild hat sich im Buch Jeremia wesentlich geändert. Der Titel „Nabi“ wird verwendet; sowohl bei den Gegnern Jeremias wie bei Jeremia selbst.[690]

Im Buch des im Exil in Babylon wirkenden Ezechiel ist der Titel „Nabi“ ebenfalls prominent vertreten. Ezechiel selbst wird zwei Mal – in Ez 2,5 und

---

687 Bei Jer 25,13 ist zu beachten, dass in der LXX dieser Vers als 25,14 gezählt wird. Er dient als Überschrift zu den Fremdvölkerworten, beginnend mit Elam; s. dazu Stipp 1994, 85; s. auch Finsterbusch / Jacoby 2017, 30–31; C.M. Maier 2022, 425.

688 2009, 302.

689 S. Hos 9,7–9; 1 Sam 10; 19; 2 Kön 9,11.

690 Anders M. de Jong 2011, der Jeremia auf einer frühen Überlieferungsstufe nicht zu den „Nebiim“ und auch nicht ursprünglich zu den Gerichtspropheten rechnet: ebs. Gonçalves 2001; Ders. 2007.

Ez 33,33 mit dem Titel „Nabi“ versehen. Sehr viel häufiger wird allerdings das Verb נבא im Niphal mit dem Subjekt Ezechiel bzw. der häufig in der Gottesrede verwendeten Anrede „Menschensohn“ benutzt: Ez 4,7; 6,2; 11,4.13; 12,27 (in Parallele mit ḥzh bzw. dem Nomen ḥizājôn); 13,2.17; 21,2.7.14.19; 21,33; 25,2; 22,25; 28,21; 29,2; 30,2; 34,2; 35,2; 36,1.3.6; 37,4.7.10.12; 38,2.14; 39,1.

„Nebiim“ im allgemeinen Sinn – ohne negativen Beigeschmack – werden als Gruppierung neben Priester und Ältesten in Ez 7,26 erwähnt (s. auch Jer 18,18) sowie im Rahmen einer Befragung in Ez 14,4.7. Bei letzterem Text ist mit dem Nabi Ezechiel gemeint.

Als Gegner Ezechiels erscheinen „Nebiim“ in Ez 13. In 13,4 werden sie als „Propheten Israels“ bezeichnet; es dürfte sich also um JHWH-Propheten gehandelt haben. In 13,3 wird von ihnen gesagt, dass sie nur ihrem eigenen Geist folgen und keine von Gott inspirierte Vision hatten. Hier wird das Verb ראה verwendet. In 13,6 schauen (חזה) sie Nichtiges und lügnerische Orakel. Auch in V9 wird der gleiche Vorwurf erhoben, ebenfalls unter der Verwendung des Verbs ḥzh. In V16 wird von den Propheten Israels gesagt, dass sie über Jerusalem prophezeien (נבא) und Heilsvisionen schauen, als Verb wird ḥzh benutzt. In Ez 14,9–10 begegnen ebenfalls „Nebiim“, die nur vorgeben, ein Gotteswort zu sagen und deswegen von JHWH zum Toren gemacht werden. Als Gegner Ezechiels (und JHWHS) erscheinen „Nebiim“ auch in Ez 22,25. In V28 wird ihnen gegenüber wiederum der Vorwurf erhoben, nichtige Visionen und falsche Orakel zu verbreiten und dies unter Verwendung der sogenannten Botenformel.

Die Tätigkeit der weiblichen Gegner Ezechiels wird in 13,17 mit נבא Hitpael umschrieben; in 13,18 werden dann wohl magische Praktiken erwähnt.[691]

Als Größen der Vergangenheit werden die Nebiim in Ez 38,17 verstanden; sie werden als „Knechte JHWHS“ gesehen wie auch im Jeremiabuch (s.o.).

Der Überblick über die Verwendung von „Nabi“ bei den drei großen Propheten lässt deutliche Unterschiede erkennen. Bei Jesaja zeigt sich in Jes 1–35 eine massive Abwehr gegenüber diesem Titel, er wird auch nicht für Jesaja verwendet. Anders ist dies nur in einem exakt begrenzten Überlieferungsbereich, in Jes 36–39 par. Bei den der exilischen Zeit zugeordneten Propheten Jeremia und Ezechiel wird deutlich, dass der Titel „Nabi“ für Jeremia und Ezechiel benutzt wurde, bzw. dass ihre Tätigkeit in dem Rahmen der Tätigkeit eines Nabi eingeordnet werden konnte. Dies gilt allerdings auch für ihre Gegner, die ihrem Selbstverständnis nach als JHWH-Propheten zu sehen sind.

Wie sieht nun die Situation in der weiteren prophetischen Überlieferung aus?

Im ersten Buch des Dodekaprophetons, dem Buch Hosea begegnet fünf Mal der Titel „Nabi“ bzw. „Nebiim“. Hosea wird jedoch nicht mit diesem Titel versehen. Der Prophet wird in der Überschrift Hos 1,1 in das 8. Jahrhundert eingeordnet; er wirkt im Nordreich Israel und stammt auch von dort.

---

691 S. dazu weiter unten Abschnitt 3.2.2.8.

Zum ersten Mal kommt „Nabi“ in Hos 4,5 vor. Der Abschnitt 4,4–10 stellt eine Anklage wegen fehlender Gotteserkenntnis dar, die sich an einen bestimmten, aber nicht namentlich genannten Priester richtet. Die Anklage wird in V7 auf eine Mehrzahl an Priestern erweitert.[692] In V5 ist das Fehlverhalten des Priesters auf den „Nabi“ erweitert; allerdings spielt er in den folgenden Versen keine Rolle mehr, so dass mit großer Sicherheit hier eine spätere Erweiterung vorliegt.

In einem fast verzweifelten Appell an Ephraim und Juda wird in einer Gottesrede Hos 6,1–6 das Ziel des Handelns Gottes deutlich: Es besteht in der Erscheinung des Rechtes. Das Recht (משפט) wird mit dem Licht (der Sonne) verglichen. Liebe und Gotteserkenntnis ist die von Gott gewünschte Antwort Israels (6,1–6). In diesem Zusammenhang werden in V5 die „Nebiim“ erwähnt, durch die JHWH auf das Volk einwirkt. Die „Nebiim“ haben hier dieselbe Funktion, die auch für Hosea gilt: Das Volk aufzurütteln, um der Liebe Gottes zum Durchbruch zu verhelfen. „Nebiim“ werden hier also durchaus positiv gesehen und stehen – wie Hosea – auf der Seite des israelitischen Gottes.

In dem Abschnitt 9,7–9 wird Widerstand deutlich, der sich gegen den „Nabi“ äußert. Er muss auf Fallen aufpassen, die auf seinen Wegen aufgestellt sind. Damit wird die Beziehung zu Gott beeinträchtigt. Dass der Nabi als „meschugge“ (s. 2 Kön 9,11; Jer 29,26) bezeichnet wird, verweist auf alternierende Bewusstseinszustände, die mit der prophetischen Verkündigung verbunden sein können. Darauf verweist auch die nur hier verwendete Bezeichnung איש הרוח – „Mann des Geistes“ in Hos 9,7. Sie zeigt die Vorstellung, dass der „Nabi“ geistbegabt ist, was auch in 1 Sam 10; 19; u.a.m bezeugt ist.[693] Grundsätzlich ist auch hier der „Nabi“ positiv und auf der Seite Gottes gesehen.

Als wichtige Mittler redet Gott in Hos 12,11 durch die „Nebiim“, er lässt sie im ursprünglichen Zustand der ersten Begegnung zwischen Gott und seinem Volk Visionen sehen und in Gleichnissen reden.[694] Auch hier ist die Bedeutung der Nebiim positiv zu sehen.

Auf der gleichen Linie liegt Hos 12,14, wenn dort Mose als dem Führer des Exodus die Rolle eines Nabi zugewiesen wird (s. unten Abschnitt 3.1.2).

Obwohl Hosea selbst nicht mit dem Titel „Nabi“ in Verbindung gebracht wird, wird die Rolle von „Nebiim“ mit der Ausnahme von Hos 4,5 positiv beschrieben. In Hos 4,5 ist der Nabi wahrscheinlich ein späterer Zusatz, der die Kritik an dem Priester auf den Nabi ausweitet.

---

692 S. BONS 1996, 73.

693 Auch im Ezechielbuch zeigt sich die Verbindung von Prophet und Gottesgeist, wobei die Auffassung vorherrschend ist, dass der Geist Gottes Ortsveränderungen bei dem Propheten bewirkt: Ez 2,2; 3,14.24; 8,3; 11,1.5.24; 13,3; 37,1; 43,5; s. zum Gottesgeist im Ezechielbuch s. insgesamt BLISCHKE 2019, 191–228. Die Ergriffenheit durch einen Geist ist auch bei Elija und Elischa (2 Kön 2) und in Mi 3,8 greifbar.

694 Zu dieser Übersetzung s. WOLFF [3]1976, 268.

Die einfache Einleitung des Buches Joel in 1,1 besteht allein in dem Hinweis, dass das Wort JHWHS an Joel, den Sohn Petuels, erging. Auf eine zeitliche Einordnung wird verzichtet.

Die neuere Forschung ordnet dieses Büchlein in das 4. Jahrhundert ein und versteht aufgrund der vielen intertextuellen Bezüge zu anderen Prophetenbüchern den Text als „literarische Prophetie“, d.h. es wird keine historische Persönlichkeit angenommen, die im Hintergrund dieses Textes steht.[695] In einer zukünftigen Heilszeit wird das ganze Volk durch die Ausgießung des Gottesgeistes zu Propheten werden, die Alten werden Träume haben, die Jungen Visionen; auch die Knechte und Mägde werden einbezogen (3,1 f.). „Nebiim“ werden hier positiv verstanden, sie verlieren jedoch ihre Sonderstellung; ein eigener Stand ist nicht mehr notwendig. Das ganze Volk wird zu Propheten.

In der Einleitung Am 1,1–2 werden die Worte des Amos in das 8. Jahrhundert eingeordnet. Auch er verkündet wie Hosea seine Botschaft im Nordreich Israel; ausdrücklich wird festgehalten, dass er aus Tekoa, d.h. dem Südreich Juda stammt. Er wird nicht als Nabi bezeichnet, sondern ausdrücklich den Schafzüchtern zugezählt. Dies verweist schon auf die Schlüsselstelle Am 7,10–17, der Auseinandersetzung zwischen Amos und dem Priester Amazja von Bet-El.

In Am 2,11 werden erstmals im Amosbuch „Nebiim“ erwähnt, die in der Rückschau in Israel aufgetreten sind und denen das Prophezeien verboten wurde (2,12). Amos 2,10–12 wird ziemlich einhellig als Zusatz gesehen,[696] der die Rolle von „Nebiim“ in der Begleitung der Geschichte Israels als gottgewollt darstellt.[697]

In Am 3,7 begegnen wiederum „Nebiim“. Von ihnen wird gesagt, dass JHWH nichts tut, ohne seinen Plan den „Nebiim“ enthüllt zu haben. Auch dieser Vers ist zu einer Bearbeitungsschicht zu rechnen, die 2,10–12 und auch 3,1–2 umfasst. Sie besitzt eine Nähe zu deuteronomistischem Gedankengut.[698]

Ein weiteres Mal spielt „Nabi“ eine Rolle in der Begegnung zwischen Amos und dem Priester Amazja in Bet-El (Am 7,10–17). Amos verneint ausdrücklich, dass er ein „Nabi“ oder ein *„baen-nābiʾ“* sei (Am 7,14), obwohl Amazja ihn mit einem anderen Titel, nämlich „Seher“ (חזה) angesprochen hat. Amos verwendet für seine Aussagen jedoch das *verbum denominativum nbʾ* im Niphal und zeigt damit, dass er keinen Unterschied zur Wertigkeit der Botschaft der „hauptamtlichen“ Divinatoren sieht. Diese Szene geht nicht auf Amos zurück, sie ist jedoch auch keine Reflexion aus exilisch-nachexilischer Zeit. R. KESSLER hat diesen Reflexionstext in die Zeit kurz nach dem Ende des Nordreiches eingeordnet, da mit dem Gegensatz von Hier (Bet-El) und Dort (Juda) operiert

[695] S. ZENGER ⁹2016, 646–648.

[696] S. zuletzt R. KESSLER 2021, 83.

[697] Ebd., 76 f.

[698] Ebd., 99 f.

wird, was nur bei einem Bestehen des Südreiches Juda Sinn ergibt.[699] Es muss offenbleiben, wie der historische Amos sich verstanden hat; er wird hier von einem Bearbeiter zwar von „Nabi", „*baen-nābî*ᵓ" und auch „Seher" abgegrenzt, in der Bedeutung der Botschaft ihnen aber gleichgesetzt. Damit zeigt sich hier wie auch im Alten Orient, dass divinatorisches Handelnd immer wieder „berufsmäßige" Grenzen übersteigt.

Die kürzeste Schrift der Hebräischen Bibel wird einem Obadja zugeschrieben. Eine knappe Überschrift weist dieses Werk als Vision (חזון) eines Obadja aus. Einen Titel erhält Obadja nicht. Ausgangspunkt der Schrift ist wohl in exilischer Zeit die Bedrängnis durch Edom, woran sich mehrere Fortschreibungen anschlossen.[700] Die intertextuellen Bezüge zu anderen Prophetenschriften lassen vermuten, dass es sich hier um eine Schreibtischarbeit handelt, so dass die Verfasserschaft wohl in schriftgelehrten Kreisen zu vermuten ist.[701]

Das nächste Buch im Dodekapropheton ist das Buch Jona. Jona, der von Jhwh beauftragt wurde, mit einer Gerichts- und Umkehrbotschaft nach Ninive zu gehen, versucht sich diesem Auftrag zu entziehen, was ihm allerdings nicht gelingt. Als die Bewohner Ninives – einschließlich der Tiere – dann tatsächlich umkehren, hadert er mit der Barmherzigkeit Gottes. Es geht in dieser Schrift um die Person Jona, der von der Funktion her klar als Prophet gezeichnet ist, jedoch keinen prophetischen Titel erhält. Der Inhalt der Botschaft dieser prophetischen Gestalt steht nicht im Vordergrund, es geht um die Person Jona. Von daher weist diese Schrift Verbindungslinien zu den Elija-Elischa-Erzählungen auf.[702] Das Büchlein ist wohl in hellenistischer Zeit (3. Jahrhundert v. Chr.) in Jerusalem entstanden.[703] Es hat eine kritische Sicht auf die Propheten und ist eine schriftgelehrte Arbeit. Der Name Jona ist aller Wahrscheinlichkeit nach aus 2 Kön 14,25 entnommen.

Die nächste Prophetengestalt im Dodekapropheton, Micha, wird mit der Herkunftsbezeichnung Moreschet in Mi 1,1 vorgestellt, eine Praxis, die bei Propheten nicht ungewöhnlich ist (s. für Ahija in 12,15; 15,29; 2 Chr 9,29; 10,15; Elija in 1 Kön 17,1; für Micha auch in Jer 26,18; Nahum in Nah 1,1 sowie Schemaja aus Nehelam in Jer 29,31.32). Vom Wirken Micha von Moreschets handelt dieses Büchlein. An Micha ergeht das „Wort Jhwhs", dessen Übermittlung als visionäres „Sehen" (חזה) bezeichnet wird. Einer der gängigen Titel, sei es Nabi oder „Seher" wird nicht verwendet. Das Auftreten Michas wird in die zweite Hälfte des 8. Jahrhunderts v. Chr. zur Zeit der Könige Ahas und Hiskija eingeordnet (Mi 1,1).

---

699 Ebd., 228–230.

700 S. zuletzt Fabry 2018, 380–383.

701 Ebd., 339 f.

702 Vgl. z.B. Jona 4,1–4 mit 1 Kön 19,1–6.

703 S. Weimar 2017, 65 f.

„Nebiim“ kommen nur in Mi 3,5.6.11 in den Blick. Das Urteil über sie ist wie bei den anderen gesellschaftlichen Gruppen vernichtend: Sie lassen sich korrumpieren, für sie bricht die Nacht an. Das gilt auch für die anderen Divinatoren, die Seher und קסמים (3,5–8). Von diesen Divinatoren ist wahrscheinlich auch schon in Mi 2,11 die Rede, wo das ungewöhnliche Verb נטף für divinatorisches Handeln verwendet wird. Von ihnen grenzt sich Micha scharf ab und beansprucht den Geist JHWHS für sich (3,8). Diese Texte mit ihren scharfen Anklagen der führenden Schichten und deren Vertrauen auf den Zion als Garanten für Heil passen gut in die Situation des ausgehenden 8. Jahrhunderts. Was die Nebiim anbetrifft, so sind sie als israelitische JHWH-Propheten zu sehen. „Somit sind die Propheten, genau wie es der Text selbst tut, auch als Propheten, die sich falsch verhalten, wahrzunehmen und nicht als Falschpropheten zu bezeichnen.“[704] Wahrscheinlich gehört dieser Text zu einer frühen Denkschrift, die ein Echo der Verkündigung Micha von Moreschets darstellt.[705]

Nah 1,1 wird das Buch des Elkoschiters Nahum mit seinen Gerichtsansagen über die assyrische Hauptstadt Ninive als „Visionsschrift“ (סֵפֶר חֲזוֹן) bezeichnet. Nahum erhält keinen prophetischen Titel. Neben einem Trostwort an Juda in Nah 1,9–2,1 konzentriert sich die Nahumschrift darauf, Drohungen gegenüber der assyrischen Hauptstadt Ninive zu erheben. Man ordnet diese Prophetien aufgrund der konkreten Bezüge zwischen der Zerstörung Thebens im Jahre 664 v. Chr. und dem Fall Ninives im Jahre 612 v. Chr. ein. Diese wurden dann nach dem Fall Ninives noch weiter theologisch bearbeitet (s. Nah 1,2–8). Es handelt sich demnach um einen Propheten, der in der Zeit des Königs Manasse wirkte.[706]

Mit Habakuk zeigt sich wieder ein Prophet, der den Titel „der Nabi“ erhält. In 1,1 und 3,1 wird er so benannt. Die Überschrift in 1,1 bezeichnet den folgenden Text als משא, das hier wohl als Ausspruch zu verstehen ist.[707] Von Habakuk wird gesagt, dass er diesen Ausspruch „sieht (*ḥzh*)“; er wird demnach mit einem

---

704 R. EBACH 2023, 94.

705 S. R. KESSLER ²2000, 54 f.; s. insgesamt 41–61; der Text umfasst Mi 1,10–16; 2,1–3.6–11; 3,1–12 (45). Nicht überzeugend ist die Auffassung von ZAPFF, 2020, 22–24, der neben einem äußerst geringen Grundstock in Mi 1,8.10–16* und einigen sozialkritischen Worten in Kapitel 2 und 3 eine Entstehung des Michabuches erst in exilischer Zeit im Kontext eines Mehrprophetenbuches annimmt.

706 Zum Stand der Forschung vgl. neben den Einleitungen JEREMIAS 2019, 9–16; eine historische Prophetengestalt steht wohl aus Ausgangspunkt im Hintergrund, allerdings lassen sich nur wenige Aussagen auf eine ältere Sammlung prophetischer Texte zurückführen. S. auch oben 2.3.5.

707 Zur Verwendung von משא im prophetischen Orakel s. H.-P. MÜLLER 1984–1986, 24; auch in der Überschrift bei Nah 1,1 wird dieser Begriff verwendet. Gehäuft kommt dieses Lexem in Jer 23, 33–40 vor.

visionären Geschehen verbunden. Die Nähe zur kultischen Sprache lässt an eine Fürbittfunktion denken.

Zeitlich wird Habakuk innerhalb des Textes nicht eingeordnet. In der Forschung wird seine Verkündigung um 600 v. Chr. angesetzt, eine Zeit, in der die babylonische Bedrohung sichtbar wurde.[708]

Die nächste Prophetenschrift im Dodekapropheton berichtet von der Verkündigung eines Zefanja. Er wird der Zeit König Joschijas (639–609) zugeordnet. Mit der Wortereignisformel werden seine Worte als prophetisch gekennzeichnet, er erhält allerdings keinen Titel.

„Nebiim" tauchen nur ein einziges Mal in dem Büchlein auf. In einem Weheruf über Jerusalem werden sie als anmaßende Schwätzer charakterisiert neben Priestern, die die Tora vergewaltigen. (Zef 3,4). Es ist kaum vorstellbar, dass Zefanja sich zu dieser Gruppe der „Nebiim" rechnet, was nicht heißt, dass er nicht grundlegende Verhaltensmuster mit ihnen teilte.

Als erstes Fazit ist festzuhalten: Bei den Propheten, die der vorexilischen Zeit zugeordnet werden, wird der Titel „Nabi" sehr sparsam verwendet. Da auch hier mit Ergänzungen und Fortschreibungen aus exilisch-nachexilischer Zeit zu rechnen ist, kann nicht mit Sicherheit damit gerechnet werden, dass der Titel „Nabi" für diese Propheten im historischen Sinn benutzt wurde. Eine Ausnahme bietet hier Hosea, der als Person zwar keinen Titel „Nabi" erhält, der aber an mehreren Stellen eine positive Zuordnung der „Nebiim" zur göttlichen Seite erkennen lässt.

Haggai ist der erste Prophet, dessen Auftreten in die nachexilische Zeit eingeordnet wird. Chronologisch dient jetzt der persische König Darius als Bezugspunkt (Hag 1,1). Seine Adressaten sind nicht mehr die judäischen Könige, sondern der Statthalter Serubbabel und der Hohepriester Jeschua. Haggai wird fünf Mal als „der Nabi" benannt (1,1.3.12; 2,1.10). Häufig werden die Wortereignisformel und die Botenformel verwendet (Wortereignisformel:1,1.3; 2,1.10.20; Botenformel: 1,2.5.7.8; 2,6.7.9.11). Auch die Bekräftigung der göttichen Botschaft durch „Spruch JHWHS" wird fleißig benutzt: 1,9.13; 2,4 (bis).8.14.17.23 (3x). Im Gegensatz zu den vorexilischen Propheten trifft Haggai mit seinem zentralen Thema, dem Wiederaufbau des Tempels auf keinen Widerstand. In 1,12 wird ausdrücklich betont, dass der Statthalter Serubbabel und der Hohepriester Jeschua auf Haggai hörten. Er wird als die Stimme JHWHS verstanden, in 1,13 auch als Bote JHWHS; das Volk war gottesfürchtig.

Ein vielschichtigeres Bild ergibt sich bei dem Zeitgenossen Haggais, Sacharja. Auch bei ihm wird sein Wirken in die Zeit der persischen Herrscher eingeordnet. Dies umfasst die Kapitel 1–8. Davon zu unterscheiden sind die nachfolgenden Kapitel 9–14, die nach der Mehrheit der Forscherinnen und

---

[708] S. ZENGER, [9]2016, 683.

Forscher in eine viel spätere Zeit gehören.[709] Diese Teilung bewährt sich auch bei der Betrachtung der Darstellung des Titels „Nabi".

Zunächst zu Sach 1–8: Die häufige Verwendung der Wortereignisformel in 1,1.7; 4,8; 6,9; 7,1.4.8; 8,1.18 weist Sacharja als denjenigen aus, der das „Wort JHWHS" weitergibt. Er selbst wird zwei Mal, in 1,1 und in 1,7 als „der Nabi" bezeichnet und somit in die Reihen der „Nebiim" eingeordnet.

Als Gruppe wird in 1,4–5 und 7,7.12 auf die früheren „Nebiim" zurückgeblickt, deren Botschaft vom Volk nicht angenommen wurde; sie werden eindeutig als Mittler des JHWH-Willens gesehen, von falschen Nebiim ist nichts zu entdecken.

Die Botenformel wird ausgiebig zitiert in Sach 1,3.4.14.17; 2,10 (2x); 3,7; 6,12; 7,9; 8,1.3.4.7.9.14.19.20.23, ebenso auch die Bekräftigungsformel „Spruch JHWHS" (1,4.16; 2,10.14; 3,10; 5,4; 8,6.11.17).

Sacharjas Botschaft ist als visionäres Geschehen ausgestaltet (Sach 1,7–6,8), das von einem *angelus interpres* begleitet wird.

In Sach 7,3 kommen auch andere „Nebiim" in das Blickfeld, die neben den Priestern im Tempel Auskünfte auf Anfragen geben, in 8,9 werden sie im Zusammenhang des Neubaus des Tempels erwähnt. Auch bei diesen Propheten ist keine negative Konnotation zu erkennen.

In Sach 9–14 kommen die „Nebiim" nur in 13,1–6 im Rahmen eines Endzeitgeschehens in den Blick. Die Bekräftigungsformel „Spruch JHWHS" kommt in 10,2; 13,2.8 vor. Mit den „Nebiim", die einzig in 13,2–6 erwähnt werden, wird der „Geist der Unreinheit" (13,2) verbunden, der durch die in Jerusalem entspringende Quelle gegen Sünde und Unreinheit bekämpft werden soll. Der „Nabi", der dann auftritt, wird von der eigenen Familie abgelehnt, so dass er die äußeren Kennzeichen seines Prophetenseins verbergen möchte. Nebiim sind offenbar hier als widergöttliche Gruppe zu begreifen, die mit Götzendienst verbunden werden.

Den Abschluss des Dodekaprophetons bildet das Büchlein Maleachi. Es ist wohl keine historische Prophetengestalt im Hintergrund zu sehen, es handelt sich um literarische Prophetie.[710] Im Schlussteil Mal 2,22–24 werden Mose und Elija erwähnt. Die Weisung des Knechtes Mose soll in ganz Israel beachtet werden. Mose als Gesetzgeber steht hier im Vordergrund. Ihm an die Seite gestellt wird Elija, der als „der Prophet" (3,23) verstanden wird. Er wird in der Endzeit wiederkommen, vor dem großen und furchtbaren Tag JHWHS, um Versöhnung herbei zu führen (3,24).

In dem Kanonteil כתובים – „Schriften" kommt der Titel „Nabi" mit Ausnahme der Chronikbücher nur noch wenige Male vor.

---

709 S. z.B. ZENGER ^{9}2016, 702 f.

710 Vgl. die Einleitungswerke.

In dem gesamten Psalter begegnet „Nabi" nur an drei Stellen: Ps 51,2; 74,9 und 105,15.

Ps 51,1 ordnet den folgenden Psalm David zu. Er wird in V2 mit der Situation verbunden, in der Natan wegen Batseba den König kritisiert (2 Sam 12,1–15). Natan wird in 51,2 mit dem Titel „der Nabi" versehen.

In Ps 74 wird die Zerstörung des Tempels beklagt. In diesem Zusammenhang wird in V9 erwähnt, dass es keinen Propheten mehr gibt. Damit ist wohl gemeint, dass mit der Zerstörung des Tempels durch die Babylonier auch die institutionellen Voraussetzungen für das Wirken der „Nebiim" am Tempel nicht mehr vorhanden sind.[711]

In dem Danklied für Gottes Handeln in der Geschichte an Israel tauchen „Nebiim" in Ps 105,15 auf. Sie werden als Gesalbte bezeichnet und es wird davor gewarnt, ihnen Leid zuzufügen. Dieser Hinweis auf die Verfolgung von „Nebiim" begegnet auch in 1 Chr 16,22.[712]

Vier Mal zeigt sich der Titel „Nabi" in den Klageliedern, die die Situation nach der Zerstörung des Tempels und der Eroberung Jerusalems reflektieren. In Klgl 2,9 wird gesagt, dass alle Verbindung zu Gott aufgehoben ist. Könige und Fürsten sind woanders, es gibt keine Tora. Letzteres spielt wohl auf die durch Priester ergehende „Weisung" an. Die „Nebiim" finden keine Visionen von JHWH. Dies ist nicht als faktische Aussage zu sehen, sondern als Unheilsschilderung, die Gottverlassenheit und Gottesferne zum Ausdruck bringt.[713]

In Klgl 2,14 wird aus einer anderen Perspektive auf die „Nebiim" geschaut. Hier erfolgt – vergleichbar dem Buch Jeremia – die Klage über „Nebiim", die Lug und Trug schauen und demnach nicht Schuld aufdecken und das Unheil für das Volk abwenden können. In 2,20 wird dann noch eine rhetorisch gemeinte Frage gestellt, ob Priester und Propheten im Heiligtum erschlagen werden dürfen.

In Klgl 4,13 wird die negative Beurteilung der „Nebiim" von 2,14 aufgegriffen und der Vorwurf gegen Priester und Propheten erhoben, dass sie das Blut von Gerechten vergossen haben.

Von Nebiim ist im Danielbuch nur in Kapitel 9 die Rede. Es ist ein Phänomen der Vergangenheit, das jedoch insgesamt positiv betrachtet wird. In Dan 9,2 wird auf den „Nabi" Jeremia verwiesen zur Suche nach der Anzahl der Jahre, die Jerusalem verwüstet bleiben sollte. In Vers 6 wird beklagt, dass nicht auf die „Nebiim" gehört wurde, die im Namen JHWHS zur Oberschicht, aber

---

[711] Vgl. für die Zeit des Zweiten Tempels die Befragung von Priester und Prophet im Tempel (Sach 7,3).

[712] S. auch die Verfolgungssituation von Nebiim in den Elija-Erzählungen in 1 Kön 18,3–4.12–13; 19,10.14 sowie Jer 2,30 und die deuteronomistische Prophetentötungsaussage; vgl. auch STECK 1967; RUTH EBACH 2023, 124–128.

[713] So KOENEN 2015, 146 f.

auch zum ganzen Volk gesprochen haben. Die „Nebiim" werden als Knechte JHWHS bezeichnet, sie sind auch in V10 die Stimme JHWHS.

Ein letztes Mal zeigt sich „Nabi" in V24. Aufgrund der Parallelstellung zu ḥāzôn ist hier mit dem Qere נבואה – „Weissagung" zu lesen.

In einem Rückblick werden in „Esra 9,11 „Nebiim" erwähnt, die vor der Unreinheit der Völker der Länder warnen, die das Land befleckt und mit Gräueltaten erfüllt haben. Deshalb müssen Mischehen vermieden werden.

Im Buch Nehemia kommt im sechsten Kapitel die aktuelle Prophetie seiner Zeit in den Blick. Der Statthalter Sanballat macht Nehemia den Vorwurf, „Nebiim" bestellt zu haben, die ihn zum König ausrufen sollten (6,7). Dies bestreitet Nehemia und er erwähnt im folgenden „Nebiim" als Gegner, von denen er die Prophetin Noadja eigens hervorhebt (6,14).

In dem Bußgebet Neh 9,1–37 zeigt sich die Prophetie dann als ein Phänomen der Vergangenheit. In 9,26 wird behauptet, dass die Israeliten sich gegen Gott auflehnten und seine Weisung nicht befolgten. Sie gingen so weit, die Propheten zu töten. Dies verweist auf die Aussagen 1 Kön 19,10.14 im Elija-Zyklus und auf Jer 2,30.[714] In 9,30 werden dann wieder Nebiim erwähnt, die – angetrieben vom Geist JHWHS – das Volk vergeblich ermahnten. Das Volk handelte gottlos gegenüber einem Gott, der immer wieder Priester und Propheten gesandt hat (Neh 6,30–34), Propheten werden erwähnt in 6,30.32.

Ein komplexes Bild zu dem Titel „Nabi" zeigt sich innerhalb der Chronikbücher. Es ist eine Darstellung der Geschichte Israels, die die Bücher 1 und 2 Samuel und vor allem 1/2 Könige neu bearbeitet.[715] Von daher begegnen hier viele Personen, die auch schon aus anderen biblischen Quellen bekannt sind und als „Nabi" benannt werden. Es handelt sich um Natan (1 Chr 17,1; 9,29; 29,25), Jesaja (2 Chr 26,22; 32,20.32); Hulda (2 Chr 34,22), Micha ben Jimla, dessen Kontrahenten Zidkija und die große Anzahl anonymer Propheten (2 Chr 18), außerdem Schemaja, der in 1 Kön 12,21–25 als „Gottesmann" bezeichnet wird und nur hier in der Chronikstelle mit dem Titel „Nabi" versehen wird. Obwohl die Prophetenerzählungen von Elija und Elischa in den Chronikbüchern nicht aufgenommen werden, wird Elija als „Nabi" in 2 Chr 21,12 erwähnt. Elija schreibt einen Brief an König Joram. Jeremia wird in 2 Chr 36,12 als „Nabi" erwähnt, obwohl Jeremia in den Königsbüchern nicht erwähnt wird.

Zwei ansonsten unbekannte Nabis sind Iddo, der in 2 Chr 13,22 auftaucht sowie Asarja in 2 Chr 15,8. Von letzterem wird in 2 Chr 15,1 eine Geistbegabung berichtet.[716] Ein weiterer anonym bleibender „Nabi" wird in 2 Chr 25,15 von JHWH gegen den König Amazja gesandt. Ihm wird die Verehrung fremder Götter vorgeworfen.

---

714 S.o. Anm. 112.

715 Zu den Quellen der Chronikbücher s. JAPHET 2002, 39–49.

716 In 2 Chr 15,8 muss wohl „Asarja, Sohn des" ergänzt werden, s. JAPHET 2002, 187.193.

In 1 Chr 29,29 werden Samuel, der hier als „Seher“ bezeichnet wird, der Prophet Natan und der „Seher“ Gad als Verfasser von Geschichten zu König David vorgestellt. Dies ist eine neue Funktion von „Nabis“,[717] die damit quasi zu Chronisten der Geschichte Israels werden. In gleicher Weise werden der „Nabi“ Natan, Ahija von Schilo und der „Seher“ Jedo in 2 Chr 9,29 für Aufzeichnungen zur Geschichte Salomos verantwortlich gemacht. Die Titel „Nabi“ und „Seher“ werden wie in 2 Chr 29,25 *promiscue* verwendet.

In 1 Chr 25,1–3 wird die Aufgabe der Sänger am Tempel in Jerusalem mit dem Verb *nbʾ* in Verbindung gebracht. Von daher wird die schon in 1 Sam 10; 19; 2 Kön 3 erkennbare Verbindung von Divination und Musik eigens akzentuiert.

Dass sich gegen die „Nebiim“ Widerstand erhebt, wird in den allgemeinen Aussagen 1 Chr 16,22 und 2 Chr 36,16 deutlich.

Schließlich ist in 2 Chr 20,20; 24,19 von Nebiim die Rede, die zum Volk Israel von Jhwh gesandt wurden. Sie verdienen Vertrauen und rufen das Volk zur Umkehr auf.

Als Fazit lassen sich nach diesem *survey* vorsichtig einige Schlussfolgerungen ziehen:

In der Zeit seit dem Exil werden in den Prophetenbüchern Jeremia und Ezechiel der Titel „Nabi“ auf Jeremia und Ezechiel angewendet. Dies ergibt das Problem, dass ihre Gegner aus dem divinatorischen Bereich dieselbe Bezeichnung für sich beanspruchen (s. z.B. Jer 28; Ez 12–14). Bei Jeremia wird im Vergleich der Titelzuweisung im masoretischen Text und der griechischen Überlieferung das Ringen mit der Bezeichnung „Nabi“ erkennbar, die erstmalig die Bezeichnung „Falschprophet“ für die Übersetzung von „Nabi“ verwendet.

Um diese Zeit ist also, was die prophetischen Titel anbetrifft, eine Entwicklung im Gange, die in 1 Sam 9,9 gespiegelt wird.

Für die frühe Königszeit ist festzuhalten, dass die Titelfrage unsicher bleibt. Ein Hinweis ist jedoch die Häufung des Titels in 1 Kön 1 für Natan. Dies ist kaum allein auf redaktionelle Eingriffe zu reduzieren. Von daher wäre für das Südreich Juda der Titel „Nabi“ am ehesten mit Königshof bzw. Tempel zu verbinden.

Positiv vermerkt ist der Titel auch bei dem einzigen Schriftpropheten, der aus dem Nordreich Israel stammt, Hosea. Mit Ausnahme der Ergänzung in Hos 4,5 werden „Nebiim“ im Hoseabuch positiv gesehen. Sie stehen auf der Seite Jhwhs. Auch Mose wird in Zusammenhang mit dem Exodusgeschehen in 12,14 mit dem Titel „Nabi“ verbunden. Damit ist natürlich eine positive Würdigung von „Nabi“ verbunden.

Für die anderen Schriftpropheten, die dem 8. Jahrhundert v. Chr zugeordnet werden, sieht die Sachlage anders aus.

---

[717] Vgl. schon Jer 36 sowie Jer 51,60.

Am klarsten ist es bei Micha von Moreschet. Der Titel „Nabi“ wird auf ihn bezogen nirgendwo verwendet. Auch das Verb נבא wird mit Micha als Subjekt nicht benutzt.

Allein ḥzh wird in Mi 1,1 gebraucht. Einzig in Jer 26,18 taucht נבא Ni. mit Micha als Subjekt auf. Die einzige Stelle im Michabuch in Mi 3,5–11 zeigt „Nebiim“ unmissverständlich auf der Seite der Gegner Michas.

Für Jesaja wird der Titel „Nabi“ nur in den sogenannten Jesaja-Legenden in Jes 37,2; 38,1; 39,3 gebraucht.[718] Das Verbum נבא begegnet dagegen weder in den „Jesaja-Legenden“ noch ansonsten bei Protojesaja im Hinblick auf die Tätigkeit des Propheten. Eine klare Abgrenzung zu den „Nebiim“ zeigt sich in Jes 28,7, wo ihnen zusammen mit den Priestern trunkenes Geschwätz vorgeworfen wird.

In Jes 9,14 wird der „Nabi“ der Lüge bezichtigt. Die „Nebiim“ zeigen sich in Jes 3,2 als Teil der führenden Schichten in Jerusalem, denen JHWH jede Unterstützung entzogen hat. Deutlich positiver werden die „Seher“ (ראים /_חזים) in Jes 30,10 beurteilt. Anders als נבא wird das Verb ראה im Sinne eines visionären Schauens für Jesaja in 6,1.5; 21,3 benutzt. Möglicherweise ist Jesaja in den frühen Überlieferungen eher als Seher verstanden worden, denn die Abgrenzung gegenüber den „Nebiim“ ist umso auffälliger, weil in Jes 8,3 die Frau und Mutter seines Sohnes als „Prophetin“ bezeichnet wird. In Jes 29,10 begegnen נביאים und חזים gemeinsam, doch ist es übereinstimmende Auffassung, daß diese Titel erst als erläuternde Glosse eingefügt worden sind.[719]

Bei Amos, dem Propheten, der aus dem Südreich Juda stammt, aber im Nordreich verkündet, ergibt sich, dass die positive Sicht der „Nebiim“ in Am 2,11–12; 3,7 unter dem Verdacht einer späten, deuteronomistisch beeinflussten Redaktion stehen. In der Auseinandersetzung zwischen Amos und dem Priester Amazja in 7,10–17, die auf eine frühe Reflexion des Wirkens von Amos zurückgeht, zeigt sich dagegen, dass Amos den Titel „Nabi“ und „Prophetenjünger“ ablehnt, er aber durch die Verwendung des Verbs נבא[720] durchaus den Anspruch eines vollgültigen Gotteswortes erhebt. Er unterstreicht dies durch den Hinweis auf seine direkte Berufung durch JHWH (7,15) und die Verwendung der sogenannten Botenformel in V17 sowie die Bezeichnung seiner Botschaft an Amazja als Gotteswort (7,16). Die Abgrenzung gegenüber dem Titel „Nabi“ hat wohl den Hintergrund, dass Amos sich nicht vereinnahmen lassen wollte und auf seine andere Herkunft als Rinderhirt und Maulbeerfeigenzüchter (7,14) hinwies.

Auch bei den folgenden Schriftpropheten, die dem 7. Jahrhundert zugerechnet werden, zeigt sich eine Reserviertheit gegenüber dem Titel „Nabi“. Im Südreich scheint dieser Titel stärker mit der Anbindung an Hof und Tempel

---

718 Vgl. auch 2 Kön 19,2; 20,1.11.14; außerdem noch in 2 Chr 26,22; 32,20.32.

719 S. z.B. WILDBERGER, 1982, 1112.

720 S. auch schon Amos 3,8.

verbunden gewesen zu sein, bevor er dann – beginnend in der exilischen Zeit – zum Allgemeinbegriff wurde.

3.1.2 Mose und die Propheten

Die Einordnung eines „Nabi" wie Mose in die gesellschaftlich zentralen Ämter Richter (und Listenführer), Priester und König macht deutlich, dass einem Nabi wie Mose eine politische Leitungsfunktion neben der Verkündigung des Wortes Gottes zugedacht wird. Die Stellung zum Ende der einzelnen Institutionen betont die herausragende Bedeutung dieses Amtes im Konzert der Leitungsämter.

An den beiden Deuteronomiumsstellten Dtn 18,9–22 und Dtn 34,10–12 wird Mose in einer engen Verbindung zu dem Titel „Nabi" gesehen. In Dtn 18 ist Mose die Idealgestalt, an der sich ein Nabi messen lassen muss (18,15), in Dtn 34,10–12 wird die Einzigartigkeit des Nabi Mose betont. In 34,10 heisst es:

ולא־קם נביא עוד בישׂראל כמשה אשר ידעו יהוה פנים אל־פנים

„Es ist kein Prophet wie Mose mehr in Israel aufgetreten".

Von ihm wird zum Abschluss des Buches Deuteronomium ausgesagt, dass er mit Gott von Angesicht zu Angesicht, also salopp gesagt, auf Augenhöhe kommuniziert hat.

Neben den Deuteronomiumsstellen wird Mose in Num 11 mit Prophetie in Verbindung gebracht und in Num 12 wie in Dtn 34 von einem Nabi abgehoben. So sind es nur wenige Stellen, an denen Mose und Prophetie in Beziehung gesetzt werden.[721]

Allerdings ist Mose nicht auf eine prophetische Gestalt zu reduzieren; er ist eine komplexe Gestalt, deren Darstellung in der Hebräischen Bibel nicht auf die Rolle eines Nabi beschränkt werden kann. Er ist vor allem verankert in dem Exodus- und Sinai-Geschehen und wird in unterschiedlichen Rollen dargestellt.[722]

Ein Endpunkt der Entwicklung der Mosegestalt wird bei Abschluss des Dodekaprophetons sichtbar.

In Mal 3,22–24 wird Mose als Mittler der Tora, die Jhwh am Horeb geboten hat, erwähnt. Er zeigt sich als Gesetzgeber, als Vermittler der Lebensordnung Jhwhs, die sich in der Weitergabe der *ḥuqqîm* und *mišpaṭîm* ausdrückt. Dies entspricht der Sicht von Dtn 18, wo für die Idealgestalt des Nabi, Mose, auf die Vermittlertätigkeit am Horeb zurückverwiesen wird. In Maleachi wird allerdings keine Verbindung von Mose zur Prophetie erkennbar. Dafür steht die

---

721 S. Römer 2013; 129; D.N. de Jong 2022, 18–20.

722 Siehe den Überblick bei H. Schmid 1986, 66–83, wo auf die unterschiedlichen Rollen des Mose (Priester und Levit, Prophet, Knecht Gottes, charismatischer Führer, Richter und Gesetzgeber, Religionsstifter) hingewiesen wird, vgl. auch E. Otto ^{4}2002, 1535 f. Zum historischen Mose s. die Überlegungen bei Blum 2012, 37–63.

zweite Gestalt, die hier erwähnt wird, Elija. Mose wird somit deutlich abgehoben von dem als „Nabi" bezeichneten Elija, der vor dem endzeitlichen Tag JHWHS als Versöhner geschickt wird. Elija wird als eine eschatologische Figur gesehen. Ansatzpunkt hierfür ist innerbiblisch sicherlich die Entrückung Elijas in 2 Kön 2.

Für Mose zeigt sich an dieser Stelle der Endpunkt eines Entwicklungsstranges, der Mose wesentlich in die Rolle des Gesetzgebers einordnet.[723] Daneben gibt es wenige Stellen, die Mose mit dem Phänomen „Prophetie" in Verbindung bringen. D.N. DE JONG weist darauf hin, dass das häufigste Epitheton, mit dem Mose versehen wird, die Bezeichnung עבד יהוה – „Diener JHWHS" ist.[724] Ein weiterer Titel aus dem divinatorischen Bereich ist die Bezeichnung „Gottesmann", der sechs Mal auf Mose angewandt wird: Dtn 33,1; Jos 14,6; Ps 90,1; 1 Chr 23,14; 2 Chr 30,16; Esra 3,2.

In Jer 15,1 zeigt sich Mose ebenfalls in einer Zweipersonenkonstellation, dieses Mal zusammen mit Samuel. Selbst wenn Mose und Samuel aufträten, so lautet die Gottesrede, würde JHWH sich nicht mehr dem Volk zuwenden. Der Verweis auf Samuel und Mose macht deutlich, dass beide Personen tief im kulturellen Gedächtnis Israels verwurzelt sind. Die in dieser Stelle angesprochene Fürbittfunktion, die von JHWH selbst für Samuel und Mose abgelehnt wird, ist durchaus kompatibel mit einer prophetischen Zeichnung der beiden Männer. „Mose und Samuel werden im DtrG als herausragende Gesprächspartner Gottes und Fürbitter porträtiert (Dtn 9,18–29; 1 Sam 7,5.8 f.; 12,19–23).[725] Allerdings ist kein Hinweis auf eine prophetische Funktion von Samuel und Mose innerhalb des Jeremiabuches über diese Stelle hinaus gegeben, so dass keine Sicherheit besteht, wie genau die Rolle zu beschreiben ist, die Samuel und Mose für die Tradenten der Jeremia-Überlieferung einnehmen. Es ist jedoch wahrscheinlich, dass eine „deuteronomistische" Redaktion für die Einfügung

---

723 Mal 3,22–24 setzt bereits den Kanon aus Tora und Propheten voraus und ist wohl in der hellenistischen Zeit, im 3. Jahrhundert einzuordnen, s. KESSLER 2011, 77; vgl. auch SCHART 2020, 151, der darauf hinweist, dass aus dem Deuteronomium und dem deuteronomistischen Geschichtswerk geschöpft wurde und dass im Hinblick auf den Rückgriff auf Elija nicht mehr mit Aktualprophetie gerechnet wurde. Ob der sekundäre Anhang zur Maleachi-Schrift auf verschiedene Hände aufgeteilt werden muss, wie R. KESSLER 2011, 304 meint oder ob Mal 3,22–24 literarkritisch einheitlich zu sehen sind wie D.N. DE JONG 2022, 160 f. argumentiert, ist für unseren Zusammenhang nicht so erheblich. M.E. sind jedoch die Gründe stärker zu gewichten, die für die Einheitlichkeit sprechen. „The appendix contains a balanced appeal to two prominent figures from Israel's scriptural narratives, Moses and Elijah. This invocation of two named characters is a major factor that supports the internal unity and coherence of this appendix" (D.N. DE JONG 2022, 161).

724 2022. 19 Anm. 6.

725 C.M. MAIER 2022, 293.

von Jer 15,1–4 verantwortlich ist.[726] Damit ist ein vielschichtiger Hintergrund für diese beiden zentralen Gestalten der israelitischen Geschichte anzunehmen. Ich beschränke mich in dieser Studie auf diejenigen Stellen, die ausdrücklich Mose mit Prophetie in Verbindung bringt.

Die Vorstellung von Mose als Prophet lässt sich auch noch in späterer Zeit greifen. In der biblischen Überlieferung – über die Hebräische Bibel hinaus – zeigt sich Mose in Sir 46,1 verbunden mit Prophezeiungen, in denen er Lehrmeister Josuas war. Im „Lob der Väter" (Sir 44,1–50,24) heisst es in 46,1: Κραταιὸς ἐν πολέμῳ Ἰησοῦς Ναυη καὶ διάδοχος Μωυσῆ ἐν προφητείαις. Josua wird hier als Nachfolger von Mose beschrieben, als διάδοχος. Der hebräische Text hat hier משרת, was eher Diener bedeutet, Josua also nicht auf die gleiche Ebene wie Mose hebt. Dies ist im griechischen Text anders. Josua ist hier vollgültiger Nachfolger von Mose. Diese Nachfolge wird noch näher spezifiziert mit ἐν προφητείαις, im hebräischen Text wird das Abstraktnomen נבואה benutzt. Damit ist Mose wie sein Nachfolger Josua deutlich als Prophet gekennzeichnet. Obwohl Sirach die unterschiedlichen Rollen von Mose kennt (Sir 45,1–6) betont er die prophetische Rolle und sieht auch offensichtlich eine durch Mose inaugurierte prophetische Sukzession wie in Dtn 18 ermöglicht. Demnach war die Vorstellung von Mose in einer prophetischen Rolle durchaus in späteren Zeiten vorhanden.[727] Wie aber war es in älteren Zeiten?

Wie schon gesagt, ist Mose beheimatet vor allem in den Exodus- bzw. Sinai-Überlieferungen.[728]

Innerhalb der Exodus-Erzählung Ex 1–15 gibt es einige Darstellungen, die Mose in Verbindung mit prophetischen Elementen bringen. So erinnert z.B. Ex 3 an Berufungserzählungen von Propheten (Jes 6; Jer 1). Es geht jedoch nicht um die Beauftragung zur Vermittlung einer (göttlichen) Botschaft, sondern darum, Israel aus Ägypten herauszuführen (Ex 3,10). Von daher steht die Befreiung Israels aus der Unterdrückungssituation in Ägypten im Vordergrund, die dann in der Auseinandersetzung zwischen dem Pharao und den Beauftragten JHWHS Mose und Aaron zum Ausdruck kommt. Dieser Gott JHWH

---

[726] C.M. MAIER 2022, 291–295 ordnet diese Stelle ihrer exilischen „geschichtsätiologischen Redaktion" zu, die Nähe zur deuteronomistischen Gedankenwelt aufweist (Ebd., 47–49).

[727] Zu der Sirachstelle s. ausführlich auch D.N. DE JONG 2022, 167–177. Zu erwähnen ist auch noch in der zwischentestamentlichen Literatur, dass In der „Assumptio Mosis" Mose als „göttlicher Prophet für alle Welt" in 11,16 gesehen wird. Zur weiteren Entfaltung der Vorstellung von Mose als Prophet bis zum Ersten nachchristlichen Jahrhundert s. D.N. DE JONG 2022, 178–274.

[728] S. DOHMEN 2011, 44: „In der Bibel hingegen ist Mose fest mit den Überlieferungen von den Anfängen des Volkes Israel verbunden, näherhin mit den Überlieferungen vom Exodus aus Ägypten, von der Sinaioffenbarung, der Wüstenwanderung und dem verheißenen Land."

ist ein Gott der Befreiung und Mose (und Aaron) sind seine Werkzeuge. Dabei kommen neben der Berufungserzählung auch immer wieder Elemente vor, die auch in der Prophetie beheimatet sind. Hierzu gehört die so genannte Botenformel (Ex 5,1; 7,26; 8,16; 9,1.13; 10,3) wie auch die Rolle des Mose als Fürbitter (Ex 5,22; 8,8.25; 10,18; 15,25). Insgesamt ist Mose aber eher als Anführer des Auszugs Israels aus Ägypten gezeichnet. In diesem Textbereich wird Mose auch nicht als Nabi bezeichnet; allein Aaron wird mit diesem Titel versehen. Mose wird allerdings als „Elohim" bezeichnet; er ist die übergeordnete Vermittlungsinstanz. Sein Bruder Aaron ist als Nabi sein bzw. JHWHS Sprachrohr. Die Funktion ist als eine reine Vermittlerfunktion zu charakterisieren (Ex 7,1).

In Ex 9,35 kommt für Mose eine Formel vor, die vor allem in der deuteronomistischen Bearbeitung der Königsbücher für Propheten verwendet wird: כַּאֲשֶׁר דִּבֶּר יְהוָה בְּיַד־מֹשֶׁה. In den Königsbüchern wird sie für Ahija von Schilo in 1 Kön 12,15; 14,18 (2 Chr 10,15); 15,29; für Jehu in 1 Kön 16,12; für Josua in 16,34; Elija in 1 Kön 17,16; 2 Kön 9,36; 10,10 und schließlich für den Propheten Jona in 14,25 benutzt. Darüber hinaus für eine anonyme Mehrzahl von Propheten in 2 Kön 17,23 und 24,2.[729] Dabei steht jeweills die Vermittlertätigkeit des göttlichen Wortes im Vordergrund. JEFFREY STACKERT ist der Auffassung, dass die grundlegende Zeichnung von Mose in allen Pentateuchquellen prophetisch sei.[730] D.N. DE JONG hat sich jedoch zu Recht dagegen ausgesprochen, dass die Anklänge an prophetische Funktionen eine grundlegende Bezeichnung von Mose als Prophet rechtfertigen.[731]

Im Buch Dtn wird Mose in zwei Texten mit dem Titel „Nabi" in Verbindung gebracht, in Dtn 18,15.18 und Dtn 34,10–12 (s.o. Abschnitt 3.1). Ansonsten sind im Buch Deuteronomium Anklänge an prophetische Funktionen erkennbar, ohne dass Mose näherhin als Prophet bezeichnet wird. So lässt sich Dtn 9,18–19 mit der prophetischen Fürbitte in Verbindung bringen und ebenso der Ausdruck „auf die Stimme JHWHS hören" (Dtn 4,30; 27,10; 28,1; 30,2) als Anklang an prophetische Wendungen verstehen. Zudem lässt sich insgesamt Dtn 32 als Prophetie des Mose verstehen.

E. OTTO ist darüber hinaus der Auffassung, dass in der Endgestalt des Dtn „ein prophetisches Testament" vorliege, das Heils- und Unheilsansagen durch Mose für die nachexilische Zeit eingeschrieben habe"[732]. Die Diskussion

---

[729] Darüber hinaus begegnet die Formel für Mose noch in Lev 10,11; Num 17,5; 27,23, für Samuel in 1 Sam 28,17 und für Jesaja in Jes 20,2.

[730] 2014, 55–69.

[731] „It is not to be doubted that there are prophetic features of Moses' career, as represented in the whole Torah; but it is at least questionable whether such overlap between Moses activity and that of prophets constitutes a designation of Moses as a prophet." (2022, 22).

[732] So sieht E. OTTO in Dtn 4,23–31; 31,16–18 eine prophetische Unheils- bzw. Heilsansage, s. E. OTTO 2012, 274–280. Zu Dtn 27,1–26 s. E. OTTO 2017, 1956–1958; zu Dtn 28,47–68 ebd., 2012–2019.

all dieser Stellen – verbunden mit ungeklärten literarkritischen und redaktionsgeschichtlichen Problemen – übersteigt jedoch den Rahmen dieser Arbeit. Ich beschränke mich deshalb auf die Stellen, die Mose direkt mit dem Titel „Nabi" bzw. dem Verb *nb'* verbinden.

Dann bleiben noch über die Deuteronomiumsstellen hinaus im Buch Numeri Num 11 und Num 12 sowie der *locus classicus* der Diskussion über das Bild des Mose als Nabi in Hos 12,14.

Num 11 wird eröffnet mit der Klage des Volkes Israel über sein böses Los in der Wüste (V1–3), die konkretisiert wird in V4–6, dass es kein Fleisch gibt; nur Manna steht als Nahrung zur Verfügung. Nach einigen Bemerkungen zum Gebrauch des Manna (V7–9) fokussiert sich das Interesse auf Mose, der die Last des unzufriedenen Volkes nicht mehr aushalten kann (V10–15). Das Jammern des Volkes überfordert Mose und lässt ihn an seiner Aufgabe verzweifeln. Dieses Grundproblem des Kapitels 11 wird letztendlich durch JHWH gelöst, der mit dem Wachtelwunder, das den Abschluss von Num 11 bildet, dieses Problem löst. Allerdings ist damit der Zorn JHWHS nicht beseitigt (V 31–35).

Eingezeichnet in diesen Rahmen wird in V16–17 von der Beauftragung von 70 Ältesten berichtet, die am Offenbarungszelt versammelt und mit dem Geist des Mose begabt werden, um ihn zu entlasten. In V24–25 wird die Ausführung der Geistbegabung geschildert. Sie hat zur Folge, dass die Ältesten sich prophetisch gebärden (נבא Hitp.). In V26 wird dann von zwei Männern, Eldad und Medad, berichtet, die zu der Gruppe der Ältesten gehören, aber nicht zum Offenbarungszelt hinausgegangen sind. Von ihnen wird ebenfalls behauptet, dass sie prophetisch handeln. Josua, der Sohn Nuns, der später Moses Nachfolger wird, versucht Mose dazu zu bewegen, die beiden am prophetischen Handeln zu hindern (V28). Demgegenüber betont Mose jedoch, dass es am besten wäre, wenn das ganze Volk vom prophetischen Geist ergriffen würde. Dieses Mal ist ausdrücklich vom Geist JHWHS die Rede (V29).

Wie schon erwähnt, folgt dann noch der Abschluss der Rahmenhandlung, das Wachtelwunder und die Strafe JHWHS (Num 11,31–35).

PERLITT hat schon 1971 darauf hingewiesen, dass dieses „Reflexionsstück" nicht in die damals noch vorherrschenden Pentateuchquellen eingeordnet werden kann.[733] Meist wird diese Erzählung heute als später

[733] 1971, 602: „Mit dem Elohisten, dem es die meisten Kommentatoren in schöner Eintracht zuschreiben, hat es schlechterdings nichts zu schaffen.". In neuerer Zeit unternimmt JEFFREY STACKERT wieder den Versuch, diesen Text in eine vorexilische elohistische Pentateuchquelle einzuordnen; er ordnet diesen Text als „antiprophetisch" ein (2014, 70–73.92–107). Es geht jedoch um die richtige Einordnung prophetischen Handelns, nicht um eine Gegnerschaft zu den Propheten. Nicht überzeugend ist auch die Auffassung von SEEBASS 2003, 31–40, der in der Ältestenerzählung den Grundstock von Num 11 sehen will.

(postpriesterschriftlicher) Text eingeordnet.[734] D.N. De Jong sieht in Num 11,4 bis Num 12,8 einen redaktionell zusammengehörigen Text mit einer gemeinsamen Aussage:[735] Mose steht über der Prophetie und ist einzigartig. Dabei unterscheidet der Redaktor zwischen der ekstatischen Prophetie, die in Num 11 begegnet und der höher zu bewertenden Wortverkündigung in Num 12. Insgesamt geht es aber dem Redaktor darum, einen Keil zwischen Mose und die Prophetie zu treiben, im Gegensatz zu der Auffassung im Buch Deuteronomium. Dafür gibt es jedoch keine überzeugenden Anhaltspunkte. M.E ist ein deutlicher Unterschied zum Verhältnis von Mose zur Prophetie in Num 11 und in Num 12 zu erkennen, der nicht auf eine gemeinsame Aussage verkürzt werden kann.

In der Gottesrede Num 11,16 macht Gott Mose den Vorschlag, doch 70 Älteste am Offenbarungszelt zu versammeln. Jhwh selbst will herabkommen, um von der *rûaḥ*, die auf Mose ruht,[736] auf die Ältesten zu legen. Ziel des Ganzen ist es Mose zu entlasten, dass er nicht mehr die ganze Last des Volkes tragen muss (V17). Dies ist eine Reaktion auf die Klagen des Volkes und des daraus resultierende Zornes Jhwhs, eine Situation, die für Mose unerträglich ist (V4–15). Die 70 Ältesten erhalten dort den Geist des Mose und das Ergebnis ist, dass sie sich prophetisch verhalten.

Gunneweg und Seebass betonen, dass es sich hier um prophetische Reden handeln müsse, nicht um Ekstase.[737] Dagegen spricht jedoch, dass von einer Wortäußerung der Ältesten nichts gesagt wird. Bei Eldad und Medad im Lager ist offensichtlich ein Verhalten gemeint, das Aufmerksamkeit erregt (V27). Von daher ist es deutlich, dass es nicht um prophetisches Reden geht, sondern dass es sich um prophetisches Verhalten handeln muss. Bedenkt man, dass auch unklar bleibt, worin die Entlastung des Mose durch die Ältesten besteht, ist es eher möglich, dass hier in einem allgemeinen Sinn die Bedeutung der Prophetie bei der Führung des Volkes eine Rolle spielt und demnach prophetisches Verhalten in seinem gesamten Spektrum gemeint ist.

Mose ist – ähnlich wie in Dtn 34,10–12 – deutlich von den Nebiim abgehoben. Er ist der einzige, mit dem Jhwh im Zelt der Begegnung spricht, was auf Ex 33,11; Dtn 34,10; Num 12,7.8 verweist. Aber sein Geist, der mit dem Geist Jhwhs (s. Num 11,29) wohl verbunden ist, erzeugt prophetisches Verhalten. Mose ist damit die Legitimationsinstanz der Prophetie. An ihm muss sie sich orientieren. Dies entspricht der Auffassung des Prophetengesetzes in Dtn 18.

---

734 Gunneweg 1990, 169–180, näherhin 173 f.; Blum 1990, 76–88; Achenbach 2003, 219–266; Nihan 2007, 47 Anm. 146; Ders. 2010, 21–55; E. Otto 2007, 161–169; Kartveit 2020, 264.

735 2022, 30–46.

736 Vgl. Jes 11,1; 2 Kön 2,15, wo dasselbe Verb benutzt wird.

737 Gunneweg 1990, 170.176; Seebass 2003, 31; s. jedoch D.N. De Jong 2022, 38: „The prophetic activity is probably ecstatic."

Die Verteidigung der Propheten gegen den Nachfolger Josua zeigt eine positive Sicht der Nebiim, wie sie auch in Joel 3,1 sichtbar wird. Ein prophetischer Geist für das ganze Volk wäre wünschenswert (Num 11,29; Joel 3,1). Und zwar nicht nur der Geist der Prophetie, der im ordnungsgemäßen Ablauf aufbricht wie bei den 70 Ältesten, sondern auch der Geist, der sich plötzlich im Volk zeigt wie bei Eldad und Medad.

In Num 12,6–8 werden wieder Mose und die „Nebiim" in eine Beziehung gebracht. Ausgangspunkt ist dieses Mal, dass Mose sich eine kuschistische Frau genommen habe, was bei Mirjam und Aaron auf Widerstand stößt. Sie stellen sich die Frage, ob JHWH nur durch Mose gesprochen habe (Num 12,1–2). Das veranlasst JHWH zum Eingreifen. Hier ist eine andere Situation vorausgesetzt als in Num 11. Mose wird in seiner Vermittlerfunktion zwischen Gott und dem Volk Israel in Frage gestellt. JHWH beordert Mose, Aaron und Mirjam zum außerhalb des Lagers befindlichen Offenbarungszelt (12,3–4). JHWH selbst kommt in einer Wolkensäule herab und äußert sich grundsätzlich zu der Offenbarung der Propheten und der Offenbarung durch Mose (Num 12,6–8). Dieses Szenario (Offenbarungszelt, JHWH kommt in einer Wolke, anthropomorphe Vorstellung von JHWH) war auch schon in Num 11 gegeben. JHWH steht klar auf der Seite von Mose; bestraft mit Aussatz wird jedoch nur Mirjam; sie wird aber durch die Bitte Aarons und die Fürbitte von Mose geheilt, muss sich allerdings sieben Tage außerhalb des Lagers aufhalten (12,10–14). Das Volk wandert daraufhin nicht weiter, sondern wartet auf Mirjam (12,15). Aufgrund der Nähe zu Num 11 ist auch hier mit einer nachexilischen Entstehungszeit zu rechnen.[738]

Das Problem der kuschitischen Frau des Mose wird in einer Gottesrede in V6–8 zum Anlass genommen, das Verhältnis von der Offenbarung an Mose und der Offenbarung an die Nebiim genauer zu bestimmen.

Während Num 11 die Nebiim Mose zuordnen und damit eine bestimmte Gestalt der Prophetie an Mose rückbinden, wird in Num 12,6–8 ein scharfer Trennungsstrich zwischen Mose und den Nebiim gezogen. Dies bedeutet jedoch keinen Widerspruch, wie PERLITT annimmt. Den Propheten wird nicht die Offenbarungsmöglichkeit abgesprochen, es wird nur eine klare Ordnung in der Offenbarung unterschieden:[739] Mit Mose ist ein direkter Weg zwischen Gott und Mensch verbunden. Mit ihm, der zwei Mal als Knecht bezeichnet wird, verkehrt JHWH פֶּה אֶל־פֶּה in einer direkten Kommunikation wie auch

[738] S. BLUM 1990, 194–197, der Num 11 und 12 K^D zuschlägt; ACHENBACH 2002, 267–301, rechnet Num 12,6–8 zu einer nachexilischen Bearbeitungsschicht von Num 12, die er zwischen Esra und Nehemia ansiedelt.

[739] PERLITT 1971, 593; s. richtigerweise BLUM 1990, 194–197. Es ist allerdings auch keine gemeinsame Aussage, die auf ein- und denselben Verfasser weisen würde, wie D.N. DE JONG annimmt (s.o.).

ähnlich in Dtn 34,10 und Ex 33,11 vermerkt.[740] Davon unterschieden wird die Kommunikation zwischen Gott und „Nabi“: Gott zeigt sich ihm vermittelt in einem Gesicht (בַּמַּרְאָה) und im Traum. Damit wird ganz klar eine Unterordnung der Nebiim unter die direkte Offenbarung, die allein mit Mose verbunden ist, verlangt. R. KESSLER hat herausgearbeitet, dass in dieser Szene eine nachexilische Situation abgebildet ist, wobei die drei Personen Mose, Aaron und Mirjam stellvertretend für nachexilische Gruppierungen stehen. Mose steht für die Tora, Aaron für das Priestertum und Mirjam für die Prophetie.[741] Damit ist klar, dass die Prophetie hier deutlich eingezäunt und in einen Rahmen eingeordnet wird, der von der Tora (= Mose) vorgegeben wird.

Noch an einer weiteren Stelle – dieses Mal außerhalb des Pentateuchs – wird Mose mit dem Titel „Nabi“ in Verbindung gebracht. In Hos 12,14 ist die Rede davon, dass ein Nabi Israel aus Ägypten geführt hat und dass Israel durch einen Nabi bewahrt (שׁמר) wurde. Exodus und Führung nach Kanaan werden hier einem „Nabi“ zugeschrieben, also hat dieser „Nabi“ eine entscheidende Rolle bei der Entstehung Israels. Namentlich wird dieser „Nabi“ nicht benannt, aber es sind keine vernünftigen Zweifel daran möglich, dass hier Mose gemeint ist.[742]

Der positiv bewerteten Exodus-Tradition mit dem „Nabi“ Mose an der Spitze wird die Jakob-Tradition entgegengestellt, die auf Lüge und Betrug aufbaut (Hos 12,4–9.12–13).

Nach vielen Versuchen, das Kapitel auf verschiedene Schichten aufzuteilen, wobei meist die auf Ephraim bezogenen Verse als Ergänzung verstanden wurden, hat E. BLUM die literarkritische Aufsplitterung und die unterschiedlichen zeitlichen Horizonte, denen diese Textschichten zugeordnet wurden, einer gründlichen Revision unterzogen, die mit dem Ergebnis endete, dass das Kapitel Hos 12,3–15 aufgrund der vielen Stichworte und Anspielungen als im Wesentlichen einheitlich anzusehen ist.[743]

Hos 12,1–2 hat wohl eher die Funktion einer Einleitung für den dritten Teil der Hoseaschrift.[744] In V3 hat wohl die Bezeichnung „Juda“ ein ursprüngliches „Israel“ verdrängt, so dass hier „Israel“ zu lesen ist.[745] In V6 ist das Gottesepitheton צבאות als Ergänzung einzustufen.

Das Ergebnis der Einheitlichkeit des Kapitels ist auch nicht durch die neuerliche Untersuchung von MARTIN SCHOTT erschüttert worden, der wieder eine ursprüngliche Tradition in 12,1a.2aα.b.8 f.10.12.15 erkennen will, die er

---

740 Textkritisch ist in Num 12,8 das במראה durch ואמרה zu ersetzen, hier ist also mit einer Konsonantenvertauschung zu rechnen, s. SEEBAAS 2003, 60.

741 KESSLER 2006 (1996).

742 S. D.N. DEJONG, 2022, 27 f.

743 2009, 291–321; vgl. auch 2012, 37–63.

744 S. BONS 1996, 148 f.

745 Ebd., 149 f.

im 8. Jahrhundert ansiedelt.[746] Der Bezug zur Jakobstradition ist demnach als spätere Überarbeitung zu qualifizieren. Diese Tradition wurde in V2aß.11 überarbeitet, bevor eine erste Jakobschicht in Hos 12, (1b).3 f.13 f. Jakob als Betrüger einführte, die durch eine weitere, Jakob wieder positiv beurteilende Fortschreibung in V5–7 ergänzt wurde. Die Bezeichnung des Mose als „Nabi" ordnet Schott demnach einer ersten, Jakob negativ beurteilenden Fortschreibung zu. Abgesehen davon, dass keine literarkritisch einigermaßen sicheren Kriterien für diese komplizierte Textaufteilung zu erkennen sind, ist die Zuordnung der Aussage von V14 doch abenteuerlich. Aus der Verwendung des Verbs שמר in Verbindung mit dem Titel „Nabi" schließt Schott, dass nur das „göttliche Wort" gemeint sein kann, was im Falle des Mose das Wort der Tora sei. Mit Rückgriff auf V11, wo von Visionen und wahrscheinlich Gleichnisreden bei Propheten gesprochen wird,[747] sei es dann klar, dass die „Nebiim" hier als Gesetzesausleger und Mose als der Prophet schlechthin gesehen wird, wie es in Dtn 18; 33,1; 34,10 belegt sei. Hos 12 könne demnach kein Vorläufer dieser Aussagen sein.[748] Dieses komplizierte Konstrukt ist wenig vertrauenswürdig.

Adressat der Anklage in Hos 12,3, die durch Jhwh vorgetragen wird, ist Ephraim (V3.15) und Jakob, also das Nordreich Israel. Erst punktuelle Eingriffe in V3, wo das wohl ursprünglichere Ephraim / Israel durch Juda ersetzt wurde und in V6, wo das in Jerusalem beheimatete Epitheton צבאות auftaucht, ziehen eine judäische Perspektive ein.[749] Die (negativ bewertete) Jakob-Überlieferung und die (positiv bewertete) Exodus-Tradition sind beide primär im Nordreich beheimatet.[750] Das lässt den Schluss zu, dass Hos 12 zu den frühen Texten im Buch Hosea zu rechnen ist, also wohl noch im 8. Jahrhundert entstanden ist.[751]

Die Funktion, die in Hos 12,14 mit dem Titel „Nabi" verbunden ist, ist eine Leitungsfunktion für das Volk Israel. Herausführung (עלה) beinhaltet im Kontext des Aufenthaltes Israels in Ägypten Befreiung und mit Bewahrung (שמר) ist wohl eine beschützende Funktion ausgedrückt worden.

Demnach ist Hos 12,14 von der Bezeichnung des Mose als „Nabi" und der damit verbundenen politischen Funktion in die Vorgeschichte von Dtn 18 einzuordnen. Unklar bleibt, ob die Bezeichnung des Mose als „Nabi" schon

---

746 2015, 1–26

747 Schott sieht in 2aß.11 eine Ergänzung „im Stil des dtr. Geschichtsbildes" (25).

748 Ebd., 19 f.

749 Dies entspricht der Praxis im Buch Hosea s. Zenger 92016, 639, zum Buch Hosea insgesamt: „Die Judaperspektive ist meist punktuell und ‚angehängt' (z.B. 5,5; 6,11; 10,11)".

750 Das Aufgreifen der Exodusüberlieferung im Buch Amos ist mit ziemlicher Sicherheit auf eine spätere (dtr?) Redaktion zurückzuführen, s. Blum 2012, 42 + Anm. 14, R. Kessler 2021, 29 f.

751 Ob man den Text so genau wie Blum 2009 zwischen 732 und 724 v. Chr. datieren kann, sei dahingestellt. Für das 8. Jahrhundert spricht sich auch Carr 2011, 474 f., aus.

vorgegeben war[752] oder ob es sich um eine bewußte Neuakzentuierung durch Hosea bzw, dessen Tradentinnen oder Tradenten handelt.[753]

Demnach greift das Prophetengesetz durchaus eine Tradition auf, die im Hoseabuch ihren ersten Niederschlag gefunden hat und die auch in der weiteren Überlieferungsgeschichte immer wieder begegnet.

D.N. De Jong kommt bei der Behandlung der Aussage in Hos 12,14 ebenfalls zu dem Ergebnis, dass die Vorstellung von Mose als Prophet in den Exodus Traditionen des Nordreiches verwurzelt ist. „In sum, the origin of the concept of Mosaic prophecy is obscure, but the evidence is suggestive that it goes back to the Exodus traditions of the northern kingdom. The oldest conception of Mosaic prophecy is fundamentally charismatic and associated with military action, such as we see reflected in prophetic conventicles and early war prophets.".[754] Allerdings zieht er einen zu starken Trennungsstrich zwischen einem charismatischen Prophetentum und der Vorstellung, wie sie dann in Dtn 18 entwickelt wird.

3.1.3 Die Prophetie des Prophetengesetzes im Vergleich mit den anderen „Ämtern" im „Verfassungsentwurf"

In Dtn 16,18–18,22 werden grundlegende Institutionen in den Blick genommen, die für ein staatliches Gemeinwesen wichtig sind. Es geht um Justiz, Kult und Königtum, bevor mit der Prophetie als abschließender Institution ein Endpunkt erreicht wird. Vergleicht man die Prophetie mit der Stellung der anderen Institutionen im Verfassungsentwurf zur Tora, so zeigt sich die herausgehobene Stellung des „Nabi wie Mose". Wie die Tora, so kommt das Prophetenwort direkt von Jhwh. Damit eröffnet der Verfasser durch die Gleichrangigkeit von Prophetie und Gesetz die Möglichkeit zur Ergänzung und Erweiterung der Tora, zugleich werden, da der Wille Jhwhs sich ja nicht widersprechen kann, die Propheten zu Interpreten der Tora.[755] Die Beziehung zwischen Prophetie und Gesetz zeigt sich auch in der einer späten deuteronomistiscchen Redaktion zuzurechnenden Stelle 2 Kön 17,13:

---

752 So Perlitt 1971, 605.

753 So Blum 2012, 43. De Jong 2022, 28 f. betont ebenso die Verbindung mit der Exodus-Tradition. Es ist ihm zuzustimmen, wenn er meint: „The operative model of prophecy therefore is that of a charismatic savior figure."(27). Er sieht in der Darstellung der Prophetie eine Übereinstimmung mit dem übrigen Hosea-Buch, die Nebiim als charismatisch und Instrumente von Gottes machtvollen Taten in der Geschichte darstellen (Hos 6,5; 9,7).

754 2022, 29; s. insgesamt 25–29; auch Vondergeest 2005, sieht Mose ursprünglich in der Nordreich Tradition gezeichnet als „paradigmatic central prophet."(307–317, Zitat 307).

755 S. Lohfink 1990 (1971), 317–322; ebenso Rüterswörden 1987, 104.

„JHWH warnte Israel und Juda durch alle seine Propheten, durch alle Seher: Kehrt um von euren schlechten Wegen, beachtet meine Gebote und meine Weisungen wie die ganze Tora, die ich euren Vätern geboten habe und die ich zu euch gesandt habe durch meine Knechte, die Nebiim."

In der endgültigen deuteronomistischen Beurteilung des Nordreiches Israel in 2 Kön 17,7–18 wird eine klare Ursache benannt: Die Warnung JHWHS durch Nebiim und Seher (חזה) wurde ignoriert und damit der richtige Weg verfehlt, der klar in den Geboten der ganzen Tora zum Ausdruck kommt, die JHWH durch seine Knechte, die Nebiim, den Vätern verkündet hat (V13).

Auch in den tragenden Institutionen des „Verfassungsentwurfs" rückt die Tora in das Zentrum des Interesses. Die Richter (und Listenführer) müssen sie exekutieren, der König sie lesen, die Priester sie aufbewahren und lehren.[756] Der Begriff „Tora" taucht zwar im Prophetengesetz nicht auf, jedoch ist durch die Nachfolge des Mose und die Rückbindung an die Horeboffenbarung der Bezug eindeutig. Der Prophet wie Mose hat damit zugleich die Bindung an die Tora vollzogen. Ein Prophetenwort kann die Tora ergänzen und interpretieren, ihr aber nicht widersprechen.[757] Gleichzeitig wird deutlich, dass die Prophetie von allen aufgeführten Institutionen die einzige ist, die einen direkten Zugang zum Willen JHWHS hat. Hier ist ein Unterschied zu Dtn 34,10–12 und Num 12,6–8 zu bemerken. Dort wird die Prophetie abgehoben von Mose und die Gestalt des Mose den Nebiim übergeordnet. Im Prophetengesetz werden andere divinatorische Praktiken, die früher Priestern zugeschrieben wurden wie z.B. die Verwendung der Urim und Tummim (s. Dtn 33,8) und des Efods (1 Sam 30,7) nicht mehr erwähnt, hier nicht und auch nicht im Priestergesetz (Dtn 18,1–8), ja durch die Ablehnung aller anderen divinatorischen Praktiken ebenso wie die Befragung der Terafim in die Illegalität abgedrängt. Dieser „Nabi" wird in 18,15.18 ausdrücklich in der *successio mosaica* gesehen, er hat also eine Leitungsfunktion für Israel. Damit greift das Prophetengesetz die Darstellung von Hos 12,14 auf, die Mose als „Nabi" bezeichnet und ihn in dieser Funktion als denjenigen schildert, der Israel aus Ägypten herausgeführt und auf dem Weg nach Kanaan bewahrt hat.

Diese Darstellung wird durch strukturelle Beobachtungen weiter unterstützt:

Während LOHFINK auf die assoziative Abfolge hinwies, die auch in anderen altorientalischen Gesetzestexten üblich ist,[758] hat RÜTERSWÖRDEN darauf aufmerksam gemacht, dass die menschliche Mitwirkung bei der Installierung der Ämter zunehmend zurücktritt, womit deutlich wird, daß das Achtergewicht

---

[756] S. LOHFINK, 1990 (1971), 317–322; zur lehrenden Funktion des Priesters, die in dem Auftrag zur Aufbewahrung impliziert ist, s. Dtn 31,9–13.

[757] Ebd., 321 f.

[758] Ebd., 311–313.

dieses Textes auf dem Prophetengesetz liegt,[759] beim Propheten also, zu dessen Einsetzung keinerlei menschliche Mitwirkung mehr erforderlich ist. BRAULIK hat diese Akzentuierung noch durch zwei Hinweise weiter ausgebaut.[760] Er macht darauf aufmerksam, dass hier eine geschichtliche Abfolge vorliegt nach dem Muster „Von der Gegenwart zur Vergangenheit“, eine Dispositionstechnik, die ebenfalls aus anderen altorientalischen Rechtskodifikationen bekannt ist. Nicht nur die Einsetzung der Amtsträger, wie RÜTERSWÖRDEN annimmt, sondern auch ihre Funktionen sind in zunehmendem Maße auf JHWH ausgerichtet; sie werden zugleich immer persönlicher und immer tiefer in der Mitte von ganz Israel verwurzelt; der Entwurf der Leitungsämter in Israel gipfelt damit im Prophetengesetz.

DOMINIK MARKL hat dem weitere Beobachtungen hinzugefügt:[761]

Er verweist darauf, dass die Ankündigung eines „Propheten wie Mose“ die Bitte Israels um Vermittlung und Gottes Antwort auf Dtn 5 zurück blickt. MARKL verweist auf die intensive Wiederaufnahmen von Dtn 5,25.28 in Dtn 18,16f. Literarisch steche Dtn 18,15–22 aus Dtn 12–25 mehrfach hervor. MARKL sieht dies in drei Punkten gegeben: a) in 18,16–20 handele es sich um die längste rückblickend narrative Passage innerhalb der „Gesetze und Rechtsvorschriften“ von Dtn 12–25; b) In 18,17–20 referiert Mose das einzige umfangreiche Zitat einer Gottesrede innerhalb der Gesetze des Dtn; c) Nur in 18,15.17f. thematisiert Mose innerhalb von Dtn 12–25 – abgesehen von der Promulgationsformel – sich selbst. Er schreibt demnach Dtn 18,15–22 eine zentrale Funktion nicht nur innerhalb von Dtn 12–25 zu, sondern auch „des gesamten Dtn in seiner funktionalen Makrostruktur“[762].

Der „Nabi“ in Dtn 18,15–22 steht in der Nachfolge des Mose. Er ist Übermittler, Interpret und Ergänzer der Tora vom Horeb.[763] Gleichzeitig ist er der eigentliche Führer des Volkes. Dies wird im Prophetengesetz durch die Aufnahme der Tradition von Hos 12,14 ausgedrückt und zeigt sich auch in der gegenüber den anderen Verfassungsämtern herausgehobenen Stellung der Institution der Prophetie.[764]

---

759 1987, 92 f.

760 S. BRAULIK 1988, 77–80; DERS. 1991, 54–61.

761 Vgl. zum folgenden MARKL 2011, 55–57.

762 Ebd., 57.

763 Anders K. FINSTERBUSCH 2005, 211–213, die nur noch eine reine Vermittlungstätigkeit des „Nabi“ annimmt.

764 Die politische Leitungsfunktion sieht auch ANTHONIOZ, wenn sie davon spricht, dass in der idealen deuteronomistischen Konstruktion des Prophetenamtes in Dtn 18 der „Nabi“ eine königliche Rolle ausübt (2014, 296 f.).

3.2 Zum Verhältnis von divinatorischen und magischen Erscheinungen zur Prophetie

3.2.1 Zusammenfassung der Begriffsuntersuchungen

Die Untersuchung der in Dtn 18,10 f.14 verwendeten Begriffe hat ein umfangreiches Spektrum von Handlungen ergeben, die als „Gräuel der Völker" angesehen werden. Sie sollen auf jeden Fall für Israeliten verboten sein. Es handelt sich dabei um Praktiken aus dem divinatorisch-magischen Bereich, die nach Aussagen des Textes unbedingt vermieden werden müssen. Die Zielaussage dieser erst einmal negativen Abgrenzung wird dann in V14f. deutlich: JHWH wird aus der Mitte Israels einen Propheten (*nābîʾ*) wie Mose erstehen lassen, der im Verfassungsentwurf Dtn 16,18 bis 18,22 neben Richter und Listenführer, Priester und König als vierte Säule der grundlegenden Institutionen im künftigen Israel wirken soll.

Die Untersuchung der Begriffe hat jedoch gezeigt, dass dieses den vorher im Land lebenden Völkern zugesprochene Handeln im divinatorischen und magischen Bereich in der Hebräischen Bibel differenziert zu betrachten ist und keineswegs immer negativ gesehen wird.

Eindeutig ist dies jedoch bei der ersten Praxis: Das Kinderopfer wird im deuteronomistischen und prophetischen Schrifttum deutlich als fremdreligiöse Praxis bzw. Götzendienst gebrandmarkt (Dtn 12,31; 2 Kön 17,31; 23,10; Jes 57,5; Jer 7,31; 19,5; 32,35; Ez 16,20 f.; 20,31). Es kann auch keine Rede davon sein, dass irgendeiner prophetischen Gestalt diese Praxis zugeordnet wird. Eher unwahrscheinlich ist es außerdem, dass irgendeine Verbindung des Kinderopfers in Verbindung mit divinatorischen Handeln zu sehen ist.[765] Eine Verbindung mit magischen Vorstellungen ist aufgrund von 2 Kön 3,27 möglich. Dort bewirkt das Opfer des moabitischen Königssohnes die Abwehr der feindlichen Israeliten und der mit ihnen verbündeten Judäer und Edomiter. Sie bedrängen die Moabiter, müssen aber als Reaktion auf die Opferhandlung ihren Angriff beenden.

Insgesamt dient die erste erwähnte Handlung vor allem der Einbindung in den Kontext aufgrund des Bezuges zu Dtn 12,31, wo das Kinderopfer schon als fremdreligiöse Praxis gekennzeichnet wurde. Als Eröffnung der Praktiken dient es der Leserlenkung: Es zeigt die Richtung, wie die weiteren Praktiken zu verstehen sind, nämlich als Götzendienst.[766]

---

765 S. oben Abschnitt 2.3.1.

766 PAGANINI 2017 sieht hier vor allem ein Gesetz zum Schutz korrekter Kulthandlungen. Im Vordergrund steht jedoch die Gestalt des Propheten im Rahmen der Darstellung der Aufgaben der wichtigsten Leitungsämter in Israel.

קסם, der nächste Begriff, der in Dtn 18,10 benutzt wird, hat sich als allgemeinster Begriff für prophetisch-divinatorisches Handeln gezeigt. Er umfasst sowohl Wortverkündigung wie auch technische Orakelfindung und ist als normale Praxis auch israelitischer *nebîʾîm* anzusehen. Nicht ganz deutlich ist, ob die קסמים eine eigene Gruppe von divinatorischen Spezialisten gebildet haben. Wenn ja, dann ist das wohl im Umfeld des Königshofes in der spätvorexilischen Zeit anzunehmen.

Was unter dem auf קסם folgenden Begriff ענן zu verstehen ist, bleibt unklar. Anzunehmen ist, dass es um divinatorisches Handeln geht, wohl am ehesten um eine Praxis, die deduktiv Omina hervorbringt. Unwahrscheinlich ist die Verbindung mit Wolkendeutung. Dagegen ist eine Nähe zu Baumheiligtümern zu erkennen, die genaue Praxis wird aber nicht deutlich. Eine direkte Verbindung zur Praxis prophetischer Gestalten ist nicht vorhanden; sie ist einzig in der Aufzählung von unterschiedlichen Gruppierungen in Jer 27,9 gegeben, in der auch die *nebîʾîm* erwähnt werden. Indirekt ist noch auf die Beziehung der Prophetin Debora zu einem Baumheiligtum zu verweisen. Die dort erwähnte Erteilung von *mišpāṭîm* gehört allerdings nicht zu divinatorisch-prophetischem Handeln (Ri 4,4–5). Unwahrscheinlich ist, dass die מעננים einen eigenen Stand gebildet haben.

Bei dem nächsten Begriff נחש bleibt ebenfalls die genaue Bedeutung umstritten. Immerhin belegen die Vorkommen in der Josefserzählung Gen 37–50, dass נחש ein Becherorakel bezeichnen kann. Demzufolge ist mit נחש wohl ein Begriff aus der technischen, deduktiv gewonnenen Divination gemeint. Abzulehnen ist ein Zusammenhang mit der Schlangenbeschwörung. Eine Verbindung zu divinatorischen Spezialisten liegt außerhalb von Num 24,1, wo Bileam ausdrücklich aufgrund der deutlichen Erkenntnis, daß JHWH Israel segnen will, auf *n^eḥāšîm* verzichtet, nicht vor. Es ist durchaus möglich, daß es sich hierbei um eine Divinationsart handelt, die auch von Nichtspezialisten zu verwenden war. Das Becherorakel ist z.B. eine Divinationsform, die keiner großartigen Voraussetzungen bedarf und auch keine höheren Kosten verursacht, anders als es z.B. bei der Eingeweideschau der Fall ist. Durchaus vorstellbar ist es, dass die Auskünfte, die mit dieser Divinationsform zu erlangen waren, von Nichtspezialisten erzeugt wurden. Möglicherweise wurde die Zuverlässigkeit dieser Orakel jedoch nicht sehr hoch eingeschätzt.

Die nun folgenden beiden Begriffe, כשף und חבר, überschreiten den Bereich divinatorischen Handelns.

Bei כשף handelt es sich um Schadenszauber, der *per definitionem* negativ gesehen wird und meist – altorientalischen Vorstellungen folgend – Frauen zugeordnet ist. An keiner anderen Stelle in der Hebräischen Bibel wird dieser Begriff einer prophetischen Gestalt zugeordnet. Eine wie auch immer belegte Verbindung zu anderen divinatorischen Praktiken oder zu divinatorischen Spezialisten ist mit Ausnahme der späten Stelle Mi 5,11 (Parallele mit *m^{ec}on^{e}nîm*) und der Aufzählung verschiedener Spezialisten in Jer 27,9 nicht belegt.

Gleiches gilt für חבר. Dieser sehr seltene Begriff steht wohl für Schutzzauber, der mit den Begriffen „binden" bzw. dem Gegenteil „lösen" zu umfassen ist. Hiermit wird wohl eine Beschwörungspraxis ausgedrückt, die bewirken soll, dass jemand, sei es Mensch, Tier oder Dämon / Gottheit sich so verhält, wie es dem Beschwörenden passend erscheint. Deutlich wird die Beschwörungspraxis in Ps 58,6, wo חבר im Zusammenhang der Schlangenbeschwörung begegnet. Damit beinhaltet dieser Begriff auch die Abwehr schädlicher Einflüsse, die den Menschen in seiner Umwelt bedrohen. Diese beiden Begriffe decken damit die Gesamtheit zauberischen Handelns ab und sind dem magischen Vorstellungskreis zuzuordnen. Inwieweit sie mit prophetischem Handeln verbunden sind, wird noch zu klären sein.

Den Abschluss bietet der doppelte Hinweis auf nekromantische Praktiken, die wieder dem divinatorischen Bereich zuzuordnen sind. Die Evokation eines Toten ist zwar eher dem magischen Handlungsfeld zuzuordnen, allerdings ist das Ziel die Befragung der evozierten Person eine Auskunft, die von der befragten Person oder Geistgestalt erwartet wird. 1 Sam 28 spiegelt die Akzeptanz nekromantischer Praktiken in vorexilischer Zeit wider. Unklar bleibt angesichts der wenigen Zeugnisse, wie weit diese Praxis verbreitet war. In 1 Sam 28 ist mit *ba^calot-ôb* ein Titel überliefert, der für eine Spezialistin in diesem Bereich verwendet worden ist. Ob es sich dabei vornehmlich oder gar ausschließlich um Frauen gehandelt hat, kann zwar angenommen werden, ist aber letztlich aufgrund der wenigen Belege nicht zu beweisen.

Jakob Wöhrle[767] sieht im Prophetengesetz die Abgrenzung von instrumenteller Mantik, also von Praktiken, die Hilfsmittel verwenden oder Expertenwissen voraussetzen. Intention des Prophetengesetzes ist es demgegenüber die scheinbare Objektivität dieser Methoden abzulehnen und stattdessen eine prophetische Praxis zu etablieren, die nicht eindeutig ist, sondern eher eine Diskussion ermöglicht. So sei die im Prophetengesetz aufgezeigte Prophetie aufgrund ihrer Offenheit für unterschiedliche Deutungen ein Schutzmechanismus gegen die Absolutsetzung einer bestimmten theologischen Deutung. Auch Ruth Ebach[768] sieht die in Dtn 18,10 f.14 abgelehnten Praktiken im Bereich der instrumentellen Mantik. Für eine an Mose orientierte Prophetie als Idealbild stellt sich dennoch die Frage, welche Kriterien es gibt, ein richtiges Jhwh-Wort zu erkennen. Die Überprüfung durch andere divinatorische Praktiken wie im Alten Orient ist nicht möglich und das in Dtn 18,20–22 angebotene Erfüllungskriterium ist letztlich aus der Sicht der jeweiligen Situation nicht ausreichend. Sie sieht in dem Vorschlag von Wöhrle mit der Verortung in der Geschichte und deren Mehrdeutigkeit einen Weg, „Die Vorläufigkeit prophetischer Ankündigungen wird so – gerade in Abgrenzung zu den vermeintlich

767 Vgl. zum Folgenden 2019, 374–386.
768 2023, 115–120.

eindeutigeren Ergebnissen der instrumentellen Mantik, die im ersten Teil (scil. des Prophetengesetzes) verboten wird – unterstrichen und damit Platz für eine Geschichtstheologie gemacht. Prophetie ist Geschichtsprophetie, das Lernen aus der Geschichte ermöglicht das Handeln in der Gegenwart."[769]. Jedoch sind dagegen Bedenken geltend zu machen. Zum einen sind die Praktiken in Dtn 18,10 f.14 mit „instrumenteller Mantik" nur unzureichend beschrieben. Gerade bei קסם ist eine große Bandbreiten divinatorischen Handelns gemeint, die weit über instrumentelle Mantik hinausgeht. Außerdem sind mit חבר und כשף magische Praktiken einbezogen, die über die Divination hinausgehen. Des Weiteren ist zu beachten, dass Prophetie im Wesentlichen Krisenintervention im privaten wie politischen Bereich ist. Da stellt sich die Frage, ob eine deutungsoffene Auskunft, die zur Diskussion anregt, wirklich eine Hilfe darstellt. Sie lässt die entsprechenden Klienten der Prophetinnen und Propheten hilflos zurück. Ein Kriterium kann es höchstens im Bereich der literarischen Prophetie sein. Von daher bleibt es dabei, dass es kein zufriedenstellendes Kriterium für eine wahre göttliche Auskunft gibt, es gibt höchstens Hilfskonstruktionen, die eine gewisse Sicherheit bieten. Dazu gehört die schon erwiesene Zuverlässigkeit der Auskunft, die moralische Integrität (Habgier) oder auch Orientierung an der Tora wie im Prophetengesetz angeboten.[770] Ein letztlich sicheres Kriterium in der Krisensituation selbst gibt es (leider) nicht.

3.2.2 Prophetie und Magie

Im Prophetengesetz werden die Praktiken כשף und חבר erwähnt und als mögliche, jedoch für einen israelitischen Propheten illegitime, Handlungsfelder dargestellt. Diese Begriffe umgreifen mit dem Schadenszauber כשף sowohl den negativen Aspekt „magischen" Handelns als auch mit חבר den apotropäischen Schutzaspekt von „Magie". Damit ist wohl die Gesamtheit „magischen" Handelns zusammengefasst worden und vom Handeln eines israelitischen Propheten ausgegrenzt worden. In der Tat zeigt auch ein Blick auf die prophetischen Gestalten in der Hebräischen Bibel, dass diese Begriffe nie verwendet werden. כשף begegnet einzig in den Aufzählung von religiösen Spezialisten in Jer 27,9 und in Mi 5,11 als „Zaubermittel", die wie die M^{ec}on^{e}nîm aus Israel von Jhwh entfernt werden.

Heisst das nun, dass das Bild im Prophetengesetz mit der Darstellung von Prophetie in der Hebräischen Bibel übereinstimmt und Propheten nicht mit „magischen" Praktiken in Verbindung gebracht werden können? Um diese Frage beantworten zu können, ist es wichtig, näher auf den umstrittenen Begriff „Magie" und den wissenschaftlichen Diskurs hierüber einzugehen.

---

769 Ebd., 119.
770 S. dazu R. Ebach 2023, 83–209.

Georg Fohrer ist in einer Untersuchung der Beziehungen zwischen Prophetie und Magie 1966 zu dem Ergebnis gekommen, von einem gebrochenen Verhältnis zwischen Prophetie und Magie zu sprechen, wobei er gleichzeitig von einer grundsätzlichen Überwindung der Magie durch den Bezug auf Jhwh spricht und die Ursprünge in einer urtümlich unspezialisierten Kultur sieht, in der der Seher oder Prophet gleichzeitig der Stammeszauberer war.[771]

Hier zeigt sich eine Sicht von Religion und Magie, die einerseits eine strikte Trennung beider Bereiche vornimmt und andererseits einem evolutionistischen Schema folgt. Dies verweist auf Auffassungen, die im 19. Jahrhundert vor allem durch Sir James Frazer und Edward B. Tylor entwickelt worden sind.[772] Sie sind in der religionswissenschaftlichen Diskussion längst *ad acta* gelegt worden.[773] Auch das Verhältnis von Religion und „Magie" ist seither wesentlich stärker problematisiert worden.

Émile Durkheim nahm im beginnenden 20. Jahrhundert eine andere Sichtweise ein und betrachtete den Unterschied zwischen Religion und „Magie" funktionalistisch.[774] Durkheim sieht einen Gegensatz zwischen der Gemeinschaftsorientierten Religion, die zusammengehalten wird durch ein solidarisches System von Glaubensüberzeugungen und der individuell-zweckgerichteten, also auf die individualistischen Bedürfnisse zugeschnittenen „Magie". Sein Neffe Mauss hatte schon 1904 in Zusammenarbeit mit

---

[771] 1966: „Gezeigt werden sollte die Teilhabe der Prophetie an einer dunklen und untergründigen Welt – eine Teilhabe, die vermutlich darin begründet ist, daß der Ursprung der Prophetie in einer urtümlichen ungeteilten und nichtspezialisierten Kultur liegt, in der der Seher oder Prophet gleichzeitig der Stammeszauberer war oder sein konnte. Darin ist wohl der Ansatzpunkt für die spätere Nachwirkung des magischen Elements, das Zurückgreifen auf oder die Affinität mit ihm zu erblicken – eine Beziehung, die sich im Auftreten und Wirken oder im Verständnis der frühen Propheten, in den symbolischen Handlungen, in der Auffassung des Jahwe- und Prophetenwortes, in der Anordnung prophetischer Sprüche und Sammlungen, schließlich in der schriftlichen Aufzeichnung und Überlieferung enthüllt. Freilich ist diese Element durch die völlige Beziehung alles prophetischen Redens und Tuns auf Jahwe grundsätzlich überwunden ist." (46 f.).

[772] Frazer hat in seinem epochalen Werk „The Golden Bough" (1890) die Vorstellung entwickelt, dass zunächst Magie existierte, dann als nächster Schritt Religion entstand, die schließlich in Wissenschaft mündet. Ebenfalls einen Dreischritt sieht Edward Tylor in seinem Werk „Anfänge der Kultur" aus dem Jahre 1873; er sieht eine Entwicklung der Religion von Animismus zu Polytheismus und dann Monotheismus.

[773] S. dazu R. Schmitt 2004, 12: „Der vorherrschende entwicklungsgeschichtliche Dreischritt ... ist wissenschaftlich überholt und bedarf kaum längerer Diskussion."

[774] S. sein 1912 veröffentlichtes Werk „Les formes élémentaires de la vie religieuses. Le système totémique en Australie".

HUBERT eine generelle Theorie der „Magie" vorgelegt, die der „Magie" ebenfalls keine öffentliche Funktion zuschreibt, sie jedoch als soziales Phänomen wahrnimmt.[775]

Obwohl LÉVY-BRUHL keine eigene Theorie zur „Magie" vorgelegt hat, hat er die folgende Diskussion doch stark beeinflußt durch den Hinweis auf die unterschiedliche Denkweise der „Primitiven" gegenüber dem europäisch wissenschaftlich geprägten Denken.[776] Er spricht von „mystischer Partizipation", die eine andere Wirklichkeitserfassung darstelle als die in den westlichen wissenschaftlich geprägten Gesellschaften. Diese Denkweise bezeichnet er als „prälogisch", wobei er ausdrücklich darauf aufmerksam macht, dass dies nicht im Sinne einer zeitlichen evolutiven Vorstufe des logischen Denkens zu verstehen sei.

Durch die anthropologische Feldforschung insbesondere von MALINOWSKI und später EVANS-PRIITCHARD ist die Gegenüberstellung bzw. Abgrenzung von Magie und Religion dann weiter aufgeweicht worden, obwohl MALINOWSKI noch an einer Unterscheidung festhält. Wichtig ist zunächst, dass MALINOWSKI bei seinen Feldforschungen auf den Trobiand-Inseln in Papua-Neuguinea die zeitliche Abfolge von Magie und Religion aufgibt und ein Nebeneinander in derselben Kultur feststellt. Den Unterschied zwischen Religion und Magie sieht er vor allem funktional: Magische Riten seien dadurch gekennzeichnet, dass sie einen konkreten Zweck verfolgen, während religiöse Riten zweckfrei zentrale Lebensthemen wie z.B. Geburt, Heirat und Tod zur Sprache bringen und Werte der Gesellschaft übermitteln.[777]

Einen wichtigen Wendepunkt in der Magie-Debatte stellt die Studie von EDWARD E. EVANS-PRITCHARD dar, in der er das Leben und Denken der Zande im damals anglo-ägyptischen Sudan untersuchte.[778] EVANS-PRITCHARD wies darauf hin, dass dem magisch-rituellen Handeln durchaus Logik innewohnt und dass

---

775 Esquisse d'une théorie générale de la Magie in: Année sociologique 7, 1904, 56–186; deutsche Übersetzung in MAUSS, Soziologie und Anthropologie I, Frankfurt 1989, 43–179. Zu DURKHEIM und MAUSS / HUBERT s. CUNNINGHAM 1999, 43–48; R. SCHMITT 2004, 14 f.; KARNER 2009, 13–15; B.-C. OTTO 2011, 60–69 sowie die rezeptionsgeschichtliche Übersicht bei B.-C. OTTO 2011, 69–76.

776 S. dazu die beiden Hauptwerke „Les fonctions mentales dans les sociétés inférieures" (1910) und „La mentalité primitive" (1922). Ersteres teilweise übersetzt in PAETZOLDT 1978, 1-26.

777 Die wichtigsten Werke von MALINOWSKI sind 1922 „Argonauts of the Western Pacific" und für den Bereich Religion und Magie: „Magic, Science and Religion" 1948. Zu MALINOWSKI s. CUNNINGHAM 1999, 28–32; R. SCHMITT 2004, 15–17; B.-C. OTTO 2011, 78–83.

778 Die Studie wurde 1937 unter dem Titel „Witchraft., Oracles and Magic among the Azande" veröffentlicht. Deutsche Übersetzung „Hexerei, Orakel und Magie bei den Zande" (1988).

man nur bei den Voraussetzungen noch die Kategorien „wahr“ und „falsch“ verwenden kann. Ein berühmtes Beispiel ist das des einstürzenden Getreidespeichers, der Menschen verletzt hat, die dort Schutz vor der Sonne gesucht haben. So ist den Zande durchaus bekannt, dass dies durch Termiten verursacht wurde, die die Stützbalken beschädigt hatten. Sie haben jedoch in ihrem Weltbild auch noch die Erklärung dafür, warum ein Zande sich gerade zu diesem Zeitpunkt dort aufgehalten hatte und verletzt wurde. „Aber er weiß außerdem, warum diese beiden Ereignisse zur genau gleichen Zeit am gleichen Ort eintraten. Es war eine Folge der Wirkung von Hexerei. Hätte es keine Hexerei gegeben, hätten die Leute unter dem Speicher gesessen, ohne daß er auf sie gefallen wären; oder er wäre eingestürzt, ohne daß sich jemand zu diesem Zeitpunkt darunter befunden hätte. Hexerei erklärt die Koinzidenz dieser beiden Ereignisse.“[779]

Das Denken der Zande geht dabei über das direkt Beobachtbare hinaus und wird von Evans-Pritchard als „mystisches“ Denken bezeichnet. „Magie“ ist Teil eines Zusammenhanges, der nicht isoliert betrachtet werden darf. Insofern können religiöse und magische Phänomene nicht mehr getrennt werden und müssen in ihrer jeweiligen Interdependenz gesehen werden.

Schon früh, 1914, gab es neben dem Versuch einer strikten Trennung von Religion und „Magie“ die Tendenz, stattdessen von einem „religiös-magischen Kontinuum“ zu sprechen. Aufgenommen wurde dieser Ansatz durch einen Aufsatz von Goode aus dem Jahre 1949 mit dem Titel „Magic and Religion: A Continuum“ Dieser Aufsatz von Goode fand im religionswissenschaftlichen Diskurs große Beachtung.[780]

Einen wichtigen Beitrag zu einem Verständnis von „Magie“ liefert Stanley Jeyaraya Tambiah. Er greift die Sprechakttheorie von Austin auf und betont, dass „magische“ Akte wie performative oder illokutionäre Sprechakte zu verstehen sind, mit denen gleichzeitig eine Handlung vollzogen wird.[781] Sie sind nicht wie wissenschaftliche Kriterien mit „wahr/falsch“ zu beurteilen, sondern beruhen auf der Adäquatheit der jeweiligen Vorstellungen von Richtigkeit und Legitimität. Ein Beispiel ist die Trauungszeremonie, durch die die Braut und der Bräutigam einen neuen Status erhalten, nämlich Ehemann und Ehefrau.

„Magische Akte, die sich gewöhnlich aus verbalen Äußerungen und dem Manipulieren (*manipulation*) von Gegenständen zusammensetzen, sind »performative« Akte, durch die aufgrund einer Analogie eine Eigenschaft auf einen Empfänger – sei das ein Gegenstand oder eine Person – kategorisch übertragen

---

[779] 1988, 65 f.

[780] S. Marrett im Jahr 1914 in seiner Studie „The Treshold of Religion“; zu Goode und der Problematik dieses Ansatzes s. B.-C. Otto 2011, 83–87.

[781] S. Form und Bedeutung magischer Akte. Ein Standpunkt (1970), in: Kippenberg / Luchesi 1995, 259–296; s. auch Tambiah in seinem Werk „Magic, Religion and the Scope of Rationality“ aus dem Jahr 1990.

wird. Magische Akte sind rituelle Akte, und rituelle Akte wiederum sind performative Akte, deren positive und schöpferische Bedeutung nicht verstanden werden kann und deren Gültigkeit falsch beurteilt wird, wenn sie einer Methode der Verifikation, die der wissenschaftlichen Tätigkeit zugehört unterworfen werden. Weder Magie noch Rituale sind angewandte Wissenschaft im engeren Sinn."[782].

Analogisches Denken drückt auf der Grundlage von Analogien eine Bedeutung aus durch situative Ausweitung. Rationales Handeln und Denken und magisches Handeln konkurrieren nicht, sondern ergänzen sich.[783]

Die Schwierigkeit, „Magie" von dem auch nicht unproblematischen Begriff „Religion" trennscharf zu unterscheiden und die unterschiedlichen definitorischen Ansätze haben dazu geführt, dass die Verwendung der Kategorie „Magie" als eines einheitlichen transkulturell und ahistorisch zu verstehenden Begriffes abgelehnt wird. So schreibt H.G. Kippenberg in dem Artikel „Magie" in dem „Handbuch religionswissenschaftlicher Grundbegriffe" im Jahre 1998:

„Ich ziehe aus dem Gesagten (scil. Grenzziehung zu Religion und Wissenschaft) die Konsequenz, dass die Definitionen von Magie zu unsicher sind, um die Basis eines Artikels *Magie* abgeben zu können. Auch der Weg zurück zu einem naiven Sammelbegriff ist versperrt, da die historischen und ethnographischen Studien die Verwendung einer solchen Sammelkategorie untergraben haben. Ein Artikel Magie wird in dieser Lage nicht viel mehr tun können, als dem Zerfall dieser Kategorie nachzugehen und die Interpretationszüge zu simulieren"[784].

In einer umfangreichen Untersuchung kommt B.-C. Otto 2011 ebenfalls zu dem Ergebnis, dass „Magie" als universale wissenschaftliche Kategorie untauglich sei und lehnt einen übergreifenden substanziellen Magiebegriff ab.[785]

Jesper Sørensen hält dagegen an der Kategorie „Magie" als „scholarly category" fest.[786] Er sieht in „Magie" eine spezifische Art menschlichen rituellen Handelns, deren Mechanismen und Prozesse erforscht werden können. Die

---

782 1995 (1970), 259.

783 S. zu Tambiah Cunningham 1999, 67–71; R. Schmitt 2004, 22 f.; Karner 2009, 20–22; B.-C. Otto 2011, 126.

784 1998, 85 f., Siehe auch schon die Einleitung des Sammelbandes „Magie. Die sozialwissenschaftliche Kontroverse über das Verstehen fremden Denkes", S. 9–51, die von Kippenberg und Luchesi 1978 herausgegeben wurde.

785 S. das Fazit S. 127–132; er kritisiert auch die erweiterte ritualsymbolische Definition von R. Schmitt 2004 (S. 131 f.); die Arbeit von Karner ist ihm wohl nicht bekannt.

786 S. die 2007 veröffentlichte Studie „A Cognitive Theory of Magic" sowie den Aufsatz von Sørensen in dem von B.-C. Otto / M. Stausberg herausgegebenen Sammelband „Defining Magic" aus dem Jahre 2013 (229–242). Das Zitat befindet sich in 2013, 241.

kognitive Linguistik und die kognitive Psychologie liefern dazu die erforderlichen Parameter.[787] Eine vorläufige Definition von „Magie" ist dabei folgendermaßen zu bestimmen: Sie befasst sich mit „changing the state or essence of persons, objects, acts and events through certain special and non-trivial kinds of actions with opaque causal mediation."[788]. Die verborgene Kausalität entsteht durch „conceptual blending" zweier Bereiche, des „Sakralen" und des „Profanen"; im Ritual werden diese miteinander verbunden.[789] Der Zugang zu magischen Kräften kann gegeben sein durch diejenigen, die das Ritual vollziehen als auch durch Objekte oder Aktionen, wozu auch die Sprache gehört.[790] Wodurch jeweils der Zugang erreicht wird, ist kulturell unterschiedlich geregelt. Sørensen kommt im Hinblick auf das Verhältnis zu Religion zu dem Ergebnis: „Magic is a general mode of ritual behaviour that, when appearing outside established, authorised and institutionalised religious rituals, prompts the creation of either new systems of beliefs and religious institutions, or provoke a re-evaluation, reflection and possibly change of already established ritual structures."[791]. Dies passt auch gut zum Wirken alttestamentlicher Propheten. Kritisch ist anzumerken, dass Sørensen ein hoch komplexes Gebilde erzeugt, das auf der Überzeugungskraft der jeweiligen Bausteine beruht.

Für den Bereich der alttestamentlichen Wissenschaft wurde der religionswissenschaftliche Diskurs zum Magiebegriff durch R. Schmitt im Jahre 2004 aufgearbeitet. Er stellt zunächst einen Konsens in der Religionswissenschaft fest, dass „magische Handlungen wie rituelles Verhalten überhaupt, performative Akte mit kommunikativer Funktion sind. Innerhalb des Oberbegriffs ‚Ritual' kann Magie als ein ritualsymbolischer Akt begriffen werden. Im Sinne von Geertz erzeugt der performative Akt eine Aura von Faktizität, die das Ritualziel der Wirklichkeit entsprechen lässt und daher soziale und psychologische Wirkung entfalten kann."[792]

Er untersucht dann noch religionspsychologische Ansätze sowie die Magietheorien im Alten Testament und im Vorderen Orient insgesamt. In einem zweiten Kapitel betrachtet R. Schmitt die kosmologischen Grundlagen der Magie im Vorderen Orient, die er mit Jan Assmann als Kosmotheismus bezeichnet. Schließlich kommt er zu folgender Definition: „Magie ist eine ritualsymbolische Handlung, die durchgeführt in einer adäquaten Situation, durch Nutzung

---

[787] Marian W. Broida 2014 legt die Magie-Theorie von Sørensen in ihrer Untersuchung zur „Apotropaic intercession" in der Hebräischen Bibel und im Alten Orient zugrunde (22–26); s. auch Nissinen 2020, 217–219.

[788] 2007, 32.

[789] Ebd., 63–65.

[790] Ebd., 65–74

[791] Ebd., 2007, 191.

[792] S. 24, nach der Präsentation der religionswissenschaftlichen Modelle. Vgl. auch schon seinen grundlegenden Aufsatz zur Forschungsgeschichte 2001.

bestimmter göttlich enthüllter Medien (Symbol, Wort und Handlung) und kosmisches Wissens, ein bestimmtes Ergebnis vermittels symbolischer Antizipation der göttlichen Intervention erzielt"[793]. Damit verlässt er den „Magie"-Begriff zugunsten einer Auflösung in einem ritualsymbolischen Akt.

Auch mit dieser ritualsymbolischen Auflösung des Magiebegriffes durch R. Schmitt ist die Diskussion nicht abgeschlossen.

Shawna Dolansky möchte dagegen den „Magie"-Begriff beibehalten. Sie formuliert den Anspruch: „Thus, despite arguments to the contrary, a substantive (as opposed to purely social/functional) etic definition is not only possible, but desirable in order to ensure that we are all describing the same set of phenomena."[794] Für den Bereich der Hebräischen Bibel legt sie folgende Definition zu Grunde: Magie ist „an act performed by a person (as opposed to theophany or direct acts of God) with or without attribution to God, that has no apparent physical causal connection to the (expected or actual) result."[795] Sie legt wieder wie schon Sørensen als ein wichtiges Kennzeichen Wert auf eine nicht erkennbare verborgene Kausalität.

Für eine Untersuchung ritueller Handlungen innerhalb der Elija- und Elischa-Texte in 1 Kön 17 bis 2 Kön 13 verzichtet Karner auf die Kategorie „Magie", die er für die weitere Untersuchung der Elija / Elischa-Überlieferungen als zu problematisch ansieht.[796] Als Ausweg aus den Aporien, in die der „Magie"-Begriff führt, sieht Karner eine erweiterte kognitive Theorie ritueller Handlungsformen. Grundlegend für rituelles Handeln ist dabei:

„1. Rituelles Handeln ist rückgebunden an die umfassende Weltanschauung des Menschen.
2. Rituelle Handlungen sind insgesamt Teil und Ausdruck einer für den jeweiligen Menschen selbstverständlichen Welt- und Lebensbewältigung."[797].

Aus der Forschungsgeschichte zum „Magie"-Begriff entnimmt Karner vier verschiedene Zugänge, die in Bezug auf einen weiter gefassten Begriff ritueller Handlungen von Relevanz sind: 1. Intellektualistisch, 2. Soziologisch, 3. Funktional, 4. Performativ.[798]

Karner, der auf eine genaue Abgrenzung zwischen Religion, Magie (und Wissenschaft) verzichtet, stellt an die Konzeption von R. Schmitt die Anfrage, wie denn der Unterschied zu anderen Formen ritualsymbolischen Verhaltens zu fassen sei. Bei der Frage der kosmologischen Grundlagen verweist Karner auf Maqlû VI, 34–39, wo kein Bezug zu einer Gottheit verzeichnet wird.[799]

---

[793] S. 92 f.; zum Kosmotheismus im Anschluss an Jan Assmann s. S. 67–106.
[794] 2008, 14.
[795] Ebd., 14 f.
[796] 2009, 44.
[797] Ebd., 46.
[798] Ebd., 47–56.
[799] 2009, 36–56.

Fundamentaler noch ist die Kritik an R. Schmitt von B.-C. Otto in seiner umfangreichen Untersuchung zu dem Magiebegriff aus dem Jahre 2011. Er unterstellt R. Schmitt einen substanziellen Magiebegriff und wirft ihm eine ethnozentristische Sichtweise vor.[800] Insgesamt bleibt B.-C. Otto auf der Linie, dass „Magie" kein Begriff darstelle, der für den wissenschaftlichen Diskurs übergreifend noch zu verwenden wäre.

Daneben gibt es eine Anzahl von Forscherinnen und Forschern, die an einer übergreifenden Definition des Magiebegriffes festhalten möchten. Michael Becker stellt sich schon 2002 die Frage, ob eine sozialwissenschaftliche Erfassung des Magiebegriffes genügt. Er spricht sich für eine Definition von „Magie" aus, die sich an David Aune orientiert.[801] Sie besteht aus folgenden 3 Teilen:

a) der manipulative Charakter der Praktiken
b) die Bemächtigung übernatürlicher Kräfte
c) die Garantie des Erfolgs. Wichtig erscheint dabei weiterhin, dass diese Merkmale auch selbstkritische Fragen im „religiösen" Binnenkontext provozieren, wenn man die sozialen Aspekte einbezieht.

Peter Busch will in dem Sammelband „Magie in neutestamentlicher Zeit" ebenfalls an dem Begriff der „Magie" festhalten.[802] Er sieht den Weg darin, deskriptiv das Magieverständnis aus den Texten zu erheben: „Magie ist das, was die jeweiligen antiken Autoren unter Magie verstehen."[803] Als wichtige Vorentscheidungen sind dabei eine strenge methodische Unterscheidung zwischen der Außen- und Innenansicht zu gewährleisten sowie den Konsenscharakter der antiken Magie zu sehen.

Für Daria Pezzoli Olgiatti gehört „Magie" zu den „basic concepts". Sie spricht sich gegen eine Auflösung von „Magie" aus. Bei einer komparativen Sicht sei eine „etic view" unumgänglich. Sie spricht sich für eine heuristische Definition von „Magie" in zentraler Verbindung mit dem religiösen Symbolsystem aus. „Magic as a particular aspect of the religious symbol system, directs the communication process to the total control of uncontrollable aspects."[804]

---

[800] 2011, 130–132; die eigenen Ausführungen zur biblischen Terminologie S. 277–286 z.B. zu k-š-p sind jedoch überlagert von der sicherlich einen anderen Vorstellungshorizont umfassenden rabbinischen Tradition, die in Mischna und Talmud zu fassen ist. Zu B.-C. Otto s. auch Frenchkowski 2016, 41 f., der sich gegen eine völlige Aufgabe der Verwendung des Begriffes „Magie" ausspricht.

[801] 2002. 19; Becker verwendet diese Definition dann auch 2002 in seiner Untersuchung „Wunder und Wundertäter im frührabbinischen Judentum". Aune entwickelt seine Definition 1980, in überarbeiteter Form in dem Sammelband „Apocalypticism, Prophecy and Magic in Early Christianity" 2006 wieder veröffentlicht.

[802] 2006, 11–21.

[803] Ebd., 18; Busch verweist auf den TRE Artikel zu Magie von 1991 und Graf 1996.

[804] 2007, in: Labahn / Lietaert Peerbolte, 3–19; Zitat: S. 18 f.

Auch Marco Frenchkowski versucht 2016 nach einem Überblick über die Forschungsgeschichte einige Punkte aufzuzeigen, die bei der Verwendung des Begriffes „Magie" zu beachten seien:[805]

„Als defizitär oder verfehlt müssen Magietheorien gelten, welche

1. Den Begriff der Magie in denjenigen der Religion hinein so nivellieren, dass die Entstehung von binnenreligiösen Ausgrenzungen der Magie und die verbreiteten Konkurrenzszenarios Religion – Magie (Moses vs ägyptische Magier, Petrus vs Simon Magus, Paulus vs. Elymas) und Delegitimierungen der Magie nicht mehr verständlich werden;
2. Den Begriff der Magie so in denjenigen des Rituals hineinnivellieren, dass alle religiösen Rituale mehr oder weniger als „magisch" nennen. Es ist auch nicht sinnvoll, jede Form von „empowerment" metasprachlich Magie zu nennen. Generell sind maximalistische Definitionen wissenschaftssprachlich wertlos, weil sie differenzierte Betrachtung verhindern... Umgekehrt sind auch minimalistische Definitionen nicht mehr zu vertreten, welche z.B. eine durchgehende Opposition Magie – Religion zur Voraussetzung nehmen." (54)

Ebenso ist zu beachten, dass das Spannungsverhältnis Legitimität – Illegitimität in verschiedenen Kulturen unterschiedlich beurteilt wird.

Brian B. Schmidt sieht in seiner sozial- und religionsgeschichtlichen Analyse der archäologisch fassbaren materiellen Hinterlassenschaft Israels das Dilemma der Definition von „Magie"[806]. Er spricht sich aber dagegen aus, auf dieses Konzept gänzlich zu verzichten. Als „working definition" für eine „materiality-based magic" verwendet er die Kennzeichnung von Wilburn:

1. Magic was firmly founded in ritual actions, including spoken or written words and the manipulation of objects. These rituals typically are performed with expectation of a particular result.
2. Magic may draw on religious traditions for both efficacy and exoticism.
3. Magic is frequently a private or personal activity, although certain practices might be undertaken in the public sphere.

Der Überblick über die Forschungsgeschichte zum Magiebegriff hat gezeigt, dass die Diskussion noch keineswegs als abgeschlossen gesehen werden kann. Immerhin kann gesagt werden, dass „Magie" und Religion nicht säuberlich voneinander getrennt werden können.[807] Am sinnvollsten ist es wohl, den in

---

805 S. 1–57; siehe auch schon den Artikel „Magie" von Frenchkowski in RAC (2010).

806 2016, 2–13; Wilburn hat in dem Werk „Materia Magica" die archäologischen Hinterlassenschaften von „Magie" im römischen Ägypten, Zypern und Spanien untersucht (2012). Die Definition befindet sich bei B.B. Schmidt 2016, 11.

807 S. die Feststellung von R. Schmitt 2022, der Magie als „integral part of religion and the cultural symb(olic) system" bezeichnet (588). Vgl. auch Sørensen 2007, 186–191; ebenso auch Schmidt, B.B. / Schmitt, R. 2019, 431–437.

den Texten erkennbaren Abgrenzungen zu folgen, d.h. nach Möglichkeit eine emische Sichtweise einzunehmen. Dies ist am besten gewährleistet, wenn der in den Texten erkennbaren Auffassung gefolgt wird. In der Begriffsuntersuchung zum Prophetengesetz sind vor allem zwei Begriffe begegnet, die als magische Praktiken zu kennzeichnen sind: Da ist zum einen der Schadenszauber, כשׁף, und zum anderen die Beschwörung, חבר und damit die Praktiken, die der Abwehr oder Entfernung schädlicher und gefährlicher Einflüsse dienen. Damit werden die beiden Seiten möglicher magischer Praktiken umschrieben. Bei dem Schadenszauber ist dabei auch grundsätzlich das Gegenteil, die Segensvorstellung, mit einzubeziehen.

Zur Beschwörung gehören auch die Abwehr krankmachender bzw. verletzender Kräfte und natürlich ebenfalls die Heilung der auftretenden Krankheiten. Von daher sind auch religiösen Spezialisten an Heilungsprozessen beteiligt. Astrid Nunn macht auf ein Beispiel aufmerksam, wo der assyrische König Assarhaddon (680–669) von seinem Arzt (*asû*) Urad-Nanā eine Salbe und ebenso Amulette erhält. Gleichzeitig konsultiert Assarhaddon den Wahrsager (*āšipu*) Marduk-šakin-šumi, der ihm die Heilung durch die Götter zusagt.[808] Da auch in der Hebräischen Bibel Heilungen von prophetischen Gestalten überliefert sind, ist auch in Israel / Juda ein ähnlicher Vorstellungshorizont anzunehmen, der von einem Ineinandergreifen von „Magie" und Medizin ausgeht. Mit anderen Worten: Auch Heilungen sind dem „magischen" Handlungsfeld zuzuordnen.

In Jer 6,14 wird das Wirken von Priestern und (falschen) Propheten mit dem Verb רפא – „heilen" verbunden, was ein Hinweis auf dieselbe Praxis in Israel / Juda ist.
Beide Seiten „magischen" Handelns werden im Prophetengesetz als Praktiken gesehen, die nicht den israelitischen Propheten entsprechen. Es stellt sich damit die Frage, inwieweit dies auch durch die anderen prophetischen Texte der Hebräischen Bibel bestätigt werden kann oder ob die Abgrenzung des Prophetengesetz in Dtn 18,9–22 eine eigene Ausprägung der Prophetie darstellt.

3.2.2.1 Aaron in Exodus 7

Ein erstes Mal zeigen sich magische Handlungen in Verbindung mit einer prophetischen Gestalt in Ex 7, wo Aaron als *nābîʾ* des Mose bezeichnet wird.[809]

---

[808] 2006, 59 f. Die Texte finden sich bei Parpola 1993, 254–255 Nr. 315, 193 Nr. 242. S. insgesamt zum Verhältnis von „Magie" und Medizin im Alten Orient *Manfred Dietrich 2011, 31–45.

[809] Auch bei Mose zeigt sich immer wieder „magisches" Handeln, allerdings ohne dass er in dem jeweiligen Kontext als „Prophet" bezeichnet wird: Ex 14,16.21; 15,24; 17,6.8–16; Num 20,7–11; 21,4–9. Bei Mose handelt es sich um eine komplexe Gestalt, die im Laufe der Überlieferung unterschiedliche Züge angenommen hat. Zu Mose

Ex 7,1–13 bilden den Auftakt für die folgende Plagenerzählungen, die schließlich mit dem Abbruch der Verhandlungen Moses und Aarons mit dem Pharao enden (Ex 11).[810] Der Text wird meist der priesterschriftlichen Tradition zugeordnet.[811]

In Ex 7,1 wird Aaron als „Prophet" (*nābîʾ*) des Mose bezeichnet. Diese Bezeichnung ist einmalig für Aaron, der ansonsten vorrangig als Priester gezeichnet wird.[812] Mose und Aaron handeln im Auftrag JHWHS (Ex 6,28–30).

Mose wird in 7,1 sogar als „Elohim" bezeichnet. Diese ungewöhnliche Benennung kam auch schon einmal in Ex 4,16 für Mose vor. In Ex 4 geht es auch um „Beglaubigung", allerdings nicht gegenüber dem Pharao, sondern gegenüber dem israelitischen Volk. In Ex 4 spielt Aaron zunächst keine Rolle; erst als Moses Widerstand gegenüber dem Auftrag JHWH erzürnt (V14), kommt der Bruder Aaron ins Spiel, der jedoch nicht als „Prophet" bezeichnet wird, sondern als „Levit" benannt wird. In diesem Zusammenhang wird Mose dann in Ex 4,16 als אלהים bezeichnet und Aaron soll gemeinsam mit Mose als Sprachrohr JHWHS fungieren.[813] Die Verwandlung eines Stabes in ein Lebewesen war schon in Ex 4,1–5 im Hinblick auf die Akzeptanz des Mose durch das israelitische Volk erwähnt worden. In 7,8–13, einem Abschnitt, der mit einer Gottesrede in V8–9 eingeleitet wird, greift JHWH wiederum das Problem der Beglaubigung auf, das Mose schon in Ex 4,1 im Hinblick auf die Israeliten geäußert hatte. Gegenüber von Mose und Aaron ist dieses Mal der Pharao. Wie in Ex 4,1–5 wird die Verwandlung des Stabes in ein Lebewesen als Beglaubigungszeichen (*môfet*) gewählt. Allerdings sind auch die Unterschiede beträchtlich.[814] Der wesentlichste Unterschied liegt in der Bezeichnung des Lebewesens. Während in Ex 4,1–5 der Stab sich in eine Schlange (*nāḥāš*) verwandelt, ist in 7,9 die Rede von *tannîn*, einem reptilartigen Lebewesen, das im Kontext von Chaoskampf

---

als „Prophet" s. oben Abschnitt 3.1.2. Einen Überblick über magische Handlungen findet sich bei NISSINEN 2021,

810 S. FISCHER / MARKL 2009, „Ein Vorspiel" (102 f.). Hinzuzurechnen ist m.E. noch Ex 6,28–30, das noch einmal auf die Ungeschicktheit des Mose im Reden zurückgreift, die in 6,12 und vorher schon in Ex 4,10–17 eine Rolle spielt und damit die Rollenverteilung in 7,1 erklärt.

811 S. z.B. ALBERTZ ^{2}2017, 117 f. Ex 6,28–30 rechnet er einer ebenfalls priesterlich orientierten, aber späteren Bearbeitungsschicht zu; vgl. auch W.H. SCHMIDT 2019 (1995), 317–320. Für die Fragestellung unserer Studie ist die genaue Schichtzuweisung unerheblich.

812 S. dazu die knappe Übersicht bei GÖRG 1991 (1988), 1 f.; es besteht weitgehende Einigkeit darüber, dass die Bezeichnung Aarons als „Nabi" eine sekundäre Zufügung ist, ähnlich wie für Abraham in Gen 20,6. Allerdings ist zu sehen, dass die Hinzufügung an dieser Stelle durchaus angemessen ist, s. weiter unten.

813 Zur Problematik der Bezeichnung אלהים s.o. im Abschnitt 2.3.5 zu כשף.

814 S. dazu W.H. SCHMIDT 2019 (1995), 369.

und Schöpfung begegnet (Ps 74,12–17).[815] Damit wird mit dieser Verwandlung in ein Chaosungeheuer die Evozierung von schädlichen Kräften ausgedrückt. Genau dies geschieht dann in der folgenden Plageerzählung. Von daher ist die Bezeichnung Aarons als „Nabi“ eng mit Schadenszauber verknüpft. Allerdings ist dies kein Alleinstellungsmerkmal. Der Pharao ruft ägyptische Spezialisten herbei, die dasselbe vollbringen.[816] Immer wieder treten sie im folgenden Text in Konkurrenz zu Mose und Aaron: Ex 7,22; 8,3. Bei den Stechmücken versagen dann die ägyptischen Spezialisten (Ex 8,14) und in 8,15 erkennen sie mit den Worten: „Dies ist der Finger Gottes“ die Überlegenheit Jhwhs an. In 7,12 wird es schon angedeutet: Dort wird erwähnt, dass der Stab Aarons die anderen Stäbe verschlingt. Der Nabi Aaron, der Schadenszauber hervorbringt, ist somit der Stärkere im Vergleich mit den ägyptischen Spezialisten.[817]

3.2.2.2 Bileam

Die nächste prophetische Gestalt, die Verbindung zu schadenszauberischen Praktiken besitzt, ist Bileam. Als einziger aller prophetischen Gestalten ist er in einem außerbiblischen Text erwähnt, der Wandinschrift von Deir ʿAlla. Während er in der Bibel in der umfangreichsten Überlieferung Num 22–24 keinen Titel erhält,[818] wird er in dem Text von Deir ʿAlla als „Seher der Götter“ bezeichnet. Innerhalb der biblischen Überlieferung wird er in Jos 13,22 auch als הַקֹּוסֵם bezeichnet.

Die Fähigkeit Bileams, Schaden durch einen Fluch zu erzeugen, steht im Mittelpunkt der Erzählung in Num 22–24. Er wird von dem moabitischen König gerufen, um ihm gegen das mächtigere Israel beizustehen, d.h. es zu verfluchen. Geradezu klassisch wird diese Fähigkeit Bileams in Num 22,6 ausgedrückt:

ועתה לכה־נא ארה־לי את־העם הזה כי־עצום הוא ממני אולי אוכל נכה־בו ואגרשנו
מן־הארץ כי ידעתי את אשר־תברך מברך ואשר תאר יואר

„Und jetzt, komm doch, verfluche mir dieses Volk, denn es ist zu mächtig für mich. Vielleicht kann ich es dann schlagen und aus dem Land vertreiben. Denn ich weiß: Wen du segnest, der ist gesegnet und wen du verfluchst, der ist verflucht.“

---

815 S. R. Schmitt 2004, 97–100.

816 Zu den Bezeichnungen der Spezialisten s. oben Abschnitt 2.3.5.

817 Römer 2003, 11–22, sieht hier in der Zeichnung von Aaron als „super magician“ die unterschiedliche Prophetenkonzeption der Priesterschrift im Gegensatz zu der deuteronomistischen Auffassung, die alles magische Wirken vom Propheten entfernt.

818 In Jos 13,22 wird Bileam als *qôsem* bezeichnet; er wird dort zu den Feinden Israels gerechnet, die bei der Zuteilung des Ostjordanlandes an den Stamm Ruben mit dem Schwert erschlagen worden sind.

Der moabitische König Balak bittet Bileam, der wohl aus Aram stammt,[819] Israel zu verfluchen: (ארר[820]). Israel erscheint Balak zu mächtig; er benötigt den Beistand von Bileam, um eine Chance gegen das mächtige Israel zu haben. Dabei beschreibt Balak die Fähigkeiten Bileams so: „Denn ich weiß: Wen du segnest, der ist gesegnet, wen du verfluchst, der ist verflucht." (Num 22,6b). Diese Bitte wird in der weiteren Erzählung unter Verwendung eines anderen Verbs (קבב) mehrfach in 22,17; 23,13 und 24,10 wiederholt.

Es wird allerdings auch deutlich, dass diese Fähigkeit rückgebunden ist an JHWH, der in Num 22,18 ausdrücklich als Gott Bileams bezeichnet wird. Es heißt dort:

„Und Bileam antwortete und sprach zu den Bediensteten Balaks: Wenn Balak mir sein Haus voll Silber und Gold gäbe, nicht könnte ich überschreiten den Befehl JHWHS, meines Gottes, im Tun von Kleinem oder Großem."

Diese Abhängigkeit vom Willen des israelitischen Gottes wird noch in 22,20.35.38; 23,8.12.20.26; 24,13 wiederholt und damit deutlich betont.

Die Bileamerzählung Num 22–24 ist damit eines der deutlichsten Beispiele innerhalb der Hebräischen Bibel, dass mit prophetischen Gestalten die Fähigkeiten eines wirkmächtigen Fluches und *vice versa* von Segenswünschen verbunden sind. Diese Fähigkeiten sind allerdings rückgebunden an Gott, in dieser Erzählung eindeutig an den israelitischen Gott JHWH.

3.2.2.3 1 Kön 13

Die Königsbücher überliefern in 1 Kön 13 eine seltsame Begegnung zwischen dem israelitischen König und einem Gottesmann aus Juda sowie zwischen dem Gottesmann und einem Nabi aus Bet-El. Der Gottesmann kommt dabei durch das Wirken des Nabi um, der den Gottesmann veranlasst, gegen ein Gebot JHWHS zu verstoßen, das ihm das Essen und Trinken in Bet-El anlässlich seines Aufenthaltes verbietet. Ein Grund dafür wird nicht angegeben. Nachdem der Gottesmann durch einen Löwen getötet wurde, sorgt der Nabi dafür, dass der Gottesmann in seinem Grab beigesetzt wird. Er klagt um ihn wie um einen Bruder (13,30).

In der merkwürdigen Erzählung kommt der anonyme Gottesmann aus Juda zunächst nach Bet-El, wo er ein Gotteswort gegen den dortigen Altar ausspricht, als König Jerobeam I. (927/6–907 v. Chr.) gerade Opfer darbrachte. Der Text bildet eine Brücke zur Zeit des judäischen Königs Joschija (639–609 v. Chr.) in 2 Kön 23,15–18, wo die Zerstörung des Altars von Bet-El und die Verschonung des Grabes des Gottesmannes aus Juda und des Nabi aus Israel durch Joschija berichtet werden. Darauf wird ausdrücklich in 1 Kön 13,2 hingewiesen.

---

819 S. dazu SEEBASS 2007 (2004), 67 f.; vgl. auch ROBKER 2019, 318 f.

820 Zu ארר s. ROBKER 2019, 321–324.

Was geschieht nun? Als Zeichen (מופת) dessen, dass JHWH gesprochen hat, zerbirst (קרע) der Altar in 1 Kön 13 (V3). König Jerobeam streckt seine Hand aus, um den Gottesmann festnehmen lassen. Seine Hand erstarrt jedoch und der König kann sie nicht mehr bewegen. Als Urheber dieser Lähmung ist JHWH anzunehmen, denn König Jerobeam wendet sich an den Gottesmann mit der Bitte, seinen Gott JHWH zu besänftigen (חלה II Piel[821]). Dieses soll mit Hilfe eines Gebetes des Gottesmannes geschehen (פלל Hitpael), was dann auch durchgeführt wird (13,6).

Vom Gottesmann aus Juda wird ein Schadenszauber gegen den Altar ausgesprochen, der als Zeichen (מופת) dafür, dass JHWH gesprochen hat, zerbersten wird und die Asche auf ihm wird zerstreut. Der Gottesmann ist derjenige, durch dessen Auftreten dies veranlasst wird. Er ist auch derjenige, der JHWH mit einem Gebet veranlasst, die Lähmung des Armes rückgängig zu machen, d.h. er wehrt hier einen schädlichen Einfluss ab und sorgt dafür, dass der gelähmte Arm wieder geheilt ist. Die literarkritischen Einteilungen sind schwierig, doch ist erkennbar, dass wohl redaktionell das Handeln des Gottesmannes ausdrücklich als Wort JHWHS stilisiert worden ist.[822] Auch hier ist also die prophetische Gestalt des Gottesmannes aus Juda Auslöser eines Schadenszaubers, wie Bileam in Num 22–24. Er ist auch durch das Gebet dafür verantwortlich, dass die Lähmung wieder rückgängig gemacht wird. Dabei wird deutlich, dass wie in der Bileamerzählung in Num 22–24 der eigentliche Urheber JHWH ist.

3.2.2.4 Elija

In den Königsbüchern gibt es weitere ausführliche Prophetenerzählungen. Über den Propheten Elija berichten 1 Kön 17–19; 21 und 2 Kön 1.[823] Eine Nähe zu Schadenszauber und Beschwörung zeigen allerdings nicht alle Texte. So spielen 1 Kön 19,1–18 und 1 Kön 21 für unser Thema keine Rolle.

Gleich bei der ersten Erwähnung Elijas in 1 Kön 17,1 jedoch spricht Elija einen Schadenszauber aus.[824] Adressat ist König Ahab, aber von den Auswirkungen her betrifft der Spruch nicht nur den König Ahab, sondern das ganze Volk Israel.

---

[821] S. Gesenius [18]2013, 352.

[822] Eine komplizierte Entstehungsgeschichte nimmt WÜRTHWEIN 1977, 168 an; KNAUF 2016, 384, denkt dagegen daran, dass diese Erzählung für den jetzigen Zusammenhang verfasst wurde; s. zu 1 Kön 13 weiter oben Abschnitt 3.1.1.1.

[823] 2 Kön 2 gehört zu den Elischa-Überlieferungen; seine „Investitur“ als Nachfolger Elijas steht im Zentrum des Interesses.

[824] S. schon ALBERTZ 1991, 692; THIEL 2019 (2000), 31 f. (Dort spricht THIEL von „Schwurzauber“, was die Einleitung des Spruches durch ḥaj-jhwh betont; ebenso schon ALBERTZ, ebd.

17,1 ist die Eröffnung eines Textzusammenhanges, der in 18,41–46 mit der Wiederkunft des Regens abgeschlossen wird. Umstritten ist, welche Teile zu einer Dürrekomposition gehören und wie sie zeitlich einzuordnen ist.[825] Die Tendenz in neueren Kommentaren ist es – anders als im früheren Konsens, der in Nachfolge von MARTIN NOTH die Elija-Überlieferungen als Quellentexte für das deuteronomistische Geschichtswerk einordnete[826] – den Komplex 1 Kön 17,1–18,46 einer viel späteren Entwicklungsstufe zuzuordnen. ERNST AXEL KNAUF kommt zu dem Ergebnis, dass der von ihm angenommene Text Elija IA im wesentlichen von einer Prophetenredaktion geschaffen wurde. Sie setzt ein in 1 Kön 16,29 und erstreckt sich bis 1 Kön 18,46. Eine zweite Prophetenredaktion habe dann noch 1 Kön 17,17–24 und 1 Kön 18,2b–16b eingefügt. Schon der Grundlagentext habe die abgeschlossene Tora sowie den Elischa-Zyklus als Voraussetzung.[827] Für STEVEN L. MCKENZIE sind 1 Kön 17–18 das Werk eines nachdeuteronomistischen Prophetischen Erzählers, der über weite Teile der Königsbücher tätig war, wobei auch dieser Text nochmalige Erweiterungen erfahren habe.[828] Ich teile diese Einschätzung des Textes nicht. Die Spannung, die zwischen 1 Kön 17,1 und 17,2 besteht, wird in ihrer literarkritischen Bedeutung unterschätzt. In 17,1 ist vom Wort des Elija die Rede, während 17,2–5a das „Wort JHWHS" akzentuiert. Dabei setzt 17,3 durch 17,1 מזה voraus.[829] Die Verwendung der Wortereignisformel in 1 Kön 17 zeigt die Betonung des JHWH-Wortes, wie es im deuteronomistischen Umfeld üblich war. In 1 Kön 17,15 ist ja auch wieder vom „Wort des Elija" die Rede.[830] Von daher kann ich die Ablehnung einer deuteronomistischen Bearbeitung imr Bereich von 1 Kön 17–18 nicht nachvollziehen.[831]

Ich bleibe bei meiner Einschätzung der Dürre-Karmel-Komposition, d.h. einer auch den Karmel-Wettstreit umfassenden Komposition; würde diese Komposition aber nicht mehr im Nordreich ansiedeln, sondern ihre Entstehung in Juda annehmen, im 7. Jahrhundert. Richtig ist in den neueren Analysen

---

825 Zur Forschungsgeschichte s. BECK 1999, 30–38; S. OTTO 2001, 11–25; LEHNART 2003, 181–189. Einen Überblick zur Annahme einer Dürreerzählung bzw. -komposition bietet KÖCKERT 2003, 143 f., der sich selbst entschieden gegen eine Dürreerzählung oder -komposition ausspricht.

826 ^{3}1967 (1943), 79.82 f.

827 S. insgesamt KNAUF 2019, 119–176; zu den vorausgesetzten Texten s. 124 und 81–119.

828 2021, 26–50.

829 S. LEHNART 2003, 198 f.

830 Unnötig ist die textkritische Änderung von MT in 17,15 auf der Grundlage einer Rekonstruktion der griechischen Überlieferung durch MCKENZIE 2021, 101.

831 Gegen. MCKENZIE 2021, 43–45; s. zum Umfang einer ersten deuteronomistischen Bearbeitung, die das „Wort JHWHS" betont, s. LEHNART 2003: 1 Kön 17,2–5a.8–9.14*.16b.; 18,1–2a* (239).

von KNAUF und MCKENZIE, dass der Dürrekomplex in 1 Kön 17–18 die Elischa-Überlieferungen voraussetzt.

Meines Erachtens ist 1 Kön 17,1 als Einleitung einer vordeuteronomistischen Dürrekomposition zu verstehen, die auch den Karmelwettstreit einbezieht.[832]

Elija kündigt, adressiert an König Ahab, eine Dürrezeit an, die erst wieder durch ein Wort oder Handlung Elijas (לפי־דברי) beendet werden kann. Die Dürre ist nicht allein ein Schadenszauber gegen den König, wie er etwa in 1 Kön 13 vorliegt (s.o.); seine Auswirkungen betreffen das gesamte Volk. Durch den einleitenden Schwursatz חי־יהוה wird der Schadenszauber an JHWH rückgebunden.

In weiteren Geschehen der Dürrekomposition wird bei der Begegnung zwischen Elija und Ahab in 1 Kön 18,17 deutlich, dass seitens des Königs Ahab Elija als Schadensbringer eingeordnet wird. Er bezeichnet ihn als Verderber Israels (עכר ישׂראל [833]), was im jetzigen Kontext auf die von Elija hervorgerufene Dürre zu beziehen ist. Elija wehrt sich gegen den Vorwurf des Königs und bezeichnet umgekehrt Ahab als „Verderber Israels“ (1 Kön 18,18a).

Nach der Ankündigung der Dürre zieht sich Elija an den Bach Kerit zurück und wird dort auf wunderbare Weise von Raben versorgt.

Er begibt sich dann auf Geheiß JHWHS nach Sarepta, in phönizisches Gebiet. Dort begegnet er einer namentlich nicht genannten Witwe, die Elija durch einen nicht versiegenden Ölkrug und Mehltopf aus existenzieller Not rettet. Elija evoziert die Segenskräfte, die die Rettung der Frau und ihres Sohnes bewirken. Dabei werden die Segenskräfte durch die Botenformel an JHWH, den Gott Elijas, rückgebunden.[834] Auf jeden Fall zeigt sich auch hier im Wirken Elijas ein magisches Handlungsfeld durch die zielgerichtete Hervorrufung von Segenskräften durch Elija.

Die folgende Episode 1 Kön 17,17–24 liest sich aufgrund derselben Personenkonstellation wie eine direkte Fortsetzung der Sareptageschichte. Zahlreiche Unterschiede, z.B. die Bezeichnung der Frau, der Titel „Gottesmann“ für Elija, ein Obergemach als Beleg für die plötzliche Wohlhabenheit der Frau

---

832 LEHNART 2003, 273–280; Auch THEIL 2019, VIII, hält an einer Dürrekomposition fest.

833 S. zur Bedeutung von *ʿkr* THIEL 2019 (2002), 129; R. SCHMITT 2004, 119 f.: „Nichtsdestotrotz ist die Bezeichnung oker jisrael für Elia dahingehend aufschlussreich, daß die magische Tätigkeit des Gottesmannes nicht nur einen helfenden und rettenden Aspekt besitzt, sondern auch einen Verderben bringenden, der Assoziationen zu Schadenszauber und bösartiger Hexerei wecken konnte.“ (120).

834 Inwieweit die Botenformel ein Hinweis auf die Wachstumsgeschichte des Textes darstellt, so z.B. LEHNART 2003, 203 f.; vgl. auch R. SCHMITT 2004, 266–268 oder zum ursprünglichen Text gehört, so KARNER 2009, 144–146, kann hier offen bleiben. Für R. SCHMITT zeigt sich: „Die Bindung Jahwes an das Wort seines Mittlers ist offenbar geworden.“ (268). MCKENZIE 2021, 112–113, sieht in 17,8–16 eine Revision der Elischa-Überlieferung 2 Kön 4,1–7.

und die unmotivierte Sündenproblematik lassen jedoch die sichere Schlussfolgerung zu, dass hier eine andere Textebene vorliegt und 1 Kön 17,17–24 auf dem Hintergrund der Totenerweckung durch Elischa in 2 Kön 4,8–37 gebildet worden ist.[835]

Der Heilungszauber, der zu den Beschwörungen zu rechnen ist (s.o.), und der durch direkten Körperkontakt übermittelt wird,[836] verhilft dem toten Sohn wieder zum Leben. Durch das Gebet in 17,20 und 17,22, das die Handlung umrahmt, wird das magische Geschehen an Jhwh zurückgebunden. Durch die Wiedererweckung des toten Sohnes wird Elija zum Ende dieser Episode als wahrer Gottesmann im Mund der Witwe erwiesen.[837]

In 1 Kön 18,20–40 kommt es zu einem Wettstreit Elijas mit Baals- (und Aschera) Propheten. Es geht darum, welcher Gott das jeweils vorbereitete Opfer eines Stieres durch Feuer zu sich nehmen wird. Die Baalspropheten scheitern. Elija „heilt“ (רפא) den Altar und zeigt dabei, dass er nicht nur Schaden (s. 17,1), sondern auch Heil zu bewirken vermag (18,30). Nach weiteren Vorbereitungen betet Elija dann zu Jhwh um Feuer, wobei das Ziel dieses Tuns der Erweis ist, wer der wirkmächtige Gott ist. Er bittet um die Antwort Gottes, damit das Volk erkennen soll, wer der wahre Gott ist (18,37).

Auch hier ist zumindest eine Unschärfe zu magischem Verhalten zu erkennen. Der Prophet bewirkt durch sein Handeln und seine Worte, dass Jhwh auf wunderbare Weise Feuer schickt und damit dem Volk demonstriert, wer der wahre Gott ist. M.E. kann man dies auch im magischen Handlungsfeld ansiedeln.[838]

In 1 Kön 18,41–46 wird nun die Wiederkunft des Regens geschildert. Nach 1 Kön 17,1 erwartet man eigentlich ein Wort Elijas, mit dem der Schadenszauber aufgehoben wird. Elija nimmt stattdessen eine merkwürdige Stellung ein, die zu vielfältigen Deutungen herausgefordert hat.[839] Betrachtet man die Funktion, so ist eindeutig, dass damit das Kommen des Regens heraufbeschworen werden soll. Der Diener (נער) Elijas übermittelt den Erfolg der Handlung: Er wird von Elija auf eine Anhöhe geschickt; beim siebten Mal sieht er dann eine kleine Wolke aus dem Meer aufsteigen, die schließlich mit einem großen Regen

---

835 S. Lehnart 2003, 206–213 (Lit!); ebs. Karner 2009, 146–149; R. Schmitt 2004, 251 f. hält es für möglich, dass eine alte Elija-Tradition noch im Hintergrund steht. Auf derselben Textebene wie 1 Kön 17,8–16, dem „Prophetischen Erzähler, sieht McKenzie 2021 1 Kön 17,17–24, das ebenso wie 17,8–16 eine „Überarbeitung von Elischa-Überlieferungen (2 Kön 4,8–37) sei (113 f.).

836 Man kann hier von kontagiöser Magie sprechen (s. Frazer).

837 McKenzie 2021, 109 sieht hier die Rolle des Fürbitters, die ihn mit Mose verbindet.

838 R. Schmitt 2004 geht auf diesen Text nicht ein, s. aber Karner 2009, 155–160.

839 S. den Überblick bei R. Schmitt 2004, 259–262 und Thiel 2019 (2007), 200–202; s. auch den Hinweis von Karner 2009, 153, auf Ritualanweisungen bei einem Gebet an Ischtar; weitere Parallelen bei Knauf 2019, 222.

das Ende der Dürre anzeigt (1 Kön 18,45). Das Handeln Elijas ist hier wohl als Beschwörung zu kennzeichnen und im magischen Handlungsfeld anzusiedeln.[840] Die Spannung zu 1 Kön 17,1 und das nur in 1 Kön 18,41–46 bei Elija bezeugte Auftreten eines Dieners lässt darauf schließen, dass hier eine ältere Tradition von dem Verfasser der Dürre-Karmel-Komposition verwendet worden ist.

In 1 Kön 19,19–21, in der Elija seinem „Nachfolger" Elischa begegnet, wirft Elija Elischa seinen Mantel (אדרת) über. Der Mantel Elijas spielt noch eine wichtige Rolle in 2 Kön 2, wo er die Wasser des Jordan teilt, zunächst durch Elija und schließlich auch durch Elischa, der damit als Nachfolger ausgewiesen wird. Er dient zur Durchführung ritualsymbolischer Handlungen und besitzt eine beschwörerische Kraft. Damit ist diese Handlung Elijas, die als prophetische Zeichenhandlung zu qualifizieren ist, als magische Handlung zu sehen.

Die letzte Überlieferung, in der sich magisches Handeln bei Elija zeigt, ist 2 Kön 1. Der ursprüngliche Text lag wohl in 2 Kön 1,2–8.17aα vor[841]; hier zeigt sich keine Verbindung zu magischem Handeln. Dieses begegnet erst in der redaktionellen Erweiterung 1,9–16. Der König läßt Elija durch Militär suchen, einen Hauptmann mit fünfzig Mann. Sie finden Elija, der sich auf einem Berg befindet. Doch Elija sieht wohl in dem Befehl, vom Berg herunterzukommen, einen Angriff auf seine Position als Gottesmann. Er läßt Feuer vom Himmel fallen, das die Soldaten verzehrt. Dies wird noch einmal wiederholt und erst mit dem dritten Aufgebot, bei dem der Hauptmann zu Elija hinaufsteigt, vor ihm niederkniet und ihn anfleht, läßt sich Elija bewegen, mit den Soldaten mitzugehen. Ganz deutlich ist der Gottesmann Elija, der nur innerhalb dieser Erweiterung und in 1 Kön 17,17–24 als Gottesmann bezeichnet wird, in dieser Erweiterung als Schadenszauberer gezeichnet.

3.2.2.5 Elischa

Mit Elischa, der schon in 1 Kön 19,15.19–21 als Nachfolger Elijas am Horizont erscheint, wird wohl am deutlichsten von allen prophetischen Gestalten „magisches" Handeln verbunden.

In 2 Kön 2,1–18 werden die Elischa-Erzählungen eröffnet mit der Regelung der Nachfolge Elijas durch Elischa. Elischa bittet mit der deuteronomischen Erbregelung, die das Erbe für den Erstgeborenen regelt (Dtn 21,17) um den Geist Elijas. In der Antwort Elijas wird als Zeichen für die erfolgreiche Übergabe des Erbes das Sehen der Entrückung Elijas erwähnt. Elischa sieht auch die Entrückung und zerreißt in einem Trauergestus sein Gewand (2 Kön 2,9–12). In V15 erkennen die Prophetenjünger an, dass der Geist des Elija auf Elischa ruht.

---

840 R. Schmitt 2004, 260 spricht von Analogiezauber.

841 S. dazu Lehnart 2003, 267–273.282–283.

Der Text ist im Wesentlichen einheitlich. Lediglich V16–18 mit der unnötigen Suche der Prophetenjünger und einem anderen Geistkonzept sind als späterer Einschub zu qualifizieren.[842]

Elija schlägt in V8 mit seinem Mantel auf das Wasser des Jordan, das sich daraufhin teilt und einen Durchgang ermöglicht. Gleiches geschieht in V14 durch Elischa. Diese Handlung mit dem nachfolgenden Ergebnis lässt sich am ehesten als Beschwörungshandlung im magischen Handlungsfeld einordnen. Die Frage nach dem Gott Elijas, die Elischa in V14 ausspricht, bindet das Geschehen an JHWH, den Gott Elijas zurück.

In 2 Kön 2,19–22 liegt eine kurze Anekdote vor, die die „Heilung" einer Quelle durch Elischa schildert. Vom Kontext her ist eine Quelle in der Nähe von Jericho anzunehmen. Elischa nimmt eine Handlung vor: er schüttet Salz, das sich in einer neuen Schüssel befindet, in den Ausgang der Quelle. Dabei spricht er ein durch die Botenformel eingeleitetes JHWH-Wort aus, das die Heilung der Quelle und damit das Fernbleiben von Tod und Fehlgeburt verkündet (V21). Abschließend wird die andauernde Gesundung der Quelle durch das Wort Elischas festgestellt. Ein Vergleich mit anderen Anekdoten läßt es möglich erscheinen, dass die ursprüngliche Anekdote für den Einbau in einen größeren Textzusammenhang überarbeitet wurde.[843] Insgesamt liegt ein Ablauf vor, der als ein Beschwörungsritual zu qualifizieren ist.[844]

2 Kön 2,19–22 ist deshalb im magischen Handlungsfeld mit einer vorrangig heilenden, apotropäischen Wirkung anzusiedeln. Die Botenformel und das JHWH-Wort beziehen das Handeln Elischas auf JHWH zurück.

Die anschließende Anekdote 2 Kön 2,23–24 gehört zu den groteskesten Texten im Alten Testament. Da werden 42 junge Menschen wegen eines Spottrufes von Bärinnen zerrissen, auf Geheiß von Elischa und im Namen JHWHS. Elischas Reaktion auf die Verspottung als „Kahlkopf" ist ein Fluch (קלל), der die Kinder mit einem Schadenszauber belegt.[845] Dessen Ausführung wird sofort berichtet, die Jugendlichen werden zerrissen.

---

842 Zur Literarkritik s. LEHNART 2003, 373 f. 378; vgl. auch KARNER 2009, 179; die neueren Analysen von SAUERWEIN mit einer Aufteilung von 2 Kön 2,1–15 auf 3 Textschichten (Grundschicht, Elischa-Biograph und Theologisierende Bearbeitung) (2014, 16–25) und von MCKENZIE 2021, 283–288 auf eine ursprüngliche Prophetenlegende und der Bearbeitung durch den „Prophetenerzähler" sehen Spannungen im Textablauf, die m.E. jedoch nicht ausreichend sind, um literarkritische Schlussfolgerungen zuzulassen.

843 S. LEHNART 2003, 379 f.; vgl. auch SAUERWEIN 2014, 28–30; MCKENZIE 2021, 287; anders R. SCHMITT 2004, 263 f.; PIETSCH 2017, 349–352.

844 S. KARNER 2009, 181–184; R. SCHMITT 2004, 262 f. spricht von „Transformationszauber"; zu den altorientalischen Parallelen in der Verwendung von Salz s. R. SCHMITT 2004, 162 f.263 f.; KARNER 2009, 182 f.; PIETSCH 2017, 351 f.

845 PIETSCH 2017, 355 f., denkt auf Grund der Verwendung von ראה auch an die weitverbreitete Vorstellung des „bösen Blickes" und verweist auf einen Text aus Ugarit

Eine solche Geschichte ist wohl nur vorstellbar als narrative Ausformung der unantastbaren Autorität eines Gottesmannes im Kreis der Prophetenjünger.[846] Ganz eindeutig ist das Handeln Elischas im magischen Handlungsfeld anzusiedeln und als Schadenszauber zu qualifizieren, der an JHWH zurückgebunden ist.

So wie Elischa als Schadenszauberer agieren kann, so zeigt er sich in 2 Kön 4,1–7 als eine Person, die Segenskräfte hervorrufen kann. Er sorgt für die wunderbare Vermehrung des Öls, die die Witwe eines der Prophetenjünger aus der Not und ihre Kinder aus der Schuldsklaverei rettet. Auch dieses Handeln des „Gottesmannes" (2 Kön 4,7), ist im magischen Bereich anzusiedeln, es ist das gegenteilige Handeln eines Schadenszauberers, genau wie bei Elija in 1 Kön 17,8–16. Dass JHWH dabei eine Rolle spielt, ist durch den Hinweis der Witwe auf die JHWH-Furcht ihres verstorbenen Mannes angedeutet.

In 2 Kön 4,8–37 liegt eine komplexe Erzählung vor, die von der Verheißung eines Sohnes für die Frau aus Schunem berichtet, die für den Gottesmann Elischa ein Obergemach errichtet hat, das er bei seinen Wanderungen benutzen kann. Elischa verheißt ihr die Geburt eines Sohnes, was auch eintrifft. Der Sohn wird aber krank und stirbt. Durch das Wirken des Gottesmannes wird er jedoch wieder in das Leben zurückgeführt.

Bei diesem Text handelt es sich wohl um eine ehemals eigenständige Prophetenerzählung, die für die Einfügung in den Komplex der Elischa-Überlieferungen leicht überarbeitet worden ist. Das überzeugendste Modell hat A. SCHMITT vorgelegt, der die Verse 13–15 und 29–30a.31.32b.35 als Erweiterung ansieht.[847] Es liegt hier die extremste Form des Heilungszaubers vor, eine Totenerweckung. Die Handlung Elischas hat Parallelen im griechischen Bereich, wo diese Handlung als Synanachrosis bezeichnet wird,[848] ebenso sind Parallelen auch in der altorientalischen Beschwörungsliteratur zu erkennen.[849] Durch den vergeblichen Versuch des Dieners Gehasis, der an der „Heilung" scheitert, wird der Akzent auf die Bedeutung des Gottesmannes gelegt, dessen Person allein

---

(KTU 1.96); vgl. auch KARNER 2009, 186 f. mit dem Hinweis auf Maqlû III, 1–12 und R. SCHMITT 2004, 288.

[846] R. SCHMITT 2004, 288; KARNER 2009, 187.

[847] A. SCHMITT 1975, 1–25; s. auch LEHNART 2003, 385–387; KARNER 2009, 193 f. schließt sich ausdrücklich STIPP 1987, 278–298, an; zu STIPP s. LEHNART 2003, 385 Anm. 78. Die neuere Analyse von SAUERWEIN 2014, 28–30, mit der Aufteilung auf 4 unterschiedliche Textschichten ist zu komplex, um überzeugen zu können. Auf zwei Hände teilt MCKENZIE 2021, 330–338 den Text auf, spricht aber m.E. einen zu großen Anteil seinem „Prophetenerzähler" zu.

[848] S. dazu FISCHBACH 1992, 75–79.

[849] S. die bei R. SCHMITT 2004, 246–250; PIETSCH 2017, 365–367 und KARNER 2009, 195–202 aufgeführten Parallelen, wobei Karner auch stärker auf die Bedeutung des Stabes eingeht; vgl. zum Stab auch THEIS 2014, 638–642.

die Heilung zu bewirken vermag. Die Heilung in der Extremform der Totenerweckung wird allein dem Gottesmann Elischa in diesem Text zugeschrieben. Die Handlung ist dabei wie die Krankenheilung auch dem magischen Handlungsfeld des Beschwörens zuzuschreiben, was auch dadurch unterstützt wird, dass die altorientalischen Parallelen in den Bereich der Beschwörungsliteratur eingeordnet werden.

Eine kurze Anekdote folgt in 2 Kön 4,38–41. Sie spielt im Milieu der Prophetenjünger und zeigt den Gottesmann Elischa, der hier als Vorsteher der Prophetengemeinschaft wie in 2 Kön 2,1–15; 6,1–7 erscheint. Diese Anekdote war wohl ursprünglich selbstständig.[850] Elischa fordert einen נער auf, Essen zuzubereiten. Ausführlich wird die Vorbereitung des Mahles geschildert und in eine Hungersnotsituation eingeordnet. Das Essen ist jedoch ungenießbar und wohl giftig (V 40:„Der Tod ist im Topf, Mann Gottes"). Elischa gibt daraufhin den Auftrag, Mehl in den Topf zu geben, was dazu führt, dass nichts Schädliches mehr im Topf ist. Wie in 2 Kön 2,19–22 wehrt das Handeln Elischas schadenbringende Einflüsse ab. Dies geschieht dieses Mal durch die Gabe von Mehl. Das Tun Elischas ist im magischen Handlungsfeld anzusiedeln und näherhin als Schutzmagie zu qualifizieren.[851] Die Bezeichnung „Gottesmann" bindet das Handeln Elischas an einen religiösen Hintergrund zurück.

Wohl ebenfalls eine ehemals selbständige Anekdote ist die folgende Brotvermehrung in 2 Kön 4,42–44. Hier werden im Gegensatz zum Schadenszauber die Segenskräfte durch das Handeln Elischas aktiviert. Das wenige Brot, das die Leute aus Baal-Schalischa bringen, reicht wunderbarer Weise für die Speisung von 100 Leuten; es bleibt auch noch übrig. Auch dieses Handeln Elischas ist im magischen Handlungsfeld anzusiedeln. Betont ist der religiöse Rückbezug des Handelns auf JHWH durch die Verwendung der Botenformel in V43 und der abschließenden Bestätigung in V44: כדבר יהוה [852].

2 Kön 5,1–27 ist eine komplexe Einzelerzählung, die eine Vielzahl von Szenen und handelnden Personen bietet. Es geht zunächst um die Heilung des erkrankten aramäischen Feldherrn Naaman. Die erfolgreiche Heilung des Aramäers löst eine Auseinandersetzung zwischen Elischa und dem schon aus 2 Kön 4,8–37 bekannten Diener Gehasi aus, die damit endet, dass Gehasi nun die Krankheit Naamans hat.

---

850 S. zuletzt McKenzie 2021, 336 f.

851 R. Schmitt 2004, 264–266, spricht von einem „Transformationszauber".

852 Die Ausscheidung der Botenformel und der abschließenden Bestätigung als JHWH-Wort als „theologisierende Redaktion" wie sie zum Beispiel Sauerwein 2014, 54 f. vornimmt, hat keine literarkritische Grundlage, s. schon R. Schmitt 2004, 272. Die noch weitergehende Zuordnung fast des ganzen Verses 43 (mit Ausnahme von אכל והותר) durch McKenzie 2021, 337 f. im Anschluss an Würthwein vermag ebenfalls nicht zu überzeugen.

Die literarkritische Beurteilung dieses Kapitels ist sehr unterschiedlich. Gegenüber der oft vertretenen Vielschichtigkeit hat in jüngerer Zeit vor allem HAARMANN die literarkritische Einheitlichkeit dieses Kapitels vertreten.[853] Demgegenüber wird auch in jüngeren Untersuchungen die Mehrschichtigkeit des Kapitels behauptet.[854]

Demgegenüber scheint mir der Mittelweg am sinnvollsten zu sein, der von einer Grundschicht und einer umfangreicheren Erweiterung in 5,15–27 ausgeht. 2 Kön 5,14 hat ohne Zweifel Abschlusscharakter und diese Erzählung passt auch gut in die Elischa-Biographie 2 Kön 2–13*.[855]

Für eine späte Entstehung in nachexilischer Zeit plädiert HAARMANN,[856] während R. SCHMITT für beide Teile von 2 Kön 5 auf einer frühen Entstehungszeit besteht.[857] 2 Kön 5,1–14 lässt sich ohne Weiteres in den Kreis der frühen Elischa-Überlieferungen einordnen, während 2 Kön 5,15–27 m.E. erst auf den Bearbeiter zurückzuführen ist, der die Elischa-Überlieferungen in den Zusammenhang der Königsbücher eingefügt hat.

Im ersten ursprünglichen Teil des Textes in 2 Kön 5,1–14 wird ein Heilungswunder geschildert. Elischa lässt den Aramäer Naaman zum siebenmaligen Untertauchen zum Jordan fahren und heilt mit diesem Ritus die Hautkrankheit Naamans. Die Heilung Naamans aufgrund eines speziellen rituellen Verhaltens in Verbindung mit dem Wasser des Jordan durch den Propheten Elischa ist im schutzmagischen Handlungsfeld anzusiedeln, da im Alten Orient medizinisches und rituell-magisches Verhalten zusammengehören.[858]

In der Auseinandersetzung mit Gehasi zeigt sich Elischa in der Erweiterung des Textes dann nicht nur als ein Hellseher, den sein Geist überall hin führen kann (vgl. 2 Kön 2,16–18), sondern auch als Schadenszauberer, der Gehasi für seine Habgier mit der Krankheit Naamans bestraft.

---

[853] 2008, 143–145; s. auch den Forschungsüberblick ebd., 139–141 und bei KARNER 2009, 212 A 759.

[854] S. SAUERWEIN 2014, 55–64, die eine Grunderzählung und drei Bearbeitungsstufen unterscheidet; auch MCKENZIE 2021, 355–361, sieht eine prophetische Legende, die vom Prophetenerzähler überarbeitet worden sei und noch mit umfangreichen Glossierungen versehen wurde.

[855] S. LEHNART 2003, 387–391; zu den Unterschieden im Vergleich zu anderen Elischa-Texten, der Gegensatz zur altorientalischen Magie und dass die Person des Propheten in den Hintergrund trete, auf die HAARMANN 2008, 142 f. verweist, s. jetzt CRANZ 2018: „Instead, all three parts of the account can be closely linked to common ancient Near Eastern motifs of magic, healing, and affliction.“ (554).

Die Verteilung auf 2 Textschichten vertritt auch R. SCHMITT 2004, 219–224, wobei er allerdings die Erweiterung in 2 Kön 5,19b beginnen lässt.

[856] 2008, 152–160; vgl. auch SCHÖPFLIN 2009, 40.

[857] 2004, 224–230.

[858] Zu den Parallelen im altorientalischen Bereich s. KARNER 2009, 206–209.

Die nächste Anekdote 2 Kön 6,1–7 gehört wohl zu den urtümlichsten Elischa-Erzählungen. Sie zeigt Elischa im Kreis der Prophetenjünger. Elischa ist der Vorsteher dieser Gemeinschaft; die Prophetenjünger sitzen vor ihm. Bei ihm fragen sie um die Erlaubnis nach, einen neuen Raum zu bauen, weil der jetzige zu eng geworden ist. Auf den Verlust des eisernen Axtblattes reagiert Elischa mit der Frage nach dem Ort, wo die Axt verlorengegangen ist. Dann schneidet er ein Stück Holz ab und wirft es ins Wasser, was zur Folge hat, dass die eiserne Axt zum Schwimmen gebracht wird und an der Wasseroberfläche erscheint. Es ist deutlich zu sehen, dass mit dieser Handlung ein Analogiezauber in Gang gesetzt wird.[859] Er führt zum Erfolg, so dass der Prophetenjünger die geliehene Axt wieder an sich nehmen kann. Diesen Analogiezauber, der darauf aufbaut, dass gleiche Materialien verwendet werden, lässt sich im magischen Handlungsfeld als beschwörerisches Handeln einordnen und damit dem schutzmagischen Bereich zuordnen.

Die nächste Elischa-Episode 2 Kön 6,8–23 zeigt Elischa im Rahmen der Kämpfe mit den Aramäern. Elischa steht hier fest an der Seite des israelitischen Königs, den er mit Informationen versorgt, die dafür sorgen, dass die feindlichen Aktionen der Aramäer im Sande verlaufen. Von Prophetenjüngern ist in dieser Erzählung nicht die Rede, allerdings wird Elischa von einem Diener (נער V15) begleitet.[860]

Literarkritisch ist wahrscheinlich V15b–17 als Einschub zu qualifizieren, der auf den Verfasser der Elischa-Biographie zurückgeht, ansonsten ist der Text einheitlich.[861]

Elischa erscheint hier zunächst in einer divinatorischen Funktion. Er versorgt den israelitischen König, mit dem offenbar ein großes Einvernehmen herrscht, anders als in 2 Kön 3, mit Informationen, die die Auseinandersetzung beeinflussen. Er kann dem israelitischen König auch solche Informationen besorgen, die nur dem innersten Kreis der Vertrauten geläufig sein können. Von daher versucht nun der aramäische König, Elischa festzusetzen. In 6,18 zeigt sich Elischa nun in einer schadenszauberischen Funktion:[862] Er bittet (פלל Hitp.) Jhwh um die Verblendung der Aramäer. Eingebettet ist diese Handlung in ein Gebet zu Jhwh, womit klar unterstrichen wird, dass das magische

---

[859] S. R. Schmitt 2004, 273 f.; Karner 2009, 213 f.

[860] Die Erwähnung eines Dieners in V15a (משרת) ist wohl textkritisch in ממחרת zu ändern, s. Lehnart 2003, 394 Anm. 109; zuletzt McKenzie 2021, 372.

[861] S. Lehnart 2003, 394; die weitergehenden Textaufteilungen von Sauerwein 2014, 66–71 sind nicht literarkritisch begründet, sondern ergeben sich aus der Sicht der Entstehungsgeschichte der Elischa-Erzählungen, die m.E. anders verlaufen ist. Auch die umfangreicheren Zuteilungen an den „Prophetenerzähler“ bei McKenzie 2021, 377–380, sind nicht notwendig.

[862] So auch Karner 2009, 318. R. Schmitt 2004 verzichtet auf eine Behandlung dieses Textes.

Handeln Elischas an JHWH rückgebunden ist. Dass dies kein Widerspruch darstellt, zeigt sich in der V18 abschließenden Bemerkung: כדבר אלישה.

Zu einer weiteren Interaktion zwischen Elischa und dem israelitischen König kommt es in 2 Kön 13,14–19. Dieses Mal wird der König mit Namen genannt. Es handelt sich um Joasch, der von 802 bis 787 v. Chr. regierte. Eingangs wird erwähnt, dass Elischa an einer Krankheit leidet, die ihn sterben lassen wird. Das ist offensichtlich der Grund, der den König in Tränen ausbrechen lässt. Warum der König zu einem solchen Gefühlsausbruch kommt, zeigt der Ausruf des Königs, der Elischa als „Vater" anspricht und ihm mit dem Titel רכב ישׂראל ופרשׁיו eine große Bedeutung im Kriegsgeschehen zuspricht. Dieser Titel ist auch schon in 2 Kön 2,12 mit Elija verbunden worden. Klar ist also, dass der König Angst hat, mit Elischa eine entscheidende Unterstützung im Kampf zu verlieren. Der König hat sich also zu Elischa aufgemacht, um dem Propheten Elischa ein möglichst unterstützendes Kriegsorakel abzugewinnen. In einem komplexen Geschehen liefert Elischa die gewünschte Auskunft und auch Unterstützung.[863] Elischa gibt kund, dass Israel die Aramäer besiegen wird. Dies geschieht in einer Symbolhandlung, bei dem König und Prophet zusammenwirken:[864] Das Ergebnis hat eine mantische Komponente, insoweit Elischa den Pfeilschuss des Königs, den Elischa durch Handauflegen begleitet, als „Siegespfeil JHWHS" bezeichnet (V17). Gleichzeitig hat das dreimalige Schlagen des Pfeiles eine beschwörerische Bedeutung, so dass hier mantische und magische Elemente miteinander verbunden werden. Das Beschwören ist klar im magischen Handlungsfeld anzusiedeln, näherhin im schutzzauberischen Bereich.

Den Abschluss der Elischa-Überlieferungen bilden 2 Kön 13,20–22. Elischa ist gestorben und begraben, aber als aus Angst vor moabitischen Streifscharen ein Toter in das Grab Elischas gelegt wird, wird der Tote wieder lebendig. Wie in 2 Kön 4,8–37 ist es der Körper Elischas, der dafür sorgt, dass der Tote wieder lebendig wird. Darüber hinaus ist es keine intendierte Handlung oder ein Wort, das zur Wiederbelebung führt, sondern allein die Berührung mit dem toten Körper des Elischa. Es ist hier KARNER zuzustimmen, wenn er gegen R. SCHMITT, der sich gegen ein dynamistisches Verständnis ausspricht, einwendet: „Man wird die hier mit den Gebeinen verbundene Vorstellung jedoch nur schwerlich anders als im Sinne einer Kraftübertragung interpretieren können. Die besondere Gottesbeziehung Elischas bleibt hier nicht auf die Ebene ritualsymbolischer Kommunikation beschränkt, sondern wird geradezu als eine dem Gottesmann inhärente Dynamis

---

863 Es gibt keinen Grund, diese Anekdote auf verschiedene Hände zu verteilen, s. LEHNART 2003, 410; R. SCHMITT 2004, 275 f.; PIETSCH 2017, 370; anders wieder SAUERWEIN 2014, 95–97; MCKENZIE 2021, 547 f.

864 Zu den Parallelen s. R. SCHMITT 2004, 277–279; KARNER 2009, 265–285; SAUERWEIN 2014, 96 Anm. 289; PIETSCH 2017, 371–374.

verstanden, die noch seinen sterblichen Überresten anhaftet und spontan und völlig unbeabsichtigt aus sich heraus wirksam werden kann"[865].

Totenerweckung, die hier durch Kontakt zustande kommt, also kontagiöse Magie darstellt, ist eine Extremform der Heilung, die dem beschwörerisch / schutzmagischen Bereich zuzuordnen ist.

Bei den Überlieferungen Elischas wird deutlich, dass Elischa sowohl als Schadenszauberer, Segensgeber und Heiler bis hin zu Totenerweckungen tätig ist. Er ist die prophetische Gestalt, die am stärksten mit magischen Handlungsfeldern verbunden ist.

3.2.2.6 *Jesaja*

Auch vom Schriftpropheten Jesaja wird ein Heilungsgeschehen berichtet. Die Heilung des israelitischen Königs Hiskija durch Jesaja ist in zwei Versionen überliefert: Jes 38,1–21 und 2 Kön 20,1–11.[866] Der jeweils größere Textzusammenhang ist 2 Kön 18–20 bzw. Jes 36–39, die Darstellung der Zeit des Königs Hiskija in den Köngisbüchern bzw. der Abschluss des Protojesajabuches Jes 1–39. Es gibt etliche Differenzen insgesamt in den beiden Texten, die dazu geführt haben, dass die Frage diskutiert wurde, welcher Text wohl der Ursprünglichere ist. Die Mehrheit der Forscherinnen und Forscher entschied sich dafür, in dem Text der Königsbücher die ursprünglichere Form zu sehen.[867] In neuerer Zeit wird jedoch für eine differenziertere Lösung plädiert, die von einer gegenseitigen komplexen Beeinflussung ausgeht.[868]

Der Ablauf der Heilung wird unterschiedlich dargeboten, die einzelnen Elemente sind jedoch übereinstimmend, so dass es keinen Zweifel gibt, dass eine gemeinsame Vorlage, wohl eine Prophetenlegende, zugrundeliegt.[869] Klar ist, dass der Prophet Jesaja hier im Namen JHWHS agiert. In der Prophetenrede wird die Botenformel verwandt (2 Kön 20,1; Jes 38,1), mit der König Hiskija zunächst der Tod angekündigt wird. Auch als aufgrund des Gebetes von Hiskija eine Wende geschieht, wird dies mit der Wortereignisformel eingeleitet (2 Kön 20,4; Jes 38,4) und der neue Gottesbescheid wird wiederum mit der Botenformel eingeleitet (2 Kön 20,5; Jes 38,5). In dem Gottesspruch wird in der Version der Königsbücher durch die Verwendung der 1. Person ausdrücklich JHWH als Urheber der Heilung genannt (2 Kön 20,5); die Jesaja-Version ist kürzer und bietet allein die Aussagen wie auch in den Königsbüchern, dass JHWH das Gebet erhört und dass den Tagen Hiskijas 15 Jahre hinzugefügt werden

865 2009, 238.

866 Vgl. auch noch die Kurzversion in 2 Chr 32,24.

867 S. z.B. Wildberger 1982, 1575 und die Darstellung der Diskussion 1369–1377; s. auch R. SCHMITT 2004, 232; DERS. 2017, 189.

868 S. BEUKEN 2010, 354–358; BERGES / BEUKEN 2016, 122–135; PANOW 2019, 93 f.263 f.

869 BERGES / BEUKEN 2010, 128; PANOW 2019, 255.

(Jes 38,5). Ausdrücklich wird dann noch die Rettung aus der Hand des Königs von Assur und der Schutz Jerusalem erwähnt (2 Kön 20,6; Jes 38,6).

In 2 Kön 20,7 wird nun eine Handlung Jesajas berichtet: Er fordert dazu auf, einen Feigenkuchen auf die Entzündung zu legen; dies geschieht auch, und im letzten Teil des Verses wird die Gesundung konstatiert. Dieses Handeln mit Hilfe eines Rituals und einer magisch aufgeladenen Materie entspricht dem Handeln Elischas (s.o.) und ist dem magischen Handlungsfeld zuzusprechen.

Dann folgt verwirrender Weise die Bitte Hiskijas um ein Zeichen, dass JHWH ihn heilen wird, was nach der Feststellung der Genesung unpassend ist. Auf Bitte von Jesaja folgt nun ein Schattenwunder auf Bitte von Jesaja. Dies unterstreicht die Macht des Propheten, dessen Wunsch JHWH nachkommt und dem deshalb beschwörerische magische Macht zuzusprechen ist.

In der Jesaja-Version wird die Bitte um ein Zeichen passender Weise vor der rituellen Handlung Jesajas und der Feststellung der Gesundung Hiskijas in Jes 38,7–8 erzählt.

Daran schließt sich im Jesajatext ein Danklied Hiskijas an (Jes 38,9–20), das wenig Verbindung zum Kontext zeigt und wohl ursprünglich selbständig war. Erst danach wird die Handlung Jesajas als Abschluss des ganzen Textes in 38,21 dargeboten.

Diese beiden Texte zeigen, dass von dem Schriftpropheten Jesaja auch rituelle Heilungserzählungen im Umlauf waren. Somit sind magische Handlungen auch für diejenigen prophetischen Gestalten anzunehmen, die als Schriftpropheten bezeichnet werden.

3.2.2.7 *Jeremia*

Ein wichtiges Thema ist innerhalb des Jeremiabuches die Auseinandersetzung Jeremias mit anderen Nebiim. In Jer 26–29 ist es das beherrschende Thema.[870] In Jer 28 kommt es zu einer direkten Konfrontation zwischen dem Propheten Jeremia und dem Propheten Hananja. Jeremia trägt selbst einen Jochbalken auf seinen Schultern zur Verdeutlichung seiner Auffassung, dass das babylonische Joch angenommen werden muss. Dieses Joch nimmt Hananja von Jeremias Schultern und zerbricht es. Die Handlung unterstreicht Hananja mit einer Verheißung, die durch die Botenformel als Gottesrede gekennzeichnet ist (28,11). Sie beinhaltet, dass das babylonische Joch binnen zweier Jahre sein Ende finden wird.

STIPP zählt dieses Kapitel zu den frühen Textstücken im Jeremiabuch. Er rechnet noch mit einer vorexilischen Entstehung dieses Textes.[871] Auf jeden Fall gehört Jer 28 in eine frühe Entwicklungsstufe des Jeremiabuches. Eigentlich ist

---

[870] S. dazu oben in Abschnitt 3.1.1.

[871] STIPP 2021 (2020), (FRLANT 281), 438–442; vorher auch schon DERS. 2021 (2015), 188–214; kritisch dazu SHARP 2022, 93 Anm. 8.

das Ereignis mit der Intervention des Propheten Hananja in V11 zu Ende. Dort heisst es zum Abschluss: „Und der Prophet Jeremia ging seines Weges."

In V12 kommt es aber zu einem neuen JHWH-Wort, das an Hananja adressiert ist (V13): Es geht zunächst um das Joch, das jetzt aus Eisen gefertigt werden soll und damit gegen ein Zerbrechen gefeit ist (V14). Dann wendet sich Jeremia direkt an Hananja. Er sei nicht von JHWH gesandt worden und habe das Volk verführt, auf Lügen zu vertrauen (V15). Dann folgt die – wiederum durch die Botenformel eingeleitet – die direkte Ansage des Todes von Hananja noch in dem selben Jahr (V16). Abschließend wird festgestellt, dass Hananja noch in diesem Zeitraum gestorben ist. Auch wenn hier Jeremia deutlich als Träger des JHWH-Wortes gekennzeichnet ist, so wirkt Jeremia hier wie ein Schadenszauberer, der über Hananja das Todesurteil spricht.

Innerhalb desselben Textkomplexes Jer 26–29 wird in Jer 29 ein Brief Jeremias an die Exulanten in Babylon bezeugt, der die Exulanten auffordert, in ihrem Exil ein möglichst normales Leben zu führen. Scharf richtet sich Jeremia gegen in Babylon wirkende Nebiim und andere divinatorisch wirkende Gruppen (Jer 29,8). Ganz besonders wendet er sich gegen Schemaja aus Nehelam, wohl einen Nabi, der sich per Brief an die Jerusalemer gewandt hat, offensichtlich mit der Bitte, gegen Jeremia einzuschreiten (29,24–28). Als der Priester Zefanja nun Jeremia diesen Brief zur Kenntnis bringt – wohl in drohender Absicht – kommt es zu einer Reaktion Jeremias 29,29–32. Eingeleitet mit einer Wortereignisformel, die das Geschehen an JHWH zurückbindet (V30), werden gegen Schemaja Klischee mäßig[872] Vorwürfe wegen Falschprophetie erhoben (V31), die den Grund abgeben, dass Schemajas Nachkommen im Volk leben werden, das sich des Guten erfreuen soll, das JHWH zukünftig für das Volk Israel bereithält.[873] Bei aller formalen Einbindung in ein „normales" Gerichtswort ist doch deutlich, dass hier Menschen wirkmächtig bestraft werden, die sich gegen Jeremia stellen. Von daher sind auch hier Anklänge an schadenzauberisches Verhalten nicht zu verkennen. Auch bei manchen prophetischen Zeichenhandlungen, die Jeremia zugeschrieben werden, sind Verbindungen zu magischen Handlungsfeldern vorhanden.[874]

3.2.2.8 *Ezechiel*

In Ez 13,17–23 ist die Rede von prophetisch handelnden Frauen, denen merkwürdige und nicht mehr ganz zu erhellende Praktiken zugeschrieben werden.

Ez 13,17–23 gehört in den größeren Zusammenhang von Ez 13,1–23. In diesem Abschnitt ist die Rede von den prophetischen Gegnern Ezechiels. Gegenüber dem Kontext ist dieser Text durch die Wortereignisformel in 13,1 und die

---

[872] S. STIPP 2019, 196.

[873] Hier zeigt sich eine postexilische Perspektive des Verfassers, s. STIPP 2019, 196.

[874] Zu den prophetischen Zeichenhandlungen s.u. 3.2.2.9.

Wortereignisformel in 14,2 nach einer einleitenden Neusituiering in 14,1 klar abgegrenzt.[875] In zwei Abschnitten kommen dabei Nebiim in den Fokus des Interesses: 13,2–16 die Nebiim Israels und in V17–21 prophetisch handelnde Frauen. V22–23 bilden den Abschluss des gesamten Abschnittes.[876]

Ezechiel wird in 13,2 als בן־אדם in einer Gottesrede angesprochen und aufgefordert, gegen die prophetisch agierenden נבאי ישׂראל zu reden. Es handelt sich also um israelitische Propheten, d.h. um Propheten, die sich als JHWH-Propheten verstanden haben dürften. Ihnen wird vorgeworfen, ihrem eigenen Geist zu folgen, ohne eine Vision geschaut zu haben. Sie werden als Toren (נבלים) bezeichnet (V3). Der zentrale Vorwurf in einem Bildwort ist, dass sie nicht in die Bresche gesprungen sind, also im Kampfesgeschehen Israel schutzlos haben stehen lassen (V5). Immer wieder wird ihnen der Vorwurf „nichtiger Visionen“ und „falscher Orakel“ gemacht (V6.7.8.9). Sie haben Israel in die Irre geführt, Tünche aufgetragen statt die Mauer zu reparieren (V11 f.) und Heil prophezeit, obwohl es kein Heil gab (V10.16).

In V17 erfolgt mit der erneuten an Ezechiel gerichteten Anrede בן־אדם ein Neueinsatz und es werden prophetisch agierende Frauen ins Visier genommen. Auch ihnen wird wie ihren männlichen Kollegen vorgeworfen, aus ihrem eigenen Herzen prophetisch zu handeln (V17). Die parallele Darstellung macht klar, dass es sich ebenfalls um israelitische Prophetinnen handelt, also Prophetinnen, die gemäß ihrem Selbstverständnis sich als JHWH-Prophetinnen verstanden haben. In V18 wird wieder die Botenformel wie in V2 einleitend verwendet (V18). Damit läßt sich der Text klar in 2 Teile aufgliedern, die parallel gestaltet sind und diesen Text als Diptychon erscheinen lassen.[877]

Indizien für ein literarisches Wachstum sind vorhanden, allerdings lassen sich diese Indizien nicht in ein literarkritisch nachvollziehbares Wachstumsmodell überführen; der Text ist demnach literarkritisch als einheitlich zu betrachten.[878] Dabei ist die Annahme einer Komposition, die älteres – mit dem Propheten Ezechiel verbundenes Gut verarbeitet hat, die plausibelste Erklärung.[879]

R. Schmitt weist darauf hin, dass den angeredeten Frauen die Bezeichnung „Prophetinnen“ vorenthalten wird.[880] Die parallele Gestaltung von 13,17 zu V2,

---

875 S. Greenberg 2001, 271.

876 R. Ebach 2023, 158.

877 S. Zimmerli ^{2}1979, 287 f.

878 Zimmerli ^{2}1979, 287, glaubt einen Grundtext in V3.5.7a.8 f. erkennen zu können, doch sind die Anhaltspunkte dürftig; Pohlmann 1996, 187, ist von einer längeren und komplizierten Wachstumsgeschichte überzeugt, die aber nur annähernd aufzuhellen sei; R. Schmitt 2014, 144, sieht in 13,1–16 eine redaktionelle Bildung, die sich bei Jer 14,13–16 bedient hat und ein authentisches Hexenorakel (13,17–21) eingebunden habe.

879 R. Ebach 2023, 159.

880 2004, 360.

wo von den „Propheten Israels" die Rede ist, die Verwendung des Verbs נבא[881] für die Kennzeichnung der Tätigkeit der Frauen und vor allem V23, wo ihnen nichtige Visionen und Orakelverkündung vorgeworfen werden wie den israelitischen Nebiim in 13,1–16, lassen nur den Schluss zu, dass es sich hier um Prophetinnen handelt.[882]

Bei den Praktiken, die den Prophetinnen zugeordnet werden, handelt es sich um Anfertigen von Zauberbinden bzw. Zauberknoten und Kopfbedeckungen.[883] Hierfür gibt es auch Parallelen im Alten Orient.[884] In welchen größeren Zusammenhang diese Handlungen einzuordnen sind, bleibt offen.[885] Das Erjagen von Menschen deutet am ehesten auf den Bereich des „Bindens und Lösens",[886] also ein magisches Handlungsfeld. Die Entscheidungsmöglichkeit über Leben und Tod (V19) verweist auf Schadenszauber bzw. auch Segensvermittlung und apotropäische Funktionen. Auf jeden Fall ist klar, dass den Prophetinnen in Ez 13,17–23 magische Handlungsweisen zugeordnet werden.

Ein weiterer Text, der an magisches Tun erinnert, zeigt sich in Ez 37,1–14, wo die Wiederbelebung des Volkes Israel geschildert wird.

Allerdings liegt hier nicht die Rückkehr aus dem Totenreich eines individuellen Menschen vor, wie dies bei den Totenerweckungen von Elija und Elischa der Fall war. Es geht um die Wiedererweckung eines ganzen Volkes. Dabei handelt es sich um die Form einer Vision, die sich in einer imaginären Ebene abspielt. In diese Ebene ist der Prophet Ezechiel durch die Hand und den Geist JHWHS versetzt worden (Ez 37,1). Der Prophet bringt den lebenspendenden Geist in die Gebeine (37,4–5.8–9). Sein Handeln wird als Verkündigung des דבר־יהוה (V4) verstanden, so dass hier eher auf metaphorischer Ebene die Verkündigung der Propheten als Garant für das lebendige Gottesvolk gesehen wird.

---

881 Dass in 13,2 נבא im Ni. verwendet wird und V17 im Hitp. stellt keinen Unterschied dar, da die Bedeutung synonym ist.

882 S. auch HAMORI 2015, 168–170, die darauf hinweist, dass die Bezeichnung der Frauen als „witches" und ihre Tätigkeit als „Magie" oft in generalisierender Weise herabsetzend verwendet wird. HAMORI betont demgegenüber, dass ihre Aktivität divinatorisch sei. Richtig daran ist, dass es sich um prophetisches Handeln der israelitischen Nebiim handelt; vgl. auch BOWEN 1999, 418–423. Es gab immer wieder Versuche, den Frauen ihren prophetischen Rang abzusprechen, die Gleichrangigkeit ist jedoch nicht zu bestreiten, s. dazu zuletzt R. EBACH 2023, 167–173.

883 S. R. SCHMITT 2004, 284 f.; ZIMMERLI ^{2}1979, 296 f.; R. EBACH 2023, 170 f.

884 S. R. SCHMITT 2004, 284 f.; ZIMMERLI ^{2}1979, 297; BOWEN 1999, 425.

885 BOWEN 1999, 417–433, denkt an das Umfeld von Geburten; neuerdings bringt HAMORI 2015, 167–183 die Nekromantie ins Gespräch. Auf BOWEN beruft sich auch R. EBACH 2023, 170 f.

886 ZIMMERLI ^{2}1979, 297.

3.2.2.9 Prophetische Zeichenhandlungen

Prophetisches Wirken beschränkt sich nicht nur darauf, Auskunft zu geben und auch ungefragt Gottes Wort zu verkündigen (s. Am 7,10–17). Es gibt auch Zeichenhandlungen der Propheten, die auf ein magisches Handlungsfeld hinweisen. Allerdings ist es nicht möglich, dass diese Zeichenhandlungen über einen Kamm geschoren werden. Sie haben wohl unterschiedliche Funktionen.

G. Fohrer hat diesen von ihm so genannten „symbolischen Handlungen" eine eigene Gattung zugesprochen und folgende Texte zugeordnet: 1Kön 11,29–31; 1Kön 19,19–21; 1Kön 22,1; 2Kön 13,14–19; Jes 7,3; Jes 8,1–4; Jes 20,1–6; Jer 13,1–11; Jer 16,2–4; Jer 16,5–7; Jer 16,8–9; Jer 19,1.2a.10–11; Jer 27,1–3.12b; Jer 28,10–11; Jer 32,1.7–25; Jer 43,8–13; Jer 51,59–64; Ez 3,22–27.[887]

Im Hinblick auf magische Elemente ist Fohrer der Auffassung, dass die Handlungen der Propheten auf magische Verhaltensweisen zurückgehen, diese jedoch grundsätzlich durch den Glauben an den israelitischen Gott Jhwh als magische Handlungen überwunden worden sind.[888]

Demgegenüber betont R. Schmitt den performativ-rituellen Charakter der prophetischen Handlungen und sieht in ihnen ganz klar magische Akte, die Bestandteil der prophetischen Verkündigung seien.[889] Auch die Namensgebung der Kinder in Hos 1,2–9 und die Heirat Hoseas in 3,1–5, die Namensgebung Jes 7,3; 8,1–4 und die Nacktheit Jesajas über 3 Jahre hinweg (Jes 20,1–6), das Unterlassen von Trauer und Freude in Jer 16,2–9, das öffentliche Stöhnen in Ez 21,11–12 sowie das Verhalten Ezechiels in Ez 4,4–8 und 12,17–20 und den Landkauf Jeremias in Jer 32,1.7–15 rechnet R. Schmitt zu den magischen Handlungen.

Dies erscheint mir jedoch zu umfassend und Folge der Auflösung des Magiebegriffs in einer ritualsymbolischen Handlung. Bei vielen Zeichenhandlungen fehlt es an deutlichen Bezügen zu magischem Handeln, wie es durch כשף (Schadenszauber, Segen) und חבר (Beschwörung, Heilung, Abwehrzauber) für die Hebräische Bibel festgelegt wird. Vieles erscheint verständlich als Illustration der Botschaft oder als eigenständiger Akt, der Aufmerksamkeit erregt

---

887 1953, ^{2}1968; es bleibt jedoch unklar, welche Texte im einzelnen dieser Gruppe zugeordnet werden können. Eine andere Textauswahl bietet z.B. Stacey 1990; Katrin Ott 2009 hat eine restriktivere Textauswahl und spricht von „prophetischen Analogiehandlungen": Jes 20,2; Jer 19,10–11a; Jer 27,2; Jer 32,7–12; Ez 12,18; Ez 12,3.5.7.8.12; Ez 21,11; Ez 21,24; Ez 37,16 f.; Ez 4,12–15; Ez 4,1–3.7; Ez 4,9–11.16 f.; Ez 5,1–4. Die Bezeichnung dieser Texte als eine einheitliche Gattung bei Fohrer bestreitet zu Recht Ott 2009, 78–85.

888 ^{2}1968, 121–124; vgl. auch Ders. 1966.

889 2004, 138–144. Er grenzt dies von den Ritualen der Gottesmänner des Nordreiches ab, die primär auf die unmittelbare Veränderung der Notsituation ausgerichtet seien (143); dies ist jedoch eine künstliche Trennungslinie.

und Konventionen in Frage stellt.[890] Grundsätzlich wissen wir natürlich nicht, was die Intention der jeweiligen Darstellung war und wir haben keinen anderen Zugang als die Texte.

Von daher erscheint es mir sinnvoller, nur die Texte einzubeziehen, bei denen ein Schadenszauber oder eine Beschwörung bzw. Abwehr von Schaden wahrscheinlich ist. Dies ist der Fall in 1 Kön 22,11, wo der Prophet Zidkija sich eiserne Hörner macht; Jer 19,1–11: das Zerschlagen des Kruges; das Tragen des Jochs in Jer 27,1–3.12; 28,10–11; Seraja versenkt ein Blatt an einem Stein im Auftrag Jeremias (Jer 51,59–64); Ez 5,1–17.[891]

3.2.2.10 Schlussfolgerungen

Im Prophetengesetz Dtn 18,9–22 gibt es eine klare Abgrenzung von Praktiken, die für einen israelitischen Nabi verboten sind. Dazu gehören die im magischen Handlungsfeld anzusiedelnden Praktiken des Schadenszaubers (כשף) und der Beschwörung (חבר).

Ein Überblick über die in der Hebräischen Bibel mit den Propheten und Prophetinnen verbundenen Praktiken hat allerdings ein differenzierteres Bild ergeben. Bei Aaron, Bileam, dem anonymen Nabi in 1 Kön 13, aber auch in den umfangreicheren Überlieferungen von Elija und Elischa lassen sich klare Verbindungen zu schadenszauberischen Praktiken erkennen. Dies trifft auch auf den Schriftpropheten Jeremia – vor allem in Jer 28,12–17 – zu und ebenso auf die leider nicht ganz deutlichen Praktiken der Prophetinnen in Ez 13. Es kommt hinzu, dass bei den prophetischen Zeichenhandlungen ebenfalls schadenszauberische Elemente greifbar werden, so dass auch hier Schriftpropheten wie Jeremia und Ezechiel einbezogen sind. Im Bereich der Beschwörung sind insbesondere Heilungen, wie sie in 1 Kön 13 und vor allem den Elija- und Elischa-Texten überliefert sind, Hinweise auf magische Praktiken von prophetischen Gestalten. Dies trifft auch auf den Schriftpropheten Jesaja zu, mit dem ebenfalls Heilungserzählungen verbunden sind. Einschränkend ist hier jedoch zu sagen, dass sie bei Jesaja nur in einem abgegrenzten Teil der Jesaja-Überlieferung, nämlich Jer 36–39 bzw. 2 Kön 18–20, erwähnt werden.

---

[890] S. dazu Döhling 2013; Krispenz 2004, 2014.

[891] S. auch R. Schmitt 2004, 144. In manchen neueren Arbeiten ist die Verbindung von prophetischen Zeichenhandlungen und Magie negiert worden, s. z.B. Stacey 1990; Friebel1999; Viberg 2007, 2; Ott 2009, 172–175.181 für die Texte, die sie als prophetische Analogiehandlungen in Anspruch nimmt. Bei 1 Kön 22,11 spricht Katrin Ott von einem magisch-kultischen Bereich, auch für 2 Kön 13,14–19 sieht sie einen magischen Hintergrund (36–40). Für eine Verbindung von prophetischen Zeichenhandlungen und Magie sprechen sich Albertz 1991, 692; Lang 2001, 1190 und Krispenz 2014 aus.

Von daher ist für die prophetische Darstellung in der Hebräischen Bibel nicht nur die grundsätzliche Verbindung von Religion und Magie gegeben, sondern auch magische Praktiken bei Prophetinnen und Propheten anzunehmen.[892]

3.2.3 Prophetie und Divination

Schon früh wurde die Ähnlichkeit der israelitischen Prophetie mit anderen divinatorischen[893] Erscheinungen gesehen. In einer in Leipzig eingereichten Dissertation von 1898 sieht Davies eine Verbindung zur biblischen ekstatischen Prophetie, die er jedoch als Prophetie „of the lowest kind"[894] einordnet.

Ausdrücklich mit dem Verhältnis von Prophetie und Divination beschäftigte sich A. Guillaume, wobei es vor allem um einen Vergleich der israelitischen Prophetie mit divinatorischen Erscheinungen bei den präislamischen Arabern geht.[895] Vom Ergebnis her ist deutlich ein Zwiespalt zu erkennen: Auf der einen Seite grenzt er die israelitische Prophetie dadurch ab, dass sie Gottes ethische und moralische Lehren weitergibt, auf der anderen Seite sieht Guillaume jedoch auch, dass die divinatorischen Fähigkeiten der israelitischen Propheten an heidnische Divinatoren erinnern; dazu rechnet er vor allem die emotionalen Bewusstseinszustände und den poetischen Charakter der Orakel. Dies sei jedoch kein Zeichen einer gemeinsamen Herkunft.[896]

Ekstase und Trance gehören ebenfalls zur Prophetie wie zur Divination, im Rahmen der Prophetie handele es sich aber um Akzidentien. Ein wichtiger Unterschied bestehe darin, dass bei der heidnischen Divination keine oder kaum Theologie zu bemerken sei, während in Israel das Prinzip der göttlichen „righteousness" den Grund für die ganze Konzeption der Beziehung Gottes zum Menschen darstelle. Die israelitischen Propheten haben ihre

---

892 Schon Gunkel ²1923 hat dies gesehen: „Vielmehr haben die Propheten selbst Handlungen vorgenommen, mit denen sie die Zukunft nicht nur darstellen, sondern auch bewirken wollten, und die also eine nahe Verwandtschaft mit der Zauberei haben." (130, zitiert nach Neumann 1979). s. auch Nissinen 2020 und 2021.

893 Im deutschen Sprachraum wird meist der Begriff „Mantik" mit einem pejorativen Unterton verwendet.

894 1898, 73. Jirku 1913 untersucht in seinem Werk „Die Mantik in Altisrael" die „Mantik", die vor allem mit dem priesterlich-kultischen Bereich verbunden ist; daneben gibt es auch noch die Erscheinungen der Volksreligion (5); die israelitischen Mantik sei vom „Jahwismus" übernommen und mit wirklich religiösem Gute ausgestattet, „so daß sie keine bloßen Wucherungen in der Religion darstellten, sondern als legitime Bestandteile des Kultus galten, freilich unter Abstreifung alles ursprünglich Heidnischen." (53).

895 1938.

896 S. 365; insgesamt 362–367; „Divination" definiert Guillaume als „supernormal insight" (364).

divinatorischen Gaben als Instrumente für die Offenbarung von JHWHs Willen. Der entscheidende Unterschied ist die Unterwerfung des Selbst, das Opfer von „thought, will and intention“ (364f.).

Die Differenz ist also in der Gottesbeziehung zu sehen. GUILLAUME spricht sich für eine positive Bewertung von Träumen aus und auch die Ekstase kann für Blasphemie und Unglaube, aber auch für Prophetie und mystische Annäherung an Gott benutzt werden. Die symbolischen Aktionen der hebräischen Propheten erwachsen aus der imitativen Magie des primitiven Menschen, wurden jedoch in der hebräischen Religion JHWH zugeschrieben, der durch die Persönlichkeit seiner Propheten handelte.

GUILLAUME teilt das evolutionistische Verständnis, dass Religion aus der Magie erwächst[897] und sieht demnach in der Magie Überbleibsel, so dass sich eine Koexistenz zwischen Religion und Magie ergibt. Divination sieht er als „subrite of magic“,[898] er zieht jedoch eine scharfe Trennungslinie zwischen Religion und Magie.

Von einer klaren Abtrennung zwischen Prophetie und Divination ist auch der umfangreiche Artikel von BARUCQ im „Dictionnaire de la Bible Supplément“ aus dem Jahr 1960 geprägt. Er sieht den entscheidenden Unterschied darin, dass in der Prophetie JHWH die Initiative für die Übermittlung des eines Gotteswortes zukommt; in den Divinationspraktiken dagegen das menschliche Bemühen zur Erkundung des Gotteswillens im Vordergrund steht.[899] Auch diese Abgrenzung befriedigt nicht, da auch Propheten konsultiert wurden (s. z.B. 1 Sam 9 f. 2 Kön 4; 2 Kön 22; Jer 37,3 ff.; Ez 8,1 ff.).

Enger sieht CAQUOT 1968 die Verbindung von Prophetie und Divination.[900] In Israel unterscheidet er zwischen offiziellen, erlaubten und nicht erlaubten Techniken. Die hebräische Terminologie rechtfertige die Unterscheidung zwischen a) anerkannten und b) verbotenen Methoden, wobei er sich auf Dtn 18,9–22 beruft. CAQUOT geht dann auf die außergewöhnlichen Persönlichkeiten ein, die Orakel geben, sei es spontan, sei es als Antwort auf eine Frage, allerdings ohne zurückzugreifen auf irgendwelche Manipulationen bzw. Techniken. Der einzige technische Aspekt bestehe darin, sich eventuell für den göttlichen Einfluss zu konditionieren. Er sieht in diesen Persönlichkeiten, die im Hebräischen die Bezeichnung איש אלהים, ראה / חזה und נביא besitzen, „devins inspirés ou extatiques“,[901] eine im semitischen Bereich weithin bezeugte Art der Divination. Zwar seien die großen Propheten Neuerer, die sich nicht in ein Schema pressen

---

897 S. dazu das monumentale Werk von SIR GEORGE FRAZER, The Golden Bough, Band 1–12, London 1907–1915; eine Kurzfassung ist 1922 erschienen, seit 1928 auch in deutscher Übersetzung.

898 1938, 108; vgl. auch insgesamt zu diesem Problem 233–289, besonders 233–243.

899 1960, 752–788.

900 1968, 83–113.

901 EBD., 88.

lassen, sie sind dennoch Nachfolger der „devins extatiques",[902] außerdem gab es immer auch Tempelpropheten (Jer 29,26; Neh 6,14). CAQUOT setzt dabei die Unterscheidung zwischen technischer und inspirierter Divination voraus.

ORLINSKI[903] sieht nur in der frühisraelitischen Institution des „seer-priest" ein der altorientalischen Divination vergleichbares Phänomen, während die Schriftprophetie einem kulturell höheren Niveau zuzurechnen sei, das einzig in Israel vorkomme. Der „seer-priest" ist Mitglied einer Gruppe, deren Kenntnisse manchmal vererbt werden; er ist einem Heiligtum zugeordnet. Vor allem ist er ein Mann der Tat. „The former (scil. seer-priest), a craftsman, did things. He offered sacrifices, he interpreted dreams, he predicted events, he performed miracles, and sometimes he was in charge of a shrine and of apprentices."[904]. Er wird befragt und für diese Konsultationen bezahlt. Obwohl ein Prophet, der nicht dieser Gruppe zuzurechnen ist, auch Ekstase kennt und die Offenbarungsformen, durch die er Botschaften von Gott erhält, identisch sind, ist der Prophet ein Mann des Wortes, der in einem Gegensatz zu Divination und dem Vollbringen von Wundertaten steht.

LUST möchte dagegen die israelitische Prophetie und die Divination näher zusammenbringen.[905] Er sieht in dem Verständnis als „Boten" die israelitische Prophetie nur unvollständig beschrieben. Die israelitischen Propheten einschließlich der Schriftpropheten waren „mediums through whom Jahweh was to be consulted." Jedoch werden von den Propheten keine technischen Hilfsmittel benutzt und es ist eine klare Trennungslinie zur illegitimen Divination wie z.B. der Nekromantie zu ziehen. Von daher kommt LUST zu dem Ergebnis: „The prophets in Israel acted as officially recognized diviners. They were to replace the condemned necromancers and sooth-sayers. Their function was institutionalized during the reign of king Jehoshafat. It was not connected to the cult."[906]

LONG ist aufgrund von Mi 3,5–6, wo gesagt wird, dass die Nebiim קסם praktizierten, der Auffassung, dass die israelitischen Propheten „practised divination".[907]

In einer vergleichenden Untersuchung der Prophetie in Mari mit der israelitischen Prophetie kommt NOORT jedoch wieder zu einer stärkeren Trennung der israelitischen Prophetie von dem analogen Phänomen in Mari. Vergleichbar sei vor allem der technisch erfragte Gottesbescheid im kultischen Rahmen, der in Israel vornehmlich in der frühen Prophetie begegne. Dabei lasse sich im

---

902 Ebd., 92 f.

903 1965, 153–174; 1974, 39–65.

904 1974, 46.

905 1973, 234–250; DERS. 1974, 133–142.

906 1973, 250.

907 1976, 241–243 (Zitat 242).

Hinblick auf die Gottesbefragungen kaum ein Unterschied zwischen Priester und Prophet erkennen.[908]

Eine Wende trat erst in den 70er Jahren des vergangenen Jahrhunderts ein. Divination wurde jetzt nicht mehr in Opposition zur biblischen Prophetie gesehen.

Die Gesamtdarstellung der Prophetie durch KLAUS KOCH aus dem Jahre 1978 stellt diese andere Sichtweise klar dar:[909] KOCH ordnet die israelitische Prophetie in die antike Mantik ein.

Er beruft sich hierbei auf eine Einteilung, die auf Cicero, De divinatione zurückgeht: CICERO nimmt eine Unterscheidung vor zwischen einer natürlichen und einer kunstvollen Divination: „duo sunt enim divinandi genera, quorum alterum artis est, alterum naturae." (De divinatione, I, 11); Diese Unterscheidung von natürlicher und kunstvoller Divination ist von BOUCHÉ-LECLERQ im 19. Jahrhundert zu einer Unterscheidung zwischen intuitiver und induktiver Divination weiterentwickelt wurde.[910]

MANFRED WEIPPERT griff 1988 auf die Unterscheidung zwischen induktiver und intuitiver Divination zurück, um Prophetie von anderen divinatorischen Unterscheidungen im Alten Orient zu unterscheiden.[911]

WEIPPERT bestimmt den Propheten bzw. die Prophetin folgendermaßen:

„Ein(e) Prophet(in) ist eine Person männlichen oder weiblichen Geschlechts, die

1. in einem kognitiven Erlebnis, einer Vision, einer Audition, einem Traum o.ä., der Offenbarung einer Gottheit oder mehrerer Gottheiten teilhaft wird, und

2. sich durch die betreffende Gottheit(en) beauftragt weiß, die Offenbarung in sprachlicher oder metasprachlicher Form an einen Dritten, den eigentlichen Adressaten, zu vermitteln (88).

Dagegen sei die induktive Divination „Aufgabe von Spezialisten aus dem Kreis der Priester und Gelehrten, die über die erforderlichen Mittel, Techniken und Nachschlagewerke verfügten. Hier geht es jedoch um Beobachtung, nicht, wie bei der Prophetie, um Erlebnisse und Widerfahrnisse."(89)

---

908 1977, s. vor allem 93–110.

909 Wenig später, 1980, sah auch WILSON 1980, 26.149 f. die Schwierigkeit der genauen Abgrenzung der Praktiken eines „diviners".

910 Histoire de la divination dans l'Antiquité, 1879–1882, Ndr Paris 2003, 97–104. Cicero verweist dabei auf Plato, Phaidros, s. insgesamt zu der antiken Divination HOPFNER 1928, zur nur teilweisen Deckungsgleichheit der Kategorisierung von Cicero und BOUCHÉ-LECLERQ s. ebd., 1261.

911 1988, 289–291. Wieder abgedruckt in 2014, S. 87–103 (nach letzterem Werk wird zitiert). Ähnlich auch schon HUFFMON 1976, 172: Ein Prophet sei eine Person, „who through non-technical means receives a clear and immediate message from a deity for transmission to a third party."

Manfred Weippert hat diese Definition 2014 noch einmal bekräftigt. Er zählt 7 Kriterien auf, die einzeln oder in verschiedenen Kombinationen von Forschern wie z.B. Noort und Petersen benutzt werden, um zu beschreiben, was „Prophetie" sei.[912] Diese Kriterien seien jedoch nicht ausreichend, um das Wesentliche der Prophetie zu beschreiben. Demgegenüber bleibt Manfred Weippert bei seiner Definition von 1988, die er jedoch in Punkt 2 folgendermaßen modifiziert:

„Ein Prophet bzw. eine Prophetin ist eine Person, die „sich durch die betreffende(n) Gottheit(en) beauftragt weiß, das ihr Geoffenbarte in sprachlicher Fassung (als „P[rophetie]", „Prophetenspruch") oder in averbalen Kommunikationsakten („symbolischen" oder „Zeichenhandlungen" an einen Dritten (oder Dritte), den (die) eigentlichen Adressaten, weiterzuleiten."[913]

An der Trennung von intuitiver Divination, zu der er die Prophetie rechnet, und induktiver Divination hält er fest.

Manfred Weippert hat mit dieser Definition viel Anklang gefunden.[914]

---

912 In dem Nachwort zum Sammelband „Götterwort in Menschenmund" aus dem Jahre 2014, 230–232. Diese Kriterien sind:

1. „Prophetie ist religiöse (oder religiös bedingte berufsmäßige) Zukunftsvorhersage.
2. Die Botschaft geht auf Initiative einer Gottheit zurück. Sie ist nicht erfragt, sondern spontan (inspiriert, d.h. intuitiv), und unmittelbar verständlich.
3. Der Offenbarungsempfänger ist Ekstatiker.
4. Der Offenbarungsempfänger tritt als Gottesbote auf, der den Bescheid ungefragt dem Adressaten der Botschaft mitteilt.
5. Es genügt, wenn der Offenbarungsempfänger in den Quellen durch einen entsprechenden Terminus bezeichnet wird.
6. Es zählt die Inanspruchnahme des Offenbarungsempfängers durch eine Gottheit, nicht seine Botenfunktion.
7. Der Gottesbescheid besteht im Aufruf, der Gottheit zu vertrauen, nicht im Versuch, die Zukunft zu meistern oder zu sichern" (231).

913 231 f. Diese Modifikation findet sich schon in dem Artikel „Prophetie im Alten Orient" im Neuen Bibellexikon 2001, 197; der Faszikel erschien 1997.

914 S.o. Teil 1.4. Insbesondere Nissinen in der englischsprachigen Forschung hat sich immer wieder in seinen Studien auf die Unterscheidung von Weippert berufen, s. Nissinen 1993 (= 2019a), 319; 2004 (= 2019a, 58 f.); 2010a (= Nissinen 2019a, 75–85); 2017, 10–19; 2020, 213–217; s. auch M. de Jong 2007, 31; Stökl 2012, 1–26 sowie Grund 2013. Für Kelle 2014, 292, hat die Definition von Weippert den Standard gesetzt; s. auch Schart 2014, 1 f.; in Abgrenzung zum Mantiker und Schamanen, ohne Weippert zu erwähnen; Lenzi 2014, 68 Anm11, mit Verweis auf Nissinen 2010b; Leuenberger ^{2}2021, 142 f.; R. Ebach 2023, 3 f. bezieht sich ausdrücklich auf die Definition von Weippert; auf S. 81 f. schreibt sie jedoch: „Dies (scil. die Rechtmäßigkeit des prophetischen Wortes) geschieht durch das Ansehen der Person und möglichen Überprüfungsmechanismen durch andere divinatorische Techniken. Gerade an diesem Punkt wird deutlich, dass Prophetie als ein Aspekt eines breiteren Spektrums von Divination wahrzunehmen ist und nicht von anderen Medien der Wissensübermittlung zwischen göttlicher und menschlicher Sphäre kategorisch zu trennen ist."

Insbesondere NISSINEN hat in seinen zahlreichen Arbeiten sich immer wieder auf die Definition von Weippert bezogen.

NISSINEN definiert „Prophetie" 1993 als einen Oberbegriff für die „orakelhafte Übermittlung eines unmittelbaren, durch kein technisches Mittel erfolgten Gottesbescheides". Er rekurriert dabei ausdrücklich auf MANFRED WEIPPERT.[915]

2000 betont NISSINEN, dass in der neuassyrischen Prophetie „inductive and noninductive methods are never mixed," sieht aber auch, dass alle Methoden der Divination eine gemeinsame ideologische und theologische Basis teilen, die dazu führt, dass Propheten „appear as practioners of one branch of noninductive divination"[916].

Leise Zweifel scheinen NISSINEN jedoch schon 2003 gekommen zu sein, wenn er im Vorwort zu dem Sammelband prophetischer Texte aus dem Alten Orient schreibt: „All visionaries and dreamers cannot be lumped together as ‚prophets', though, but the line between prophets and other practioners of noninductive divination is difficult to draw and maybe partly artificial."[917]

2010 geht NISSINEN noch einmal ausdrücklich auf die Problematik der Unterscheidung von Prophetie und anderen Formen der Divination ein und bezeichnet sie als „two sides of the same coin"[918]. Er sieht vor allem einen Unterschied zwischen der inspirierten, auf mündlichen Prozessen basierten Prophetie und der gelehrten, schriftgestützten Divination. Gleichzeitig weist er jedoch darauf hin, dass im griechischen Bereich diese Abgrenzung sich nicht durchführen lässt und ebenso aus ethnologischer Seite die Überlappung von induktiven, intuitiven und interpretativen Methoden vorkommt. Prophetie und Divination besitzen auf jeden Fall eine gemeinsame Basis in dem universalen Symbolsystem.[919]

Auch in seiner jüngsten ausführlichen Darstellung der Prophetie in der Hebräischen Bibel, dem Vorderen Orient und der griechischen Welt sieht Nissinen eine grundlegende Differenz der Prophetie zu anderen Formen der Divination darin, dass göttliches Wissen nicht durch einen kognitiven Prozess zustande kommt, sondern durch Inspiration bzw. Geist-Besessenheit. Er schränkt dabei jedoch ein, dass diese Dichotomie nicht absolut zu sehen sei: Verschiedene Kulturen erlauben manchmal Überlappungen der verschiedenen divinatorischen Methoden.[920]

---

915 2019a (1993), 319.

916 2019a (2000), 119–122; Zitate 121 und 123.

917 6; wiederholt in der Neuausgabe ²2019, 5 f. Gleichwohl betont er 2004, dass Prophetie „clearly belongs to the non-inductive type" (59; s. insgesamt 57–64).

918 2019a (2010a), 75–78.

919 Ebd., 82–85; mit Verweis auf FLOWER 2008, 217 f. und TEDLOCK 2001, 193.

920 2017, 10–19.

Auch DELUTY[921] folgt der Definition von WEIPPERT (und NISSINEN), fügt ihr aber noch ein weiteres Element hinzu: Zwischen Prophet und Adressat kann ein weiterer menschlicher Vermittler auftreten.

Auch ohne der Definition von WEIPPERT zu folgen, wird die enge Verbindung von Prophetie und Divination hervorgehoben.

WILSON betont 1980, dass die Bezeichnung „Prophet" Überschneidungen zu den Bezeichnungen „medium" und „diviner" aufweist und benutzt lieber die allgemeine Aussage „intermediary".[922] In biblischen Texten sieht er vor allem Bileam als Divinator,[923] den er allerdings deutlich von akzeptierten Mittlern unterscheidet. Die Abgrenzung lässt sich nach WILSON vor allem in der ephraimitischen – nordisraelitischen – Tradition erkennen, während in der judäischen Tradition eine stärkere Toleranz von divinatorischen Praktiken vorhanden sei.[924]

OVERHOLT nimmt einen anderen Ausgangspunkt und sieht in Prophetie und Divination ein Kommunikationsgeschehen; der Unterschied liege allein darin, dass bei der Divination das Handeln des Klienten akzentuiert sei.[925]

Die Schwierigkeit der Unterscheidung zwischen Prophetie und Divination sieht auch LESTER L. GRABBE: Bei der Untersuchung der unterschiedlichen religiösen Spezialisten kommt Grabbe für den Propheten zu dem Ergebnis: „Most of those individuals labeled ‚prophet' in the text can be characterized as a subspecies of diviner. That is, they carry on their activities by means of the spirit (usually the spirit of Yhwh) and thus belong to the spirit form of divination. The type of acitivity does not differ in kind from that of the diviner: they receive messages from the divine which they pass on to others."[926] Zusammengefasst bedeutet das: „In most cases, prophecy fits quite comfortably as a particular form of divination."[927].

Mit dem Verhältnis von Prophetie und Divination beschäftigt sich auch die Untersuchung von ANNE-MARIE KITZ aus dem Jahre 2003. KITZ versteht Divination als göttliches Eingreifen in das physische Universum.[928] Es bestehe im Wesentlichen aus drei Komponenten: 1. Materielle Manipulation durch die Gottheit 2. das Zeichen, das durch ein solches himmlisches Manöver produziert wird 3. die Interpretation des Zeichens. Das göttliche Eingreifen zeigt sich in allen Teilbereichen der physischen Welt, wie sie bei den Alten verstanden wurde. Generell war sie geteilt in 1. unorganische Materialien und Pflanzen

---

921 2020, 4–5.
922 1980, 23–28.
923 Ebd., 150.
924 Ebd., 256 f.
925 1989, 140–147.
926 1995, 203.
927 Ebd., 205; s. insgesamt 193–205.
928 2003.

(Chemomancy) 2. Tiere (Zoomancy) und 3. Der menschliche Bereich (Anthropomancy). Alle Bereiche werden von den Göttern regiert. Im letzteren Bereich siedelt Kitz die Prophetie (neben der Traumdivination) an. Sie sieht also Prophetie als konstitutiven Bestandteil der Divination, wenn auch deutlich unterscheidbar von anderen Formen der Divination.

Kritisch setzt sich David L. Petersen mit der Definition von Weippert im Neuen Bibellexikon 1997 auseinander. In dem Wort „Erlebnis", das er mit „experience" übersetzt, sieht er eine Nähe zu Gunkel und Lindblom.[929] Petersen weist darauf hin, dass nur von wenigen Propheten ekstatisches Verhalten berichtet wird, so dass mit dem Wort „experience", das er wohl vor allem als ekstatisches Erleben sieht, Propheten unterschiedlicher Art ausgeschlossen würden. Die umfassende Kategorie ist für Petersen „intermediary" und er versucht, Propheten mit einer sechsteiligen Typologie zu beschreiben, die unterschiedliches Verhalten reflektiert, das sich in den verschiedenen Titeln in der Hebräischen Bibel manifestiert.

R. Schmitt kritisiert an der Definition von Weippert, dass sie nur auf der Folie einer engen Definition von Mantik als ausschließlich induzierte und deduktive Divination funktioniere.[930]

Anhand eines Überblicks über die in der Hebräischen Bibel gebräuchlichen Titel, vor allem Nabi, kommt R. Schmitt schließlich zu dem Ergebnis: „Weipperts Definition von Prophetie als wesentlich intuitiver Technik und seine Beschränkung auf die von Zeichenhandlungen begleitete Wortverkündigung erweist sich damit als zu eng: Das mit der Bezeichnung Nabi verbundene Phänomen umfasst ein weit breiteres Spektrum von Tätigkeiten, das sowohl intuitive wie deduktive Techniken als auch magische Therapien bzw rituelle Interzessionen im Kontext von Herrschaft und privaten Konsultationen miteinschließt"[931].

Trotz der weitgehenden Akzeptanz der Unterscheidung zwischen intuitiver und induktiver Divination und der Zuordnung der Prophetie zur intuitiven Divination gab es immer wieder Stimmen, die auf die Schwierigkeit einer genauen Grenzziehung hinweisen.

Noch bevor Manfred Weippert seine Definition mit der strikten Trennung von Prophetie und induktiver Divination veröffentlicht hatte, haben sich de Jong Ellis und Karel van der Toorn für eine engere Verbindung von Prophetie und technischer Divination ausgesprochen. So meint de Jong Ellis: „In any case, both at Mari and – rather more subtly but very pervasively – at Ishchali,

[929] 2000, 33–43, besonders 39–41; s. auch Ders. 2009. 625; Weippert 2014, 232 f. weist die Nähe zu Gunkel und Lindblom als sprachliches Missverständnis zurück.

[930] 2014, 13.

[931] Ebd., 164.

the indications are that the true prophetic oracle, as a function of a person with ordinary cultic duties, is closely connected with the exercise of the diviner's craft."[932].

Auch KAREL VAN DER TOORN hält es im Hinblick auf die Vermittlung des „Siegesorakels" für schwierig, die Prophetie von technischen Divinationsformen zu trennen. „Si l'on veut donc saisir ces oracles dans leur contexte culturel, il ne faut pas isoler la prophétie des autres 'techniques' de la divination."[933]. In einer weiteren Untersuchung sieht VAN DER TOORN den āpilum, den er als „interpreter" versteht, der dem griechischen προφήτης entsprechen soll, im Zusammenspiel mit dem Eingeweideschauer.[934]

DOMINIQUE CHARPIN fragt sich, ob die Unterscheidung zwischen technischer und intuitiver Divination den Quellen entspricht oder ob es sich um eine moderne Konstruktion handelt.[935]

Auch BARSTAD, der ansonsten die Definition von M. WEIPPERT als hilfreich einstuft, deutet schon 1993 an, dass die Trennung der beiden Phänomene Prophetie und Divination „often an unnatural and ideological" sei.[936] 2009 formuliert BARSTAD noch klarer: „One insight from recent research is that the former, strict division between prophecy on one side and divination on the other has been blurred. It has, gradually, become more and more likely that we are dealing with different – sometimes even overlapping – ways of getting approach to the deity's motivation rather than with totally divergent or conflicting systems"[937].

Obwohl NISSINEN die Trennung von Prophetie und induktiver Divination von MANFRED WEIPPERT immer wieder als richtig anerkannt hat,[938] muss NISSINEN zugestehen, dass es in unterschiedlichen kulturellen Zusammenhängen unterschiedlich gesehen wird und dass es Überlappungen geben kann. So

---

932 1987, 257; dort auch weitere Literatur in Anm. 123.124; s. auch DIES 1989,138: „In the Kititum oracles, the vocabulary is reminiscent of that used by the diviner."; s. auch ebd., 145.

933 1987, 67–73, Zitat 67.

934 „The prophets of Adad interpret the will of their god on the basis of the result of an extispicy; there is no hint of a trance or as sudden illumination." (2000, 224 f. Zitat S. 225); Basis ist der Text A 1121+A 2731; eine frühere Version wurde 1998 in JNSL veröffentlicht; zur Auffassung von āpilum als „interpreter" s. die Kritik von STÖKL 2012, 38.

935 1992, 30: „Our modern way of thinking leads us, very often, by distinguishing different phenomena, to oppose them. I think that our distinction between prophecy and deductive divination, felt by a lot of assyriologists as two radically different ways of establishing relations with the divine world, was not experienced as very clear cut by the Ancients."

936 1993, 48; zur Definition von M. WEIPPERT s. ebd., 45 f.

937 2009, 27. (BZAW 388).

938 Zuletzt 2020, 2017, 20 f.; s. schon DERS. 1993, 221.

betont er in einer vier Punkte umfassenden Schlussfolgerung des Zusammenhangs von Prophetie und Divination in den Punkten eins und zwei, dass Prophetie eine Form der Divination sei, dass es jedoch Sinn mache, Prophetie und technische Divination zu unterscheiden, obwohl er die Trennung dann wieder einschränkt in dem Punkt drei: „(3) The dichotomy of technical and intuitive is not absolute but emerges differently in different cultures and source materials, sometimes allowing overlaps of different divinatory methods", um dann in Punkt vier die Zugehörigkeit zu demselben symbolischen Universum zu betonen.[939]

Auf dem Hintergrund, dass Frederick Cryer 1994 das alte Israel als eine „magische" Gesellschaft beschreibt und Israel grundsätzlich in dem Gebrauch von Divination nicht von den umgebenden Gesellschaften und auch nicht von anderen, „wilden" Gesellschaften wie zum Beispiel den Azande zu unterscheiden sei,[940] ordnet Cryer die Divination der sozialanthropologischen Kategorie der „Magie" zu.[941] Für ihn ist die Unterscheidung von Priestern, Propheten und anderen Mantikern nicht haltbar, da in diesen Gesellschaften die „role labels" kaum zu differenzieren sind.[942] Für Cryer ist deshalb klar: „Prophets, too, will certainly have practised 'technical' divination".[943]

Joann Scurlock ist der Auffassung, dass die aus hellenistischer Zeit stammenden, meist als *vaticinia ex eventu* an den Rand der Prophetie gedrängten Orakel wie die Uruk- und die Dynastische Prophetie sehr wohl mit biblischer Prophetie zu vergleichen sind.[944] Sie sieht hier die gleiche Auffassung einer göttlichen Zeichengebung, die sich in der Geschichte manifestiert, wie vor allem im Buch Nahum sowie in Jes 36–37 par. „In a sense, biblical prophecy as practiced by the kings of Israel and Judah was a system of solicited omens. In other words, the king determined a course of action and then consulted the prophets as to whether or not he should pursue it. The prophets then prophesied, giving the king his answer not, except in the method, significantly different from a Mesopotamian king asking his diviner to cut open a sheep."[945]. Sie verweist

---

[939] 2017, 14–19 (Zitat S. 19); vgl. auch schon Ders. 2010, 341–346.

[940] 1994, 324.

[941] Ebd., 42–95. Zu der Abgrenzung von Divination und Magie s. Nissinen 2020: „Magic is itself a means of attaining a certain goal and actively bringing about an intended change, whether beneficent or harmful... What makes the difference is the purpose and function of the divinatory and magical action, as well as the agency of the actors." (215 f., s. insgesamt 213–217.

[942] Ebd., 243–250.

[943] Ebd., 325.

[944] 2010, 277–316. Die auch verwendete Bezeichnung als „literary predictive texts" ist nach Neujahr 2012, 114 f. nicht präzise genug; deshalb schlägt Nissinen 2017, 112, „Akkadian ex eventu text" vor.

[945] 2010, 304 f.

außerdem auf eine Aussage des hethitischen Königs Muršili in den Pestgebeten, der deutlich macht, dass es egal sei, ob die göttliche Botschaft durch Divination, einen Traum oder einen Propheten vermittelt wird.[946]

In einer vergleichenden Studie der drei prophetischen Corpora im alten Orient geht Jonathan Stökl von einer deutlichen Unterscheidung zwischen intuitiver und technischer Divination aus.[947] Insofern folgt er dem Pfad, den M. Weippert und auch Martti Nissinen vorgegeben haben. Wie Martti Nissinen klammert er die griechische Divination aus, bei der er mit Überschneidungen rechnet. Nach der Untersuchung der prophetischen Titel in der Hebräischen Bibel kommt er jedoch für den am häufigsten verwendeten Titel „Nabi" zu dem Ergebnis, dass er in vorexilischer Zeit für Ekstase und technische Divination steht, von denen beides nicht vorrangig als prophetisch zu bezeichnen sei.[948]

Einen anderen Ansatzpunkt nimmt Seth L. Sanders. Er kritisiert den herkömmlichen Ansatzpunkt zur Bestimmung von Propheten/Prophetie bei den persönlichen Erfahrungen.[949] Ausgehend von den unterschiedlichen Verschriftungen in Juda, wo es zu Prophetenbüchern und einem Prophetenkanon kommt und der schriftlichen Aufzeichnung von divinatorischen und exorzistischen Texten in Mesopotamien ist Sanders der Auffassung, dass die Parallele zu den Prophetentexten in den divinatorischen und exorzistischen Texten in Mesopotamien vorliege. Er sieht eine Parallele in den Texten von Jes 1–11, in der die Texte gerahmt sind wie bei einem mesopotamischen Divinator oder Exorzisten. Der Gerichtsstreit (rîb) finde sich nicht in der mesopotamischen Prophetie; er diene in Jes 1–11 dazu, um Jesaja als Sprecher einer Botschaft zu positionieren, die rückgebunden sei an Jhwh. Dies sei vergleichbar mit der Rolle des mesopotamischen Divinators, der für die Einberufung göttlicher Entscheidungen verantwortlich ist. Von daher führt Sanders die biblisch bezeugte Prophetie in die Nähe der Divinatoren und Exorzisten in der mesopotamischen Kultur.

Kelly folgt ebenfalls der Unterscheidung von zwei Typen der Divination, sieht aber, dass diese Unterscheidung im Hinblick auf die Funktion nicht zu stark betont werden sollte: „Though this distinction holds for divinatory techniques, it probably should not be stressed too much when understanding the function of divination"[950].

---

[946] Ebd., 305.

[947] 2012, 7–11; s. das Diagramm S. 10; vgl. die Zusammenfassung 25 f.

[948] 2012, 230; s. insgesamt die ausführliche Untersuchung der Titel S. 157–201.

[949] 2017, 26–52.

[950] 2020, 27, s. insgesamt 22–28. Er verweist auf van der Toorn 1987, Barstad 1993, Tiemeyer 2005; Nissinen 2010; Lenzi 2014.

3.2.4 Versuch einer Definition der biblischen Prophetie

Die Begriffsuntersuchungen in Dtn 18,10–11.14 haben die Frage aufgeworfen, wie das Verhältnis von Prophetie zu Magie und Divination bestimmt werden kann. Dabei ist deutlich geworden, dass Prophetie insgesamt in der Hebräischen Bibel nicht einfach abgehoben werden kann von den Praktiken, die in Dtn 18,10–11.14 inkriminiert und aus der Prophetie ausgegrenzt werden.

Deutlich umfasst der Begriff קסם eine Vielzahl unterschiedlicher Praktiken, die von der Wortverkündigung bis zur Nekromantie reichen. Für den Begriff נחש gilt, dass diese Praxis auf jeden Fall technische Divination beinhaltet.[951]

Beide Begriffe umfassen mit Sicherheit Handlungsfelder von prophetischen Gestalten. Damit umgreifen sie auch Praktiken, die als technische bzw. induktive Divination zu bezeichnen sind. Die weithin anerkannte Definition von M. Weippert, der die technische Divination aus der Prophetie ausgrenzt, erweist sich damit für die Prophetie der Hebräischen Bibel als nicht ausreichend.[952]

Aber auch die Abgrenzung gegen magische Praktiken, wie sie in Dtn 18,10–11.14 vorgenommen wird, lässt sich bei näherem Hinsehen nicht für die biblische Prophetie aufrecht erhalten.

Der hier verwendete Begriff für Schadenszauber (כשף) kommt zwar nicht bei einer prophetischen Gestalt in der Hebräischen Bibel vor, dennoch sind die magischen Handlungsfelder von Fluch und Segen als solche klar zu erkennen. Ein deutliches Beispiel ist Bileam in Num 22–24, der zwar mit keinem Titel, die für Propheten und Prophetinnen in der Hebräischen Bibel benutzt werden, bedacht wird und auch noch als „Ausländer" gesehen wird, der jedoch – im Grundtext der biblischen Überlieferung fest mit dem israelitischen Gott Jhwh verbunden ist. Bileam wird in dem Text von Deïr ᶜAlla als „Seher" bezeichnet, ein Titel, der auch in der Hebräischen Bibel verwendet wird. Bileam weiss sich an den Auftrag Jhwhs gebunden. Er wird von dem moabitischen König Balak speziell gerufen und soll auch dafür bezahlt werden, um Israel zu verfluchen, d.h. mit einem Schadenszauber zu belegen. Dies gilt nicht allein für Bileam, auch andere prophetische Gestalten verwenden Schadenszauber, wobei auch Schriftpropheten davon nicht ausgenommen sind.[953]

Auch für den in Dtn 18,11 verwendeten Begriff חבר gilt, dass er nicht von Prophetinnen und Propheten benutzt wird. Die mit diesem Begriff verbundenen

---

951 S.o. 2.3.1 bis 2.3.7.

952 Neben der oben aufgeführten Kritik von Petersen und R. Schmitt und der Unschärfe, auf die andere Forscherinnen und Forscher hingewiesen haben, ist auch noch Stéphanie Anthonioz zu vermerken: „Le prophétisme ancien ne s'oppose pas catégoriquement aux autres modes divinatoires et il n'est pas simplement spontané et inspiré, alors que les autres seraient techniques (même si ces derniers sont de fait souvent beaucoup érudits)." (2013, 41; s. insgesamt 21–41); s. auch schon Lehnart 2003, 130.

953 S.o. 3.2.2 „Prophetie und Magie".

Handlungsfelder „Beschwörung“, „Abwehrzauber“ und „Heilung“ sind jedoch ebenfalls mit prophetischen Gestalten zweifellos verbunden. Dies gilt für apotropäische Handlungsweisen, die vor allem im medizinischen Bereich erkennbar sind. So werden Prophetischen Gestalten innerhalb der Hebräischen Bibel Heilungen zugeschrieben. Dies geschieht in 1 Kön 13, dem Elija- und Elischazyklus sowie den so genannten Jesajalegenden.

Eine Abgrenzung der biblischen Prophetie gegenüber anderen Formen der Divination mit Hilfe des Kriteriums „Gefragt – Spontan“ ist ebenso wenig weiterführend. Prophetische Gestalten können befragt werden (1 Sam 9–10; 2 Kön 4; 1 Kön 22; 2 Kön 23) genau wie sie ungefragt den Gottesbescheid an ein größeres Publikum verkünden können (Am 7,10–17; Jer)

Dies hat schon Mowinckel 1923 erkannt, der die gegenseitige Benutzung des Kanals zwischen der göttlichen und menschlichen Sphäre als Anfrage im Auftrag der Gesellschaft wie im Auftrage Gottes hervorhebt genau wie er die Inspiriertheit und ebenso die Verwendung technischer Mittel betont:

„Ich verstehe unter einem „Propheten“ hier einen, der im Auftrage sowohl der Gesellschaft als der Gottheit der Gemeinde auf Anfrage die nötige Auskunft in religiösen Dingen direkt aus göttlicher Quelle kraft einer übergewöhnlichen Machtausrüstung erteilt, einen, der in göttlichen Dingen Bescheid weiß, sei es, dass er inspiriert ist oder Offenbarungen empfangen kann, sei es, dass ihm technische Mittel zur Verfügung stehen, durch die er den Willen und die Weisungen der Gottheit ermitteln und der Gemeinde als Antwort auf eine Frage oder auf ein Gebet derselben mitteilen kann.“[954].

Die einzelnen Titel „Nabi“, „Seher“, „Gottesmann“ stehen für eine unterschiedliche Ausprägung von Propheten, ohne dass es heute noch möglich wäre, eine genaue Trennschärfe, sei es geographisch oder zeitlich, herzustellen. Eine funktionale Differenzierung anhand der verwendeten Titel erscheint mir angesichts der Breite der Darstellungsweise der prophetischen Handlungen nicht möglich[955]

Eine Wandlung der prophetischen Bewegung, die mit Männern und Frauen verbunden ist, die die Titel „Nabi“, „Seher“ oder „Gottesmann“ tragen, zeichnet sich in der persischen bzw. dann hellenistischen Zeit ab.

In den griechischen Zusätzen zum Danielbuch heißt es in dem Gebet des Asarja:

καὶ οὐκ ἔστιν ἐν τῷ καιρῷ τούτῳ ἄρχων καὶ προφήτης οὐδὲ ἡγούμενος οὐδὲ ὁλοκαύτωσις οὐδὲ θυσία οὐδὲ προσφορὰ οὐδὲ θυμίαμα οὐδὲ τόπος τοῦ καρπῶσαι ἐνώπιόν σου καὶ εὑρεῖν ἔλεος (Dan 3,38).

---

954 1923,5.

955 S. z.B. Stökl 2012, 197; R. Schmitt 2014, 42 f.; Nissinen 2017, 30, sowie oben 3.1.1.

„Und es gibt in dieser Zeit keinen Leiter und Propheten und Anführer, weder Ganzopfer noch Brandopfer noch Opfergabe noch Räucheropfer, keinen Ort, Früchte vor darzubringen und Barmherzigkeit zu finden (LXX^{D})“ Neben anderen Führungsgestalten, die fehlen, werden auch die Propheten erwähnt. Ob es überhaupt keine Propheten mehr gibt, oder ob es sich um eine zeitweilige Erscheinung handelt, lässt sich aus dem Text nicht entnehmen. Eher ist jedoch Ersteres anzunehmen, da auch im etwa gleichzeitigen ersten Makkabäerbuch Propheten und Prophetinnen Gestalten der Vergangenheit sind. In 1 Makk 9,27 werden die Tage, da Propheten auftreten, als eine vergangene Zeit bezeichnet.[956]

Beginnend mit der nachexilischen Zeit ist eine Transformation der prophetischen Bewegung eingetreten, die sich in unterschiedliche Richtungen entwickelte. Aktuelle prophetische Gestalten zeigen sich nur in Gestalt der Prophetin Noadja in Neh 6,14, die zusammen mit anderen Propheten als Gegner Nehemias dargestellt wird.

Schon mit Dtn 18,15.18 und der mit ihr verbundenen Darstellung Moses als Prophet[957] wird Mose als Idealgestalt der Prophetie dargestellt, wobei immer stärker auch die Bedeutung des Mose als Träger der Tora in den Vordergrund tritt. Demzufolge tritt eine Entwicklung ein, die – verursacht durch die einsetzende Kanonbildung, zunächst der Mose-Tora –, die prophetische Bewegung für die Formulierung des Gotteswillens in den Hintergrund treten lässt.[958]

In den Chronikbüchern zeigt sich eine Ausweitung des Prophetischen:

In 1 Chr 25,1 wird für die Tempelmusik das Verb נבא Ni. Verwendet,[959] ein Mitglied der Sängergilde Asafs wird in 2 Chr 20,14 als geistbegabt dargestellt, der dann auch eine Botschaft für die Judäer hat (2 Chr 20,15–17). Asaf selbst wird in 2 Chr 29,30 als „Seher“ bezeichnet. Immer wieder begegnen Seher und Propheten als Autoren: In 1 Chr 29,29 wird auf die Geschichte des Sehers Samuel, des Propheten Natan und des Sehers Gad verwiesen,[960] in 2 Chr 21,12–15 ist ein Brief Elijas erwähnt und in 2 Chr 32,32 wird die schriftliche Aufzeichnung der Vision des Propheten Jesaja erwähnt.

Insgesamt tritt die literarische Prophetie in Form der Weiterentwicklung prophetischer Schriften stärker in den Vordergrund. Prophetische Texte werden weiter bearbeitet.

---

[956] In 1 Makk 4,46 und 14,41 werden (wahre) Propheten als zukünftige Gestalten beschrieben.

[957] S. dazu oben 3.1.2.

[958] S. dazu Assmann ^{4}2002 (1992), 208. In 1 Makk 3,48 zeigt sich, dass divinatorische Entscheidungsfindung auch darin bestehen kann, die Willen Gottes durch Befragung der Gesetzesrolle zu erkunden.

[959] In 1 Makk 9,54 werden die Propheten als Erbauer der Tempelmauern ebenfalls eng mit dem Tempelkult verbunden.

[960] S. vor allem Schniedewind 1995, 213–230; Nissinen 2017, 157; vgl. auch Jer 51,60.

Am Ende des Dodekaprophetons werden 2 Gestalten erwähnt: Mose und Elija. In Mal 3,22 wird Mose als Gesetzesmittler vorgestellt, der am Horeb die Weisung JHWHS empfangen hat und dem Gesetze und Rechtsbescheide für ganz Israel übergeben wurden.

Der Prophet Elija dagegen wird mit dem Tag JHWHS verbunden, der groß und furchtbar kommen wird und dessen Beginn vorher durch die Sendung des Propheten Elija angekündigt wird (Mal 3,23).[961] Hiermit verbunden sind Entwicklungen, die auf angesehene Propheten der Vergangenheit zurückgreifen, die (in Krisen- bzw. Umbruchzeiten) wieder auftreten.[962]

Eine ganz andere Richtung zeigt sich in Joel 3,1. Der Geist Gottes wird ausgegossen über alle Menschen; sie werden zu Nebiim, haben Träume und Visionen. Mit dieser Entgrenzung werden die Nebiim zwar positiv erwähnt, es ist jedoch trotz allem damit ein Ende der besonderen Art der Gottesbeziehung der Nebiim bzw. Prophetinnen und Propheten angesagt.

Es zeigen sich demnach etliche Wege, in denen Propheten weiter eine Rolle spielen, die Aktualprophetie scheint dabei eine geringe Rolle zu spielen. Neben der negativ bewerteten Noadja in Neh 6,14 kündigt Gott in Sach 13,2–6 an, die Götzen im Land auszurotten. In diesem Zusammenhang werden auch die Nebiim erwähnt, die mit dem Geist der Unreinheit verbunden werden. Sie werden verleugnet, schämen sich wegen ihrer Visionen und verbergen die Dinge, die sie als Propheten erkennbar machen.

In nachexilischer Zeit kommt es zu Transformationsprozessen, die die prophetische Bewegung verändern. Propheten werden stärker in den Kult integriert, mit der Kanonbildung verbunden und mit endzeitlichen Entwicklungen verknüpft. Ein zeitliches Ende lässt sich aus diesem Grund nicht gut festlegen.[963]

Überblickt man die Darstellungen in der Hebräischen Bibel, so zeigt sich Prophetie grundlegend als ein gesellschaftlich anerkanntes Kommunikationsgeschehen zwischen der göttlichen und menschlichen Sphäre,[964] das eingebettet

---

961 S. auch 1 Makk 4,46; 14,41, wo auf die Erscheinung eines wahren Propheten in der Zukunft hingewiesen wird.

962 Vgl. auch R. EBACH 2023, 298 f.

963 Im Judentum setzt sich die Auffassung durch, dass Prophetie in der persischen Periode aufhörte, s. COOK 2011, 48–65. Abzulehnen ist die Auffassung von WELLHAUSEN, der in Jeremia den letzten Propheten sieht und die nachfolgende Entwicklung als degenerative Erscheinung einordnet (^{6}2001 (1927), 402 f.; zum Ende der Prophetie s. auch den Überblick bei COOK 2011, 195 f.; vgl. auch noch HEINTZ 1997, 195–21; D.N. DE JONG 2022, 145–155; R. EBACH 2023, 294–301.

964 S. KELLE 2014, 307: „Especially prominent is the conclusion drawn from comparative study of ancient Near Eastern texts and sociological and anthropological models that Israelite prophecy in its essence was a kind of intermediation between the human and divine, and a sub-type of (non-technical) divination known in various forms

ist in das religiöse Symbolsystem.[965] Hierin spiegelt sich die in der Antike wie im Alten Orient erkennbare Auffassung, dass es über das Gebet, die rituelle Gestaltung der Verehrung der Gottheiten und andere Formen des Kultes wie die Darbringung von Opfern eine darüber hinaus führende Kommunikation gegeben hat, in der es darum geht, dem normalen Erkenntnisvermögen nicht zugängliche Dinge der Vergangenheit, Gegenwart und Zukunft offenzulegen. In der Hebräischen Bibel ist ein menschliches Medium für die Kommunikation erforderlich, das den Gotteswillen anzeigt, entweder verbal, schriftlich[966] oder auch durch technische Hilfsmittel (z.B. Musik in 2 Kön 3,15; נחש).

Trotz der grundsätzlichen Akzeptanz wurden deutlich die Fehlerquellen in diesem Kommunikationsgeschehen gesehen. Schon in 1 Sam 9,6 zeigt der Hinweis des Knechtes, dass der Gottesmann in der Stadt sehr angesehen sei, weil alles, was er sagt, auch zutreffend sei, dass es eben auch andere Gottesmänner gab, deren Zuverlässigkeit anders beurteilt werden muss. Micha ben Jimla ist deswegen beim israelitischen König verhasst, weil er immer nur (für den König) Schlimmes weissagt (1 Kön 22,8). Geradezu klassisch ist die Formulierung bei Micha: „So spricht der Herr gegen die Propheten: Sie verführen mein Volk. Haben sie etwas zu beißen, dann rufen sie: Friede! Wer ihnen aber nichts in den Mund steckt, dem sagen sie den Krieg an." (3,5). Auf der anderen Seite kann auch seitens des Adressaten einer Botschaft die göttliche Herkunft abgesprochen werden, wenn sie den eigenen Plänen widerspricht. In Jer 43,1–4 reagieren Teile des Volkes – wahrscheinlich die Maßgebenden – auf die Verkündigung Jeremias, die deutlich als כל־דברי יהוה אלהיהם gekennzeichnet ist und Jeremia als von Gott gesandt bezeichnet wird (V1), schlicht mit der Entgegnung, dass Jeremia lüge (V2). Im folgenden Kapitel 44 wird die Gerichtsbotschaft, die Jeremia verkündete, mit den Worten abgewehrt: „Was das Wort betrifft, das du im Namen JHWHS zu uns geredet hast, so hören wir nicht auf dich" (Jer 44,16).[967]

Das Kommunikationsgeschehen kann neben der spontanen Auskunft durch ein Medium ebenfalls in Gang gesetzt werden durch Menschen, die in Krisensituationen die Auskunft der Götter suchen, sei es in Form der technischen Divination oder der Anfrage an ein Medium bzw. einen Spezialisten.

---

throughout the ancient world." Der eingeschränkte Hinweis auf nicht technische Divination ist jedoch nicht zutreffend, s.o. Vgl. auch schon OVERHOLT 1989, 140 f.

965 S. R. SCHMITT 2014, 159.

966 S. Lachisch 3; Jer 29; 2 Chr 21,12–15.

967 S. auch Neh 6,7; zu weiteren Fehlerquellen z.B. bei einem rituellen Ablauf s. AMBOS 2005, 79–84 und AMBOS / MAUL 2005, 85–89. Sophokles schreibt: „Geldgierig war ja stets der Seher Art" (Antigone, 1055), s. dazu LANG 2001, 175. EVA CANCIK-KIRSCHBAUM zitiert aus dem Selbstgespräch des Naram-Sîn, der sich eindeutig über den Willen der Götter hinwegsetzen und seinem eigenen Willen folgen will (2003, 33).; ROBERTS 1997.

Dass Prophetie in den Bereich der Divination eingeordnet werden muss, ist ein gesichertes Ergebnis der Forschung der letzten Jahre (s.o.). Die Untersuchung der Praktiken in Dtn 18 hat jedoch ergeben, dass eine Abgrenzung der Prophetie von Formen der technischen bzw. induktiven Divination nicht möglich ist. Sowohl קסם als auch נחש vor allem zeigen, dass durchaus induktive Methoden in der Prophetie üblich sind. Zieht man die griechische Divination mit ein, so ergibt sich klar, dass dort eine Trennlinie zwischen intuitiver und induktiver Divination nicht möglich ist.[968]

Fraglich erscheint mir auch, ob die klare Trennung in der mesopotamischen Divination, auf der Stökl und Nissinen bestehen, so gegeben ist. Stökl macht selbst darauf aufmerksam, dass der Begriff *têrtum* zur Praxis des *bārû* gehört (ARM 26 216, 8–9), aber sich in FM 7 39:13 auch auf ein prophetisches Orakel bezieht.[969]

Zutreffend erscheint mir die Einschätzung von Noegel zu sein, der meint:

„A divine message is, after all, a divine message, and the ancients would not have assessed with preference the contents of a divine message received by an accredited prophet, oneiromantic, or haruspex, any more than we would evaluate differently the contents of a message received by long-distance phone call, fax, e-mail, or (less reliably) parcel post.“[970].

---

968 S. Flower 2008, 90: „In the end, the distinction between inspired and technical divination, although seemingly helpful, is in fact misleading.“, s. insgesamt 84–91. Auf ein ethnologisches Beispiel macht Overholt aufmerksam: „This overlapping of functions can be nicely illustrated with an example from Kiganda society (Uganda), which has both diviners and prophets. Occasionally single individuals combine both roles, especially during times of crisis, such as the period when colonial rule was coming to an end.“ (1989, 139 f.). Zur ethnologischen Sicht s. auch Zuesse 1987 und Tedlock 2001.

969 Stökl 2012, 64; s. auch Charpin 2002, 19.

970 2007, 275.

4. Zusammenfassung

In der forschungsgeschichtlichen Skizze zu Beginn der Untersuchung ist deutlich geworden, dass die Prophetenforschung noch immer in einem Umbruch ist.

Die relativ späte, erst im 19. Jahrhundert vollzogene Erkenntnis, dass das Phänomen der in der Hebräischen Bibel bezeugten Prophetie eine eigenständige Größe darstellt, führte zunächst dazu, sich auf die einzelnen Persönlichkeiten der Prophetinnen und Propheten zu konzentrieren. Sie wurden als wesentliche Triebkräfte für die Entwicklung der JHWH-Religion gesehen und als Künder eines „ethischen Monotheismus" und „Männer des ewig Neuen" gezeichnet. Da erst im Laufe des 20. Jahrhundert parallele Erscheinungen im Alten Orient bekannt geworden sind, wurde die Prophetie meist als singuläre Erscheinung im Alten Orient und darüber hinaus gesehen.

Eigentlich erst mit der Entdeckung der Mari-Texte, beginnend in den 50er Jahren des letzten Jahrhunderts wurden ähnliche, vergleichbare Phänomene in der Umwelt des Alten Orients bekannt. Mit Mari wurde erstmals ein größeres *corpus* von Texten bekannt, das zum Vergleich mit der biblischen Prophetie zur Verfügung stand. Dabei war es doch sehr unterschiedlich, wie die Vergleichbarkeit der Phänomene beurteilt wurde. Das Interessante ist, dass das zweite *corpus*, die Neuassyrische Prophetie, erst nach Mari wahrgenommen wurde, obwohl einzelne Texte schon im 19. Jahrhundert entdeckt wurden. Neben anderen Texten oder Inschriften, die deutlich machten, dass das Phänomen der Prophetie nicht auf einzelne Orte oder Zeiträume im Alten Orient eingegrenzt werden kann, wurden auch in der näheren Umgebung Israels Belege dafür gefunden, dass prophetische Erscheinungen nicht auf Israel begrenzt waren. Der bedeutendste Beleg dafür ist sicherlich die Verputzinschrift von Deïr ᶜAlla, die im Jahre 1976 im Jordantal gefunden wurde. Sie handelt von einer prophetischen Gestalt namens Bileam, die auch aus der Bibel (vor allem Num 22–24) bekannt war. Die jetzige Situation ist dadurch gekennzeichnet, dass doch noch weitere divinatorische Phänomene wie das divinatorische System in Griechenland in einen Vergleich mit dem biblischen Phänomen einbezogen werden müssen (NISSINEN 2017; R. EBACH 2023). Hierzu gehören m.E. auch noch die Divination in Ägypten und in der achämenidischen Zeit (R. EBACH 2023) sowie der kleinasiatische Bereich. Ebenso ist noch die ethnologische Forschung einzubeziehen.

Nach der Fokussierung auf die Persönlichkeit der Prophetinnen und Propheten, speziell der Propheten, die Namensgeber für eigene prophetische Bücher sind, richtet sich das Interesse seit den 80er Jahren des vergangenen Jahrhunderts stärker auf die literarische Ausformung der Prophetie, das Entstehen eigener Prophetenbücher. Dabei wurde die Fixierung auf die historische Gestalt und die Abwertung der Tradentinnen und Tradenten („Epigonen") zu einem guten Teil überwunden. Ein neues Gebiet war die deutlichere Wahrnehmung, dass es auch Prophetinnen neben den männlichen Pendants gegeben hat.

Eine entscheidende Grundlage für die Vergleichbarkeit stellt aber die möglichst genaue Erfassung dieses Phänomens in der Hebräischen Bibel. Der zentrale Text für die Kennzeichnung der biblischen Prophetie liegt in dem Prophetengesetz in Dtn 18,9–22 vor. Obwohl Prophetie nicht sehr oft im Buch Deuteronomium vorkommt, zeigt der Kontext eine wichtige Stellung dieser Institution neben Justiz, Kult und Königtum in Israel an. Die Schlussstellung macht deutlich, dass es die herausragende Institution für ein Israel in der Vorstellung der deuteronomistischen Verfasser darstellt. Neben der einleitenden kontextuellen Situierung und der Frage der literarkritischen Einheitlichkeit werden im zweiten Teil die einzelnen Handlungen, die für israelitische Prophetinnen und Propheten verboten sein sollen, näher unter die Lupe genommen. Dabei wurde deutlich, dass die einzelnen beanstandeten Praktiken und ihre Nähe zu prophetischen Gestalten in der Hebräischen Bibel sich anders darstellen als im Prophetengesetz gefordert. Zwar ist die Eröffnung, die Übereignung von Sohn bzw. Tochter an das Feuer, eine Handlung, die kaum mit Prophetie zu tun hat. Sie dient jedoch der Leserlenkung, indem sie auf Dtn 12,31 zurückverweist und klar diese Handlung als Götzendienst ausweist, der JHWH verhasst ist und den anderen Völkern zugewiesen wird. Der nächste Begriff קסם ist jedoch in der Hebräischen Bibel eine Praxis, die ganz deutlich mit israelitischen Nebiim verbunden ist. Sie umfasst aber nicht nur ein Pfeilorakel, sondern steht für eine ganze Palette prophetisch-divinatorischen Handelns, die von Wortverkündigung bis Nekromantie reicht. Sie ist der umfangreichste Begriff für das Tun von Prophetinnen und Propheten in der Hebräischen Bibel. Bei ענן ist die Handlung nicht deutlich, wahrscheinlich ist sie mit einem Baumheiligtum verknüpft und bezeichnet entweder das an einem Baumheiligtum erzeugte Orakel oder die Deutung dieses Orakels. Ganz deutlich ist mit נחש ein technisch erzeugtes Orakel verbunden, am klarsten innerhalb der Josefserzählung Gen 37–50, wo dieser Begriff ein Becherorakel bezeichnet. Auf jeden Fall ist damit klar, dass es auch hier um eine anerkannte Praxis geht, die wohl Prophetinnen und Propheten zugeordnet werden kann, darüber hinaus aber auch allgemein für Nichtspezialisten zugänglich war. Mit den nächsten beiden Begriffen verlassen wir das divinatorische Handeln und kommen in ein Spektrum magischen Handelns. כשף bezeichnet eindeutig den Schadenszauber, der naturgemäß negativ bewertet wird, während חבר eine beschwörende Bedeutung besitzt. Dazu gehört jeweils auch der positive Aspekt, der bei Schadenszauber mitschwingt, nämlich Vermittlung von Segenskräften und bei Beschwörung die Abwehr von schädlichen Einflüssen, die die Menschen bedrohen. Abgeschlossen werden die Praktiken, die im Einzelnen nicht immer in wünschenswerter Klarheit dargestellt werden, durch die Befragung der Toten, wahrscheinlich der Ahnen. Auch hier ist anzunehmen, dass die Nekromantie eine durchaus übliche Praxis darstellt, die in vorexilischer Zeit in Israel durchgeführt wurde. Jedenfalls stellt die positive Zeichnung der Frau aus En-Dor und die erfolgreiche Durchführung der Totenevokation ein Beleg dafür da, dass Nekromantie positiv gesehen wurde. Mit dem Begriff קסם ist Nekromantie ja auch in das divinatorische Handeln einbezogen worden.

In diesem zweiten Teil wird abschließend die Datierung des Prophetengesetzes diskutiert. Dieses Gesetz ist anzusiedeln in einer Situation, in der grundlegende Fragen zur Neuorientierung Israels neu gestellt werden mussten. Dies trifft am ehesten auf die früh-nachexilische Zeit zu, in der eine Neuordnung der Verhältnisse erforderlich war. Dabei wird in dem „Verfassungsentwurf" auch noch das Königtum als eine der Leitungsfunktionen in Israel dargestellt, wenn auch in depotenzierter Form. Das heisst, es ist verfasst worden, als es noch Hoffnung gab für eine Restitution des davidischen Königtums. Dies war in der frühnachexilischen Zeit noch der Fall.

Im Teil drei geht es um Überlegungen zum Verhältnis von Prophetie, Divination und Magie. Dazu ist es zunächst notwendig, das Prophetenbild im Prophetengesetz zu beschreiben. Ein erster Schritt ist die Verwendung des Titels „Nabi" zu untersuchen, der im Prophetengesetz für den idealen israelitischen Divinator verwendet wird. Ein Überblick ergibt, dass der Titel „Nabi" in vorexilischer Zeit zunächst positiv wohl im Nordreich Israel benutzt wurde. Dies ergibt sich aus der Verwendung im Buch Hosea, obwohl Nabi für Hosea selbst nicht benutzt wurde. Alle anderen Schriftpropheten des 8. und auch noch des 7. Jahrhunderts zeigen eine große Distanz zu diesem Titel, so dass es nahezu ausgeschlossen erscheint, diese Propheten als Nebiim zu sehen. Im Südreich Juda könnte allein bei Natan, der in gehäufter Form in 1 Kön 1 mit diesem Titel versehen wird, auf einen solchen Titel geschlossen werden. Die Nähe zu David weist ihn jedoch als eine Gestalt aus, die in der Nähe vom Palast anzusiedeln ist. Die Parallelstellung von Priester und Prophet im Jeremiabuch und auch zum Beispiel in Klgl 2,20 lassen auch an eine Anbindung an den vorexilischen Tempel denken.

Inwieweit andere Titel wie „Seher" oder „Gottesmann" eine Rolle spielten, läßt sich durch die funktionelle Übereinstimmung nicht mehr bestimmen. Aus 1 Sam 9,9 lässt sich einzig entnehmen, dass eine Entwicklung hin zum Titel „Nabi" stattgefunden hat.

Ein weiterer Punkt des Prophetenbildes ist die Anbindung an Mose und die Gesetzgebung am Horeb. Die zentrale Gestalt des Buches Deuteronomium, Mose, wird als ideale Gestalt des israelitischen Nabis im Prophetengesetz gezeichnet. Damit wird divinatorisches Handeln an die Tora gebunden, allerdings auch gleichzeitig das Nabitum als nach wie vor legitimen Weg der göttlichen Offenbarung dargestellt. Es kommt noch hinzu, dass mit Mose die zentrale politische Führungsgestalt der Gründung Israels im Exodusgeschehen dem israelitischen Nabi auch eine wichtige Funktion in dem politischen

Gemeinwesen Israel zuerkannt wird. Er hat die herausragende Leitungsfunktion in einem neuen Israel.

Im zweiten Abschnitt dieses dritten Teiles geht es darum, das Verhältnis von divinatorischen und magischen Erscheinungen zur Prophetie näher zu betrachten. Nach der Zusammenfassung der Begriffsuntersuchungen zeigt sich deutlich, dass das Bild, das im Prophetengesetz gezeichnet wird, nicht für die Hebräische Bibel zutrifft, was die divinatorischen und magischen Handlungsfelder in der Prophetie anbetrifft. Bei dem Verhältnis zu magischen Erscheinungen ist zunächst zu sagen, dass die Begrifflichkeiten, die im Prophetengesetz für magisches Handeln benutzt werden, auch in der übrigen Hebräischen Bibel keine Verbindung zu prophetischen Gestalten erkennen lassen. Jedoch stellt man die Frage, inwieweit Prophetinnen und Propheten mit schadenszauberischen Handlungen und ihrem Gegenteil, dem Segen, in Verbindung gebracht werden können, so ändert sich das Bild. Das gilt auch für die Abwendung von schädlichen Einflüssen und – positiv gewendet – Heilungen. Ganz oder jeweils teilweise trifft dies zu auf Aaron, Bileam, den anonymen Gottesmann in 1 Kön 13, vor allem Elija und Elischa, Jesaja, Jeremia und die Prophetinnen in Ez 13 zu und zeigt sich auch in prophetischen Zeichenhandlungen. Prophetinnen und Propheten sind auf jeden Fall mit magischen Praktiken verbunden.

In einem weiteren Abschnitt wird die Beziehung der Prophetie in der Hebräischen Bibel zum divinatorischen Bereich beleuchtet. Dabei wird deutlich, dass von einer anfänglichen scharfen Trennung von Prophetie und Divination der Weg zu einer stärkeren Integration der israelitischen Prophetinnen und Propheten in den divinatorischen Bereich gegangen worden ist. Ganz klar ist auch die israelitische Prophetie ein Teil der Divination. Die Definition von Manfred Weippert, der die Prophetie klar von einer induktiven Divination abtrennen will, ist jedoch nicht befriedigend. Gerade auch die Untersuchung der Begrifflichkeiten in Dtn 18,9–22 ergibt, dass die Handlungsfelder der Propheten nicht allein auf intuitive Divination eingegrenzt werden können. Von daher wird im letzten Abschnitt der Versuch einer neuen Definition der Prophetie der Hebräischen Bibel vorgelegt, die die israelitische Prophetie insgesamt stärker noch in die divinatorischen Praktiken integriert und sie auch mit induktiven Methoden sowie magischem Handeln verbindet.

Literaturverzeichnis

Die Abkürzungen richten sich nach S. Schwertner, Internationales Abkürzungsverzeichnis für Theologie und Grenzgebiete, Berlin / Boston [3]2014

Abusch, T., The Witchcraft Series Maqlû. SBL Writings from the Ancient World 37, SBL Press Atlanta 2015

Achenbach, R., Das sogenannte Königsgesetz in Deuteronomium 17,14–20, ZAR 15 (2009), 216–233

Achenbach, R., Die Vollendung der Tora. Studien zur Redaktionsgeschichte des Numeribuches im Kontext von Hexateuch und Pentateuch, BZAR 3, Verlag Harrassowitz Wiesbaden 2003

Achenbach, R. / Ebach, R. / Wöhrle, J. (Eds.), Wege der Freiheit. Zur Entstehung und Theologie des Exodusbuches. Die Beiträge eines Symposiums zum 70. Geburtstag von Rainer Albertz, AThANT 104, Theologischer Verlag Zürich 2014

Ackerman, S., Why is Mirjam Also among the Prophets (And is Zipporah among the Priests?), JBL 121 (2002), 47–80

Aḥituv, S., Echoes from the Past. Hebrew and Cognate Inscriptions from the Biblical Period Carta Jerusalem 2008

Albertz, R., Exodus 1–18, ZBK.AT 2.1, Theologischer Verlag Zürich [2]2017

Albertz, R., Das Buch Numeri jenseits der Quellentheorie. Eine Redaktionsgeschichte von Num 20–24, Teil I, ZAW 123 (2011), 171–183, Teil II 336–347

Albertz, R., Die Josephsgeschichte im Pentateuch, in: Naumann / Hunzinger-Rodewald 2009, 11–36

Albertz, R., Religionsgeschichte Israels in alttestamentlicher Zeit, GAT 8/1, Verlag Vandenhoeck & Ruprecht Göttingen 1992

Albertz, R. / Schmitt, R., Family and Household Religion in Ancient Israel and the Levant, Eisenbrauns Winona Lake 2012

Ambos, C., Mißverständnisse und Fehler bei der Ausführung von Ritualen, in: Ders. 2005, 79–84

Ambos, C. et al., (Eds.), Die Welt der Rituale. Von der Antike bis heute, Wissenschaftliche Buchgesellschaft Darmstadt 2005

Ambos, C. / Maul, S.M., Fehler im Ritual und ihre Behebung: Die Strategien mesopotamischer Gelehrter, in: Ambos 2005, 85–89

André, G., Art. כָּשַׁף kāšap, ThWAT IV, 1982–1984, 375–381

Annus, A., (Ed.), Divination and Interpretation of Signs in the Ancient World. Oriental Institute Seminars 6, The Oriental Institute Institute of the University of Chicago Chicago 2010

ANTHONIOZ, S., Divination: Relics in the Deuteronomistic History and the Birth or the End of Mosaic Prophecy, Semitica 56 (2014), 291–312

ANTHONIOZ, S., Le prophétisme biblique. De l'idéal à la réalité, Lectio divina, Les Éditions du Cerf Paris 2013

ARENA, F., Prophetic Conflicts in Jeremiah, Ezekiel, and Micah, FAT II / 121, Verlag Mohr Siebeck Tübingen 2020

ASSMANN, J., Exodus. Die Revolution der Alten Welt, Verlag C.H. Beck München 2015

AUFRECHT, W.E., A Corpus of Ammonite Inscriptions, Eisenbrauns, University Park, PA ²2019

AULD, A.G., Prophets through the Looking Glass: Between Writings and Moses, JSOT 27 (1983), 2–23

AUNE, D., Prophecy in Early Christianity and the Ancient Mediterranean World, Eerdmans Publisher Grand Rapids 1983

AUNE, D., Magic in Early Christianity, in: TEMPORINI, H. / HAASE, W., (EDS.), Aufstieg und Niedergang der römischen Welt, Verlag Walter de Gruyter Berlin / New York 1980, 1507–1557 (= AUNE, D., Apocalypticism, Prophecy and Magic in Early Christianity, WUNT 199, Verlag Mohr Siebeck Tübingen 2006, 368–420)

BADEN, J.S., The Composition of the Pentateuch: Renewing the Documentary Hypothesis, Yale University Press New Haven / London 2012

BALTZER, K., Deutero-Jesaja, KAT X/2, Gütersloher Verlagshaus Gütersloh 1999

BAR, S., Saul and the "Witch of Endor", HS 62 (2021), 117–136

BARSTAD, H.M., What Prophets Do. Reflections on Past Reality in the Book of Jeremiah, in: DERS. / KRATZ 2009, 10–32

BARSTAD, H.M., The Prophet Oded and the Zakkur Inscription: A Case of *obscuriore obscurum*? In: EXUM, J.C. / WILLIAMSON, H.G.M. (EDS.), Reading from Right to Left: Essays on the Hebrew Bible in Honour of DAVID J.A. CLINES, JSOTS 373, Sheffield Academic Press 2003, 25–37

BARSTAD, H.M., The Understanding of the Prophets in Deuteronomy, SJOT 8 (1994), 236–251

BARSTAD, H.M., No Prophets? Recent Developments in Biblical Prophetic Research and Ancient Near Eastern Prophecy, JSOT 57 (1993), 39–60

BARSTAD, H.M. / KRATZ, R.G. (EDS.), Prophecy in the Book of Jeremiah, BZAW 388, Verlag Walter de Gruyter Berlin / New York 2009

BARUCQ, A., Art. Oracle et divination, DBS 6, 1960, 752–788

BAUMGARTNER, W., Die Auffassungen des 19. Jahrhundert vom israelitischen Prophetismus, AfK 15 (1922), 21–35 (= DERS., Zum Alten Testament und seiner Umwelt, Brill Leiden 1959, 27–41)

BAUKS, M., Art. Menschenopfer (2016), in: Das Wissenschaftliche Bibellexikon im Internet (www.wibilex.de) 2016

BAUKS, M., Menschenopfer in den Mittelmeerkulturen, VuF 56 (2011), 33–44

BAWANYPECK, D., Die Rituale der Auguren, THeth 25, Universitätsverlag Winter Heidelberg 2005

BEAL, R. Hittite Oracles, in: CIRAOLO, L. / SEIDEL, J. (EDS.), Magic and Divination in the Ancient World, Ancient Magic and Divination II, Brill / Styx Publisher Leiden / Boston / Köln 2002, 57–81

BECK, M., Elia und die Monolatrie, BZAW 281, Verlag Walter de Gruyter Berlin / New York 1999

BECKER, M., Wunder und Wundertäter im frührabbinischen Judentum, WUNT 2 / 144, Verlag Mohr Siebeck Tübingen 2002

BECKER, M., Die ‚Magie'-Problematik der Antike. Genügt eine sozialwissenschaftliche Erfassung, ZRGG 54 (2002), 1–22

BECKER, U., Die Propheten bei Wellhausen, in Müller / Nommik / Pakkala 2020, 199–211

BECKER, U., Exegese des Alten Testaments, UTB, Verlag Mohr Siebeck Tübingen [4]2015

BECKER, U., Die Entstehung der Schriftprophetie, in: LUX, R. / WASCHKE, E.-J. 2006, 3–20

BECKER, U., Die Wiederentdeckung des Prophetenbuches. Tendenzen und Aufgaben der gegenwärtigen Prophetenforschung, BThZ 21 (2004), 30–60

BECKER, U., Der Prophet als Fürbitter. Zum literarhistorischen Ort der Amosvisionen, VT 51 (2001), 141–165

BECKER, U., Jesaja – von der Botschaft zum Buch, FRLANT 178, Verlag Vandenhoeck & Ruprecht Göttingen 1997

BEN-ZVI, E., "The Prophets" – References to Generic Prophets and Their Role in the Construction of the Image of the "Prophets of Old" within the Postmonarchic Readership(s) of the Books of Kings, in: HALPERN, B. / LEMAIRE, A. (EDS.) 2010, 387–399

BENZINGER, I., Die Bücher der Könige, KHC IX, Verlag J.C.B: Mohr Freiburg u.a. 1899

BERGES, U., Jesaja 55–66, HThKAT Herder Verlag Freiburg u.a. 2022

BERGES, U., Jesaja 40–48, HThKAT Herder Verlag Freiburg u.a. 2008

BERGES, U. / BEUKEN, W. Das Buch Jesaja. Eine Einführung, UTB 4647, Verlag Vandenhoeck & Ruprecht Göttingen 2016

BERLEJUNG, A. (ED.), Encyclopedia of Material Culture in the Biblical World. A New Biblisches Reallexikon, Verlag Mohr Siebeck Tübingen 2022

BERNER, C. Moses vs. Aaron: The Clash of Prophetic and Priestly Concepts of Leadership in the Pentateuch, in: PSYCHNY, K. / SCHULZ, S. (EDS.), Debating Authority. Concepts of Leadership in the Pentateuch and the Former Prophets, BZAW 507, de Gruyter Verlag Berlin / Boston 2018, 31–44

BEUKEN, W.A.M., Jesaja 28–39, HThKAT, Herder Verlag Freiburg 2010

BEUKEN, W.A.M., Jesaja 13–27, HThKAT, Herder Verlag Freiburg 2007

BEUKEN, W.A.M., Jesaja 1–12, HThKAT, Herder Verlag Freiburg 2003

BEZZEL, H., Saul. Israels König in Traditon, Redaktion und früher Rezeption, FAT 97, Verlag Mohr Siebeck Tübingen 2015

BIEBERSTEIN, K., Die Pforte der Gehenna. Die Entstehung der eschatologischen Erinnerungslandschaft Jerusalems, in: JANOWSKI, B. / EGO, B. (EDS.), Das biblische Weltbild und seine altorientalischen Kontexte, FAT 32, Verlag Mohr Siebeck Tübingen 2001, 503–539

BLENKINSOPP, J. A History of Prophecy in Israel. Westminster John Knox Press 1983, 21996, deutsche Übersetzung: „Geschichte der Prophetie in Israel", Verlag W. Kohlhammer Stuttgart 1998

BLISCHKE, M.V., Der Geist Gottes im Alten Testament, FAT II/112, Verlag Mohr Siebeck Tübingen 2019

BLUM, E., Die altaramäischen Wandinschriften vom Tell Deir ᶜAlla und ihr institutioneller Kontext, in: FOCKEN, F.-E. / OTT, M.R. (EDS.), Metatexte. Erzählungen von schrifttragenden Artefakten in der alttestamentlichen und mittelalterlichen Literatur, Verlag De Gruyter Berlin / Boston 2016, 21–52

BLUM, E., Die aramäischen Wandinschriften in Tell Deir ᶜAlla, in: TUAT N.F., Bd. 8, 2015, 459–474

BLUM, E., Der historische Mose und die Frühgeschichte Israels, HeBAI 1 (2012), 37–63

BLUM, E., Hosea 12 und die Pentateuchüberlieferungen, in: HAGEDORN, C. / PFEIFFER, H. (EDS.), Die Erzväter in der biblischen Tradition, BZAW 400, Verlag Walter de Gruyter Berlin / New York 2009, 291–321

BLUM, E., Israels Prophetie im altorientalischen Kontext: Anmerkungen zu neueren religionsgeschichtlichen Thesen, in: CORNELIUS, I. / JONKER, L. (EDS.), From Ebla to Stellenbosch: Syro-Palestinian Religions in the Hebrew Bible, ADPV 37, Harrassowitz Verlag Wiesbaden 2008b, 81–116

BLUM, E., Die Kombination I der Wandinschrift vom Tell Deir ᶜAlla: Vorschläge zur Rekonstruktion mit historisch-kritischen Anmerkungen, in: KOTTSIEPER, I. / SCHMITT, R. / WÖHRLE, J. (EDS.), Berührungspunkte. Studien zur Sozial- und Religionsgeschichte Israels und seiner Umwelt. Festschrift für RAINER ALBERTZ zu seinem 65. Geburtstag, AOAT 350, Ugarit Verlag Münster 2008a, 573–601

BLUM, E., Studien zur Komposition des Pentateuch, BZAW 189, Verlag Walter de Gruyter Berlin 1990

BLUM, E., Die Komposition der Vätergeschichte, WMANT 57, Neukirchener Verlag Neukirchen-Vluyn 1984

BLUM, E. / WEINGART, K. The Joseph Story: Diaspora Novella or North-Israelite Narrative?, ZAW 129 (2017), 501–521

BLUMENTHAL, E., Die Prophezeiung des Neferti, ZÄS 109 (1982), 1–27

BONNET, C. / NIEHR, H., Religionen in der Umwelt des Alten Testaments II, Verlag W. Kohlhammer Stuttgart 2010

BONS, E. U.A., Psalmoi / Psalmi / Das Buch der Psalmen, in: KARRER, M. / KRAUS, W. (EDS.), Septuaginta Deutsch. Erläuterungen und Kommentare zum griechischen Alten Testament 2011, 1479–1885

BONS, E., Das Buch Hosea, NSK.AT 23,1, Verlag Katholisches Bibelwerk Stuttgart 1996

BOTTERWECK, G.J. / RINGGREN, H. (EDS.), ThWAT, Bd. I–X, Verlag W. Kohlhammer Stuttgart u.a., 1970–2016

BOUCHÉ – LECLERCQ, A., Histoire de la divination dans l'Antiquité. Divination Hellénique et Divination Italique, Bd. I–IV, Leroux Paris 1879–1882 ; Ndr. Éditions Jérôme Millon Grenoble 2003

BOWEN, N.R., The Daughters of Your People: Female Prophets in Ezekiel 13:17–23, JBL 118 (1999), 417–433

BRAUER, B., Das Bild der Unheilsprophetie Israels in der frühen soziologisch orientierten Forschung. Altes Testament und Moderne 3, Lit-Verlag Münster 1999

BRAULIK, G., Studien zu Buch und Sprache des Deuteronomiums, SBAB 63, Verlag Katholisches Bibelwerk Stuttgart 2016

BRAULIK, G., Das Buch Deuteronomium, in: ZENGER, E. / FREVEL, C. (EDS.) ^{9}2016, 152–182 (= BRAULIK 2016, 11–50)

BRAULIK, G., Studien zu den Methoden der Deuteronomiumsexegese, SBAB 42, Katholisches Bibelwerk Stuttgart 2006

BRAULIK, G., Die Worte (*hădd^{e}bārîm*) in Deuteronomium 1–11, in: ACHENBACH, R. / ARNETH, M. (EDS.), „Gerechtigkeit und Recht zu üben". Studien zur altorientalischen und biblischen Rechtsgeschichte, zur Religionsgeschichte Israels und zur Religionssoziologie. Festschrift für ECKART OTTO zum 65. Geburtstag, BZAR 13, Harrassowitz Verlag Wiesbaden 2009, 200–216

BRAULIK, G., „Die Weisung und das Gebot im Enneateuch, in: HOSSFELD, L. / SCHWIENHORST-SCHÖNBERGER 2004, 115–140 (= BRAULIK 2006, 111–135)

BRAULIK, G.,(ED.), Das Deuteronomium, ÖBS 23, Peter Lang Verlag Frankfurt/Main 2003

BRAULIK, G., Deuteronomium II. 16,18–34,12, NEB, Echter Verlag Würzburg 1992

BRAULIK, G., Die deuteronomischen Gesetze und der Dekalog. Studien zum Aufbau von Deuteronomium 12–26, SBS 145, Verlag Katholisches Bibelwerk Stuttgart 1991

BRAULIK, G., Zur Abfolge der Gesetze in Deuteronomium 16,18–21,23. Weitere Beobachtungen, Bib. 69 (1988), 63–92

BRAULIK, G., / LOHFINK, N., Die Rhetorik der Moserede in Deuteronomium 1–4, ÖBS 55, Peter Lang Verlag Berlin u.a. 2022

BRAULIK, G. / LOHFINK, N., Sprache und literarische Gestalt des Buches Deuteronomium, ÖBS 53, Peter Lang Verlag Berlin u.a. 2021

BREMMER, J., Prophets, Seers, and Politics in Greece, Israel, and Early Modern Europe, Numen 40 (1993), 150–183

BRISON, O., Frauen und magische Praktiken in den Prophetenbüchern (Josua–Maleachi), in: FISCHER, I. / CLAASSENS, J. 2019, 95–112

BROIDA, M.W., Forestalling Doom. "Apotropaic Intercession" in the Hebrew Bible and the Ancient Near East, AOAT 417, Ugarit Verlag Münster 2014

BUBER, M., Der Glaube der Propheten. Wissenschaftliche Buchgesellschaft Darmstadt ²1984

BÜHRER, W., Die zweifache Nachgeschichte Bileams. Tradition, Redaktion und Rezeption von Num 22–24, ZAW 128 (2016), 594–611

BURNETT, J.S., Prophecy in Transjordan: Balaam Son of Beor, in: Rollston 2018, 135–204

BUSCH, P., Magie in neutestamentlicher Zeit, FRLANT 218, Verlag Vandenhoeck & Ruprecht Göttingen 2006

BUTTING, K., Prophetinnen gefragt. Die Bedeutung der Prophetinnen im Kanon aus Tora und Prophetie, Erev Rav Knesebeck 2001

CANCIK-KIRSCHBAUM, E., Prophetismus und Divination – Ein Blick auf die keilschriftlichen Quellen, in: KÖCKERT / NISSINEN 2003, 33–53

CARR, D.M., The Formation of the Hebrew Bible. A New Reconstruction, Oxford University Press New York 2011

CARRIÈRE, J.-M., Théorie du politique dans le Deutéronome. Analyse des unités, des structures et des concepts de Dt 16,18–18,22, ÖBS 18, Peter Lang Verlag Frankfurt u.a. 2001

CARVALHO, C.L, / STÖKL, J. (EDS.), Prophets Male and Female. Gender and Prophecy in the Hebrew Bible, the Eastern Mediterranean, and the Ancient Near East, SBL Ancient Israel and Its Literature 15, Atlanta 2013

CAMPBELL, A.F. / O'BRIEN, M.A., Unfolding the Deuteronomistic History. Origins, Ubgrades, Present Text, Fortress Press Minneapolis 2000

CAQUOT, A., La divination dans l'ancien Israël, in: DERS. / LEIBOVICI (EDS.) La divination, Presses Universitaires de France Paris 1968, 83–113

CHARPIN, D., Gods, Kings, and Merchants in Old Babylonian Mesopotamia, Peeters Publisher Leuven / Paris / Bristol CT 2015

CHARPIN, D., Le contexte historique et géographique de prophéties dans les textes retrouvé à Mari, BCSMS 23 (1992), 21–31

CHARPIN, D., Archives épistolaires de Mari I/2, Archives Royales de Mari (ARM) 26, Editions Recherche sur les Civilisations Paris 1988

COOK, L.S., On the Question of the "Cessation of Prophecy" in Ancient Judaism, TSAJ 145, Verlag Mohr Siebeck Tübingen 2011

CORZILIUS, B., Michas Rätsel. Eine Untersuchung zur Kompositionsgeschichte des Michabuches, BZAW 483, Verlag Walter de Gruyter Berlin / Boston 2016

CRANZ, I., Naaman's Healing and Gehazi's Affliction: The Magical Background of 2 Kgs 5, VT 68 (2018), 540–555

CRÜSEMANN, F., Die Tora. Theologie und Sozialgeschichte des alttestamentlichen Gesetzes, Chr. Kaiser Verlag München 1992

CRYER, F.H., Divination in Ancient Israel and its Near Eastern Environment. A Socio-Historical Investigation, JSOT.S 142, Sheffield Academic Press 1994

CUNNINGHAM, G., Religion & Magic. Approaches and Theories, Edinburgh University Press Edinburgh 1999

DAVIES, E.W., The Meaning of qesem in Prv 16,10, Bib. 62 (1981), 554–556

DAVIES, P.R. The Prophets. A Sheffield Reader, Sheffield Academic Press 1996

DAVIES, T.W., Magic, Divination, and Demonology Among the Hebrews and their Neighbours, KTAV Publishing House New York 1969 (1898)

DAY, J. (ED.), Prophecy and Prophets in Ancient Israel. Proceedings of the Oxford Old Testament Seminar, LHBOTS 531 T&T Clark International New York / London 2010

DAY, J., Molech. A God of Human Sacrifice in the Old Testament, University of Cambridge Oriental Publications 41, Cambridge University Press 1989

DEIST, F.E., The Prophets: Are we Heading for a Paradigm Switch?, in: FRITZ, V. / POHLMANN, K.-F. / SCHMITT, H.-C. (EDS.), Prophet und Prophetenbuch. Festschrift für Otto Kaiser zum 65, Geburtstag, BZAW 185, Walter de Gruyter Verlag Berlin / New York 1989, 1–18

DELUTY, J.B., Prophecy in the Ancient Levante and Old Babylonian Mari, Religion Compass 2020; 14:e12351. https://doi.org/10.1111/rec.3.12351

DEWRELL, H.D., Child Sacrifice in Ancient Israel. Explorations in Ancient Near Eastern Civilizations 5, Eisenbrauns Winona Lake 2017

DIETRICH, M., Heilkraft der rituellen Magie nach Aussage altorientalischer Texte, in: KÄMMERER, T.R. (ED.), Identities and Societies in the Ancient

East – Mediterranean Regions. Comparative Approaches. Henning Graf Reventlow Memorial Volume. Acta Antiqua Mediterranea et Orientalia 1, AOAT 390/1, 2011, Ugarit Verlag Münster 31–45

DIETRICH, W., Samuel. Teilband 3, 1 Samuel 27–2 Samuel 8, BKAT VIII/2, Verlag Vandenhoeck & Ruprecht 2019

DIETRICH, W., Samuel. Teilband 2, 1 Samuel 13–26, BKAT VIII/2, Neukirchener Verlag Neukirchen-Vluyn 2015

DIETRICH, W., Nahum – Habakuk – Zefanja, IEKAT, Verlag W. Kohlhammer Stuttgart 2014

DIETRICH, W., Samuel. Teilband 1, 1 Samuel 1–12, BKAT VIII/1, Neukirchener Verlagsgesellschaft Neukirchen-Vluyn 2011

DIETRICH, W., Die frühe Königszeit in Israel. 10. Jahrhundert v. Chr., BE 3, Verlag W. Kohlhammer Stuttgart 1997

DIETRICH, W. / NAUMANN, T. Die Samuelbücher, EdF 287, Wissenschaftliche Buchgesellschaft Darmstadt 1995

DILLER, C. U.A. (EDS.), Studien zu Psalmen und Propheten. Festschrift für HUBERT IRSIGLER, HBS 64, Verlag Herder Freiburg u.a. 2010

DILLMANN, A., Die Bücher Numeri, Deuteronomium und Josua, KEH 13, Verlag Hirzel Leipzig [2]1886

DODD, L.S., Squeezing Blood from a Stone. The Archaeological Context of the Incirli Inscription, in: LUNDBERG, M.J. / FINE, S. / PITARD, W.T. (EDS.), Puzzling Out the Past. Studies in Northwest Semitic Languages and Literatures in Honor of Bruce Zuckerman, CHANE 55, Brill Publisher Leiden 2012, 213–230

DOEKER, A., Die Funktion der Gottesrede in den Psalmen. Eine poetologische Untersuchung. BBB 135, Philo Verlagsgesellschaft Berlin / Wien 2002

DÖHLING, J.-D., Prophetische Körper. Ein exegetisch-soziologisches Plädoyer zu einer vernachlässigten Dimension der sogenannten „prophetischen Zeichenhandlungen", BZ NF 57 (2013), 244–271

DOHMEN, C., Exodus 1–18, HThKAT, Verlag Herder Freiburg u.a. 2015

DOHMEN, C., Mose. Der Mann, der zum Buch wurde. Biblische Gestalten 24. Evangelische Verlagsanstalt Leipzig 2011

DOHMEN, C., Exodus 19–40, HThKAT, Herder Verlag Freiburg u.a. 2004

DOLANSKY, S., Now You See It, Now You Don't. Biblical Perspectives on the Relationship between Magic and Religion, Eisenbrauns Winona Lake 2008

DONNER, H., Die Verwerfung des Königs Saul, Sitzungsberichte der Wissenschaftlichen Gesellschaft an der Johann Wolfgang Goethe Universität Frankfurt/Main 1983

DONNER, H. / RÖLLIG, W., Kanaanäische und aramäisch Inschriften, Bd. 1, Harrassowitz Verlag Wiesbaden [5]2002, Bd. 2 [2]1968

DRIVER, S.R., A Critical and Exegetical Commentary on Deuteronomy, ICC T&T Clark Edinburgh [3]1902

DUHM, B., Israels Propheten. Lebensfragen 26, J.C.B. Mohr Tübingen [2]1922

DURAND, J.-M., Archives Épistolaires de Mari I/1. Archives Royales de Mari XXVI/1, Éditions Recherche sur les Civilisations Paris 1988

DURKHEIM, É., Les formes élémentaires de la vie religieuse. Le système totémique en Australie, Alcan Paris 1912 (dt.: Die elementaren Formen des religiösen Lebens, Insel Verlag Berlin 2007)

EBACH, J., Genesis 37–50, HThKAT, Verlag Herder Freiburg u.a. 2007

EBACH, J. / RÜTERSWÖRDEN, U., Unterweltsbeschwörung im Alten Testament. Untersuchungen zur Begriffs- und Religionsgeschichte des ᵓōb. Teil I UF 9 (1977), 57–70, Teil II UF 12 (1980), 205–220

EBACH, J. / RÜTERSWÖRDEN, U., Der byblitische Ekstatiker im Bericht des Wn-Imn und die Seher der Inschrift von des ZKR vom Hamath, GöMisz 20 (1976), 17–22

EBACH, R., Trügende Prophetenworte. Zum Umgang mit falscher und unerfüllter Prophetie im Alten Testament im Kontext altorientalischer und antiker Divination, FAT 165, Verlag Mohr Siebeck Tübingen 2023

EDE, F., Die Josephsgeschichte. Literarkritische und redaktionsgeschichtliche Untersuchungen zur Entstehung von Gen 37–50, BZAW 485, Verlag de Gruyter Berlin / Boston 2016

EDELMAN, D.V. / BEN ZVI, E. (EDS.), The Production of Prophecy. Constructing Prophecy and Prophets in Yehud, Equinox Publishing London / Oakville 2009

EISSFELDT, O., Molk als Opferbegriff im Punischen und Hebräischen und das Ende des Gottes Moloch. Beiträge zur Religionsgeschichte des Altertums 3, Max Niemeyer Halle 1935

EISSFELDT, O., Hexateuch-Synopse. Die Erzählung der fünf Büche Mose und das Buch Josua mit dem Anfang des Richterbuches in ihre vier Quellen zerlegt und in deutscher Übersetzung dargeboten samt einer in Einleitung und Anmerkungen gegebenen Begründung, C.H. Hinrichs Verlag Leipzig 1922, Ndr. Wissenschaftliche Buchgesellschaft Darmstadt 1983

ELLIGER, K., Deuterojesaja. 1. Teilband Jesaja 40,1–45,7, BKAT XI/2, Neukirchener Verlag Neukirchen-Vluyn 1978

ELLIS, M. DE JONG, Observations on Mesopotamian Oracles and Prophetic Texts: Literary and Historiographic Considerations, JCS 41 (1989), 127–186

ELLIS, M. DE JONG, The Goddess Kititum Speaks to King Ibalpiel: Oracle Texts from Ishchali, Mari 5 (1987), 235–266

ENGEL, H., Erfahrungen mit der Septuaginta-Fassung des Jeremiabuches im Rahmen des Projektes „Septuaginta Deutsch“, in: FABRY, H.-J. / BÖHLER, D. (EDS.), Im Brennpunkt: Die Septuaginta, Band 3: Studien zur Theologie, Anthropologie, Ekklesiologie, Eschatologie und Liturgie der Griechischen Bibel, BWANT 174, Verlag W. Kohlhammer Stuttgart 80–96

EVANS-PRITCHARD, E.E., Hexerei, Orakel und Magie bei den Zande, Suhrkamp Verlag Frankfurt/Main 1988 (engl. Witchcraft, Oracles and Magic among the Azande, 1937)

EWALD, H., Die Propheten des Alten Bundes, Band I, Verlag von Adolph Krabbe Stuttgart 1840

FABRY, H.-J., Habakuk / Obadja, HThKAT, Verlag Herder Freiburg u.a. 2018

FABRY, H.-J., Nahum, HThKAT, Verlag Herder Freiburg u.a. 2006

FABRY, H.-J., Art. נָחָשׁ nāḥāš, ThWAT V, 1984–1986, 384–397

FINCKE, J. (ED.), Divination in the Ancient Near East. A Workshop on Divination Conducted during the 54th Rencontre Assyriologique Internationale at Würzburg 20–25 July 2008, Eisenbrauns Winona Lake 2014

FINKEL, I.L., Necromancy in Ancient Mesopotamia, AfO 29/30 (1983–84), 1–17

FINSTERBUSCH, K., Deuteronomium. Eine Einführung, UTB 3626, Verlag Vandenhoeck & Ruprecht Göttingen 2012

FINSTERBUSCH, K., Die Dekalog-Ausrichtung des deuteronomischen Gesetzes. Ein neuer Ansatz, in: FISCHER / MARKL / PAGANINI 2011, 123–146

FINSTERBUSCH, K., Weisung für Israel. Studien zu religiösem Lehren und Lernen im Deuteronomium und in seinem Umfeld, FAT 44. Verlag Mohr Siebeck Tübingen 2005

FINSTERBUSCH, K. / JACOBY, N., MT-Jeremia und LXX-Jeremia 1–24, Synoptische Übersetzung und Analyse der Kommunikationsstruktur, WMANT 145, Neukirchener Verlagsgesellschaft Neukirchen-Vluyn 2016

FINSTERBUSCH, K. / JACOBY, N., MT-Jeremia und LXX-Jeremia 25–52. Synoptische Übersetzung und Analyse der Kommunikationsstruktur, WMANT 146, Neukirchener Verlagsgesellschaft 2017

FISCHBACH, S. M., Totenerweckungen. Zur Geschichte einer Gattung, FzB 69, Echter Verlag Würzburg 1992

FISCHER, A.A., Der Text des Alten Testaments. Neubearbeitung der Einführung in die Biblia Hebraica von Ernst Würthwein, Deutsche Bibelgesellschaft Stuttgart 2009

FISCHER, A.A., Tod und Jenseits im Alten Orient und Alten Testament, Neukirchener Verlag Neukirchen-Vluyn 2005

FISCHER, G., Jeremia. Der Stand der theologischen Diskussion. Wissenschaftliche Buchgesellschaft Darmstadt 2007

FISCHER, G., Jeremia 1–25, HThKAT, Verlag Herder Freiburg u.a. 2005

FISCHER, G. / MARKL, D. / PAGANINI, S. (EDS.), Deuteronomium – Tora für eine neue Generation, BZAR 17, Verlag Harrassowitz Wiesbaden 2011

FISCHER, G. / MARKL, D., Das Buch Exodus, NSKAT 2, Verlag Katholisches Bibelwerk Stuttgart 2009

FISCHER, I., Gotteskünderinnen. Zu einer geschlechterfairen Deutung des Phänomens der Prophetie und der Prophetinnen in der Hebräischen Bibel, Verlag W. Kohlhammer Stuttgart 2002

FISCHER, I. / CLAASSENS, J. (EDS.), Prophetie, Verlag W. Kohlhammer Stuttgart 2019

FISCHER, I., / SCHMID, K. / WILLIAMSON, H.G.M. (EDS.), Prophetie in Israel, ATM 11, Lit Verlag Münster 2003

Fleming, D.E., The Etymological Origins of the Hebrew nābîʾ: The One Who Invokes God, CBQ 55 (1993), 217–224

FLOWER, M.A., The Seer in Ancient Greece, University of California Press Berkeley u.a. 2008

FLOYD, M.H. / HAAK, R.D. (EDS.), Prophets, Prophecy, and Prophetic Texts in Second Temple Judaism, LHBOTS 427, T&T Clark International New York 2006

FOCKEN, F.-E., Zwischen Landnahme und Königtum. Literarkritische und redaktionsgeschichtliche Untersuchungen zum Anfang und Ende der deuteronomistischen Richtererzählungen, FRLANT 258, Verlag Vandenhoeck & Ruprecht Göttingen 2014

FOHRER, G., Geschichte der israelitischen Religion, Verlag Walter de Gruyter Berlin 1969

FOHRER, G., Prophetie und Magie, ZAW 78 (1966), 25–47

FOHRER, G., Die symbolischen Handlungen der Propheten, AThANT 54, Zwingli Verlag Zürich / Stuttgart 1953

FOHRER, G., Neuere Literatur zur alttestamentlichen Prophetie, ThR NF 19 (1951), 277–346; 20 (1952), 193–271.295–36

FORESTI, F., Storia della redazione di Dtn 16,18–18,22 e le sue connessioni con l'opera deuteronomistica, Ter. 39 (1988), 5–199

FORESTI, F., The Rejection of Saul in the Perspective of the Deuteronomistic School. A Study of 1 Sam 15 and Related Texts, Studia Theologica Teresianum 3, Edizioni del Teresianum Roma 1984

FRAHM, Art. Prophetie, RLA 11, 2006–2008, 7–11

FRANKEN, H.J., Archaeological evidence relating to the interpretation of the text, in: HOFTIJZER / VAN DER KOOIJ 1976, 3–16

Frazer, J.G. Der goldene Zweig. Das Geheimnis von Glauben und Sitten der Völker, Rowohlt Taschenbuch Verlag Reinbeck bei Hamburg 1928 (urspr. engl. The Golden Bough, London 1890; vollständige Ausgabe 12 Bände 1907–1915)

Freedman, D.N. / Willoughby, B.E., Art. עָנָן - ᶜānān, ThWAT VI, 1987–1989, 270–275

Frenchkowski, M., Magie im antiken Christentum. Eine Studie zur Alten Kirche und ihrem Umfeld. Standorte in Antike und Christentum 7, Verlag Anton Hiersemann Stuttgart 2016

Frenchkowski, M., Art. Magie, RAC Band 23, 2010, 857–957

Frenchkowski, M., Religion auf dem Markt. Schlangenbeschwörer, Traumdeuter, inspirierte Bauchredner als Träger „abgesunkener" Religion in paganer und christlicher Antike. Ein Beitrag zur Sozialgeschichte religiöser Berufe, in: Hutter, M. / Klein, W. / Vollmer, U. (Eds.), Hairesis. Festschrift für Karl Hoheisel zum 65. Geburtstag, JbAC.E 34, Aschendorff Verlag Münster 2002, 140–158

Frevel, C., Geschichte Israels. Verlag W. Kohlhammer Stuttgart ²2018

Friebel, K.G., Jeremiah's and Ezekiel's Sign Acts. Rhetorical Non-Verbal Communication, JSOT.S 283, T&T Clark Sheffield 1999

Fuhs, H.-F., Art. שָׁאַל šāᵓal, ThWAT VII, 1990–1993, 910–926

Fuhs, H.-F., Sehen und Schauen. Die Wurzel ḥzh im Alten Orient und im Alten Testament. Ein Beitrag zum prophetischen Offenbarungsempfang, FzB 32, Echter Verlag Würzburg 1978

Gafney, W.C., Daughters of Miriam. Women Prophets in Ancient Israel. Fortress Press Minneapolis 2008

Gass, E., Saul in En-Dor (1 Sam 28). Ein literarkritischer Versuch, WO 42 (2012), 153–185

Gass, E., Die kultischen Vergehen Manasses, die Königsbücher und das Deuteronomium, in: Ernst, S. / Häusl, M. (Eds.), Kulte, Priester, Rituale. Beiträge zu Kult und Kultkritik im Alten Testament und Alten Orient, Festschrift für Theodor Seidl zum 65. Geburtstag, ATSAT 89, Eos Verlag St. Ottilien 2010, 195–229

Gerleman, G. / Ruprecht, E., Art. דרשׁ, in: Jenni / Westermann, THAT I, 462–467

Germany, S., The Exodus-Conquest Narrative, FAT 115, Mohr Siebeck Tübingen 2017

Gertz, J.C., Die Gerichtsorganisation Israels im deuteronomischen Gesetz, FRLANT 165, Verlag Vandenhoeck & Ruprecht Göttingen 1994

Gesenius, W., Hebräisches und Aramäisches Handwörterbuch zum Alten Testament, Springer Verlag Berlin Heidelberg ¹⁸2013

GIERCKE-UNGERMANN, A., Die Niederlage im Sieg. Eine synchrone und diachrone Untersuchung der Erzählung von 1 Sam 15, EThSt 97, Echter-Verlag Würzburg 2010

GÖRG, M., Art. Aaron in: NBL I, 1991 (1988), 1–2

GÖRG, M., / LANG, B. (EDS.), Neues Bibel-Lexikon, Benziger Verlag Zürich 1991–2001

GONÇALVES, F.J., Jérémie le prophète dans le TM et les LXX de son livre, in: HILHORST, A. / PUECH, E. / TIGCHELAAR, E. (EDS.), Flores Florentino. Dead Sea Srolls and Other Early Jewish Studies in Honour of Florentino García Martinez, Supplements to the Journal for the Study of Judaism 122, Brill Publisher Leiden 2007, 367–386

GONÇALVES, F.J., Les « Prophètes Écrivains » étaient-ils des נביאים ?, in: DAVIAU, P.M. M. / WEIGL, J.W. / WEIGL, M. (EDS.), The World of the Aramaens I. Biblicsl Studies in Honour of Paul-Eugène Dion, JSOT.S 324, Sheffield Academic Press 2001 144–185

GOODE, W.J., Magic and Religion. A Continuum, Ethnos 14 (1949), 172–182

GORDON, R.P., Where Have All the Prophets Gone? The "Disappearing" Israelite Prophet against the Background of Ancient Near Eastern Prophecy, Bulletin for Biblical Research 5 (1995), 67–86

GRABBE, L.L., "Her Outdoors": An Anthropological Perspective on Female Prophets and Prophecy, in CARVALHO / STÖKL 2013, 11–25

GRABBE, L.L., Shaman, Preacher, or Spirit Medium? The Israelite Prophet in the Light of Anthropological Models, in: DAy 2010, 117–132

GRABBE, L.L., Priests, Prophets, Diviners, Sages: A Socio-Historical Study of Religious Specialists in Ancient Israel, Trinity Press International Valley Forge 1995

GRÄTZ, S., „Einen Propheten wie mich wird dir der Herr, dein Gott, erwecken." Der Berufungsbericht Jeremias und seine Rückbindung an das Amt des Mose: in: GRAUPNER, A. / WOLTER, M. (EDS.), Moses in Biblical and Extra-Biblical Traditions, BZAW 372, De Gruyter Verlag Berlin / New York 2007, 61–77

GRAF, F., Gottesnähe und Schadenzauber. Die Magie in der griechisch-römischen Antike, Verlag C.H. Beck München 1996

GREENBERG, M., Ezechiel 21–37, HThKAT, Herder Verlag Freiburg u.a. 2005

GREENBERG, M., Ezechiel 1–20, HThKAT, Herder Verlag Freiburg u. 2001

GREENFIELD, J.C., Philological observations on the Deir ᶜAlla inscription, in: Hoftijzer / van der Kooij 1991, 109–120

GROSS, W., Prophetin und Prophet im Richterbuch, in: DILLER U.A. 2010, 177–191

GROSS, W., Neuere Syntaxforschung und Übersetzung wie Auslegung im Buch Deuteronomium, in: Braulik 2003, 215–243

GROSS, W., Richter. HThKAT, Herder Verlag Freiburg u.a. 2009

GROSS, W., Art. Bileam, NBL I, 1991, 300–301

Gross, W., Bileam. Literar- und formkritische Untersuchung der Prosa in Num 22–24, StANT 38, Kösel Verlag München 1974

GRUND, A., Kritik, Unheil, erste Sammlungen. Zum altorientalischen Hintergrund der israelitischen Schriftprophetie, BZ NF 57 (2013), 216–243

GUILLAUME, A., Prophecy and Divination Among the Hebrews and other Semites. The Bampton Lectures, Hodder and Stoughton 1938

GUNKEL, H., Die geheimen Erfahrungen der Propheten, in: Schmidt, H., Die großen Propheten. Mit Einleitungen versehen von HERMANN GUNKEL, Schriften des Alten Testaments 2/2, Verlag Vandenhoeck & Ruprecht Göttingen [2]1923, XVII–XXXIV; zuerst in Suchen der Zeit 1 (1903), 112–153, Ndr. in: NEUMANN, P.H.A. (ED.), Das Prophetenverständnis in der deutschsprachigen Forschung seit Heinrich Ewald, WBG Darmstadt 1979, 109–143

GUNN, D.M., The Fate of King Saul. An Interpretation of a Biblical Story, JSOT.S 14, JSOT Press Sheffield 1980

GUNNEWEG, H., Das Gesetz und die Propheten. Eine Auslegung von Ex 33,7–11; Num 11,4–12,8; Dtn 31,14f.; 34,10, ZAW 102 (1990), 169–180

HAARMANN, V., JHWH-Verehrer der Völker. Die Hinwendung von Nichtisraeliten zum Gott Israels in alttestamentlichen Überlieferungen, AThANT 91, Theologischer Verlag Zürich 2008

HAAS, V., Hethitische Orakel, Vorzeichen und Abwehrstrategien. Ein Beitrag zur hethitischen Kulturgeschichte, Verlag Walter des Gruyter Berlin / New York 2008

HAGEDORN, A.C., The Role of Female Seer / Prophet in Ancient Greece, in: Carvalho / Stökl 2013, 101–127

HAGEDORN, A.C., Looking at Foreigners in Biblical and Greek Prophecy, VT 57 (2007), 432–448

HALDAR, A., Associations of Cult Prophets among the Ancient Semites, Almquist & Wiksells Uppsala 1945

HALPERN, B. / LEMAIRE, A. (EDS.), The Books of Kings. Sources, Composition, Historiography and Reception, VT.S 129, Brill Publisher Leiden 2010

HAMORI, E.J., Women's Divination in Biblical Literature. Prophecy, Necromancy, and Other Arts of Knowledge. The Anchor Yale Bible Reference Library, Yale University Press New Haven / London 2015

HARDMEIER, C., Verkündigung und Schrift bei Jesaja. Zur Entstehung der Schriftprophetie als Oppositionsliteratur im alten Israel, ThGl 73 (1983), 119–134

HASEGAWA, S., Aram und Israel during the Jehuite Dynasty, BZAW 434, Verlag De Gruyter Berlin / Boston 2012

HAWKINS, J.D., The Inscription, in: BUNNENS (ED.), Tell Aḥmar II. A New Luwian Stele and the Cult of the Stormgod at Til Barsip-Masurwari. With a Chapter by. J.D. HAWKINS and a Contribution by I. LEIRENS. Publications de la Mission archéologique de l'Université de Liège en Syrie, Peeters Publisher Leuven 2006, 11–31

HAYS, C.B., Death in the Iron Age II and in First Isaiah. FAT 79, Verlag Mohr Siebeck Tübingen 2011

HEIDER, G.C., Art. Molech מלך, DDD ²1999, 581–585

HEIDER, G.C., The Cult of Molek. A Reassessment, JSOT.S 43, JSOT Press, Sheffield 1985

HEIMPEL, W., Letters to the King of Mari. A New Translation, with Historical Introduction, Notes, and Commentary, Eisenbrauns Winona Lake IN 2003

HEINTZ, J.-G., La « fin » des prophètes bibliques ? Nouvelles théories et documents sémitiques anciens, in: DERS. 1997, 195–214

HEINTZ, J.-G. (ED.), Oracles et prophéties dans l'antiquité. Actes du colloque de Strasbourg 15–17 juin 1995. Université des sciences humaines de Strasbourg. Travaux du centre de recherche sur le Proche-Orient et la Grèce antiques, Diffusion de Boccard Paris 1997

HERRMANN, S., Prophetie in Israel und Ägypten. Recht und Grenze eines Vergleichs, in: IOSOT (ED.), Congress Volume 1962, VT.S 9, Brill Publisher Leiden 1963 (= HERRMANN, S., Geschichte und Prophetie. Kleine Schriften zum Alten Testament. BWANT 157, Verlag W. Kohlhammer Stuttgart 2002, 173–189)

HERRMANN, S., Jeremia. Der Prophet und das Buch, EdF 271, Wissenschaftliche Buchgesellschaft Darmstadt 1990

HESCHEL, A.J., The Prophets. Volume I, II. An Introduction, Harper & Row Publishers, New York u.a. 1962

HESCHEL, A.J., Die Prophetie. O Isrocien Proroctwa, Krakow 1936

HIEKE, T., Levitikus 16–27, HThKAT, Herder Freiburg u.a. 2014

HIEKE, T., Das Verbot der Übergabe von Nachkommen an den „Molech" in Lev 18 und 20. Ein neuer Deutungsversuch, WdO 41 (2011), 147–167

HILBER, J.W., Cultic Prophecy in the Psalms, BZAW 352, de Gruyter Berlin 2005

HÖLSCHER, G., Die Profeten. Untersuchungen zur Religionsgeschichte Israels. Hinrichs'sche Buchhandlung Leipzig 1914

HOFFMANN, H.-D., Reform und Reformen. Untersuchungen zu einem Grundthema der deuteronomistischen Geschichtsschreibung, AThANT 66, Theologischer Verlag Zürich 1980

HOFFNER, H.A., Ancient Views of Prophecy and Fulfillment: Mesopotamia and Asia Minor, JETS 30 (1987), 257–265

HOFTIJZER, J. / VAN DER KOOIJ, (EDS.) The Balaam Text From Deir ᶜAlla Re-evaluated. Proceedings of the International Symposium held at Leiden 21.–24. August 1989, Brill Publisher Leiden u.a. 1991

HOFTIJZER, J. / VAN DER KOOIJ (EDS.) Aramaic Texts From Deir ᶜAlla. Documenta et Monumenta Orientis Antiqui 19, Brill Publisher Leiden 1976

HOPFNER, T., Art. μαντική (divinatio, Zukunftsschau), PRE, Bd. XIV/1, 1928, 1258–1288

HORN, S.H., The Amman Citadell Inscription, ADAJ 12–13 (1967–68), 81–83

HOROWITZ, W. / OSHIIMA, T., Cumeiform in Canaan. Cuneiform Sources from the Land of Israel in Ancient Times, Israel Exploration Society, The Hebrew University of Jerusalem 2006

HORST, F., Das Privilegrecht Jahwes. Rechtsgeschichtliche Untersuchungen zum Deuteronomium, FRLANT 45, Verlag Vandenhoeck & Ruprecht Göttingen 1930 (= DERS. Gottes Recht. Studien zum Recht im Alten Testament, ThB 12, Verlag Kaiser München 1961, 17–154)

HOSSFELD, F.-L., Der Dekalog. Seine späten Fassungen, die originale Komposition und seine Vorstufen, OBO 45, Vandenhoeck & Ruprecht Göttingen 1982

HOSSFELD, F.-L. / SCHWIENHORST-SCHÖNBERGER (EDS.), Das Manna fällt auch heute noch. Beiträge zur Geschichte und Theologie des Alten, Ersten Testaments, Festschrift für ERICH ZENGER, HBS 44, Verlag Herder Freiburg u.a. 2004

HOSSFELD, F.-L. / ZENGER, E, Psalmen 51–100, HThKAT, Herder Verlag Freiburg 2000

VAN DEN HOUT, T. Art. Omina B. Bei den Hethitern, RLA, Bd. 10, de Gruyter Berlin / New York 2003–2005, 88–90

VAN DER HOUT, T., Art. Orakel B. Bei den Hethitern, RLA, Bd. 10, de Gruyter Berlin / New York 2003–2005, 118–124

HOUTMAN, C., Exodus, Volume 1, HCOT, Peeters Publisher Leuven 1993

HÜBNER, U., Die Ammoniter. Untersuchungen zur Geschichte, Kultur und Religion eines Transjordanischen Volkes im 1. Jahrtausend v. Chr., ADPV 16, Verlag Harrassowitz Wiesbaden 1992

HUEHNERGARD, J., On the Etymology and Meaning of Hebrew nābiʾ, Eretz-Israel 26 (1999), 88*–93*

HUEHNERGARD, J., Remarks on the classification of the North West Semitic Languages, in: HOFTIJZER / VAN DER KOOIJ 1991, 282–293

HUFFMON, H.B., The Oracular Process: Delphi and the Near East, VT 57 (2007), 449–460

Huffmon, H.B., Art. Prophecy (ANE), ABD Vol 5, 1992, 477–482

HUFFMON, H.B., The Origins of Prophecy, in: CROSS, F.M. ET AL. (EDS.), Magnalia Dei – the Mighty Acts of God: Essays on the Bible and Archaeology in Memory of G. ERNEST WRIGHT, Garden City New York 1976, 171–186

HUROWITZ, V., The Expression *ûqsāmîm beyādām* (Numbers 22:7) in Light of Divinatory Practices from Mari, Hebrew Studies 33 (1992), 5–15

IBRAHIM, M.M. / VAN DER KOOIJ, The Archaelogy of Deir ᶜAlla Phase IX, in: Hoftijzer / van der Kooij 1991, 16–29

JANOWSKI, B., Anthropologie des Alten Testaments. Grundfragen – Kontexte – Themenfelder, Verlag Mohr Siebeck Tübingen 2019

JANOWSKI, B. / WILHELM, G. (EDS.), TUAT NF, Band 1–9, Gütersloher Verlagshaus Gütersloh 2004–2020

JANOWSKI, B. / KOCH, K. / WILHEIM, G. (EDS.), Religionsgeschichtliche Beziehungen zwischen Kleinasien, Nordsyrien und dem Alten Testament. Internationales Symposion Hamburg 17.–21. März 1990, OBO 129, Verlag Vandenhoeck & Ruprecht Göttingen 1993

JAPHET, S., 2 Chronik, HThKAT, Herder Verlag Freiburg u.a. 2003

JEFFERS, A., Magic and Divination in Ancient Palestine and Syria. Studies in the History and Culture of the Ancient Near East VIII, Brill Leiden 1996

JENNI, E. / WESTERMANN, C. (EDS.), THAT Band I, Christian Kaiser Verlag München 1971, Band II 1976

JEPESEN, K., Is Deuteronomy Hostile Towards the Prophets?; SJOT 8 (1994), 252–256

JEPSEN, A., Nabi. Soziologische Studien zur alttestamentlichen Literatur und Religionsgeschichte, C.H. Beck München 1934

JEREMIAS, J., Nahum, BKAT XIV/5,1, Verlag Vandenhoeck & Ruprecht Göttingen 2019

JEREMIAS, J., Studien zur Theologie des Alten Testamentes, hrsg. von Friedhelm Hartenstein und Jutta Krispenz, FAT 99, Verlag Mohr Siebeck Tübingen 2015

JEREMIAS, J., Das Rätsel der Schriftprophetie, ZAW 125 (2013), 93–117 (= JEREMIAS 2015, 288–310)

JEREMIAS, J., Die Propheten Joel, Obadja, Jona, Micha, ATD 24,3, Verlag Vandenhoeck & Ruprecht Göttingen 2007

JEREMIAS, J., Kultprophetie und Gerichtsverkündigung in der späten Königszeit Israels, WMANT 35, Neukirchener Verlag Neukirchen-Vluyn 1970

JIRKU, A., Mantik in Altisrael. Inaugural-Dissertation zur Erlangung der Würde eines Lizentiaten der Theologie der Hochwürdigen Theologischen Fakultät der Universität Rostock vorgelegt von Anton Jirku, Dr. phil., Rostock 1913

Johnson, A.R., The Cultic Prophet in Ancient Israel. University of Wales Press Cardiff [2]1962

Johnson, A.R., The Cultic Prophet and Israel's Psalmody, University of Wales Press Cardiff 1979

Johnston, S.I., Ancient Greek Divination, Wiley-Blackwell Publication Singapore 2008

de Jong, D.N., A Prophet Like Moses (Deut 18:15,18). The Origin, History, and Influence of the Mosaic Prophetic Succession. Supplements to the Journal for the Study of Judaism 205, Brill Publisher Leiden / Boston 2022

de Jong, M., Isaiah and the Emergence of Biblical Prophecy, HeBAI 6 (2017), 53–78

de Jong, M., Fallacy of 'True' and False in Prophecy illustrated by Jer 28,8–9, JHS 12 (2012)

de Jong, M., Biblical Prophecy – a Scribal Enterprise. The Old Testament Prophecy of Unconditional Judgement considered as a Literary Phenomenon, VT 61 (2011b), 39–70

de Jong, M., Why Jeremiah is Not Among the Prophets: An Analysis of the Terms נביא and נביאים in the Book of Jeremiah, JSOT 35 (2011a), 483–511

de Jong, M., Isaiah among the Ancient Near Eastern Prophets. A Comparative Study of the Earliest Stages of the Isaiah Tradition and the Neo-Assyrien Prophecies, VT.S 117, Brill Publisher Leiden / Boston 2007

de Jong Ellis, M., The Goddess Kititum Speaks to King Ibalpiel: Oracle Texts from Ishchali, MARI 5 (1987), 235–266

de Jong Ellis, M., Observations on Mesopotamian Oracles and Prophetic Texts. Literary and Historiographic Considerations, JCS 41 (1989), 127–186

Joosten, J., The Linguistic Dating of the Joseph Story, HeBAI 8 (2019), 24–43

Joosten, J. / Schipper, B.U., Editorial Introduction. New Perspectives on the Joseph Story, HeBAI 8 (2019), 1–5

Jüngling, H.-W., Das Buch Jesaja, in: Zenger, E. [9]2016, 526–552

Kabiersch, J. / Kreuzer, S. / Schmeller, T., Kritai / Judicum / Das Buch der Richter, in: Karrer / Kraus I 2011, 657–700

Kamlah, J. / Schäfer, R. / Witte, M. (eds.), Zauber und Magie im antiken Palästina und in seiner Umwelt. ADPV 46, Verlag Harrassowitz Wiesbaden 2017

Kammenhuber, A., Orakelpraxis, Träume und Vorzeichenschau bei den Hethitern, Texte der Hethiter 7, Universitätsverlag Carl Winter Heidelberg 1976

Karner, G., Elemente ritueller Handlungen in den Elija-Elischa-Erzählungen. Untersuchungen zur literarischen Umsetzung ritueller Handlungselemente im Vergleich zur mesopotamischen keilschriftlichen Tradition (http://othes.univie.ac.at/9620/) Wien 2009

KARRER, M. / KRAUS, W. (EDS.), Septuaginta Deutsch. Erläuterungen und Kommentare zum griechischen Alten Testament, Bd. I und II, Deutsche Bibelgesellschaft Stuttgart 2011

KARTVEIT, M., The Tension between the Law and the Prophets as a Background to the Formation of the Samaritan Pentateuch, in: HENSEL, B. ET AL. (EDS.), Yahwistic Diversity and the Hebrew Bible. Tracing Perspectives of Group Identity from Judah, Samaria, and the Diaspora in Biblical Traditions, FAT II/120, Verlag Mohr Siebeck Tübingen 2020

KAUFMAN, S.A., The Phoenician Inscription of the Incirli Trilingual: A Tentative Reconstruction and Translation, Maarav 14 (2007), 7–26

KEEL, O., Die Geschichte Jerusalems und die Entstehung des Monotheismus, Orte und Landschaften der Bibel IV/1, Verlag Vandenhoeck & Ruprecht Göttingen 2007

KELLE, B.E., The Phenomenon of Israelite Prophecy in Contemporary Scholarship, CBR 12 (2014), 275–320

KELLY, W.L., How Prophecy Works. A Study of the Semantic Field of נביא and a Close Reading of Jeremiah 1: 4–19, 23: 9–40 and 27: 1–28: 17, FRLANT 272, Verlag Vandenhoeck & Ruprecht Göttingen 2020

KESSLER, R., AMOS, IEKAT, Verlag W. Kohlhammer Stuttgart 2021

KESSLER, R., Der Weg zum Leben. Ethik des Alten Testaments, Gütersloher Verlagshaus 2017

KESSLER, R., Der Prophet als Fürbitter. Exodus 32–34 und die Visionen des Amos im Vergleich, in: Achenbach / Ebach / Wöhrle 2014, 189–203

KESSLER, R., Maleachi. HThKAT, Verlag Herder Freiburg 2011

KESSLER, R., Sozialgeschichte des alten Israel. Eine Einführung, Wissenschaftliche Buchgesellschaft Darmstadt ²2008

KESSLER, R., Gotteserdung. Beiträge zur Hermeneutik und Exegese der Hebräischen Bibel, BWANT 170, Verlag W. Kohlhammer Stuttgart 2006

KESSLER, R., Micha. HThKAT, Verlag Herder Freiburg ²2000

KESSLER, R., Mirjam und die Prophetie der Perserzeit, in: BAIL, U. / JOST, R. (EDS.), Gott an den Rändern. Sozialgeschichtliche Perspektiven auf die Bibel. Festschrift W. SCHOTTROFF, Gütersloher Verlagshaus Gütersloh 1996, 64–72 (= DERS. 2006, 81–88)

KIBOKO, J.K., Divining the Woman of Endor. African Culture, Postcolonial Hermeneutics, and the Politics of Biblical Translation, LHBOTS 644, Bloomsbury London 2017

KILCHÖR, B., Mosetora und Jahwetora. Das Verhältnis von Deuteronomium 12–26 zu Exodus, Leviticus und Numeri, BZAR 21, Verlag Harrassowitz Wiesbaden 2015

KIM, D., Prophetic Conflicts in the Deuteronomistic History, BWANT 229, Verlag Walter Kohlhammer Stuttgart 2021

KITZ, A. M., Prophecy and Divination, CBQ 65 (2003), 22–42

KLUTZ, T.E., (ED.), Magic in the Biblical World. From the Rod of Aaron to the Ring of Salomon, JSNTS 245, T& T Clark London / New York 2003

KNAUF, E.A., 1 Könige 15–22, HThKAT, Herder Verlag Freiburg u.a. 2019

KNAUF, E.A., 1 Könige 1–14, HThKAT, Herder Verlag Freiburg u.a. 2016a

KNAUF, E.A., Richter. ZBK.AT, Theologischer Verlag Zürich 2016b

KNAUF, E.A., Vom Prophetinnenwort zum Prophetenbuch: Jesaja 8,3f. im Kontext von Jesaja 6,1–8,16, lectio difficilior 2000

KNOBLOCH, H., Die nachexilische Prophetentheorie des Jeremiabuches, BZAR 12, Verlag Harrassowitz Wiesbaden 2009

KOCH, K., Daniel. 1. Teilband Dan 1–4, BKAT XXII/1, Neukirchener Verlag Neukirchen-Vluyn 2005 (1986–2005)

KOCH, K., Die Profeten I. Assyrische Zeit Verlag W. Kohlhammer Stuttgart 1978, [2]1987, [3]1995

KOCH, K., Die Profeten II. Babylonisch-persische Zeit Verlag W. Kohlhammer Stuttgart 1980, [2]1988

KOCH, U.S., Mesopotamian Divination Texts: Conversing with the Gods. Sources from the First Millenium BCE. Guides to the Mesopotamian Textual Record 7, Ugarit Verlag Münster 2015

KÖCKERT, M., Zum literargeschichtlichen Ort des Prophetengesetzes Dtn 18 zwischen dem Jeremiabuch und Dtn 13, in: KRATZ, R.G. / SPIECKERMANN, H. (EDS.), Liebe und Gebot Studien zum Deuteronomium. Festschrift zum 70. Geburtstag von LOTHAR PERLITT. Verlag Vandenhoeck & Ruprecht Göttingen 2000, 80–100 (= DERS., Leben in Gottes Gegenwart, FAT 43, Verlag Mohr Siebeck Tübingen 2004, 195–215)

KÖCKERRT, M., Elia. Literarische und religionsgeschichtliche Probleme, in: OEMING, M. / SCHMID, K. (EDS.), Der eine Gott und die Götter. AThANT 82, Theologischer Verlag Zürich 2003, 111–144

KÖCKERT, M. / NISSINEN, M., Propheten in Mari, Assyrien und Israel, FRLANT 201, Verlag Vandenhoeck & Ruprecht Göttingen 2003

KOEHLER, L. / BAUMGARTNER, Hebräisches und aramäisches Lexikon zum Alten Testament, Band I und II, Brill Publisher Leiden / Boston [3]2004

KOENEN, K., Art. Frau von En-Dor, in: Das Wissenschaftliche Bibellexikon im Internet (www.wibilex.de), 2016

KOENEN, K., Klagelieder (Threni) 1,1–5,22. BKAT XX, Neukirchener Verlagsgesellschaft Neukirchen-Vluyn 2015

KOPF, L., Arabische Etymologien und Parallelen zum Bibelwörterbuch, VT 8 (1958), 161–215

KRATZ, R.G., Die Propheten der Bibel. Geschichte und Wirkung, Verlag C.H. Beck München 2022

KRATZ, R.G., Die prophetische Literatur, in: SIMM, H.-J. (ED.), Aspekte der Bibel. Themen, Figuren, Motive, Verlag Herder Freiburg / Basel / Wien 2017, 242–259

KRATZ, R.G., Das Rätsel der Schriftprophetie. Eine Replik, ZAW 125 (2013), 635–639

KRATZ, R.G. Prophetenstudien. Kleine Schriften II, FAT 74, Verlag Mohr Siebeck Tübingen 2011

KRATZ, R.G., Das Neue in der Prophetie des Alten Testaments, in: FISCHER, I. / SCHMID, K. / WILLIAMSON, H.G.M (EDS.) 2003a, 1–22 (= KRATZ 2011, 49–70)

KRATZ, R.G., Die Propheten Israels. C.H. Beck Wissen, Verlag C.H. Beck München 2003

KREUCH, J., Unheil und Heil bei Jesaja. Studien zur Entstehung des Assur-Zyklus Jesaja 28–31, WMANT 130, Neukirchener Verlagsgesellschaft Neukirchen-Vluyn 2011

KRINETZKI, G., Rechtsprechung und Amt im Deuteronomium. Zur Exegese der Gesetze Dtn 16,18–20; 17,8–18,22, Peter Lang Frankfurt/Main 1994

KRISPENZ, J., Art. Zeichenhandlung, in: Das Wissenschaftliche Bibellexikon im Internet (www.wibllex.de) 2014

KRISPENZ, J., Die doppelte Frage nach Heterogenität und Homogenität: Die Literarkritik, in: UTZSCHNEIDER, H. / BLUM, E. (EDS.), Lesarten der Bibel, Verlag W. Kohlhammer Stuttgart 2006, 215–232

KUENEN, A., De Profeten en de Profetie onder Israël. Historisch-dogmatische Studie, Verlag P. Engels Leiden 1875; engl. Übersetzung 1877, Ndr. Isha Books New Delhi 2013

KUPITZ, Y.S. / BERTHOLET, K. Deborah and the Delphic Phytia: A New Interpretation of Judges 4:4–5, in: Nissinen / Carter 2009, 95–124

LABAHN, M. / LIETAERT PEERBOLTE, B.J. (EDS.), A Kind of Magic. Understanding Magic in the New Testament and its Religious Environment, LNTS (JSNTS) 306, T & T Clark London / New York 2007

LANCZKOWSKI, G., Altägyptischer Prophetismus. Ägyptologische Abhandlungen 4, Verlag Harrassowitz Wiesbaden 1960

LANG, B., Art. Zeichenhandlung, NBL III, 2001, 1189–1190

LANG, B., Art. Prophet I, NBL III, 2001, 172–184

LANG, B., Wie wird man Prophet in Israel? Aufsätze zum Alten Testament, Patmos Verlag Düsseldorf 1980

LANGE, A., Greek Seers and Israelite-Jewish Prophets, VT 57 (2007), 461–482

LANGE, A., Literary Prophecy and Oracle Collection: A Comparison between Judah and Greece in Persian Times, in: Floyd / Haak 2006, 248–275

LANGE, A., Vom prophetischen Wort zur prophetischen Tradition, FAT 34, Verlag Mohr Siebeck Tübingen 2002

LEHNART, B., Saul unter den „Ekstatikern" (I Sam 19,18–24), in: DIETRICH, W. (ED.), David und Saul im Widerstreit – Diachronie und Synchornie im Wettstreit. Beiträge zur Auslegung des ersten Samuelbuches, OBO 206, Vandenhoeck & Ruprecht Göttingen 2004, 205–223

LEHNART, B., Prophet und König im Nordreich Israel. Studien zur sogenannten vorklassischen Prophetie im Nordreich Israel anhand der Samuel-, Elija- und Elischa-Überlieferungen, VT.S 96, Brill Publisher Leiden Boston 2003

LENZI, A., Revisiting Biblical Prophecy, Revealed Knowledge Pertaining to Ritual, and Secrecy in Light of Ancient Mesopotamian Prophetic Texts, in: Ders. / STÖKL, J. (EDS.), Divination, Politics, and Ancient Near Eastern Empires. Ancient Near East Monographs 7, SBL Atlanta 2014, 65–88

LEMAIRE, A., West Semitic Epigraphy and the History of the Levant during the 12th–10th Centuries BCE, in: GALIL, G. ET AL. (EDS.), The Ancient Near EastAOAT 392, 2012, 306f. In the 12th–10th Centuries BCE. Culture and History. Proceedings of the International Conference held at the University of Haifa, 2–5 May 2010, 291–307

LEMAIRE, A., Traditions Amorrites et Bible : le Prophétisme, RA 93 (1999), 49–56

LENZI, A., Revisiting Biblical Prophecy, Revealed Knowledge Pertaining to Ritual, and Secrecy in Light of Ancient Mesopotamian Prophetic Texts, in: STÖKL / LENZI 2014, 65–86

LEUENBERGER, M., Prophetie, in: Dietrich, W., Die Welt der Hebräischen Bibel. Umfeld – Inhalte – Grundthemen, Verlag W. Kohlhammer Stuttgart ²2021, 141–157

LÉVY-BRUHL, L., La mentalité primitive, Alcan Paris 1922 (dt.: Die geistige Welt der Primitiven, München 1927)

LÉVY-BRUHL, L., Les fonctions mentales dans les sociétés inférieures, Alcan Paris 1910

LIDDELL, H.G. / SCOTT, R., A Greek – English Lexicon, Clarendon Press Oxford ⁹1996

LINDBLOM, J., Prophecy in Ancient Israel, Basil Blackwell Oxford ⁴1973 (1962)

LIWAK, R., Herrschaft zur Überwindung der Krise. Politische Prophetie in Ägypten und Israel, in: LUX, R. / WASCHKE, E.-J. 2006, 57–81

LOHFINK, N., Die An- und Absageformel in der hebräischen Bibel. Zum Hintergrund des deuteronomischen Vierüberschriftensystems, in: GIANTO, A.

(Ed.), Biblical and Oriental Essays in Memory of William L. Moran, Biblica et Orientalia 48, Editrice Pontificio Istituto Biblico Roma 2005, 49–77

Lohfink, N., Studien zum Deuteronomium und zur deuteronomistischen Literatur III, SBAB 20, Verlag Katholisches Bibelwerk Stuttgart 1995

Lohfink, N., Studien zum Deuteronomium und zur deuteronomistischen Literatur II, SBAB 12, Verlag Katholisches Bibelwerk Stuttgart 1991

Lohfink, N., Gibt es eine deuteronomistische Bearbeitung im Bundesbuch, in: Brekelmans, C. / Lust, J. (Eds.), Pentateuchal and Deuteronomistic Studies: Papers Read at the XIIIth IOSOT Congress Leuven, BEThL 94, Peeters Publisher 1990, 91–113 (= Ders. 1995, 39–64)

Lohfink, N., Studien zum Deuteronomium und zur deuteronomistischen Literatur I, SBAB 8, Verlag Katholisches Bibelwerk Stuttgart 1990

Lohfink, N. Die *ḥuqqîm ûmišpāṭîm* und ihre Neubegrenzung durch Dtn 12,1, Bib. 70 (1989), 1–29 (= 1991, 229–256)

Lohfink, N., Die Sicherung der Wirksamkeit des Gotteswortes durch das Prinzip der Schriftlichkeit der Tora und durch das Prinzip der Gewaltenteilung nach den Ämtergesetzen des Buches Deuteronomium (Dt 16,18–18,22), in: Wolter, H. (Ed.), Testimonium Veritatis, Festschrift Wilhelm Kempf, FTS 7, Knecht Verlag Frankfurt/Main 1971, 143–155 (= Ders. 1990, 305–323)

Lohfink, N., Rez. Zu U. Rüterswörden, Von der politischen Gemeinschaft zur Gemeinde, BBB 65, ThLZ 113 (1988), 425–430

Lohfink, N., Kerygmata des deuteronomistischen Geschichtswerkes, in: Jeremias, J. / Perlitt, L. (Eds.), Die Botschaft und die Boten. Festschrift für Hans Walter Wolff zum 70. Geburtstag. Neukirchener Verlag Neukirchen-Vluyn 1981, 87–100 (= 1991, 125–142)

Long, B.O., Art. Divination, IDBSup, Abingdon Press Nashville 1976, 241–243

Loretz, O., Nekromantie und Totenevokation in Mesopotamien, Ugarit und Israel, in: Janowski u.a. 1993, 283–315

Lundbom, J.R., Deuteronomy. A Commentary. Eerdmans Publishing Grand Rapids 2013

Lust, J., On Wizards and prophets, in: G.W. Anderson et al. (Eds.), Studies on Prophecy. A Collection of Twelve Papers, VT.S XXVI, Brill Leiden 1974, 133–142

Lust, J., The Mantic Function of the Prophet, Bijdr. 34 (1973), 234–250

Lust, J. / Eynikel, E. / Hauspie, K., A Greek – English Lexikon of the Septuagint, Teil I Deutsche Bibelgesellschaft Stuttgart 1992, Teil II 1996

Lux, R. / Waschke, E.-J. (Eds.), Die unwiderstehliche Wahrheit. Studien zur alttestamentlichen Prophetie. Festschrift für Arndt Meinhold, ABIG 23, Evangelische Verlagsanstalt Leipzig 2006

MADL, H. Die Gottesbefragung mit dem Verb šā'al, in: FABRY, H.-J. (ED.), Bausteine biblischer Theologie. Festgabe für G. JOHANNES BOTTERWECK zum 60. Geburtstag dargebracht von seinen Schülern, BBB 50, Hanstein Verlag Köln 1977, 37–70

MAIER, C.M., Jeremia 1–25, IEKAT, Kohlhammer Stuttgart 2022

MAIER, C.M., The Nature of Deutero-Jeremianic Texts, in: NAJMAN, H. / SCHMID, K. (EDS.), Jeremiah's Scriptures. Production, Reception, Interaction, and Transformation, JSJS 173, Brill Publisher Leiden u.a. 2017, 103–123.

MAIER, C.M., Jeremia als Lehrer der Tora. Soziale Gebote des Deuteronomiums in Fortschreibungen des Jeremiabuches, FRLANT 196, Vandenhoeck & Ruprecht Verlag Göttingen 2002

MAIER, P., "Child Sacrifice" Customs in Ancient Israel and Phoenicia?, in: DYMA, O. / GULDE-KARMANN, S.U. / KÜHN, D. (eds.), „Der Herr des Himmels möge lang machen seine Tage und seine Jahre". Religionsgeschichtliche Beiträge. Festschrift für Herbert Niehr zum 60. Geburtstag, AOAT 427, 2015, 127–142

MARBÖCK, J., Jesus Sirach 1–23, HThKAT, Herder Verlag Freiburg u.a. 2010

MARRETT, R.R., The Threshold of Religion, Methuen London 1914

MARKL, D., Gottes Volk im Deuteronomium, BZAR 18, Verlag Harrassowitz Wiesbaden 2012

MARKL, D., Moses Prophetenrolle in Dtn 5; 18; 34. Strukturelle Wendepunkte von rechtshermeneutischem Gewicht, in: FISCHER, G. ET AL 2011, 51–68

MAUL, S.M., Art. Omina A., RLA Bd. 10, de Gruyter Berlin / New York 2003–2005, 45–88

MAUL, S. M., Die Wahrsagekunst im Alten Orient. Zeichen des Himmels und der Erde, C.H. Beck München 2013

MAUSS, M., / HUBERT, M., Esquisse d'une théorie générale de la Magie, L'année sociologique 7 (1902–1903; publiziert 1904), 56–186; deutsche Übersetzung in MAUSS, Soziologie und Anthropologie I, Frankfurt/Main 1989, 43–179

MCCARTER, P.K. Jr, I Samuel. A New Translation with Introduction, Notes & Commentary, AB 8, Dloubleday & Company New York 1980

MEIER, G., Die assyrische Beschwörungssammlung Maqlû, AfO Beiheft 2, 1937, Ndr. Osnabrück 1967

MEINHOLD, A., Maleachi. BKAT XIV/8, Neukirchener Verlag Neukirchen-Vluyn 2006

MEYER, J.-W., Die Eingeweideschau im vor- und nachexilischen Israel, in Nordsyrien und Anatolien, in: JANOWSKI 1993, 531–546

MEYER, J.-W., Untersuchungen zu den Tonlebermodellen aus dem Alten Orient, AOAT 39, Kevelaer Neukirchen-Vluyn 1987

Meyer, J.-W., Art. Lebermodelle. B. Archäologisch, RLA 6, Verlag de Gruyter Berlin / New York 1980–1983, 522–527

Michel, A., Gott und Gewalt gegen Kinder im Alten Testament, FAT 37, Verlag Mohr Siebeck Tübingen 2003

McCarter, P.K., The dialect of the Deir ᶜAlla texts, in: Hoftijzer / van der Kooij 1991, 89–99

McCarter, P.K., I Samuel. A New Translation with Introduction, Notes & Commentary, AB 8, Doubleday & Company Garden City NY 1980

McKenzie, S.L., 1 Könige 16–2 Kön 16, IEKAT, Verlag W. Kohlhammer Stuttgart 2021

McKenzie, S.L., The Trouble with Kings. The Composition of the Book of Kings in the Deuteronomistic History, VT.S 42, Brill Leiden 1991

Miller, R., The Witch at the Navel of the World, ZAW 129 (2017), 98–102

Minokami, Y., Die Revolution des Jehu, GTA 38, Verlag Vandenhoeck & Ruprecht Göttingen 1989

Mommer, P., Samuel. Geschichte und Überlieferung, WMANT 65, Neukirchener Verlag Neukirchen-Vluyn 1991

Mowinckel, S., Psalmenstudien III. Kultprophetie und prophetische Psalmen, Kristiania 1923

Müller, H.-P., Babylonien und Israel. Historische, religiöse und sprachliche Beziehungen, WdF 633, Wissenschaftliche Buchgesellschaft Darmstadt 1991

Müller, H.-P., Art נָבִיא nāḇîʾ, ThWAT V, 1984–1986, 140–163

Müller, H.-P., Art. משׂא maśśā, ThWAT V, 1984–1986, 20–25

Müller, R. / Nommik, U. / Pakkala, J. (eds.), Fortgeschriebenes Gotteswort. Studien zu Geschichte, Theologie und Auslegung des Alten Testaments. Festschrift für Christoph Levin zum 70. Geburtstag, Verlag Mohr Siebeck Tübingen 2020

Muller, V., Women and their Activities in Divinatory Texts, in: Lion, B. / Michel, C. (Eds.), The Role of Women in Work and Society in the Ancient Near East, Studies in Ancient Near Eastern Records 13, Verlag de Gruyter Boston / Berlin 2018, 429–446

Mulzer, M., Der verrückte Prophet (2 Kön 9,11; Jer 29,26; Hos 9,7), in: Diller 2010, 215–236

Mulzer, M., Jehu schlägt Joram. Text-, literar- und strukturkritische Untersuchung zu 2 Kön 8,25–10,36, ATSAT 37, Eos Verlag St. Ottilien 1992

Naumann, T. / Hunziker-Rodewald (Eds.), Diasynchron. Beiträge zur Exegese, Theologie und Rezeption der Hebräischen Bibel. Walter Dietrich zum 65. Geburtstag, Verlag W. Kohlhammer Stuttgart 2009

NEU, R., Art. Ekstase / Besessenheit, in: Das Wissenschaftliche Bibellexikon im Internet (www.wibilex.de), 2006

NEUJAHR, M., Predicting the Past in the Ancient Near East: Mantic Historiography in Mesopotamia, Judah, and the Mediterranean World, BJS 354, Providence 2012

NIHAN, C., Moses and the Prophets: Deuteronomy 18 and the emergence of the Pentateuch as Torah, SEÅ 75 (2010), 21–55

NIHAN, C., From Priestly Torah to Pentateuch: A Study in the Composition of the Book of Leviticus, FAT II/25, Verlag Mohr Siebeck Tübingen 2007

NIHAN, C., 1 Samuel 28 and the Condemnation of Necromancy in Persian Yehud, in: Klutz, 2003, 23–54

NIKKI, N. / VALKAMA, K. (EDS.) Magic in the Ancient Eastern Mediterranean. Cognitive, Historical, and Material Perspectives on the Bible and Its Contexts. Mundus Orientis 3, Verlag Vandenhoeck & Ruprecht Göttingen 2021

NISSINEN, M., Magic in the Hebrew Bible, in NIKKI / VALKAMA 2021, 47–67

NISSINEN, M., Why Prophecy is (Not) Magic?, in: MÜLLER / NOMMIK / PAKKALA 2020, 213–226

NISSINEN, M., Nichtmännliche Prophetie in Quellen des Alten Orients, in: FISCHER, I. / CLAASENS, J. (EDS.), Prophetie, Verlag Kohlhammer Stuttgart 2019 (2019b), 65–94

NISSINEN, M,, Prophetic Divination. Essays in Ancient Near Eastern Prophecy, BZAW 494, W. de Gruyter Berlin / Boston 2019 (2019a)

NISSINEN, M., Prophets and Prophecy in the Ancient Near East. With Contributions by C.L. Seow, Robert K. Ritner, and H. Craig Melchert. Writings from the Ancient World 41, SBL Press ²2019

NISSINEN, M., Ancient Prophecy. Near Eastern, Biblical, and Greek Perspectives. University Press Oxford 2017

NISSINEN, M., Biblical Prophecy from a Near Eastern Perspective: The Case of Kingship and Divine Possession, in: LEMAIRE, A. (ED.), Congress Volume Ljublijana 2007, VT.S 133, Brill Publisher Leiden 2010b, 351–376 (= DERS. 2019, 53–73)

Nissinen, M., Prophecy and Omen Divination: Two Sides of the Same Coin, in: Annus, A. 2010, 341–351 (= NISSINEN 2019a, 75–85).

NISSINEN, M., What is Prophecy? An Ancient Near Eastern Perspective, in: KALTNER, J. / STULMAN, L. (EDS.), Inspired Speech: Prophecy in the Ancient Near East, Fs. H.B. Huffmon, JSOTSup 378, T&T Clark London 2004, 17–37 (= DERS. 2019a, 53–73)

NISSINEN, M., Das kritische Potenzial in der altorientalischen Prophetie, in: KÖCKERT, M. / NISSINEN, M. (EDS.), Propheten in Mari, Assyrien und Israel,

FRLANT 201, Verlag Vandenhoeck & Ruprecht Göttingen 2003, 1–32 (= DERS. 2019a, 163–194)

NISSINEN, M., (ED.), Prophecy in Its Ancient Near Eastern Context. Mesopotamian, Biblical and Arabian Perspectives, SBLSymS 13, Society of Biblical Literature Atlanta 2000

NISSINEN, M., Spoken, Written, Quoted, and Invented: Orality and Writtenness in Ancient Near Eastern Prophecy, in: BEN-ZVI, E. / FLOYD, M.H. (EDS.), Writings and Speech in Israelite and Ancient Near Eastern Prophecy, SBLSymS 10, Atlanta 2000b, 235–271

NISSINEN, M., The Socioreligious Role of the Neo-Assyrian Prophets, in: Ders. (ED.), 2000, 89–114 (= DERS. 2019a, 103–126)

NISSINEN, M., References to Prophecy in Neo-Assyrian Sources, SAAS VII. The Neo-Assyrian Text Project, Helsinki 1998

NISSINEN, M., Die Relevanz der neuassyrischen Prophetie für die alttestamentliche Forschung, in: DIETRICH, M. / LORETZ, O. (EDS.), AOAT 232, Neukirchener Verlag Neukirchen-Vluyn 1993, 217–258 (= DERS. 2019a, 315–350)

NISSINEN, M. / CARTER, C.E. (EDS.), Images and Prophecy in the Ancient Eastern Mediterranean, FRLANT 233, Verlag Vandenhoeck & Ruprecht Göttingen 2009

NOEGEL, S.B., Nocturnal Ciphers: The Allusive Language of Dreams in the Ancient Near East, American Oriental Series 89, American Oriental Society New Haven 200

NÖTSCHER, F., Prophetie im Umkreis des alten Israel, BZ NF 10 (1966), 161–197, wieder abgedruckt in H.-P. MÜLLER 1991, 214–258

NOORT, E., Child Sacrifice in Ancient Israel. The Status Quaestionis, in: BREMMER, J.N. (ED.), The Strange World of Human Sacrifice. Studies in the History and Anthropology of Religion 1, Peeters Leuven 2007, 103–125

NOORT, E., Untersuchungen zum Gottesbescheid in Mari, AOAT 202, Neukirchener Verlag Neukirchen-Vluyn 1977

NOTH, M., Das 4. Buch Mose. Numeri, ATD 7, Verlag Vandenhoeck & Ruprecht Göttingen 1977

NOTH, M. Überlieferungsgeschichtliche Studien. Die sammelten und bearbeitenden Geschichtswerke im Alten Testament, Wissenschaftliche Buchgesellschaft Darmstadt [3]1967

NOTH, M., Die israelitischen Personennamen im Rahmen der gemeinsemitischen Namengebung, Georg Olms Verlagsbuchhandlung Hildesheim 1966 (Ndr. 1928)

NUNN, A., Alltag im alten Orient. Verlag Philipp von Zabern Mainz 2006

OEMING, M. / VETTE, J., Das Buch der Psalmen. Psalm 42–89, NSKAT 13/2, Verlag Katholisches Bibelwerk Stuttgart 2010

ORLINSKI, H.M., The Seer in Ancient Israel, OrAnt 4 (1965), 153–174

ORLINSKI, H.M., The Seer-Priest and the Prophet in Ancient Israel, in: Ders. Essays in Biblical Culture and Biblical Translation, New York 1974, 39–65

OSUMI, Y., Die Kompositionsgeschichte des Bundesbuches Exodus 20,22b–23,33, OBO 105, Vandenhoeck & Ruprecht Göttingen 1991

OSWALD, W., Nathan der Prophet. Eine Untersuchung zu 2 Samuel 7 und 12 und 1 Könige 1, AThANT 94, Theologischer Verlag Zürich 2008

OSWALD, W., Art. Bundesbuch, in: Das Wissenschaftliche Bibellexikon im Internet (www.wibilex.de), 2005

OTT, K., Die prophetischen Analogiehandlungen im Alten Testament, BWANT 185, Verlag Walter Kohlhammer Stuttgart 2009

OTTO, B.-C., Magie. Rezeptions- und Diskursgeschichtliche Analysen von der Antike bis zur Neuzeit, RVV 57, Verlag Walter de Gruyter Berlin / New York 2011

OTTO, E., Deuteronomium 12–34. Zweiter Teilband 23,16–34,12, HThKAT, Herder Verlag Freiburg u.a. 2017

OTTO, E., Deuteronomium 12–34. Erster Teilband 12,1–23,15, HThKAT, Herder Verlag Freiburg u.a. 2016

OTTO, E., Deuteronomium 1–11. Zweiter Teilband 4,44–11.32, HThKAT, Herder Verlag Freiburg u.a. 2012

OTTO, E., Deuteronomium 1–11. Erster Teilband 1,1–4,43, HThKAT, Herder Verlag Freiburg u.a. 2012

OTTO, E., Das Gesetz des Mose. Wissenschaftliche Buchgesellschaft Darmstadt 2007

OTTO, E., Die hebräische Prophetie bei Max Weber, Ernst Troeltsch und Hermann Cohen. Ein Diskurs im Weltkrieg zur christlich-jüdischen Kultursynthese, in: Schluchter, W. / Wilhel, F. (eds.), Asketischer Protestantismus und der „Geist" des modernen Kapitalismus, Mohr Siebeck Tübingen 2005, 201–255

OTTO, E., Max Webers Studien des Antiken Judentums. Historische Grundlegung einer Theorie der Moderne, Mohr Siebeck Tübingen 2002

OTTO, E., Art. Mose. 1. Altes Testament, RGG [4]2002, 1534–1538

OTTO, E., Von der Gerichtsordnung zum Verfassungsentwurf. Deuteronomische Gestaltung und deuteronomistische Interpretation im „Ämtergesetz" Dtn 16,18–18,22, in: KOTTSIEPER, J. U.A. (EDS.), „Wer ist wie du, Herr, unter den Göttern?". Studien zur Theologie und Religionsgeschichte Israels, für OTTO KAISER zum 70. Geburtstag. Verlag Vandenhoeck & Ruprecht Göttingen 1994, 142–155

Otto, E., Der Wandel der Rechtsbegründungen in der Gesellschaftsgeschichte des antiken Israel. Eine Rechtsgeschichte des „Bundesbuches“ Ex XX 22–XXIII 13, Studia Biblica 3, Brill Publisher Leiden / New York 1988

Otto, S., Jehu, Elia und Elisa. Die Erzählung von der Jehu-Revolution und die Komposition der Elia-Elisa-Erzählungen, BWANT 152, Verlag W. Kohlhammer 2001

Overholt, T.W., Channels of Prophecy. The Social Dynamics of Prophetic Activity, Fortress Press Minneapolis 1989

Overholt, T.W., Prophecy in Cross-Cultural Perspektive, SBL Sources for Biblical Study 17, Scholars Press Atlanta 1986

Paezoldt, L., Magie und Religion, Wege der Forschung 337, Wissenschaftliche Buchgesellschaft Darmstadt 1978

Paganini, S., Ein Gesetz zum Schutz der korrekten Kulthandlungen. Zauberei, Magie und andere verbotene Praktiken in Dtn 18,9–14, in: Kamlah / Schäfer / Witte 2017, 309–342

Panow, L.L., Hiskijas Geschick und Jesajas Beistand. Heilstheologische Verarbeitungen der Jesajaüberlieferung in den Hiskija-Jesaja-Erzählungen, AThANT 110, Theologischer Verlag Zürich 2019

Pardee, D., Response: The linguistic classification of the Deir ᶜAlla text written on plaster, in: Hoftijzer / van der Kooij 1991, 100–105

Parpola, S., Assyrian Prophecies, SAA IX, Helsinki University Press Helsinki 1997

Parpola, S., Letters from Assyrian and Babylonian Scholars, SAA X, Helsinki University Press 1993

Peetz, M., Abigajil, die Prophetin: Mit Klugheit und Schönheit für Gewaltverzicht. Eine exegeische Untersuchung zu 1 Sam 25, FzB 116, Echter Verlag Würzburg 2008

Perlitt, L., Deuteronomium. I. Teilband Deuteronomium 1–6*, BKAT V/1, Neukirchener Verlagsgesellschaft Neukirchen-Vluyn 2013 (1990–2013)

Perlitt, L., Mose als Prophet, EvTh 31 (1971), 588–608

Petersen, D.L., Art. Prophet, Prophecy, in: The New Interpreter's Dictionary of the Bible, Volume 4, Abingdon Press Nashville 2009, 622–648

Petersen, D.L., Defining Prophecy and Prophetic Literature, in: Nissinen 2000, 33–44

Pettinato, G. Die Ölwahrsagung bei den Babyloniern. Band I: Einleitung, Band II: Texte und Kommentar, Istituto di Studi del Vicino Oriente Universitá di Roma, Rom 1966

Pezzoli Olgiatti, D., From μαγεία to Magic: Envisagiing a Problematic Concept in the Study of Religion, in: Labajhn / Lietaert Peerbolte 2007, 3–19

Pientka-Hinz, R., Akkadische Texte des 2. und 1. Jt. v. Chr., in: Omina, Orakel, Rituale und Beschwörungen, TUAT NF Band 4, Gütersloher Verlagshaus Gütersloh 2008, 16–60

Pietsch, M., Der Prophet als Magier. Magie und Ritual in den Elischaerzählungen, in: Kamlah / Schäfer / Witte 2017, 343–380

Pietsch, M., Die Kultreform Josias, FAT 86, Verlag Mohr Siebeck Tübingen 2002

Plöger, O., Sprüche Salomos (Proverbia), BKAT XVII, Neukirchener Verlag Neukirchen-Vluyn 1981–1984

Podella, T., Nekromantie, ThQ 177 (1997), 121–133

Pohlmann, K.-F., Der Prophet Hesekiel / Ezechiel Kapitel 1–19, ATD 22,1, Verlag Vandenhoeck & Ruprecht Göttingen 1996

Pohlmann, K.-F., Erwägungen zu Problemen alttestamentlicher Prophetenexegese, in: Kottsieper, I. et al (Eds.), „Wer ist wie du, Herr, unter den Göttern?". Studien zur Theologie und Religionsgeschichte Israels. Festschrift für Otto Kaiser zum 70. Geburtstag, Verlag Vandenhoeck & Ruprecht Göttingen 1994, 325–341

Pongratz-Leisten, B., Herrschaftswissen in Mesopotamien, SAAS X, Neo-Assyrian Text Corpus Project Helsinki 1999

Preuss, H.-D., Art תּוֹעֵבָה tôᶜeḇāh, ThWAT VIII, 1994–1995, 580–592

Preuss, H.-D., Deuteronomium, EdF 164, Wissenschaftliche Buchgesellschaft Darmstadt 1982

Pruin, D., Geschichten und Geschichte. Isebel als literarische und historische Gestalt, OBO 222, Verlag Vandenhoeck & Ruprecht Göttingen 2006

Pummer, R., The Samaritans. A Profile, Eerdmans Grand Rapids MI / Cambridge UK 2016

De Pury, A., Die Erzelterngeschichten, in: Römer / Macchi / Nihan 2013, 196–216

De Pury, A., / Römer, T. (Eds.), Die sogenannte Thronfolgegeschichte Davids. Neue Einsichten und Anfragen, OBO 176, Verlag Vandenhoeck & Ruprecht Göttingen 2000

Rapp, U. Mirjam. Eine feministisch-rhetorische Lektüre der Mirjamtexte in der hebräischen Bibel, BZAW 317, Verlag de Gruyter Berlin / New York 2002

Ratschow, C.-H. / Albertz, R. / Harmening, D. / Ruppert, H.-J., Art. Magie I–IV, TRE 21, 1991, 686–703

Redditt, P.L., Sacharja 9–14, IEKAT, Verlag W. Kohlhammer Stuttgart 2014

Renz, J., Der Beitrag der althebräischen Epigraphik zur Exegese des Alten Testamens und zur Profan- und Religionsgeschichte Palästinas, in: Hardmeier, C. (Ed.), Steine – Bilder – Texte. Historische Evidenz außerbiblischer und biblischer Quellen, ABG 5, Evangelische Verlagsanstalt Leipzig 2001, 123–158

RENZ, J. / RÖLLIG, W., Handbuch der althebräischen Epigraphik. Band I: Die althebräischen Inschriften. Teil I. Text und Kommentar, Wissenschaftliche Buchgesellschaft Darmstadt 1995

REYNOLDS, B.H., Mol ek. Dead or Al ive. The Meaning and Der ivat ion of *mlk* and למלך, in: FINSTERBUSCH, K. / LANGE, A. / RÖMHELD, K.F.D. (EDS.), Human Sacrifice in Jewish and Christian Tradition, Numen Book Series 112, Brill Leiden 2007, 133–150f.

ROBERTS, J. J. M., Blindfolding the Prophet: Political Resistance to First Isaiah's Oracles in the Light of Ancient Near Eastern Attitudes toward Oracles, in: Heintz 1997, 135–146

ROBERTSON-SMITH, W., On the Forms of Divination and Magic enumerated in in Deut. XVIII 10.11., Part I: The Journal of Philology 13 (1885), 273–287, Part II: 14 (1885), 113–128

ROBINSON, TH. H., Neuere Propheten-Forschung, ThR NF 3 (1931), 75–103

ROBKER, J.M., Balaam in Text and Tradition. FAT 131, Mohr Siebeck Tübingen 2019

ROBKER, J.M., The Balaam Narrative in the Pentateuch / Hexateuch / Enneateuch, in: FREVEL, C. / POLA, T. / SCHART, A. (EDS.), Torah and the Book of Numbers, FAT II, 62, Mohr Siebeck Tübingen 2013, 334–366

ROBKER, J.M., The Jehu Revolution. A Royal Tradition of the Northern Kingdom and its Ramifications, BZAW 435, Verlag Walter de Gruyter Berlin / Boston 2012

RÖMER, T., Genesis 39 and the Composition of the Joseph Story, HeBAI 8 (2019), 44–60

RÖMER, T., Der Pentateuch, in: DIETRICH ET AL. (EDS.), Die Entstehung des Alten Testaments, Verlag W. Kohlhammer Stuttgart 2014, 53–166

RÖMER, T., Jeremia. In: Ders. / MACCHI, J.-D. / NIHAN, C. (EDS.), Einleitung in das Alte Testament. Die Bücher der Hebräischen Bibel und die alttestamentlichen Schriften der katholischen, protestantischen und orthodoxen Kirchen, Theologischer Verlag Zürich 2013, 400–411

RÖMER, T., Das Verbot magischer und mantischer Praktiken im Buch Deuteronomium (Dtn 18,9–13), in: Naumann / Hunziker-Rodewald 2009, 311–327

RÖMER, T. / MACCHI, J.-D. / NIHAN, C. (EDS.), Einleitung in das Alte Testament. Die Bücher der Hebräischen Bibel und die alttestamentlichen Schriften der katholischen, protestantischen und orthodoxen Kirchen, Theologischer Verlag Zürich 2013

RÖMER, T., Competing Magicians in Exodus 7–9: Interpreting Magic in the Priestly Theology, in: Klutz 2003, 12–22

RÖSEL, M. / SCHLUND, C., Arithmoi / Numeri / Das vierte Buch Mose, in: Kraus / Karrer 2011, 431–522

ROLLSTON, C.A. (ED.), Enemies and Friends of the State. Ancient Prophecy in Context. Pennsylvania State University Eisenbrauns 2018

ROSS, J.F., Prophecy in Hamath, Israel, and Mari, HThR 63 (1970), 1–28

ROST, L., Die Überlieferung von der Thronnachfolge Davids (1926), in: DERS., Das kleine Credo und andere Studien zum Alten Testament, Verlag Quelle & Meyer Heidelberg 1965, 119–253

ROTHENBUSCH, R., Die kasuistische Rechtssammlung im 'Bundesbuch' (Ex 21,2–11.18–22,16) und ihr literarischer Kontext im Licht altorientalischer Parallelen, AOAT 259, Ugarit Verlag Münster 2000

ROUILLARD, H., La Péricope de Balaam (Nombres 22–24). La Prose et les « Oracles », Études Biblique 4, Gabalda Paris 1985

RÜTERSWÖRDEN, U., Deuteronomium, BKAT V/3, Fasz. 2, Verlag Vandenhoeck & Ruprecht Göttingen 2019

RÜTERSWÖRDEN, U., Deuteronomium, BKAT V/3, Fasz. 1, Neukirchener Verlagsgesellschaft Neukirchen-Vluyn 2011

RÜTERSWÖRDEN, U., Das Buch Deuteronomium, NSK-AT 4, Verlag Katholisches Bibelwerk Stuttgart 2006

RÜTERSWÖRDEN, U., Die Stellung der Deuteronomisten zum Dämonenwesen, in: LANGE, A. / LICHTENBERGER, H. / RÖMHELD, D. (EDS.), Die Dämonen – die Dämonologie der israelitisch-jüdischen und frühchristlichen Literatur im Kontext ihrer Umwelt, Verlag Mohr Siebeck Tübingen 2003, 197–210

RÜTERSWÖRDEN, U., Der Verfassungsentwurf des Deuteronomiums in der neueren Diskussion. Ein Überblick, in: MOMMER, P. / THIEL, W., (EDS.), Altes Testament – Forschung und Wirkung, Fs. Für HENNING GRAF REVENTLOW, Peter Lang Verlag Frankfurt/Main 1994, 313–328

RÜTERSWÖRDEN, U., Von der politischen Gemeinschaft zur Gemeinde. Studien zu Dt 16,8–18.22, BBB 65, Athenäum Verlag Frankfurt/Main 1987

RUPPERT, L., Genesis. Ein kritischer und theologischer Kommentar. 3. Teilband: Gen 25,19–36,43, FzB 106, Echter Verlag Würzburg 2008

RUPPERT, L., Art. קָסַם *qāsam*, ThWAT VII, 1990–1993, 78–84

SADER, H., Prophecy in Syria: Zakkur of Hamath aond Luᶜash, in: Rollston 2018, 115–134

SANDERS, S. L., Why Prophecy Became a Biblical Genre. First Isaiah as an Instance of Ancient Near Eastern Text-Building, HeBAI 6 (2017), 26–52

SASSON, J.M., From the Mari Archives. An Anthology of Old Babylonian Letters, Eisenbrauns Winona Lake 2015

SASSON, J.M, Judges 1–12. A New Translation with Introduction and Commentary, The Anchor Yale Bible, Yale University Press New Haven / London 2014

SASSON, J.M., About Mari and the Bible, RA 92 (1998), 97–123

SAUERWEIN, R., Elischa. Eine redaktions- und religionsgeschichtliche Studie, BZAW 465, Verlag Walter de Gruyter Berlin / Boston 2014

SCHÄFER-LICHTENBERGER, C., Josua und Salomo. Eine Studie zu Autorität und Legitimität des Nachfolgers, VT.S 58. Brill Publisher Leiden u.a. 1995

SCHART, A., Maleachi, IEKAT, Verlag W. Kohlhammer Stuttgart 2020

SCHART, A., Art. Prophetie (AT), 2014, www.wibilex.de

SCHIPPER, B.U., Jospeh in Egypt. A Critical Evaluation of the Classical Parallels and a New Interpretation, in: Schmid / Römer / Bühler 2021, 139–163

SCHIPPER, B.U., The Egyptian Background of the Joseph Story, HeBAI 8 (2019), 6–23

SCHIPPER, B.U., Prophetie in Ägypten. Ein religionsgeschichtlicher Irrtum, WUB 18 (2013), 12–15

SCHIPPER, B.U., Die Erzählung des Wenamum. Ein Literaturwerk im Spannungsfeld von Politik, Geschichte und Religion, OBO 209, Vandenhoeck & Ruprecht Göttingen 2005

SCHMID, H., Die Gestalt des Mose. Probleme alttestamentlicher Forschung unter Berücksichtigung der Pentateuchkrise, EdF 237, Wissenschaftliche Buchgesellschaft Darmstadt 1986

SCHMID, K., The Prophets after the Law or the Law after the Prophets. Terminological, Biblical, and Historical Perspectives, in: GERTZ ET AL. (EDS.), The Formation of the Pentateuch, FAT 111, Verlag Mohr Siebeck Tübingen, 2016, 841–850

SCHMID, K., Hintere Propheten (Nebiim), in: GERTZ (ED.), Grundinformation Altes Testament. Eine Einführung in Literatur, Religion und Geschichte des Alten Testaments, UTB 2745, Verlag Vandenhoeck & Ruprecht Göttingen [6]2019, 313–412

SCHMID, K. / RÖMER, T. / BÜHLER, A. (EDS.), The Joseph Story between Egypt and Israel. Archaelogy and Bible 5, Verlag Mohr Siebeck Tübingen 2021

SCHMIDT, B.B., The Materiality of Power. Explorations in the Social History of Early Israelite Magic, FAT 105, Verlag Mohr Siebeck 2016

SCHMIDT, B.B., The Witch of En-Dor, 1 Samuel 28, and Ancient Near Eastern Necromancy, in: MEYER, M. / MIRECKI, P. (EDS.) Ancient Magic and Ritual Power, Brill Publisher 1995, 111–129

SCHMIDT, B.B., Israel's Beneficent Dead, FAT 11, Verlag Mohr Siebeck Tübingen 1994

SCHMIDT, B.B. / SCHMITT, R., Art. Magic, in: Encyclopedia of the Bible and Its Reception, Bd. 17, Verlag de Gruyter Berlin / New York, 431–437

SCHMIDT, W.H., Exodus. Teilband 2. Ex 7,1–15,21, BKAT II/2, Verlag Vandenhoeck & Ruprecht Göttingen 2019 (1995–2019)

SCHMIDT, W.H., Das Buch Jeremia. Kapitel 1–20, ATD 20, Verlag Vandenhoeck & Ruprecht Göttingen 2008

SCHMIDT, W.H. Art. דבר dāḇar, ThWAT II, 1974–1977, 101–133

SCHMITT, A., Die Totenerweckung in 2 Kön 4,8–37. Eine literaturwissenschaftliche Untersuchung, BZ NF 10 (1975), 1–25

SCHMITT, R., Art. Magic, in: Berlejung 2022, 588–596

SCHMITT, R., Art. Divination, in: Berlejung 2022, 238–245

SCHMITT, R., Magie und rituelles Heilen im Alten Testament, in: Kamlah / Schäfer / Witte 2017, 183–197

SCHMITT, R., Ekstase und Selbstlazeration im Kontext von Mantik, in: JUNG, M. / BAUKS, M. / ACKERMANN, A. (EDS.), Dem Körper eingeschrieben. Verkörperung zwischen Leiberleben und kulturellem Sinn, Springer Fachmedien Wiesbaden 2016, 189–201

SCHMITT, R., Mantik im Alten Testament, AOAT 411, Ugarit Verlag Münster 2014

SCHMITT, R., „Eine Hexe sollst Du nicht am Leben lassen“ (Ex 22,17), Das Hexereistigma im Alten Testament und seiner Umwelt, in: Achenbach / Ebach / Wöhrle 2014a, 175–187

SCHMITT, R., Ekstase und Selbstlazeration im Kontext von Mantik, in: JUNG, M. / BAUKS, M. / ACKERMANN, A. (EDS.), Dem Körper eingeschrieben. Verkörperung zwischen Leiberleben und kulturellem Sinn, Springer Fachmedien Wiesbaden 2016, 189–201

SCHMITT, R., Totenversorgung, Totengedenken und Nekromantie. Biblische und archäologische Perspektiven ritueller Kommunikation mit den Toten, in: BERLEJUNG, A. / JANOWSKI, B.s (EDS.), Tod und Jenseits im alten Israel und in seiner Umwelt, FAT 64, Verlag Mohr Siebeck Tübingen 2009, 501–524

SCHMITT, R., Magie im Alten Testament, AOAT 313, Ugarit Verlag Münster 2004

SCHMITT, R., Magietheorien und die Religionen des antiken Vorderen Orients, Mitteilungen aus Anthropologie und Religionsgeschichte 13 (1998, veröffentlicht 2001), 309–332

SCHMITZ, B., Prophetie und Königtum. Eine narratologisch-historische Methodologie entwickelt an den Königsbüchern, FAT 60, Verlag Mohr Siebeck Tübingen 2008

SCHNEIDER, T., A Land without Prophets? Examining the Presumed Lack of Prophecy in Ancient Egypt, in: ROLLSTON 2018, 59–86

SCHNIEDEWIND, W.M., The Word of God in Transition. From Prophet to Exegete in the Second Temple Period, JSOT.S 197, Sheffield Academic Press 1995

SCHÖPFLIN, K., Naaman. Seine Heilung und Bekehrung im Alten und im Neuen Testament, BN NF 141 (2009), 35–56

SCHÖNING, B., Drei Dinge sind es, die mir zu wunderbar sind, und vier, die ich nicht begreife. Bileams Segen über Israel (Num 22,41–24,25), BThSt 132, Neukirchener Verlag Neukirchen-Vluyn 2013

SCHOTT, M. Die Jakobspassagen in Hosea 12, ZThK 112 (2015), 1–26

SCHULMEISTER, I., Israels Befreiung aus Ägypten. Eine Formeluntersuchung zur Theologie des Deuteronomiums, ÖBS 36, Peter Lang Verlag Frankfurt/Main u.a. 2010

SCHÜLE, A., Balaam from Deir Allā – A Peripheral Aramean?, in: BERLEJUNG, A. / MAEIR, A. M. / DERS. (EDS.), Wandering Arameans: Arameans Outside Syria. Textual and Archaeological Perspectives, LAOS 5, Verlag Harrassowitz Wiesbaden 2017, 69–80

SCHÜLE, A., Israels Sohn – Jahwes Prophet. Ein Versuch zum Verhältnis von kanonischer Theologie und Religionsgeschichte anhand der Bileam-Perikope (Num 22–24), ATM 17, Lit Verlag Münster / Hamburg / London 2001

SCHÜTTE, W., Israels Exil in Juda. Untersuchungen zur Entstehung der Schriftprophetie, OBO 279, Verlag Vandenhoeck & Ruprecht Göttingen 2016

SCHUNK, K.-D., Benjamin. Untersuchungen zur Entstehung und Geschichte eines israelitischen Stammes, BZAW 86, Verlag Walter de Gruyter Berlin 1963

SCHWEMER, D., The Anti-Witchcraft Ritual Maqlû. The Cuneiform Sources of a Magic Ceremony from Ancient Mesopotamia, Harrassowitz Verlag Wiesbaden 2017

SCHWEMER, D., Leberschau, Losorakel, Vogelflug und Traumgesicht. Formen und Funktionen der Vorzeichendeutung, in: Kunst- und Ausstellungshalle der Bundesrepublik Deutschland Bonn (ed.), Die Hetihiter und ihr Reich. Volk der 1000 Götter, Wissenschaftliche Buchgesellschaft Darmstadt 2002, 140–145

SCHWEMER, D., Die Wettergottgestalten Mesopotamiens und Nordsyriens im Zeitalter der Keilschriftkulturen, Verlag Harrassowitz Wiesbaden 2001

SCHWIDERSKI, D., Die alt- und reichsaramäischen Inschriften. The Old and Imperial Aramaic Inscriptions, Bd. 1: Konkordanz, Verlag de Gruyter Berlin / New York 2008

SCHWIENHORST-SCHÖNBERGER, L., Das Bundesbuch (Ex 20,22–23,33), BZAW 188, Walter de Gruyter Verlag Berlin 1990

SCURLOCK, J., Prophecy as a Form of Divination; Divination as a Form of Prophecy, in: Annus 2010, 277–311

SEEBASS, H., Numeri 22,2–36,13, BKAT IV/3, Neukirchener Verlag Neukirchen-Vluyn 2007

SEEBASS, H., Numeri 10,11–22,1, BKAT IV/2, Neukirchener Verlag Neukirchen-Vluyn 2003

SEIDL, T., Der „Moloch-Opferbrauch" ein „rite de passage"? Zur kontroversen Bewertung eines rätselhaften Ritus im Alten Testament, OTE 20 (2007), 432–455

SEITZ, C.R., Prophecy in the Nineteenth Century Reception, in: SÆBØ, M. (ED.), Hebrew Bible / Old Testament. The History of Its Interpretation, Vol. III, Vandenhoeck & Ruprecht Göttingen 2013, 556–581

SEITZ, G., Redaktionsgeschichtliche Studien zum Deuteronomium, BWANT 93, Verlag W. Kohlhammer Stuttgart u.a. 1971

SHARP, C.J., Jeremiah 26–52. IECOT, Verlag W. Kohlhammer Stuttgart 2022

SHUPAK, N., Egyptian "Prophecy" and Biblical Prophecy. Did the Phenomenon of Prophecy, in the Biblical Sense, Exist in Ancient Egypt?, in: JEOL 31 (1991), 5–40

SHUPAK, N., The Egyptian 'Prophecy' – A Reconsideration, in: ZIBELIUS-CHEN, K. / FISCHER- ELFERT (EDS.), „Von reichlich ägyptischem Verstande": Festschrift für Waltraud Guglielmi zum 65. Geburtstag. Altertumskundliche Abhandlungen 11, Verlag Harrassowitz Wiesbaden 2006, 133–144

SICRE, J.L., Profetismo en Israel. El Profeta. Los profetas. El Mensaje, Editorial Verbo Divino Estella 1992

SMITH, M.S., Child Sacrifice as the Extreme Case, in: ARBEL ET AL. (EDS.), Not Sparing the Child. Human Sacrifice in the Ancient World and Beyond. Studies in Honor of Professor Paul G. Mosca, Bloomsbury T& T Clark London 2015, 3–17

SMITH, P. ET AL. (EDS,), Age Estimations Attest to the Practice of Infant Sacrifice at the Carthage Tofet, Antiquity 87 (2013), 1191–1199

SMITH, W.R., The Prophets of Israel and their Place in History, Charles Black 1902; Ndr. Transaction Publishers New York 2002

SMITH, W.R., The Old Testament in the Jewish Church. Twelve lectures on Biblical criticism, New York 1881; Ndr. Hansebooks Norderstedt 2020

SØRENSEN, J., Magic Reconsidered: Towards a Scientifically Valid Concept of Magic, in. OTTO, B.-C. / STAUSBERG, M. (EDS.), Defining Magic. A Reader, Equinox Publishers, Sheffield / Bristol 2013, 229–242

SØRENSEN, J., A Cognitive Theory of Magic, Alta Mira Press, Lanham u.a. 2007

STACEY, W.D., Prophetic Drama in the Old Testament, Epworth Press London 1990

STACKERT, J., A Prophet like Moses. Prophecy, Law, and Israelite Religion, Oxford University Press New York 2014

STACKERT, J., Mosaic Prophecy and the Deuteronomic Source of the Torah, in: SCHMID, K. / PERSON, R.F. (EDS.), Deuteronomy in the Pentateuch, Heexateuch, and the Deuteronomistic History, FAT II / 56, Verlag Mohr Siebeck Tübingen 2012, 47–63

STAVRAKOPOULOU, F., King Manasseh and Child Sacrifice. Biblical Distortions of Historical Realities, BZAW 338, Verlag Walter de Gruyter Berlin / New York 2004

STEINER, M.L., Iron Age Cultic Sites in Transjordan, Religions 10 (2019), 1–11

STECK, O.H., Die Prophetenbücher und ihr theologisches Zeugnis, Verlag Mohr Siebeck Tübingen 1996

STECK, O.H., Der Abschluß der Prophetie im Alten Testament. Ein Versuch zur Frage der Vorgeschichte des Kanons, Biblisch-theologische Studien 17, Neukirchener Verlag Neukirchen-Vluyn 1991

STEYMANS, H.U., Deuteronomy 13 in Comparison with Hittite, Aramaic and Assyrian Treaties, HeBAI 8 (2019), 101–132

STIPP, H.-J., „Nimm dir eine Buchrolle und schreibe!" (Jer 36,2), Gesammelte Aufsätze zum Jeremiabuch, FRLANT 281, Verlag Vandenhoeck & Ruprecht Göttingen 2021

STIPP, H.-J., (2021a), Die Erkennbarkeit intentionaler innerbiblischer Intertextualität am Beispiel von Jer 26 und 26*, in: KRAUSE, J.J. / WEINGART, K. (eds.), Exegetik des Alten Testaments. Bausteine für eine Theorie der Exegese, FAT II, 127, Mohr Siebeck Tübingen 2021 127–161

STIPP, H.-J., Apologetik, Propaganda, Rivalitäten, in: KRAUSE, J.J. / OSWALD, W. / WEINGART, K. (EDS.), Eigensinn und Entstehung der Hebräischen Bibel, Festschrift ERHARD BLUM, FAT 136, Verlag Mohr Siebeck Tübingen 2020, 377–407 (= STIPP 2021, 412–443)

STIPP, H.-J. Jeremia 25–52. Handbuch zum Alten Testament I/12,2, Verlag Mohr Siebeck Tübingen 2019

STIPP, H.-J., Die Deuteronomisten und das Exil. Historische Erfahrungen und theologische Lernprozesse, MThZ, 70 (2019), 2–23 (= DERS. 2021, 444–468)

STIPP, H.-J. Zwei alte Jeremia-Erzählungen: Jer 28* und 36*. Fallstudien zur Entstehung der Jeremia-Erzähltradition, Bib. 96 (2015), 321–350 (= DERS. 2021, 188–214)

STIPP, H.-J., Das judäische und das babylonische Jeremiabuch, in: VT.S 133, 2010, 239–264 (= DERS. 2015, 325–347)

STIPP, H.-J., Studien zum Jeremiabuch. Text und Redaktion, FAT 96, Verlag Mohr Siebeck Tübingen 2015

STIPP, H.-J., Das masoretische und alexandrinische Sondergut des Jeremiabuches. Textgeschichtlicher Rang, Eigenarten, Triebkräfte, OBO 136, Verlag Vandenhoeck & Ruprecht Göttingen 1994

STIPP, H.-J., Jeremia im Parteienstreit. Studien zur Textentwicklung von Jer 26, 36–43 und 45 als Beitrag zur Geschichte Jeremias, seines Buches und judäischer Parteien im 6. Jahrhundert, BBB 82, Verlag Anton Hain Frankfurt/ Main 1992

STIPP, H.-J. Elischa – Propheten – Gottesmänner. Die Kompositionsgeschichte des Elischazyklus und verwandter Texte, rekonstruiert auf der Basis von Text- und Literarkritik zu 1 Kön 20.22 und 2 Kön 2–7, ATSAT 24, Eos Verlag St. Ottilien 1987

STOEBE, H.J., Das erste Buch Samuelis, KAT VIII/1, Gütersloher Verlagshaus Gütersloh 1973

STÖKL, J., Prophecy in the Ancient Near East. A Philological and Sociological Comparison, CHANE 56, Brill Leiden Boston 2012

STÖKL, J. / LENZI, A. (EDS.), Divination, Politics, & Ancient Near Eastern Empires, Ancient Near East Monographs 7, SBL Atlanta 2014

STRAUSS, H., Über die Grenzen? Exegetische Beobachtungen zu 1 Sam 28,3–25 auf dem Hintergrund bestimmter Strömungen im Rahmen des sogenannten „New Age", BN 50 (1989), 17–25

SWEENEY, M.A., I & II Kings. A Commentary, The Old Testament Library, Westminster John Knox Press Louisville / London 2007

TAMBIAH, S.J., Magic, science, religion, and the Scope of Rationality, Cambridge University Press Cambridge 1990

TAMBIAH, S.J., Form und Bedeutung magischer Akte. Ein Standpunkt, in: KIPPENBERG, H.G. / LUCHESI, B., (EDS.), Magie. Die sozialwissenschaftliche Kontroverse über das Verstehen fremden Denkens, Suhrkamp Verlag ^{2}1995 (1970), 259–300

TEDLOCK, B., Divination as a Way of Knowing: Embodiment, Visualisation, Narrative, and Interpretation, Folklore 112 (2001), 189–197

TENGSTRÖM, S., Moses and the Prophets in the Deuteronomistic History, SJOT 8 (1994), 257–266

THEIS, C., Magie und Raum. Der magische Schutz ausgewählter Räume im alten Ägypten nebst einem Vergleich zu angrenzenden Kulturbereichen, ORA 13, Verlag Mohr Siebeck Tübingen 2014

THIEL, W., Könige. Zweiter Teilband 1. Könige 17–22, BKAT IX/2, Verlag Vandenhoeck & Ruprecht Göttingen 2019 (2000–2019) 2019

THIEL, W., Die deuteronomistische Redaktion von Jeremia 1–25. WMANT 41, Neukirchener Verlag Neukirchen-Vluyn 1973

TIEMEYER, L.-S. (ED.), Prophecy and Its Cultic Dimensions. Verlag Vandenhoeck & Ruprecht Göttingen 2019

TIEMEYER, L.-S., Prophecy as a Way of Cancelling Prophecy – The Strategic Uses of Foreknowledge, ZAW 117 (2005), 329–350

THELLE, R.I., Ask God. Divine Consultation in the Literature of the Hebrew Bible, BET 30, Peter Lang Frankfurt/Main 2002

TIMM, S., Moab zwischen den Mächten. Studien zu historischen Denkmälern und Texten, ÄAT 17, Harrassowitz Wiesbaden 1989

VAN DER TOORN, K., Mesopotamian Prophecy between Immanence and Transcendence. A Comparison of Old Babylonian and Neo-Assyrian Prophecy, in: Nissinen 2000, 71–87

VAN DER TOORN, K., L'oracle de victoire comme expression prophétique au Proche Orient ancien, RB 94 (1987), 63–97

TREIBER, H., Anmerkungen zu Max Webers Charismakonzept, ZAR 11 (2005), 195–213

TROPPER, J., Nekromantie. Totenbefragung im Alten Orient und im Alten Testament, AOAT 223, Neukirchener Verlag Neukirchen-Vluyn 1989

TYLOR, E.B. Die Anfänge der Cultur: Untersuchungen über die Entwicklung der Mythologie, Philosophie, Religion, Kunst und Sitte, Leipzig 1873

TYSON, C.W., The Ammonites. Elites, Empires, and sociopolitical Change (1000–500 BCE), LHBOTS 585, Bloomsbury Publishing London u.a. 2014

UEHLINGER, C. Genesis 37–50: Der „Josef-Roman", in: RÖMER / MACCHI / NIHAN 2013, 217–223

UFFENHEIMER, B., Early Prophecy in Israel. The Magnes Press Jerusalem 1999, hebräisch 1973

UTZSCHNEIDER, H. / OSWALD, W., Exodus 1–15, IEKAT, Verlag W. Kohlhammer Stuttgart 2013

DE VAUX, R., Das Alte Testament und seine Lebensordnungen, Band II. Heer und Kriegswesen. Die religiösen Lebensordnungen, Verlag Herder Freiburg / Basel / Wien ²1960

TYSON, C.W., The Ammonites. Elites, Empires and Sociopolitical Change (1000–500 BCE), LHBOTS 585, Bloomsbury Academic Publisher London u.a. 2014

VAHRENHOLZ, M., Levitikon / Leviticus / Das dritte Buch Mose, in: KARRER, M. / KRAUS, W. (EDS.) 2011, 325–430

VEIJOLA, T., Das 5. Buch Mose. Deuteronomium Kapitel 1,1–16,17, ATD 8,1, Vandenhoeck & Ruprecht Göttingen 2004

VIBERG, Å., Prophets in Action. An Analysis of Prophetic Symbolic Acts in the Old Testament, CB.OT 55, Almquist & Wiksell International Stockholm 2007

VONDERGEEST, C., Prophecy and Divination in the Deuteronomistic History, Diss PhD Richmond Virginia 2005

VROON-VAN VUGT, MIRANDA, Divine Communication: God, a Prophet and a Woman. Conceptual Blending in 1 Sam 28,3–25, in: DIETRICH, W.(ED.), The

Books of Samuel. Stories – History – Reception History, BETL 234, 2016, Peeters Publisher Leuven 2016, 393–402

Wagner, S., Art. דָּרַשׁ *dāraš*, ThWAT II, Kohlhammer Stuttgart 1974–1977, 313–329

de Ward, E.F., Superstition and Judgment: Archaic Methods of Finding a Verdict, ZAW 89 (1977), 1–19

Wanke, G., Jeremia. Teilband 2: Jeremia 25,15–52–34, ZBK.AT 20.2, Theologischer Verlag Zürich 2003

Weber, M. Wirtschaft und Gesellschaft. Die Wirtschaft und die gesellschaftlichen Ordnungen und Mächte. Nachlaß. Religiöse Gemeinschaften. Studienausgabe, hrsg. von H. G. Kippenberg, MWS I 22–2, Verlag Mohr Siebeck Tübingen 2005 (1922).

Weimar, P., Jona. HThKAT, Herder Verlag Freiburg u.a. 2017

Weinfeld, M., The Worship of Molech and the Queen of Heaven and Its Background, UF 4 (1972), 133–154

Weippert, M., Götterwort in Menschenmund. Studien zur Prophetie in Assyrien, Israel und Juda, FRLANT 252, Vandenhoeck & Ruprecht Göttingen 2014

Weippert, M., Nachwort, in: Ders. 2014, 227–245

Weippert, M., Historisches Textbuch zum Alten Testament. Mit Beiträgen von Joachim Friedrich Quack, Bernd Ulrich Schipper und Stefan Jakob Wimmer, GAT 10, Vandenhoeck & Ruprecht Göttingen 2010

Weippert, M., Jahwe und die anderen Götter, FAT 18, Verlag Mohr Siebeck Tübingen 1997

Weippert, M., Art. Prophetie im Alten Orient, in: NBL III, 2001 (1997), 196–200

Weippert, M., Aspekte israelitischer Prophetie im Lichte verwandter Erscheinungen des Alten Orients, in: Mauer, G. / Magen, U. (Eds.), Ad bene et fideliter seminandum. Festgabe für Karl Heinz Deller zum 21. Februar 1987, AOAT 230, Neukirchener Verlag Neukirchen-Vluyn 1988, 287–319 (= Ders. 2014, 87–103)

Weippert, M., Assyrische Prophetien der Zeit Asarhaddons und Assurbanipals, in: Fales, F.M (Ed.), Assyrian Royal Inscriptions: New Horizons in literary, ideological, and historical analysis, Orientis Antiqui Collectio 17, Istituto per l'Oriente, Centro per le Antichità e la Storia dell'Arte del Vicino Oriente 1981, 71–115 (= Ders. 2014, 9–47)

Weise, U., Vom Segnen Israels. Eine textpragmatische Untersuchung der Bileam-Erzählung Num 22–24, Textpragmatische Studien zur Hebräischen Bibel 3, Gütersloher Verlagshaus Gütersloh 2006

WELLHAUSEN, J., Die Composition des Hexateuchs und der historischen Bücher des Alten Testaments, de Gruyter Berlin ^{4}1963

WELLHAUSEN, J., Prolegomena zur Geschichte Israels, de Gruyter Berlin / New York ^{6}2001 (1927)

WELLHAUSEN, J., Reste arabischen Heidentums, Ndr. VDM Verlag Dr. Müller Saarbrücken 2007 (1897)

WELLHAUSEN, J., Israelitische und jüdische Geschichte, Verlag Walter de Gruyter Berlin New York ^{10}2004 (1894)

WENNING, R. / ZENGER, E., Heiligtum ohne Stadt – Stadt ohne Heiligtum? Anmerkungen zum archäologischen Befund des Tell Dēr ᶜAllā, ZAH 4 (1991), 171–193

WILBURN, A.T., Materia Magica. The Archaeology of Magic in Roman Egypt, Cyprus, and Spain. New Texts from Ancient Cultures, University of Michigan Press Ann Arbor 2012

WLDBERGER, H., Jes 28–39, BKAT X/3, Neukirchener Verlag Neukirchen-Vluyn 1982

WILDBERGER, H. Jesaja 1–12, BKAT X/1, Neukirchener Verlag Neukirchen-Vluyn ^{2}1980

WILLIAMSON, H.G.M, Prophetesses in the Hebrew Bible, in: Day 2010, 65–80

WILLI-PLEIN, I., Das Buch Genesis. Kapitel 12–50, NSKAT 1/2, Verlag Katholisches Bibelwerk Stuttgart 2011

WILSON, R.R., Prophecy and Society in Ancient Israel, Fortress Press Philadelphia 1980

WINITZER, A., Early Mesopotamian Divination Literature. Its Organizational Framework and Generative and Paradigmatic Characteristics, Ancient Magic and Divination 12, Brill Leiden / Boston 2017

WISSMANN, F.B., „Er tat das Rechte…": Beurteilungskriterien und Deuteronomismus in 1 Kön 12–2 Kön 25, AThANT 93, Theologischer Verlag Zürich 2008

WÖHRLE, J., „Wenn das Wort nicht eintrifft, hat Jhwh es nicht gesprochen". Zur Intention des Prophetengesetzes in Deuteronomium 18,9–22, in: GRÄTZ, S. ET AL. (EDS.), Ein Freund des Wortes, Festschrift U. RÜTERSWÖRDEN, Vandenhoeck & Ruprecht Göttingen 2019, 374–386

WOLFF, H.W., Micha. BKAT XIV/4, Neukirchener Verlag Neukirchen-Vluyn 1982

WOLFF, H.W., Dodekapropheton I. Hosea, BKAT XIV/1, Neukirchener Verlag Neukirchen-Vluyn ^{3}1976

WÜRTHWEIN, E., Die Revolution Jehus. Die Jehu-Erzählung in altisraelitischer und deuteronomistischer Sicht, ZAW 120 (2008), 28–48

WÜRTHWEIN, E., Die Bücher der Könige. 1. Kön 17–2. Kön 25, ATD 11,2, Verlag Vandenhoeck & Ruprecht Göttingen 1984

Würthwein, E., Die Bücher der Könige. 1 Könige 1–16, ATD 11,1, Verlag Vandenhoeck & Ruprecht Göttingen 1977

Xella, P. et al., Phoenician Bones of Contention, Antiquity 87 (2013), 1199–1207

Xella, P. (ed.), The Tophet in the Phoenician Mediterranean, Verona 2013 (= SEL 29–30 (2012–2013))

Yap, T., (You're) The Devil in Disguise: The Theme of Disguise in 1 Samuel and 1 Kings, ZAW 134 (2022), 2–14

Younger, K.L., A Political History of the Arameans. Their Origins to the End of Their Polities, Archaeology and Biblical Studies 13, SBL Press 2016

Zapff, B.M., Micha, IEKAT, Verlag W. Kohlhammer Stuttgart 2020

Zapff, B.M., Jesaja 56–66, NEB.AT, Echter Verlag Würzburg 2006

Zenger, E., Das Buch Hosea, in: Ders. / Frevel ⁹2016, 635–643

Zenger, E., Das Buch Joel, in: Ders. / Frevel ⁹2016, 643–649

Zenger, E., Das Buch Micha, in: Ders. / Frevel ⁹2016, 671–677

Zenger, E., Das Buch Sacharja, in: Ders. / Frevel ⁹2016, 697–704

Zenger, E. / Frevel, C., Einleitung in das Alte Testament, Verlag W. Kohlhammer Stuttgart ⁹2016

Zenger, E. / Frevel, C., Das Heiligkeitsgesetz (Lev 17–26: P^H), in: Dies. ⁹2016, 205–209

Ziemer, B., Kritik des Wachstumsmodells. Die Grenzen alttestamentlicher Redaktionsgeschichte im Lichte empirischer Evidenz, VT.S 182, Brill Publisher Leiden / Boston 2021

Zimmerli, W., Ezechiel 1–24, BKAT XIII/1, Neukirchener Verlag Neukirchen-Vluyn ²1979

Zobel, K., Prophetie und Deuteronomium. Die Rezeption prophetischer Theologie durch das Deuteronomium, BZAW 199, Verlag Walter de Gruyter Berlin / New York 1992

Zohary, M., Pflanzen der Bibel, Calwer Verlag Stuttgart ³1995

Zuesse, E.M., Art. Divination, EncRel(E) IV, 1987, 375–382

Zwickel, W., Rez. zu Michael Pietsch, Die Kultreform Josias, UF 46 (2015), 504–511

ÖSTERREICHISCHE BIBLISCHE STUDIEN

Herausgegeben von Georg Braulik bis Band 60

Fortgeführt von Agnethe Siquans und Markus Tiwald ab Band 61

Band 1 bis 13 sind erschienen im Verlag Österreichisches Katholisches Bibelwerk.

Band 1 Wilhelm Egger: Nachfolge als Weg zum Leben. Chancen neuerer exegetischer Methoden, dargelegt an Mk 10,17-31. (vergriffen)

Band 2 Herbert Migsch: Gottes Wort über das Ende Jerusalems. Eine literar-, stil- und gattungskritische Untersuchung des Berichtes Jeremia 34,1-7; 32,2-5; 37,3-38,28.

Band 3 Walter Kirchschläger: Jesu exorzistisches Wirken aus der Sicht des Lukas. Ein Beitrag zur lukanischen Redaktion.

Band 4 Roland Schwarz: Bürgerliches Christentum im Neuen Testament? Eine Studie zu Ethik, Amt und Recht in den Pastoralbriefen.

Band 5 Roman Kühschelm: Jüngerverfolgung und Geschick Jesu. Eine exegetisch-bibeltheologische Untersuchung der synoptischen Verfolgungsankündigung Mk 13,9-13 par und Mk 23,29-36 par.

Band 6 Ryszard Rubienkiewicz: Die Eschatologie von Henoch 9-11 und das Neue Testament (aus dem Polnischen übersetzt von Herbert Ulrich).

Band 7 Birgit Langer: Gott als "Licht" in Israel und Mesopotamien. Eine Studie zu Jes 60,1-3,19f.

Band 8 Gerhard Langer: Von Gott erwählt – Jerusalem. Die Rezeption von Dtn 12 im frühen Judentum.

Band 9 Ursula Struppe: Die Herrlichkeit Jahwes in der Priesterschrift. Eine semantische Studie zu kebôd YHWH.

Band 10 Ingeborg Gabriel: Friede über Israel. Eine Untersuchung zur Friedenstheologie in Chronik I 10 - II 36.

Band 11 Gottfried Glaßner: Vision eines auf Verheißung gegründeten Jerusalem. Textanalytische Studien zu Jesaja 54.

Band 12 Martin Stowasser: Johannes der Täufer im Vierten Evangelium. Eine Untersuchung zu seiner Bedeutung für die johanneische Gemeinde.

Band 13 Michael Weigl: Zefanja und das "Israel der Armen". Eine Untersuchung zur Theologie des Buches Zefanja.

Seit 1996 erscheint die Schriftenreihe bei der Peter Lang GmbH, Internationaler Verlag der Wissenschaften in Berlin.

Band 14 Alfred Friedl: Das eschatologische Gericht in Bildern aus dem Alltag. Eine exegetische Untersuchung von Mt 24,40f par Lk 17,34f. 1996.

Band 15 Herbert Migsch: Jeremias Ackerkauf. Eine Untersuchung von Jeremia 32. 1996.

Band 16 Gianni Barbiero: Das erste Psalmenbuch als Einheit. Eine synchrone Analyse von Psalm 1-41. 1999.

Band 17 Reginaldo Gomes de Araújo: Theologie der Wüste im Deuteronomium. 1999.

Band 18 Jean-Marie Carrière: Théorie du politique dans le Deutéronome. Analyse des unités, des structures et des concepts de Dt 16,18-18,22. 2001.

Band 19 Agnethe Siquans: Der Deuteronomiumkommentar des Theodoret von Kyros. 2002.

Band 20 Markus Tiwald: Wanderradikalismus. Jesu erste Jünger - ein Anfang und was davon bleibt. 2002.

Band 21 Michael P. Maier: Ägypten - Israels Herkunft und Geschick. Studie über einen theo-politischen Zentralbegriff im hebräischen Jeremiabuch. 2002.

Band 22 Georg Braulik / Norbert Lohfink: Osternacht und Altes Testament. Studien und Vorschläge. Mit einer Exsultetvertonung von Erwin Bücken. 2., durchgesehene Auflage. 2003.

Band 23 Georg Braulik (Hrsg.): Das Deuteronomium. 2003.

Band 24 Miroslav Kocúr: National and Religious Identity. A Study in Galatians 3,23-29 and Romans 10,12-21. 2003.

Band 25 Rudolf Kutschera: *Das Heil kommt von den Juden* (Joh 4,22). Untersuchungen zur Heilsbedeutung Israels. 2003.

Band 26 Jerzy Seremak: Psalm 24 als Text zwischen den Texten. 2004.

Band 27 Hans Ulrich Steymans: Psalm 89 und der Davidbund. Eine strukturale und redaktionsgeschichtliche Untersuchung. 2005.

Band 28 Georg Braulik / Norbert Lohfink: Liturgie und Bibel. Gesammelte Aufsätze. 2005.

Band 29 Johannes Marböck: Weisheit und Frömmigkeit. Studien zur alttestamentlichen Literatur der Spätzeit. 2006.

Band 30 Ulrich Fistill: Israel und das Ostjordanland. Untersuchungen zur Komposition von Num 21, 21-36,13 im Hinblick auf die Entstehung des Buches Numeri. 2007.

Band 31 Theodor Seidl / Stephanie Ernst (Hrsg.): Das Buch Ijob. Gesamtdeutungen - Einzeltexte - Zentrale Themen. 2007.

Band 32 Blažej Štrba: *Take off your sandals from your feet!* An Exegetical Study of Josh 5,13-15. 2008.

Band 33 Georg Braulik / Norbert Lohfink: Osternacht und Altes Testament - Ergänzungsband. Vertonung des Vigilvorschlags durch Godehard Joppich. 2008.

Band 34 Dieter Böhler: Jiftach und die Tora. Eine intertextuelle Auslegung von Ri 10,6-12,7. 2008.

Band 35 Elisabeth Birnbaum: Das Juditbuch im Wien des 17. und 18. Jahrhunderts. Exegese - Predigt - Musik - Theater - Bildende Kunst. 2009.

Band 36 Irene Schulmeister: Israels Befreiung aus Ägypten. Eine Formeluntersuchung zur Theologie des Deuteronomiums. 2010.

Band 37 Herbert Migsch: Studien zum Jeremiabuch und andere Beiträge zum Alten Testament. 2010.

Band 38 Jaroslav Rindoš: *He of Whom It Is Written.* John the Baptist and Elijah in Luke. 2010.

Band 39 Hermann-Josef Stipp (Hrsg.): Das deuteronomistische Geschichtswerk. 2011.

Band 40 Georg Braulik: Psalmen beten mit dem Benediktinischen Antiphonale. 2011.

Band 41 Herbert Migsch: Die Kohärenzstörung in Jeremia 35,8-10. Eine exegesegeschichtliche Studie. 2011.

Band 42 Veronika Tropper: Jesus Didáskalos. Studien zu Jesus als Lehrer bei den Synoptikern und im Rahmen der antiken Kultur- und Sozialgeschichte. 2012.

Band 43 Gottes Wort im Menschenwort. Festschrift für Georg Fischer SJ zum 60. Geburtstag. Herausgegeben von Dominik Markl, Claudia Paganini und Simone Paganini. 2014.

Band 44 Marco Pavan: "He remembered that they were but flesh, a breath that passes and does not return" (Ps 78,39). The Theme of Memory and Forgetting in the Third Book of the Psalter (Pss 73-89). 2014.

Band 45 Michael Kodzo Mensah: *I turned back my feet to your decrees* (Psalm 119,59). Torah in the Fifth Book of the Psalter. 2016.

Band 46 Edmond Léonce Vieyra: L'Écriture dans la dynamique argumentative de 1 Corinthiens 1–4. 2016.

Band 47 Ludger Schwienhorst-Schönberger (Hrsg.): Das Hohelied im Konflikt der Interpretationen. 2017.

Band 48 Augustinus Friedbert Weber: Der Psalter als ein Weg des Aufstiegs in Gregor von Nyssas „In inscriptiones Psalmorum". 2017.

Band 49 Alexander Kraljic: Deuteronomium 10,12-11,32: Gottes Hauptgebot, der Gehorsam Israels und sein Land. Eine Neuuntersuchung. 2018.

Band 50 Melanie Peetz / Sandra Huebenthal (Hrsg.): Ästhetik, sinnlicher Genuss und gute Manieren. Ein biblisches Menü in 25 Gängen. Festschrift für Hans-Winfried Jüngling SJ. 2018.

Band 51 Konrad Kremser: Die Hochzeit des Königs. Exegetisch-theologische Untersuchungen zu Psalm 45. 2019.

Band 52 Johanna Friedl: Ein brüderliches Volk. Das ‚Bruder'-Konzept im Heiligkeitsgesetz und deuteronomischen Gesetz. 2021.

Band 53 Georg Braulik / Norbert Lohfink: Sprache und literarische Gestalt des Buches Deuteronomium. Beobachtungen und Studien. 2021.

Band 54 Edwin Rodrigues: Psalm of Praise for the Rescue of the Throat. Concatenation and *lectio continua* of Pss 33–34–35. 2022.

Band 55 Georg Braulik / Norbert Lohfink: Die Rhetorik der Moserede in Deuteronomium 1 - 4. 2022.

Band 56 Salvatore Maurizio Sessa: Surrender to the King of Babylon. Jeremiah's "prophetic choice" in the face of Jerusalem's end (Jer 21:1-10; 27-28; 38:14-28a). Demnächst.

Band 57 Beat Weber: „Neigt euer Ohr zu den Worten meines Mundes!" (Ps 78,1). Studien zu den Asaph-Psalmen. 2023.

Band 58 Beat Weber: „Der HERR ist mein Licht und meine Rettung..." (Ps 27,1). Studien zu Psalmen und Psalter. 2024.

Band 59 Simeon Gloger: Ein Tempel aus Lobgesang. Das dritte Kapitel des griechischen Danielbuches. 2024.

Band 60 Georg Braulik / Norbert Lohfink: Kommentar zu Deuteronomium 1. 2024.

Band 61 Antonia Krainer: Salomo als literarische Symbolfigur. Eine rezeptionsgeschichtliche Studie. 2024.

Band 62 Bernhard Lehnart: Die Prophetie im Spannungsfeld von Mantik und Magie. Das Prophetengesetz Dtn 18,9-22 und die Prophetie der Hebräischen Bibel. 2024.

www.peterlang.com

Zeitfracht Medien GmbH
Ferdinand-Jühlke-Straße 7,
99095 - DE, Erfurt
produktsicherheit@zeitfracht.de

FSC
www.fsc.org
MIX
Papier | Fördert gute Waldnutzung
FSC® C083411

Druck:
CPI Druckdienstleistungen GmbH
im Auftrag der
Zeitfracht Medien GmbH
Ein Unternehmen der Zeitfracht - Gruppe
Ferdinand-Jühlke-Str. 7
99095 Erfurt